U0479309

精华本

带班现场

李镇西◆著

江西教育出版社
JIANGXI EDUCATION PUBLISHING HOUSE
·南昌·

赣版权登字-02-2023-393

图书在版编目（CIP）数据

带班现场：精华本 / 李镇西著. -- 南昌：江西教育出版社，2023.11（2025.4 重印）
ISBN 978-7-5705-3898-0

Ⅰ. ①带… Ⅱ. ①李… Ⅲ. ①高中－班主任工作 Ⅳ. ①G635.16

中国国家版本馆CIP数据核字（2023）第197375号

带班现场（精华本）
DAIBAN XIANCHANG（JINGHUA BEN）
李镇西 著

江西教育出版社出版
（南昌市学府大道 299 号 邮编：330038）

出 品 人：熊 炽
责任编辑：苏晓丽
美术编辑：张 延

各地新华书店经销
江西赣版印务有限公司印刷
700 毫米 ×1000 毫米 16 开本 25.5 印张 429 千字
2023 年 11 月第 1 版 2025 年 4 月第 6 次印刷

ISBN 978-7-5705-3898-0
定价：68.00 元

赣教版图书如有印装质量问题，请向我社调换 电话：0791-86710427
总编室电话：0791-86705643 编辑部电话：0791-86708350
投稿邮箱：JXJYCBS@163.com 网址：http://www.jxeph.com

忠于每一天的教育现场

我当教师几十年，有一个习惯，就是用文字记录自己的教育经历。作为语文教师，我喜欢写课堂实录和教后记；作为班主任，我喜欢写我和学生的故事。20世纪八九十年代，是用钢笔写，进入21世纪后便用电脑写。无论是用钢笔还是用电脑，当时的写作都没有任何功利的想法，纯粹就是想通过这样的写作，对自己的教育实践进行反思，同时也为将来留下温馨的记忆。

这本《带班现场（精华本）》就是这样写成的。当初写的时候没想过出书，但现在要出版了，我觉得应该从"出版"的角度，对读者说说我关于带班的想法。

我首先得客观地说，本书的故事发生在近二十年前，而我们的时代已经发生了很大的变化，包括教育的生态、教育的观念、教育的手段……都和过去不太一样了。比如，那时候没有微信，手机也仍未普及；那时候也没有"智慧校园"一说，关键是那时候远不如现在这么"卷"……所以，坦率地讲，书中有一些具体的教育方法，可能放在今天已经不合适。因此，想从本书中找到"拿来就用"的"灵丹妙药"的教师，注定是要失望的。

但是，无论时代怎么变化，教育的一些基本原理和原则，是不会过时的。相反，有的教育理念会超越时空和国度，成为永恒的真理。不然，我们今天就没必要读孔子、卢梭、陶行知和苏霍姆林斯基了。

我这样说，没有把自己同那些教育大师相提并论的意思。但我同样可以毫不自卑地说，本书所蕴含的我的一些教育主张，在今天依然是有价值的。

我之所以答应出版社整理出版我的这份带班日记，不仅仅是因为我自认为这些故事对老师们来说是有吸引力的，这些文字是有可读性的，还因为这些故事不仅仅是故事，里面还蕴含着我班主任工作的以下主张——

没有爱就没有教育，但仅有爱也不会有真正的教育。有时候，“懂”孩子比“爱”孩子更重要。或者说，真正的爱孩子必须通过懂孩子体现出来。

最好的教育莫过于感染，最好的管理莫过于示范。从某种意义上说，班主任对学生的所有教育，都是自己人格的照耀。所谓“教育”，就是你想要学生有什么，你自己先得有什么。

教育的最终目标是培养现代公民。当年陶行知提出的这个目标，今天依然没有过时。我们要培养的公民应该心地善良，人格独立，思想自由，行为规范，勇于担当，具有中国灵魂和世界胸襟。

在民主生活中培养民主素养。公民当然应该具有民主素养，而这个素养的培养，不是说教，而是生活。用陶行知的话来说，就是“在民主的生活中学习民主”。

教育技巧的最高境界是不知不觉，不动声色，天衣无缝，了无痕迹。我们的教育意图一定要非常明确，否则就等于取消了教育，但表现在行动上则应该是“润物无声”。

每一名问题学生都是教育资源。研究和转化问题学生是最好的教育科研，以研究的眼光看待他们，我们的心态会从容很多。正是因为有了他们，我们的教育智慧才更加丰富。

每一个棘手问题都是教研课题。最好的课题在课堂，在教室，在学生之中。我们遇到的难题越多，我们的科研成果就会越丰富。所有真正的名师，都是乐于面对难题的高手。

每一次突发事件都是教育契机。突发事件是偶然的，但通过突发事件进行教育则是必然的。我们要具备明察秋毫的教育敏感、情不自禁的教育本能和化险为夷的教育机智。

每一个孩子的未来都有一百种可能。一个孩子，无论他看上去多么糟糕，他都可能是某一个领域的天才。真正的教育，就是帮助每一个孩子发现自己独特的禀赋。教育是心灵的艺术。只关注学生外在的行为，而忽略了他们内心细微的变化，这不是完整的教育。每一个孩子的精神世界，都是一个独特的“宇宙”。教育的艺术就在于走进每一个“宇宙”。

…………

以上我总结的几条，不一定是我原创的，但肯定是我体会最深的教育理念。

一说到“带班”，我们可能会想到这个“理念”、那个“原则”，还有什么“打造班级文化”“创建特色班级”，连“品牌班级”的概念都诞生了，甚至还有诸如“兵法”“绝招”之类的“秘诀”，令人眼花缭乱，目不暇接。

如果以这些标准去看我当年的班主任工作，肯定不合格——没有“特色”、没有“品牌”、没有任何“打造”的班级，怎么能叫“合格”？

但教育从来没那么花哨，真理总是朴素的。我可以用一句话概括我带班的方法——“多搞活动多谈心”。这七个字，道尽了我当班主任的全部经验，而且我可以自信地说，今天依然管用。

先说“多搞活动”。

这本书中，记录了孩子们成长的足迹。其中，不但有他们在两个学期的学习过程中奋力攀登科学文化知识高峰的足迹，更有他们在铺满金黄色油菜花的乡间小道上追逐的足迹，他们在公园竹林里捉迷藏时欢快的足迹，他们在幽幽山谷间摸鱼捉虾后留在小河边鹅卵石上湿漉漉的足迹……每一个“足迹”后面都闪烁着本来就应该属于少年的欢乐。

而这些欢乐的获得，均离不开丰富多彩的集体活动。

所以，班主任善于组织（或引导学生自己组织）各种生动有趣、寓教于乐的活动，最能使学生潜移默化地受到集体主义精神的感染。学生在一场足球赛或联欢会中获得的集体主义情感体验，是教师任何美妙而空洞的说教都难以达到的。集体活动，就内容而言，可以涉及德、智、体、美、劳等各个方面；就形式而言，可以是学习交流、思辨讨论，但我更重视游戏娱乐、文艺表演、街头调查、远足郊游、野外撒欢……从教育艺术的角度看，多搞活动是通过淡化教育痕迹的方法来获得并非淡化的教育效果。

再说“多谈心”。

有人曾对我说：“李老师，我读你的书，发现有一个词儿，你使用率特别高——‘心灵’。”是的，我给我的书取名也喜欢用“心灵”，比如，《走进心灵》《教育是心灵的艺术》《以心灵赢得心灵》《给学生以心灵的自由》……但这远远不只是词语运用的问题，更是表明了我对教育的理解。所谓“教育”，就是教师用自己的心灵在学生的心灵上写出心灵的诗篇！

无论是陶行知所说的“真教育是心心相印的活动”，还是苏霍姆林斯基所说的“教育，这首先是人学”，都揭示了一个朴素的教育真理：好的教育总是也必须是面向心灵。

其实，所有班主任都会跟学生谈心，但一些老师的谈心对象往往只是犯了错误或有了这样那样的问题（比如，学习滑坡、心理失衡等）的学生。而我这里说的“谈心”指的是和班上每一个孩子谈心。所以，我当班主任时，总是以学号为序轮流找学生单独谈心。这种谈心并非功利性很强的“教育谈心”，相反，它在形式上更像是和孩子随便聊聊：你最崇拜的人是谁？你喜欢欧洲杯的哪支球队？你最近读了什么书？甚至——你最近在打什么游戏？

这对班主任是一个考验，因为和学生谈心的前提是了解“这一个”学生的心灵，即他在想什么。所以，我曾经说过，高素质教师还应是一位“心理学家”。面对每一个孩子（而不是笼统地“面向全体”）的教育则必然要求教师具备发现、发挥、发展学生独特个性的技巧与艺术。因此，班主任必须拥有良好的心理学修养，善于走进学生的心灵，敏锐地感受学生的心理变化，与他们心心相印、息息相通——正如赞科夫所说：“对于一个有观察力的教师来说，学生的欢乐、兴奋、惊奇、疑惑、恐惧、受窘和其他内心活动的最细微的表现，都逃不过他的眼睛。一个教师如果对这些表现熟视无睹，他就很难成为学生的良师益友。”唯有这样，我们才可能真正走进每一个孩子的心。

“多搞活动多谈心”，我就靠这七个字带了几十年的班。“多搞活动”是面向全体，“多谈心”是面对个体；“多搞活动”是班级建设，“多谈心”是精神引领。“多搞活动”“多谈心”，双管齐下，互相促进，相得益彰。共性教育与个性引导的辩证统一，尽在这七个字的实践中。

这本书也算是“多搞活动多谈心”的案例集。

如果说这本书的内容生动形象、可读性强，那首先是因为教育过程本身便充满了魅力。我在写的时候，一直遵循一个原则：绝对的真实。无论是对班集体建设的宏观策划，还是对每一名学生的个别引导，我当然都有明确的教育意图和期待，但对于教育过程的客观走向，我不预设任何理想的结果。换句话说，我在记录的时候，“当天”发生了什么我便记录什么，决不会为了主观希望达到的教育效果，而通过编造提前埋下“伏笔”或者做一些“铺垫”，也不会为了前面的“伏笔”或“铺垫”，再人为地在后面来个“前后呼应”。班集体的发展和学生的成长，是一个跌宕起伏，有时候甚至是惊心动魄的过程,比如,面对一个后进生,无论多聪明的教育者,也无法预料明天他会惹什么麻烦。也正是在这个意义上,我说过:“教育,每天都充满悬念!”这里的“悬念”,主要就是我们通常所说的“教育的难题”。期待着每一天的“悬念”,进而研究、解决不期而遇的“悬念”,并享受解开“悬念”后的喜悦,然后又期待着下一个“悬念”……如此周而复始,这便是教育过程的无穷魅力!

忠于每一天的教育现场——真实的人物、故事、细节、环境、气氛、成功、挫折等,同时也忠于每一天的教育感悟——真诚的反思、剖析、体味、感动、喜悦、困惑、焦虑等,使我这几十万字所记录的教育现场,成了一部波澜起伏、扣人心弦的“青春诗剧”,我的学生们也为能够“出演”这样精彩的“诗剧”而自豪。需要说明的是,这个班我 2004 年开始带高一,到高二下学期时,我离开了他们,因为我接到教育局调令,出任成都市武侯实验中学校长。这是我为数不多的没带到毕业的班级之一。不得不说,这是我教育的遗憾。

我和这批学生相处的日子,成了我们共同的幸福记忆。现在我和他们依然有联系,他们早已大学毕业,在不同的岗位上继续书写着自己的人生。每当我们相聚时,我们都会重温那段温馨的岁月,学生们也会说起我对他们的影响。中海油上海分公司的第一位海归博士苏畅(苏畅在本书中的化名是“谢舒云”),就是这个班的学生。他曾给我写信说:“很多时候觉得自己很幸运,在这喧闹的世界中时常有一些思考,最大的感恩无疑是您高中对我的教育!”

现在,这本书放在您的面前,等待着您的阅读,也许会引起您的共鸣,当然,我也真诚地期待着您的批评指正!

李镇西

2023 年 8 月 4 日

目录

MULU

8～9 月

10 月

11 月

12 月

1 月

2～3 月

4～7 月

附录

8~9 月

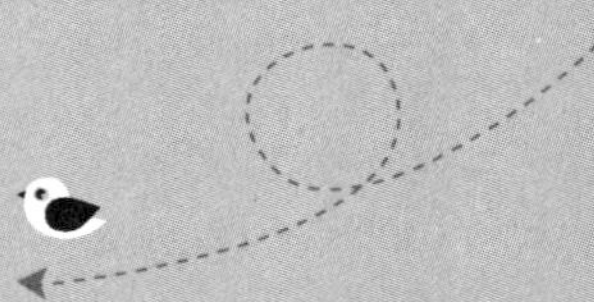

班主任工作最重要的不是管理，而是走进学生的心灵，而且必须从第一天开始，从细节开始。

8 月 30 日　　星期一　　晴

新学期的见面礼

盼了一个暑假，我和高一新生今天终于见面了。

时隔四年，重新当上班主任，我激动得有点儿像刚刚参加工作的年轻人，甚至像刚刚上小学一年级的小朋友，哈哈！我特意把头发理了理，把皮鞋擦了擦，换上新衬衣，穿上新裤子，7 点 40 分便来到了学校。

我看还没有学生来，便走进办公室，照着新生名单在《爱心与教育》上一一题词、签名——我今天要送给每个孩子一本《爱心与教育》，这是我给他们的见面礼。我尽可能给每一名学生不一样的赠言："相逢是缘，共同进步！""很高兴成为你的朋友，让我们携手并肩，一起走向成熟和成功！""让我们一起成长！""童心永驻，青春万岁！""真诚乃善，朴素即美！""把爱心献给他人，把信心留给自己！"……我还把个别学生的姓名嵌入题词："浩瀚似海，巍峨如峰！"（杨海峰）；"男儿当自强！"（张自强）；"壮志凌云，与梦飞翔！"（凌飞）……

还没有签完，但一看时间已经 8 点了，我便匆匆朝教室走去。

走进教室，我看见副班主任王晓丹老师和教英语的赵志老师已经到了，他们正在接待一名叫唐朵的女同学——她是我们班第一个来报到的新生。第二个到的杜翱同学也正在办理有关手续。

"欢迎欢迎！"我和学生寒暄起来。每来一名学生，我都笑眯眯地和他攀谈，和他的爸爸妈妈攀谈。我听到家长说得最多的一句话是："我们就是冲着你才把孩子送到这里来的！"我很感动，但也很认真地说："孩子的成长主要还是靠自己！但我会尽量不让你们失望的，放心吧！"

一个高大的小伙子走了进来，我问他叫什么名字，他大方回答："强劲！"我笑了，并和他握手："欢迎欢迎！"

他办完手续又回到教室，为新来的同学服务：带新同学去看寝室，给报到的同学和家长送上一杯水……结果有的家长竟然把他当作老师了！

成都电视台的记者扛着摄像机来了。今年成都市首次让公众投票评选"成都市首届十大教坛明星"，我有幸忝列其中。电视台的记者准备拍摄我第一天和学生见面的情景。我旁若无人地继续和我的学生交谈着，完全不把电视台的人“放在眼里”，记者的镜头对着我和学生，记录着一个个普通的画面。

有一段时间，学生来得少了，我心里老惦记着《爱心与教育》的题词、签名还没写完，怕耽误下午送礼物，便叮嘱王老师和赵老师帮我接待一下学生，自己赶紧回到办公室继续签剩下的书。我一溜小跑，扛着摄像机的记者也跟在我后面小跑。

在办公室里，我争分夺秒地在一本本《爱心与教育》上题词、签名。突然，手机铃声响了，是成都市教育局打来的，催问我起草《人民教师誓词》的进度，叫我赶快传真给教育局。我说今天上午就能完成。于是，我又赶紧打开电脑，认真修改昨天草拟的誓词。然后，我把誓词交给行政办公室的小杨，请她帮我传真给教育局。

回到教室，又来了一些学生。我和他们随意聊着，同时观察着、感受着他们。我随身带着相机，不时拍下他们报到的镜头。有学生问我照相干什么，我说：“等你们长大了，再看这些照片，就知道今天我照这些相的意义了。”

本来，按学校统一要求，班主任给新生的集体讲话是晚上 7 点。但我想在新生进校第一天就照一张合影，便告诉每一名来报到的同学“请下午 5 点钟在教室集合”，并把这句话写在了黑板上。

我利用午休时间把所有书都题词、签名了，然后将我给每一名学生写的信夹在书的扉页前。趁教室里没有学生，我和王老师一起悄悄地把三十七本书抱进了教室，藏在了保管柜里面（我要给学生们一个惊喜，不能让他们提前知道）。

下午 5 点整，同学们在教室里坐得端端正正，我开始了与学生的第一次集体谈话。

我先做了自我介绍，把“李镇西”三个字写在了黑板上。然后我说：“我真是盼了一个暑假，盼望着和同学们今天的见面。”我讲了我为什么要从教科所申请调回学校，讲了我为什么要求做班主任。同学们静静地听着，我感觉他们开始理解我了。

我说：“第一天见面，李老师给大家准备了一份礼物！是什么呢？哈哈！一会儿就知道了。”说着，我走到教室角落，打开柜子，和王老师一起把三十七本书拿了出来，整整齐齐地放在讲台上。

“我给同学们的礼物是一封信和一本书。”我说，“下面，我念一个名字，便请这名同学上来领我送的礼物，好吗？注意，我的信就夹在书里面。”

我开始把书打开，按我写在扉页上的学生姓名，一一请同学们上来领书。每上来一名同学，我便双手把书递给他，几乎每一名同学都用双手接过，然后说“谢谢李老师”。

书发完了，教室里静静的，同学们在看我写给他们的信。我的信是这样写的——

××同学：

你好！

从今天起，我们就是好朋友了！

仔细想来，我们能够相识纯属偶然——用比较通俗的话说，叫作“缘分”！你想想，这世上有那么多学生，我为什么就遇到了你呢？这世上有那么多老师，你为什么就遇到了我呢？这是不是缘分？

第一次见新朋友，我把我早已准备好的礼物送给你——一句话和一本书。

“让人们因我的存在而感到幸福！”我把这句话作为礼物送给你！（请你在心里默念一遍：“让人们因我的存在而感到幸福！”）这既是一种伟大崇高的价值观念，同时也是一种平凡朴实的实践行为。用精神播撒精神，以真情赢得真情。亲爱的朋友，做一个“让人们因我的存在而感到幸福”的人，往往只需“举手之劳”。在公共汽车上，你为一位老人让座，这位老人就会因为你而感到生活在这样一个文明的社会环境中是一种幸福；在街头，你热情耐心地回答一位外地人的问路，他就会因你而感到能够得到一位素不相识的人的真诚帮助是一种幸福；在学校楼道，你主动上前帮老师抱作业本，老师会因为有你这样的学生而感到幸福；同学病了，你哪怕只是送上一句关切的问候，他也会感到有你这样的同学是一种幸福……今后在我们班，当某个同学遇到困难时，你如果第一时间出现在他的面前并伸出温暖的手：“别着急，有我呢！”那样，他就会因为有你而感受到班集体的无比温馨！我希望在我们的集体中，大家有共同的追求、共同的荣辱、共同的精神支柱、共同的心理依托，同学之间互相关爱，互相帮助，谁也离不开谁；每一个人为集体的挫折感到难过与忧虑，集体为每一个人的成绩感到欣喜与自豪。

你手中这本《爱心与教育》，也就是我送给你的礼物，是我好几年前出版的一本书。这本书记录了我和我的学生的故事，是我和我的学生真情的结晶。打开这本书，你会走进我的精神世界，进而了解李老师是怎样的一个人，李老师是怎样从事教育工作的。当然，我之所以要送这本书给你，更重要的目的是要你按书中的李老师监督你眼前的李老师，看看李老师是不是真的爱学生。爱，不等于教育；但没有爱，肯定没有真正的教育。因为我爱你们，所以我会想方设法地做好自己每一天的工作。其实，李老师也有许多缺点，比如，脾气不好，做事急躁，等等。但我想，有了同学们的监督和帮助，我会及时克服缺点，不断改进自己的工作。我一直认为，老师和学生是一起不断走向成熟和成功的伙伴；我在教育你们的同时，也在接受你们的教育。让我们在今后三年里共同成长！我坚信，在未来的日子里，我们会用行动共同创作出一部新的《爱心与教育》！

最后，我还想说一个愿望。我希望三年后你离开我的时候，会这样说："我很幸运，因为我在高中遇到了李老师！"请相信，我会为我这个愿望而不懈努力！

要说的话很多很多，反正来日方长，更多的话留着以后慢慢说吧！就让我们在未来的日子里风雨同舟、携手而行吧！

你真诚的朋友：李镇西

8 月 30 日

我看同学们差不多都读完了我的信，便在黑板上写下一行大字："让人们因我的存在而感到幸福！"然后我说："和同学们第一天见面，我已经从一些同学的行为中体会到这句话的含义。比如，上午我看到一位母亲陪她儿子来报到，上楼的时候，那个男生非常自然地搀扶着他的母亲。我很感动，便走上去对那位母亲说：'你真幸福，有一个这么懂事的孩子！'在我看来，这位母亲便因为自己儿子的存在而感到幸福！还有我们班的强劲同学，他来得比较早，便主动承担了为后来的同学服务的接待任务，后来的同学便因为强劲同学的存在而感受到了新集体的温暖！我希望，以后我们每一名同学都能用自己的行动来诠释这句话！"

我看时间已经是五点半，同学们还要吃晚饭，便对大家说："第一天见面，我们一起合张影吧！等三年后你们毕业时，拿着毕业照对比今天的照片，你们会看到自己成长的痕迹！"

我和学生们来到教学楼前的小广场，照了我们新集体的第一张合影。

吃晚饭的时候，我和德育处徐主任坐在一起。聊起班上的学生，他特意提到了一个叫李应生的男生，说这个学生初中便在本校就读，虽然很聪明，但性格比较叛逆，思想比较偏激，常常顶撞老师。我想到来报到时，李应生的确表现出一副满不在乎的样子。我说我会注意引导的。

晚上 7 点整，我和学生们又聚集在教室里，按学校统一规定进行入学教育。

我继续解释“让人们因我的存在而感到幸福”这句话，但我仍然没有空谈大道理，而是和学生讲起了我以前教过的崔涛同学的故事：他如何帮助安超，如何给周围的同学送去温暖，高三时如何照顾一名受伤的同学，最后考进了中国科技大学……我还讲了我原来班上的优秀学生如何利用宝贵的时间给学困生补课，讲了“做人第一”的含义。

同学们认真地听着……

我又说：“李老师还有一句话要送给大家。这句话是‘我们和他们不一样！’”然后，我解释道：“这里的‘我们’就是有志向的你们！”我给他们算了一笔同龄人求学的“账”，让他们感到在全国同龄人中，“我们”的确是位于金字塔塔尖。“这意味着什么？意味着‘我们’的确比其他同龄人承担着更多的使命！如果我们都没有理想、没有志向、没有追求，国家则将毫无希望可言！”我重重地说道。

“因此，我们和他们不一样！他们可以浑浑噩噩地过日子，我们不能，因为我们和他们不一样！他们可以不学习，沉溺于电子游戏，我们不能，因为我们和他们不一样！他们可以追逐庸俗，但我们不能，因为我们和他们不一样！他们可以没有理想，但我们不能，因为我们和他们不一样！他们可以放任自己的懒惰，但我们不能，因为我们和他们不一样！我们这一辈子是要干一番大事业的！我们要在高中三年这金色年华中，通过学习，通过书籍，充实自己的心灵世界，与人类历史上的精神大师对话，因为——我们和他们不一样！”

教室里静静的。

我又谈到一些具体的事情，首先是排座位。我说：“现在同学们是随意坐的，但我每次接手新班都会和同学们商量着排座位。绝对尊重同学们！我们只确定一个原则：不影响他人，不影响自己；有利于学习，有利于团结。只要大家同意这个原则，你们想怎么坐就怎么坐。以后我们每周都轮换一次座位，让每一名同学都能在教室里的每一个地方坐一周。好不好？”

大家都说：“好！”

由于是随意坐的，教室里面男生、女生坐的位置不太合理，界线分明。于是，我和大家商量后略做了调整，使男生、女生能够坐在一起。最后，我问了问有哪些同学需要照顾，并把一名视力特别不好的女生安排在了最前排，然后对她说："我和同学们也只能照顾你一周，请理解！因为我们每周都要轮换座位。"

我知道，排座位对许多班主任来说是一件很棘手的事，但我就这么简单地完成了——只要尊重学生，什么事儿都好办！

然后是班委的组建，我又和学生商量。我先说了我的想法：第一，当班干部是义务，而不是权利，更不是权力！人人都应该当班干部。第二，不搞"终身制"，轮流上岗。第三，绝对让同学们自己选，选了谁就是谁。

大家都说好，我便问临时班委如何产生。有同学说自荐，我说："这样，明天同学们给李老师写一封回信吧！在信中表明你们的意愿。"

说到写回信，我自然而然地谈到了随笔在个人成长中的意义。我说："同学们千万不要理解为李老师要大家写作文。随笔不是通常意义上的作文，其写作原则是'真情实感，随心所欲'。大家想写什么就写什么，想怎么写就怎么写。"我又以自己写《爱心与教育》为例，说明用文字记录自己的生命历程是一件特别有意思的事。

我又说："明天这封回信，实际上就是一篇随笔。同学们给我的回信随便写什么都行，不过我建议——注意，是建议，不是强求——同学们在给我回信时能有这些内容：第一，给李老师推荐一位你以前遇到过的好老师，说说他有什么优点值得李老师学习。第二，给李老师出主意，说说你希望李老师怎样当班主任。第三，你愿意在哪些方面为集体效力。如果有当班干部的意愿，可以提出来。"

还有二十多分钟晚自习才下课，我便说我开个"记者招待会"，请大家就感兴趣的问题提问。可能是第一天见面，大家还有些拘束，提问的同学不是很多，但也有几名同学提了很好的问题。一名同学希望我讲讲自己的求学经历，我笑了："我的求学经历非常曲折复杂，要讲的话可以讲一千零一夜呢！这样吧，我简单讲讲我初中毕业的遭遇吧！"我开始给同学们讲我那一段不堪回首但也很有意义的经历，同学们听得很认真。

有一名同学问："李老师，在你的人生中，对你影响最大的人是谁呢？"

我说："很难说谁对我的影响最大。因为在我成长的过程中，很多人对我有过很大的影响。不过，这里我可以说说两个我通过书籍认识的人，这两个人对我的教育工作影响特别大，他们是陶行知和苏霍姆林斯基。"接着，我给学生们讲陶行知和苏霍姆林斯基的生平事迹，讲陶行知师从杜威和办晓庄师范的事，讲苏霍姆林斯基给女儿的信和《爱情的教育》，讲他们和学生的故事，用通俗简要的语言介绍两位教育家的教育思想："你越忘记了你是先生，你便成了学生心目中最好的先生！""把整个心灵献给孩子！"……讲我是如何追随两位教育家的。

我又说："还有一类人对我影响特别大，是我首先要感谢的。那就是我历届的学生！真的，我从心里感谢我的每一届学生，他们帮助我改进语文教学，帮助我改进班主任工作。是我的学生告诉我哪篇课文教得不好，哪篇课文教得很好；是我的学生帮助我克服急躁的毛病，改变了我的性格；是我的学生对我的爱，让我感受到了教育的幸福；是我的学生以他们的童心告诉我，什么叫纯真，什么叫善良。如果没有对学生的理解，我到现在可能还不会教书、不会做班主任。我以前的学生给我留下了帮我改进工作的一封封书信，如果说我现在在教育上有了一些成绩，首先要感谢我的学生！我坚信，在未来的三年中，我也会在你们的帮助下，取得更多的进步！我提前感谢大家！"

我正准备结束我的讲话，让学生们回寝室休息，突然有人来通知我们去领书和本子。于是，我便问："哪些男同学愿意去领？"好几名男生把手举了起来，我注意到，举手的人中有李应生。

我对大家说："你看，我们便因这几名男生的存在而感受到了幸福！"

过了一会儿，李应生上来说："李老师，得你下去签字呢！"于是我便和他走下了楼。路上，我对李应生说："我们以后可能会吵架呢！比如，我认为你做错了，就会批评你，你可能会顶撞我；你认为我做错了，可能也会批评我，我说不定也会反驳你。不过我认为，吵架是正常的，思想碰撞嘛！只是我希望我们以后服从真理，谁说得正确就听谁的。"李应生拍了拍我的肩膀，说："好！好！"

签完字，我也抱起一摞书，李应生和我争抢，说："李老师，还是我来吧！"我说："我也行呀！你以为我老了？"

我发现搬运的人还是太少了，便叫所有男生都去搬。一趟又一趟，我们班的男生挥汗如雨地把书和本子搬来放在教室里。最后一趟去的是李应生，等他进来时，浑身上下几乎被汗水浸透了，我对班上所有的同学说："让我们向全体男生表达我们的敬意！"

全班鼓掌……

女同学主动要求发书和本子，她们都走上讲台，一人发一种，很快，书和本子便发到了每一名同学的桌子上。

我对同学们说："今天晚上，我们男生和女生进行了一次互相服务的愉快合作！希望今后我们班每一名同学都有这种互助精神，让我们班充满温暖！"

接着，我说："明天上午8点30分是学校统一的新生入学教育，地点在音乐厅。按规定，各班必须在8点钟到教室集合，由班主任讲纪律要求。但是，我们能不能创造一个奇迹，不到教室集合，而是直接到音乐厅坐好呢？"

同学们都说："好！"

于是，我便说："那这样，明天同学们准时于上午8点25分在教学楼前列队集合。8点25分之前，我不会来，王老师也不来，由你们自己整队，男生、女生各两列。我会在8点25分准时到，那时我希望看到你们整齐的队列。班主任不在场，你们也能自觉排好队。你们能不能创造一个奇迹呢？"

同学们都说能，我说我也相信能，因为"我们和他们不一样"！

晚自习后，我和王晓丹老师一起去看男生寝室。路上，王老师说她今天跟了我一天，受到了震撼。她说，原以为班主任第一天上班无非是收费呀，排座位呀，发教材呀，强调纪律呀，等等，没想到还可以进行这么多自然而然的教育！我说，班主任工作最重要的不是管理，而是走进学生的心灵，而且必须从第一天开始，从细节开始。

晚上11点多，我乘坐徐主任的车回家。路上，我对他说："我的学生真可爱！"

8月31日　　　星期二　　　阴雨

读学生随笔：心与心的交流

今天我照例很早便到了学校。8点24分，我离开办公室下楼去。我一边走一边想：学生毕竟是学生，第一次可能不会太自觉吧？如果学生还没有站好队，我不会批评他们的，但我希望他们第二次能够真正地创造奇迹。谁知道下楼却没有看到学生们！我看表，正好8点25分呀！抬头看向去音乐厅的路，学生们列队而行的背影越来越远！我赶紧追上前去，说："你们怎么走了？不等我！"学生们都笑了："李老师迟到了！"我伸出手腕："你们看，刚好 8 点 25 分嘛！"他们又笑了："你的时间不准！"

上午 11 点一过，我便把我写的第一篇班主任日记读给全班同学听。我说："同样的一天，看李老师是怎样感受的，又是怎样记录的。"学生们听了都很惊讶，李老师怎么如此神速？我说："这就是随笔，你们也可以写的。"

其实，我办公室桌子上已经放着课代表抱来的全班同学的随笔本了。

好久没有这种感觉了：打开一本本随笔，和学生进行心与心的交流。每读一篇随笔，都像在倾听一颗年轻的心。

"李老师，昨天第一次听你谈话，我就被你吸引住了！我真的太喜欢你了！""李老师，我从没有遇到过像您这样的老师，真正把我们当朋友！""做李老师的学生，我真的感到很幸福！""'让人们因我的存在而感到幸福！'李老师，我记住了！我一定用一生的行动去践行这句话！""以前我最烦老师谈大道理，最烦老师说话啰唆，但很奇怪，李老师的话却特别能够打动我的心。昨天你讲了那么多，我只觉得时间过得太快了！听你谈话，我真的心潮起伏。"……

每一本随笔都写着这样滚烫的话，我非常感动。我给学生的随笔写得最多的一句评语是："李老师也很高兴成为你的朋友！遇到你，也是李老师的幸运！"

也有同学这样写道："李老师，以前我们读小学和初中时，和老师第一天见面，老师也说要和我们做朋友，但时间一长，老师便露出了高高在上的师道尊严，让我们不敢接近。李老师，你会不会也是这样的呢？"还有同学这样写道："李老师，你对我们这样和蔼，什么都和我们商量，这样会不会管不住我们呢？我们班会不会乱呢？"

面对这样的疑虑，我这样写道："让时间做证，用行动说话！"

根据我的建议，学生们纷纷向我推荐他们遇到过的好老师，有小学的，有初中的，甚至还有幼儿园的。这些老师有一个共同点：真心地爱学生。然后，学生们又给我提建议："希望李老师不但教我们课内知识，也教我们课外知识！""希望李老师对我们严格要求！""希望李老师在班上成立文学社。""希望李老师带我们出去玩！""希望李老师无论多忙，都要多抽些时间和我们在一起！"

中午的读报课上，我首先感谢了同学们对我的尊敬。我说："你们是我四年后重新当班主任遇到的第一批学生！我的运气就是好，一来就遇到你们这么好的学生！"然后，我又说："谢谢同学们给我推荐的榜样，我一定按你们推荐的老师那样去做，去爱同学们！另外，你们对我提出的要求，我全部接受，并会尽量在行动上满足你们的愿望。”

是的，能够得到学生们的爱戴，我心里真的很高兴；但我想的更多的是，在未来的三年里，怎样才能真正对得起学生们和家长们对我的尊敬和信任。

9月1日　　星期三　　阴

组建临时班委

早晨来到学校时，学生们已经开始在操场上集合了，许多学生陆陆续续朝操场走去。我看到有一个班的男生已经站好了队，心里想：哪个班如此自觉呀？走近一看，嘿嘿，正是我们班男生。我走到他们面前，没有说一句话，只是竖起大拇指朝他们扬了扬！他们都自豪地笑了。

今天，我对学生们说了这样一段话：“你们都说做李老师的学生很幸福。其实，从另一个角度说，你们做李老师的学生也很不幸。我除了教你们班的语文和做班主任，还有许多社会活动，比如，在教师节前后，我要参加一些表彰活动。我还承担了四川师范大学和四川教育学院（现为成都师范学院）的新课程培训任务，市内一些学校还常常请我去做培训报告。另外，我还承担了一些课题，这些课题都只能利用晚上的时间做。因此，我不可能像其他班主任那样，时时刻刻守着你们。如果那样，我会很累很累。但是，如果你们自觉一些，我就不累了。比如，你们不需要我时时刻刻守着，也会自觉上好课，做好卫生，做好课间操，上好自习，等等。如果那样，我会很感谢你们！”

昨晚，我有意提前离开了学校。从魏智渊老师在网上发给我的短消息中，我了解到昨晚不少班的自习课都闹哄哄的。我心想，学生毕竟是学生呀！

今天早晨我来到学校，碰到王晓丹老师，便问：“昨晚我们班自习课的情况如何？”她说：“很好呀！”我心想，她可能是怕我操心吧！于是，我专门去问魏智渊老师，他说自习课闹哄哄的那几个班不包括我们班，因为他没有看到我们班晚自习的情况。

我还是有点不放心（呵呵，骨子里面还是对学生不够信任）。正好这时，其他班的一位老师过来了，他“风风火火”地说：“哎呀呀，李老师，你们班的娃儿就是乖！昨晚自习课的时候我从你们班教室门口路过，里面硬是安安静静的！”

我一阵感动：学生们实在是太可爱了！

根据学生的自荐，文海、杨扬、杨海峰、唐西龙、任沐之、何思婷等同学组成了临时班委。我对全班同学说：“这只是个‘临时政府’，相当于临时管理委员会。哈哈！”学生们也笑了。“但是，我希望这几名同学能非常认真地为同学们服务，并争取在一个月后的选举中获胜！当然，其他同学也可以参与一个月后的竞选。”

课间，我召集临时班委开了一个会，强调了工作原则：第一，要有感染意识，也就是以自己各方面的良好行为去感染并带动同学们。第二，要有服务意识。要时刻记得，班干部的职责是服务，而不是管人。第三，要有独立意识，也可以叫主动意识。不要依赖老师的指令，要积极动脑筋开展各项工作，同时体现出创造性，要在工作中展现我们的智慧。

晚上的自习课，我有意迟到了五分钟才到教室，因为我想看看同学们是不是真的在没有老师的情况下也很自觉。到了教室一看，果然鸦雀无声。

那一刻，我真的很感动。我悄悄地走了，正如我悄悄地来。

9月2日　　星期四　　阴

与学生谈心：试试看能否战胜自己

随笔本上，杨心在结尾写了一句：“李老师，我想和你聊聊。”

我在批语中写道：“吃了晚饭，到我办公室来吧！”

晚饭后，她来到了我的办公室。她是这个班第一个与我单独谈心的同学。

我问她新学期感觉怎么样，她说还好。我又问班上的情况，她也说挺好，她挺满意的。我问开学几天来有没有不满意的地方，她说对住宿条件不太满意，主要是新床有点味儿，另外感觉睡眠时间不够。

我很心疼我的学生，看到他们就像看到我的女儿。我对我女儿的睡眠要求很严，必须保证睡眠时间。因此，我便对杨心说，我争取跟学校领导研究一下，调整一下作息时间。

她对我说她特别恋家，希望我同意她每周三回家一次。说着说着，她的眼泪就流下来了。我赶紧给她找了纸巾，叫她把眼泪擦一擦。

我问她："这么想家，连一个星期都不能坚持，那以后读大学怎么办？"我跟她开玩笑："那以后你最好考西南交通大学，这所学校离你家最近，这样你回家就方便了！"她破涕为笑。

看来这是一个比较娇气的女孩子。

我对她说："你希望每周三能够回家一次，我完全可以同意你的这个要求。但是，这对你的成长不利呀！你早晚得离开爸爸妈妈呀！因此，你还是不要周三回去，而是和大家一样等到周末再回家，好吗？战胜自己！"

她点点头说"好"，但眼泪又流下来了。

我心软了："这样吧，我同意你每周三回去一次，但你要尽量控制自己，最好能够不回去。如果到了星期三你能够坚持住，不回家，第二天早晨起来你会非常自豪，因为你战胜了自己。当然，如果你忍不住，想周三回去，也没有什么，那就回去吧！第二个星期再继续考验自己。我觉得，如果是因为我不准你回去，你才没有回去，这并不能算你战胜了自己；只有当你可以回去却不回去时，这才是了不起的。你尽量试试看能否战胜自己，好吗？"

她又点了点头，说："其实，这个星期我就没有回去，已经六天了，我从来没有这么久不回家。"说着，她有些自豪地笑了。

"就是嘛！"我鼓励道，"你完全可以战胜自己的！祝你成功！"

9月3日　　星期五　　晴

与铁皮鼓老师换课

下午，我听了魏智渊老师一堂课，感觉他们班上纪律不太好，有的学生纪律观念太差，对他也不够尊重。联想到这几天魏老师的郁闷，我打算帮他一把。

课后，我对魏老师说："今晚我到你们班上讲半个小时，你也到我们班上讲半个小时。我们对学生说，两个班要建立友好关系，两个班的班主任自然应该让学生认识认识。"

魏老师说："可以呀！但讲什么呢？"

我说："随便讲什么都行。比如，你可以给我们班学生讲阅读的重要性。至于我讲什么，你就别管了！"

晚上7点，我来到魏老师班上。我对学生们说："我想跟大家说几句，不知道大家欢迎不欢迎。"一阵掌声响了起来。

我开始说："我们3班和你们4班有一对双胞胎姐妹，妹妹在3班，姐姐在4班。在我看来这是一种象征，象征着我们两个班本来就是双胞胎一般的姐妹班。我们两个班以后在各方面都要互相帮助，许多活动都可以一起搞，共同进步。所以，我到这儿来，先和大家认识认识。"

如果说刚开始教室里还不太安静的话，现在已经逐渐安静了，大家都在听我说话。

"你们班上，有不少我朋友的孩子，本来你们的爸爸妈妈想把你们放到我的班上，但没能如愿，你们便到了这个班。但是，我专门给你们找了一位非常优秀的老师，就是你们的魏老师！"我停顿了一会儿，又问："通过这几天的接触，大家对魏老师印象如何呢？别有什么顾虑，反正魏老师也不在这里，你们尽可以直率些，说真话。"

有同学举手了："我觉得魏老师很善良！"

有同学说："魏老师很直率！"

有同学说："魏老师对我们很真诚！"

…………

我问："除了这些，你们对魏老师有没有不满意的地方呢？"

一名女同学率先站了起来："我觉得魏老师没有威信，不怎么管我们。"

一名男生说："魏老师不怎么管我们的纪律。"

在他们说这些的时候，其他同学都频频点头表示同意。

我说："我从同学们对老师的不满中，看到了同学们对优秀班集体的渴望。大家对魏老师有意见，说明你们都希望4班好，而这也正是魏老师的愿望。"

我话锋一转："我今天来，主要是想跟大家聊聊我是怎样认识魏老师的，想给大家说说魏老师是什么样的人。"我先从"教育在线"网站谈起，谈到"教育在线"在全国的影响力，谈到"教育在线"上的网友都是优秀的一线老师。"去年5月，我注意到'教育在线'论坛上有一位网名叫'铁皮鼓'的老师。从帖子看，这位老师读了许多书，很有学问，而且待人真诚，很快便赢得了许多网友的尊敬。他便是你们的魏老师！"我把"铁皮鼓"三个字写在了黑板上，继续说道："'铁皮鼓'本来是一本外国小说的书名，魏老师很喜欢这本书，读了之后便把这个书名作为自己的网名。我们从这个细节可以看出魏老师对读书的热爱，他真是读进去了！"

然后，我谈到去年暑假和铁皮鼓的第一次见面。我详细讲了和铁皮鼓见面的经过，讲了铁皮鼓所在的学校，还特意向学生们描述了铁皮鼓的家："16平方米的房子，进门的左手边有一张桌子，上面放了一个煤气炉，这算是他的'厨房'；进门的右手边前方是一个书架，书架前便是一张大床。整个屋子里最显眼也最现代的便是那电脑桌以及上面的电脑。这就是他的全部家当。就是在这样狭小的空间里，你们的魏老师却拥有宽广的胸襟和辽阔的视野！"

我还谈到了铁皮鼓的教育经历："他十八岁中师毕业后便开始教书，后来拿到大学本科文凭。他曾经教过地理、数学，当然更多的是教语文——先教小学，后来教初中，现在已经教了六年高中。魏老师在陕西教育学院（现为陕西学前师范学院）攻读本科学位时，因为才华出众曾有留校的机会，但最后他还是选择回到了小县城。"我特意提到我曾见过铁皮鼓最初从教时的小学。"那哪像学校？一圈低矮而残缺不全的土围墙里面，是非常简陋的房子，在我看来，简直就是一个简易饲养场！然而，这一切并不妨碍你们的魏老师坚持自己的精神追求。"

我说我对铁皮鼓最深的两点感受："第一是博学，第二是质朴。"

关于博学，我着重介绍了铁皮鼓的嗜书如命。虽然长期生活在小县城，他却拥有大城市的许多老师所不具备的丰厚的文化底蕴。"他今年6月份第一次来成都，只去了两个地方，一个是杜甫草堂，另一个便是书店。他对我说，他想来成都读研究生，但不是为了文凭，也不可能拿到文凭，因为他英语过不了关，纯粹是想多读书。魏老师是那种把精神追求看得很重很重的人，他来成都决不是为了多挣钱，他至今没有跟学校提出过有关待遇的要求。他甚至对我说，他愿意拿最低的工资，教最差的班。这就是你们的魏老师！"学生们显然被感动了，教室里一片肃静。

关于质朴，我谈到了铁皮鼓的直率和对人的真诚。我特别强调："他是那种有什么就说什么的人。如果他表扬你们，那他的确是觉得你们值得表扬，不是为了鼓励而故意表扬你们；如果他觉得你们做得不对，那他肯定会直接批评你们，不会藏在心里。世故、圆滑，与他无关。"我以他那天在教师培训会上发言时公开质疑我为例，说道："按理说，我和他关系那么铁，而且是我把他从陕西请来这里教书的，照世俗的观点，他应该感谢我才对，但他硬是公开向我叫板。可我之所以欣赏他，恰恰是因为他这种品格！虽然我们有许多学术观点上的分歧，但这并不妨碍我们互相尊重，同时坚持各自不同的观点，甚至可以公开争论！这才是真正的朋友！我为有魏老师这样的朋友而自豪！因为在当今这个越来越物质化、功利化，人与人过分计较利益的时代，魏老师显得非常纯粹！而你们能够拥有魏老师这样的老师，是多么幸运！"

每一双眼睛都凝视着我——看得出来，学生们已经完全被铁皮鼓的人格打动了。

"可是，最近魏老师很郁闷。他很苦恼。这些苦恼有的来自生活上的不适应，毕竟从陕西来到这里，一切都是陌生的，而且他还是举家搬迁，其中的艰辛非外人所能理解。更让魏老师苦恼的是班主任工作。他很爱你们，对我说你们很可爱，可是班上的纪律总是有问题。他对我说，他不怨你们，老师怎么能埋怨学生呢？他只是自责，为自己不能走进你们的心灵而苦恼。他原来在陕西能和学生心灵相通，到了这里却不能。他以前的学生很爱他，他这次离开老家时，许多学生很舍不得他。这种强烈的对比，让他对自己的选择产生了怀疑，他甚至产生了'如果实在不行，大不了回去'的念头！同学们，这么好的老师，你们真应该帮帮他，让魏老师感受到你们也是爱他的，用你们的真诚把魏老师留住！"停了停，我又说，"对一个老师来说，来自学生的情感最能让他感动；相反，来自学生的冷漠也最能够让他感到失望，甚至绝望！我真心希望，同学们能够表现出你们对魏老师的喜爱和尊敬，用你们的心留住魏老师的心！好不好？"

"好！"学生们齐声喊道。

"但这必须通过行动、细节表现出来，你们要在常规方面做得更好。魏老师刚到我们学校，刚刚接触城市里的学生，有许多方面他也不熟悉，因此，你们一定要帮助魏老师。比如，刚才你们跟我说的对他的不满，都可以直接跟魏老师说，魏老师不会生气的，相反，听到同学们的意见，他会很高兴！另外，我不希望你们把我今天对你们说的话告诉魏老师，因为我想让魏老师觉得你们本来就很懂事，而不是因为李老师说了什么才变得懂事。”

这时，数学老师走了进来，我意识到半个小时已经到了，该开始上晚自习了。于是，我匆匆结束了我的谈话：“很高兴同学们能够听李老师说这一番话。我在3班讲过一句话，这句话是‘让人们因我的存在而感到幸福’，现在我把这句话也送给你们。你们要让魏老师因为你们的存在而感到幸福！”

学生们用掌声表示对我的尊敬。在掌声中，我走出了教室。

第二天，铁皮鼓对我说：“昨天的晚自习，学生们的纪律明显很好！”

我说：“你的学生的确很可爱，你一定能够做好班主任工作。”

王晓丹老师对我说：“我听4班的同学说，昨天你跟他们谈话时，有同学都流泪了！”

我当然不会天真到认为仅凭一次谈话就能彻底改变学生，我知道以后学生还会反复出现问题；但是我坚信，只要教育者捧出一颗真诚的心，就一定能打动学生的心，并真正走进学生的心灵。

9月4日　　星期六　　晴

用什么打动学生的心

我这几天听了魏智渊老师的课，还听了摩西的课。和他们一起讨论研究教学，真是一种精神享受。昨天，我听了摩西的课，他讲《诗经》中的两首诗，看得出来，摩西很有功底，而且语言富有感染力。相比之下，魏老师虽然同样富有学问，但语言相对平实，缺乏感染力。但我评论摩西的课时，却着重谈他的不足（当然只是我认为的不足）。我们由评具体的课，谈到语文教学，谈到文学，谈到阅读……谈了许多许多。好久没有如此酣畅淋漓地交流教学了，真是痛快！

我最近不断地和魏老师聊班主任工作。昨天早晨出操时，他和学生一起跑步的情景让我很感动——看得出来，魏老师真是一位非常负责的班主任，而且打心底爱他的学生。

昨天，他听了我的一堂语文课。 课后，他说的一句话让我想了很久：“李老师，我听你在上面讲课时，就想：你的人格魅力完全征服了学生，所以你讲什么都能打动学生的心！而这，是我和其他老师无论如何都学不来的。”

我完全认同魏老师的说法。 从我和学生的接触中，我的确能够感受到他们对我的发自内心的佩服；在课堂上，我从每一个孩子目不转睛地看着我的眼神中，体会到他们的心正和我的心同频共振，这是一种享受！而这种感觉，或者说我在学生眼中的“魅力”，是我独有的。 从这个意义上说，许多老师想学我——我相信老师们的真诚——其实是很难学到的。 但是，每一位老师都可以创造属于自己的魅力，也因而使自己的工作拥有别样的美丽呀！

我突然想到另一个问题：如果老师让学生产生发自内心的崇敬，会不会有悖于民主平等的思想呢？换句话说，老师应不应该在学生心目中形成崇高的人格形象呢？

中午吃饭时，我和魏老师坐在一起聊到这个话题。 我说：“我认为，班主任应该在精神上、人格上让学生佩服，这与师生之间的尊重和思想平等一点都不矛盾，更与我们所提倡的民主风范不相悖。”

我是这样认为的，班主任应该在精神上征服学生！当然，这里的“征服”不是强制的，更不是精神控制，而是以善良、正直、真诚的人格形象让学生佩服。人与人之间既保持行为上的互相尊重，同时又互相尊重对方拥有独立思想的权利，这完全是可以和谐统一的。 民主同样需要一种对崇高的尊重，而尊重并不放弃对独立人格的追求。

很难想象，一个在学生眼中人格平庸的老师，会成为学生精神成长的引领者。

我还对魏老师说：“师生之间应该互相欣赏！”这话当然不意味着不正视学生的不足，不批评学生，而是说哪怕是对很调皮的学生，我们也应该尽可能发现他们值得欣赏的地方，并及时表扬和鼓励他们！

如果说这几天有什么成功的地方，就是我总是以欣赏的眼光，甚至是感动的心态，看待并对待我的学生，同时不停地表扬他们。 凭着多年班主任工作的经验，我当然知道，现在学生们表现出的自觉和听话，很大程度上是因为刚到一个学校一个班，人生地不熟，有些老毛病和坏习惯还没有来得及表现出来，随着时间的推移，以后肯定会逐步暴露一些问题的。尽管如此，我也要表扬他们现在的自觉。我不愿意把学生预想为“一表扬就会翘尾巴，不知天高地厚的人”，遗憾的是，不少老师是这样想的，而且和学生第一次见面时想的更多的是来个下马威。我决不吝惜我的表扬，因为我坚信表扬的力量是无穷的！

另外，我觉得我有一个许多老师不具备的特点，就是我特别敏锐，特别细心。我经常对人说：“班主任应该是一个非常敏锐和细心的人！”多年班主任工作的经验，让我往往能够从一些细小的地方找到教育的切入口，然后自然而然地对学生进行心灵的引导。对此，我很得意，哈哈！

今天，我给学生们口授了一封信，请学生们记下来，拿回家给他们的爸爸妈妈看。信的全文如下——

尊敬的家长朋友：

你好！

我和你的孩子相处一周了，感觉好极了！感谢你把这么懂事而优秀的孩子送到我这里来学习。我相信，在未来的三年里，我和你的孩子一定能够生活得很愉快，并一起走向成功！

当然，通过这几天和学生的接触，我也有一些忧虑。主要是一些学生不善于或者说不愿意和他人交流，上课也很少主动发言；另外，有个别学生在纪律上有点管不住自己。希望你能够帮助我引导孩子，谢谢！

我一直要求我的学生“做人第一”，包括在家里做一个懂事而孝顺的孩子。我对学生们说：“要让你们的爸爸妈妈因你们的存在而感到幸福！”因此，我叫孩子周末回家一定要做家务，比如，吃完饭后一定要洗全家的碗，自己的房间自己收拾，等等。请你一定配合我教育孩子，千万不要迁就孩子！

另外，由于今年学校的招生情况出乎我们的预料，非常好，因此在学生住宿和伙食方面准备不足，给你的孩子带来一些不便。我向你表示真诚的歉意，并承诺学校一定会尽快改进有关服务工作！

最后，恳请你监督我的工作，并随时提出宝贵的建议！谢谢！

李镇西

9月4日

（另：以上这封信是由我口授，由你的孩子记录的。请你帮我检查一下，这封信是否符合书信规范，是否有错别字，书写是否工整。）

离开教室前，我对大家说："星期一上午李老师不能来学校，因为我已经接到通知，须去参加成都市教师节表彰大会。我希望我在那里戴大红花的时候，同学们能够非常自觉地遵守纪律，上好每一堂课！这将是对李老师最好的祝贺！好不好？"

同学们都说："好！"

最后我说："祝同学们周末愉快！"

同学们再次齐声说："谢谢李老师！"

那一刻，我真有点依依不舍的感觉。

9月8日　　星期三　　晴

与学生谈心：鼓励学生自己解决问题

早晨上语文课，我发现靠窗坐的几名学生——唐朵、周杰、宋飞、魏雨萱、强劲等，有点爱说话。本来我想走到他们面前去提醒几句，或者在班上点名批评，但我想了想，还是尽可能给他们留面子。于是，我便说："今天我已经感觉到有个别同学课堂纪律不是特别好，这是我和同学们认识以来第一次感到心里不舒服。前几天，我在家里向我女儿夸你们多么多么好，我女儿说：'哼，刚开学嘛！我们当初也是很守规矩的，可人一熟悉便开始乱了。爸爸你别得意，过几天有你好瞧的！'同学们，难道我女儿的预言真的要在我们班变成现实？但我相信，这几名同学会战胜自己的！"

后来，有听课的老师对我说，我说的这种情况根本算不了什么，无非就是课堂上交头接耳。但我是这样想的：对学生应该严格要求，即使是讨论学习内容，也应该在老师规定的讨论时间里交流，更何况他们几个是在说笑。当然，就算是严格要求，我也会尽量尊重他们，尽量不扫他们的面子，因为高中生的自尊心是很强的。如果通过我这样不露声色地提醒，他们能够改正，我何必一定要点名批评呢？至少现在我没有想过要单独找他们谈，那样他们会有思想负担。如果我这样不点名提醒不起作用，再找他们谈也不迟。

严格要求和尊重，是可以统一的。

下午，学生们在上体育课，我来到操场，碰到罗天和钟晓在篮球场边看别人打篮球，于是我叫住他俩，随便聊了起来。这两名学生来自农村，性格比较内向。我问他们开学以来感觉怎样，他们说很好。我问有没有不适应的地方，他们说英语课不适应，因为原来的英语老师是用汉语讲解的，这里的英语老师却全程说英语。我说，不要让老师迁就你们，你们应该去适应老师，不然你们的英语水平永远不能提高。我问他们生活上有没有困难，他们说没有。我说，有困难可一定要说，可以直接找我。最后我鼓励他们主动与其他同学交往，大方些嘛！

罗天和钟晓刚刚离去，我看到杨海峰过来了。我把他叫住："海峰，我们聊聊怎样？"

"好呀！"他走了过来。

杨海峰也是农村孩子，爸爸妈妈在浙江打工，他是从宜宾考到我们学校的。暑假里，他只身一人坐长途汽车来到成都，又从长途汽车站转乘公共汽车找到学校。我特别喜爱这种孩子，因为现在很多孩子连在本市参加高中入学考试都要爸爸妈妈陪着，可杨海峰却一个人离开家乡来成都考学，而且还考了第一名。这种情形很容易让我想到 20 世纪上半叶一些外出求学的有志少年。本学期开学那天，班上大多数学生是爸爸妈妈开车送来的，而杨海峰却仍然和上次一样，是自己一个人来的。这样的孩子，只要引导得好，将来一定有出息。

我把手臂搭在杨海峰肩上，和他在学校操场上一边散步，一边闲聊。我先问了问他生活上、学习上是否习惯，他说没有问题，都很习惯。我又问他对同学们和老师们的印象，他说都很好。他说他特别喜欢上我的语文课，说这样的课让他思路开阔、思维活跃，很有趣。

我又跟他聊起志向："你有什么规划？"

他说："我这一辈子肯定要做一番事业的。"

"那总得一步步来呀！"我问，"你第一个目标是什么？"

他不假思索地说："我一定要争取考上英国的剑桥大学！"

我笑了："你打算高中毕业直接考吗？"

他说："先考上国内的大学，再通过公费留学吧！"

我问他先考国内哪所大学，他说："清华大学。"

我说："有这志向，我很高兴！即使三年后没能如愿，但在为这目标奋斗的过程中，你也能提升自己。"

我还跟他谈到了做人："同学们都很尊重你，因为你很乐意为同学们服务。你要保持这种善良和乐于助人的品格。本来在临时班委里你是学习委员，但后来你欣然承担了劳动委员的重担，我很感动。无论以后你从事什么职业，最重要的是拥有一颗善良和纯真的心。"

我还鼓励他保持勇于发表不同观点的精神："昨天的语文课，你的发言非常好！并不是说你说的一定正确，不，谁也不能保证自己发表的观点都正确，关键是敢于说出经过自己独立思考形成的观点，这种思维品质难能可贵！不要迷信任何权威，包括对我，也不要迷信。"

刚和杨海峰聊完，临时班长文海找到我："李老师，我想和你谈谈心，可以吗？"

"当然可以了！"那一刻，我非常高兴——没有什么比被学生信任更让我高兴的了，也没有什么比被学生要求谈心更幸福的了。

我曾对老师们说过，我最喜欢听到学生对我说："李老师，我想和你谈心！"

但我看已经到吃晚饭的时间了，便说："这样，你先去吃饭。吃完饭到我办公室，我一定在办公室等你！"

6 点刚过，文海就坐到了我办公室的沙发上。

我说："是你找我的，那你先说吧！有什么要对李老师说的？"

他不好意思地笑了："其实也没有什么。我就是想听听李老师开学以来对我的评价。"

学生是最看重老师的评价的，也就是说，他们特别在乎自己在老师心目中的形象。但我们常常意识不到这一点。另外，及时给学生准确的评价，也非常有助于学生的进步。

我说："我对你印象很好呀，真的！第一，开学没几天，我就发现你特别乐于为同学们做好事，很善良；第二，我发现你很有组织能力，刚刚组建的班，现在已经开始有凝聚力了，不得不说肯定与你这个临时班长有关；第三，就开学这几天而言，你学习也很自觉，很有上进心。总之，你是一个好学生！"

我问他学习上感觉怎样，他说有困难。我问哪一科有困难，他说数学。我说："难道你数学学得不好吗？"他说："初中时不错，但进了高中感觉特别难。"

我笑了："又不是你一个人感觉难！大家都觉得难。高中的知识当然比初中的要难一些呀！你要沉住气！数学嘛，还是要适当多做一些题，当然这些题应该是经过老师筛选的，做的时候还要多动脑筋琢磨。另外，你要多问老师，多和教数学的吕老师交流。我发现你上课不太爱发言呀！”

他说：“主要是因为我实在没有发现问题呀！”

“问题正出在这里！发现不了问题，就是最大的问题！你要善于钻研，有时候要突破常规思维，多动脑筋，这样一定能够发现问题。另外，发言也不一定都是提问。你也可以谈自己的理解，谈自己的感受嘛！”

他点了点头。

我又问：“你身体好像不是太好，是吗？”

“没有呀！我身体很好！”我这样问，他有些惊讶。

“那你今天早晨跑步怎么捂着肚子？”我问。

他说：“当时我肚子疼。”

“什么原因？”

“不知道。”

“现在还疼吗？”

“不疼了。”

“看医生没有？”

“没有。”

我说：“以后遇到这种情况，一定要看医生。”然后，我又问：“有时候我看你上课精神不好，今天下午还打了一会儿瞌睡。怎么回事？”

他说：“主要是晚上睡得太晚。”

“不是 10 点 30 分就熄灯了吗？”这次该我惊讶了。

“是的。但我们寝室里的同学往往还要聊天，聊到 12 点多。”他说。

我心里不太高兴，说：“这可很不应该！我主要还不是从纪律上说不应该——当然，这样做的确也违反了寝室纪律，但我更觉得对你们的身体不利，影响第二天上课。这样，我先不找你们寝室那几名同学谈，作为班长，你先和他们谈谈，最好不需要李老师出面，你们就能改正这个缺点。能吗？”

他非常肯定地点点头：“肯定能！我一定跟他们好好说说，保证熄灯后不再聊天了！”

我说：“李老师相信你！”

9 月 9 日　　　　星期四　　　　晴

与学生一起读文学作品

早晨，像往常一样，我仍然在学生早操集合的时候赶到了学校操场。

我和学生一起绕着操场跑步，我不再年轻的双腿和学生们青春的步伐一起铿锵有力地敲打着清晨的大地。“一——二——三——四！”我和学生们一起用生命呐喊，如洗的蓝天上回荡着我们的声音。

太阳慢慢升起来了，我率领一群朝阳一般的学生和太阳赛跑。秋高气爽，看着和我一起奔跑的学生们，我从心底发出感叹：今年秋天对我来说，真是一个硕果累累的季节——

因为我收获了三十七个孩子，也收获了我曾经失去的青春和童心！

我上午没课，赶紧写昨天的课堂实录。阳光透过窗帘，洒在电脑的键盘上，被阳光抚摸着的手指在键盘上快乐地跳跃着，我的心沉浸在昨天与学生交流的愉悦之中……

午后第一节课，我走进教室。紧靠讲台坐的杨南希给了我一颗糖：“李老师，请你吃一颗糖！”我接过这颗糖，心里已经甜蜜蜜的了。我对杨南希说：“哎呀，你不知道李老师为了减肥，已经好久不吃糖了，但这颗糖我要吃！胖就胖吧——胖，并快乐着！”我笑了，周围的孩子们也笑了。

望着窗外灿烂的阳光和澄明的蓝天，我对同学们说：“面对如此秋光，同学们会想到哪些诗句呢？”

有的同学说想到了“晴空一鹤排云上，便引诗情到碧霄”，有的同学说想到了“一年一度秋风劲，不似春光，胜似春光”，我说我想到了一部电影的名字，叫《阳光灿烂的日子》。

然后，我说我今天的心情像窗外的蓝天一样纯净而明朗，因为今天有很多事让我高兴：生活老师说咱们班男生宿舍熄灯后没有人聊天了；体育老师说咱班同学表现很好；图书馆的老师说咱们班的学生显得很有教养；我走进教室，看到同学们都朝气蓬勃；刚才进来，我又得了一颗糖吃，哈哈！

这次同学们没有和我一起笑，而是睁着一双双明亮清澈的眼睛望着我。从那一双双眼睛中，我读到了感动和自豪。

于是，我打开《路遥小说名作选》，准备给大家读《在困难的日子里》。突然，何晓蕊同学举手说："李老师，值日生还没有叫课前起立呢!"我说："哈哈，真是！是我记性不好。好吧，值日生叫起立!"

"起立!"随着值日生响亮的声音，同学们齐刷刷地站了起来。

我向大家鞠躬："同学们好!"

同学们一起喊道："祝李老师节日快乐!"

文海大步走向讲台，把一个薄薄的小笔记本送给我："李老师，这是我们全班同学送给您的节日礼物!"

"好，谢谢！谢谢!"我接过本子，打开一看，第一页写着这样的一行字——

高一(3)班全体同学祝李镇西老师教师节快乐!

我很感动，同时又有一些遗憾。我对同学们说："你们为什么不在后面签名呢？我可最希望看到你们每一名同学的签名呀!"

同学们说："签了的，签了的！李老师，你仔细看每一页的最下面!"

我仔细翻看每一页，果然，每一页的最下面都有一名同学为我写的一句话和签名。

的确，每一名同学都写了!

在那一刻，我很感动，当然也很激动，眼睛开始湿润，我向同学们鞠了一躬："谢谢！谢谢!"

掌声再次响起……

我开始给同学们读路遥的《在困难的日子里》。主人公马建强的高尚品格打动了大家，他的命运也牵动着大家；还有吴亚玲的善良，也感动着同学们。

"青春、友谊和爱的花朵，就是在饥饿和严寒中，也在蓬勃地怒放着……"读到这里，我忍不住停下，对若有所思的学生们说："同学们，大家都为马建强、吴亚玲、郑大卫之间纯真的友情而感动。是的，人间最珍贵的友情会温暖每一个人的心。我相信，我们班也会有这样的真情。今后三年，我们班的同学之间也一定能够拥有真诚的友情，为我们未来的人生留下温馨的记忆。现在同学之间不经意的一个细节，都会成为五年、十年，甚至二十年以后最珍贵的记忆。而这样的记忆，将陪伴我们一生!"

下午5点钟，我对同学们说："今天的阳光这么灿烂，我们到校园里照几张相吧!”

同学们欢呼着来到教学楼前的小广场，仰望着我们的教室照了几张相。随后，同学们又坐到足球场上，围成一个半圆，我先是应同学们的要求坐在了半圆的中间，捧着同学们送我的笔记本照了几张，然后我到后排和男生们站成一排，右手搂着张自强的肩膀，左手搂着杨海峰的肩膀，就这样——我们青春的笑容绽放在绿色的草坪上。

我今天晚上要去锦江边的音乐广场参加“成都市首届十大教坛明星”与公众的见面会。最初主办单位只允许我带少量学生去，但同学们都强烈要求参加，我真是一个都不忍心丢下，于是在征得主办方的同意后，决定让全班三十七个孩子与我一起去！和我们一起去的，还有孩子们同样爱戴的副班主任王晓丹老师和教他们历史的林老师。

我们在学校匆匆吃完饭，便上了学校的大巴。夕阳中，大巴载着我们行驶在洒满秋光的原野上，向市区开去……

终于到了锦江边的音乐广场，这里已经聚集了不少市民。同学们被安排坐下了，但大家仍然很兴奋，趁着见面会还没有开始，簇拥着我照了一张又一张相。

晚上 7 点，见面会开始了。缤纷的色彩，华丽的灯光，悦耳的旋律，欢快的舞蹈，音乐广场变成了令人陶醉的天堂。当选的“十大明星”一一上台亮相，主持人要我说一句话，我对着台下的学生们大声说：“我很庆幸我是一名教师，因为与青春同行，我将永远不老！和孩子们在一起，我将永远快乐，永远年轻！”我的话音刚落，台下三十七名学生一起喊了起来——

“李——老——师！我——们——感——谢——您!”

我手捧奖牌和奖品走下舞台，同学们用最热烈的掌声向我表示祝贺!

见面会结束了，同学们都还不愿意离去。他们再次一窝蜂地拥上前来，把我团团围住，以锦江的夜景为背景，请求林老师为我们照相。林老师一下子成了最忙碌的人，为我们照了一张又一张。照完集体照，又有三三两两的同学要求和我合影，还有同学要求和我单独合影，一时间，我真成明星了!

旁边一个市民很羡慕地对我说：“李老师，你好幸福呀!”

是的，那一刻，我真的很幸福。眼前锦江两岸的灯光，仿佛都是为我而璀璨的。

晚上 9 点多，我们回到学校，聚集到了教室里。我对大家说：“今天我很幸福，因为我被授予了‘教坛明星’称号。但我要说，再过几年，新的一批‘教坛明星’中，很可能就会有我们的王晓丹老师！”同学们鼓起掌来，这掌声当然是献给王老师的。我接着说：“再过十年、二十年，我坚信，在座的同学们也会成为我们国家各行各业的耀眼的明星！”掌声再次响起，同学们这次的掌声是献给他们自己的未来的！

晚自习还有半个钟头才下课，按学校宿舍管理规定，同学们不能提前回寝室，他们便要求我继续朗读《在困难的日子里》。

此刻，窗外秋夜的天幕上挂着一弯月亮，习习凉风不时吹进教室，拂动着我们还在剧烈跳动的心。于是，在这美好的时刻，我开始了朗读。随着我的朗读，我和我的三十七个孩子再次进入了路遥的世界：

> 是的，我们正在离开孩子的时代，走向成人的阶段。在这个微妙的，也是美妙的年龄里，将会给我们以后留下多少微妙而美好的回忆啊……

9月13日　　星期一　　阴

从周记、随笔中走进学生心灵

星期一上午，照例是看学生的周记和随笔。

我发现不少学生把周记和随笔弄混了。原来我想把二者统一起来，交一个本子就可以了，但我发现周记主要给德育处看，而且主要是为了了解学生的表现；而随笔是我布置的，写作内容比较自由。

于是，我便叫学生还是分开写，周记在周末写，就写一周小结，随笔平时写。但今天仍然有不少学生不按要求分开写，看来我得在班上强调一下。

好不容易看完周记，我了解到班级的学习氛围是很浓的，但不少人觉得化学和物理特别难，心里有点儿紧张。我便向教化学的谢丹琦老师转达了这个信息，他非常重视，他说他会调整教学并引导学生正视困难。

我想，这些周记真实地反映了学生的情况，也应该让副班主任王晓丹老师看看。于是我把她叫来，把这些周记给了她，并说以后每周收上来的周记，我看完后都会给她看看。

从最近学生的周记、随笔来看，学生们的写作水平普遍较低，有些学生的文字表达能力可以说很糟糕，这是我以前没有想到的——我以前当然也没有在语文能力上把他们想得多么优秀，但现在看到的文字仍然让我吃惊。任重道远啊！

下午，语文课后是学校安排的阅读课。原本我想搞一次《爱心与教育》讨论会，让学生谈谈阅读体会并向我提问，但今天有学生提出最好把书中的一些人物请来，我说："好啊，那我们就下周再搞讨论会吧！"于是今天我便分配课外书。

所谓"分配课外书"，就是我把我家里书架上的一些文学作品拿到学校来，借给学生们读。上个星期六，我从家里选了四十多本书带到学校。今天，我便一一发给学生。这些书大多是世界名著。

学生们拿到书以后，我对大家说："我希望我的学生拥有一种书卷气，而书卷气必须靠书香气来熏陶。有同学已经提出要把我们班建设成书香班级，这个建议非常好！今天我借书给大家便是建设书香班级的第一步。后面，我们每一名同学还要订一份杂志，这样我们班就会有三十多份杂志，我们的教室便同时成了阅览室！多好！"

晚上，我有事提前离开了学校。

刚才，我收到王晓丹老师的手机短信——

> 李老师，我刚才给学生们读了周记，让他们鼓励遇到困难的同学。我看到有同学哭了，但我很高兴！我想我做这个副班主任很幸福！

我马上拨通了王晓丹老师的电话："王老师，祝贺你呀！祝贺你走进了学生的心灵！"

电话里，她仍然很兴奋，对我说："我读杨心同学的周记，杨心同学说她在学习上遇到了困难。于是，我便不指名地在班上读了她的周记，并请其他同学每人对这名遇到困难的同学说一句话，鼓励这名同学战胜困难。结果一些同学说完以后，我看到杨心在座位上流泪了！"

我说："这说明你真的触动了学生的心灵。一些班主任，包括一些老班主任，都不一定能够走进学生的心灵。因为他们带班往往浮在事情的表面，成天不是忙着布置任务，就是强调各种不准，或者指责、批评学生。这样，怎能走进学生的心灵？教育离开了对心灵的触动，就不可能有成效！"

她说的这个杨心，今天也被我表扬过一次。开学第一周，她曾来找我谈心，要求每周三回家一次。我同意了，但又对她说："周三尽量不要回去，看看你能否战胜自己。"结果，上周四早上跑操时，我发现她在队伍中，便知道她周三肯定没有回家。但当时我不敢保证她周四、周五也不回家，所以我没有急着表扬她。今天，她上讲台来领书，我悄悄问她："上周你回家了吗?"她笑着悄悄对我说："没有!"我马上握住她的手："祝贺你战胜了自己!"

今天晚上，王老师又发动全班学生巧妙地鼓励了她，她一定会感到幸福的。

这当然首先是王晓丹老师的幸福。事情虽然小，但体现了王老师工作的创造性。本学期，学校安排王晓丹老师做我的副班主任，她说要当我的徒弟，跟我学点东西。我第一次和她谈话就明确告诉她，一定要以自己的方式从事班主任工作，可以学我的一些精神，比如爱学生，比如从细节处走进学生心灵，但决不要成为第二个"李镇西"。我对她强调："你应该以你的方式走近学生!"

开学虽然还不久，但我发现王老师工作不但具有主动性，而且富有创造性：在食堂吃第一顿饭，她提议让大家坐在一起，以体会"家"的感觉；第一周的一次班会上，她让学生上台做自我介绍；她还建议班上搞一次文艺表演，让有文艺特长的学生露一手……作为大学毕业仅一年的女教师，她深受我们班孩子的喜爱。一天，我在课间问学生："你们觉得王老师怎么样?"同学们纷纷说："很好呀!""很关心我们!""王老师好漂亮呀!"……我说："那你们可一定要听王老师的话!"我特别对男生说："你们可一定不能欺负王老师!"

同学们都笑了!

刚才王晓丹老师在电话里对我说："你给我打电话时，我正在'教育在线'看你写的帖子呢!"我便对她说："建议你把今天的幸福写成随笔，发到'教育在线'上来，让更多的人分享你的幸福!"

9 月 17 日　　星期五　　晴转雨

让学生自己发现问题

昨天下午去市教科所开会，晚上便没有再回学校。今天早晨又去团市委开会，下午 1 点后才往学校赶，赶到学校时刚好是读报课，我便飞快地朝我们班教室跑。

刚到教室门口，我看到王晓丹老师正叫坐前排的蒋鸣折一根筷子，并问："能折断吗？"蒋鸣点点头。王老师又叫了另外几名学生尝试，结果几名学生都说能折断。王老师又拿了一把筷子叫蒋鸣折，蒋鸣试了试，摇摇头："不能折断。"其他几名同学试了之后也说折不断。

王老师问："这说明什么？"同学们纷纷说："团结就是力量！"王老师说："对，团结！而团结需要理解，我们班尤其需要同学之间的理解，特别是同学对班干部的理解。"她在黑板上写了"理解"两个字。

王老师接着说："昨晚同学们练习广播体操，有些同学做得不好，班长批评了这些同学，结果一些同学就不理解班干部。我们的班干部是为了谁？他们为同学们服务，同学们应该理解他们！请班干部们站起来，到讲台上去。"

几名班干部一一来到讲台上站成一排。王老师说："你们能不能对大家说一说心里话？"

班长文海首先说："昨天我的态度不好，请大家原谅！我以后一定更好地为同学们服务！"

同学们的掌声响起来了！

接下来，其他班干部也向同学们表达了歉意，说自己工作没有做好，这段时间班上出现了一些问题，并表示以后一定会更好地为大家服务。

他们的话同样赢得了掌声。

王老师说："听了班干部们的话，同学们有什么要对班干部们说的呢？"

强劲站了起来："是我们不理解班干部们，我代表同学们向班干部们道歉！"

宋飞也说："班干部们没有错，虽然他们有时急躁了点，但还不是为大家好？我以后一定要理解班干部们！"

这两名同学的话也赢得了掌声。

王老师说："同学们能互相理解，我很高兴！我相信，我们 3 班一定会改正目前的缺点，取得更多、更大的进步！"

读报课结束的音乐响起了。我走进教室，对大家说："刚才的一幕我看到了，我很感动。我要说的是，本来我想批评一些同学，但听了刚才同学们的话，我觉得完全没有必要了！你们已经认识到了自己的错误，我为什么还要批评呢？

苏霍姆林斯基曾说过，真正的教育是自我教育。我曾跟同学们说过，要战胜自己。你们今天便是自我教育，便是在战胜自己。”说着，我把“自我教育”“战胜自己”写在了黑板上。我继续说：“但我还是想说两点。第一，我从来没有期待过你们不犯错误。一个人或一个集体，犯错误是难免的，关键是如何对待错误。这次，同学们犯了错误，但你们能够正确对待，这便是改正的开始。而且我也不会给同学们提不再犯错误的要求。以后我们还会犯错误，不要紧，随时提醒自己、战胜自己嘛！”

我话锋一转：“第二，我今天想到了一个关键的问题：制度。前段时间我们的班风靠的是同学们的自觉性，但人是有惰性的，总有管不住自己的时候，有时自觉性并不够用。怎么办？靠制度！我们班一直缺个东西，什么东西呢？”

我停顿了一下。有同学说：“规矩。”

我说：“对！规矩，也就是班级规章制度。我们至今还没有这个东西。是不是李老师忘记了呢？当然不是！李老师当班主任那么有经验——哈哈，顺便自吹自擂一下——怎么可能忘记呢？其实，李老师早就想到班规了，但一直没有提出来，为什么呢？因为火候未到。如果我一开学便提出来，那么，班规不过是李老师个人的主张。我在等待，等待着班上出现问题，同学们感觉没有班规是不行的，再由同学们制定班规。这样的班规才是自我约束的班规。现在看来，不要班规是不行的。”我看到许多同学在点头，便说：“好，明天我们的班会课就讨论班规的制定。”

接下来，学生们开始上历史课了。我和王晓丹老师往楼下走，我对她说：“谢谢你！你做得很好，而且很讲究方法，尽可能让学生之间互相理解。这几天班上出现了一些问题，这很正常，我们都应该从容对待，让学生们在认识错误中成长。”我再次对她强调：“你大胆地干！以你自己的方式走进学生的心灵！”

这几天，魏智渊老师不止一次非常得意地对我说：“现在我们班的情况比你们班好！不仅是男生宿舍的纪律，而且是全方位的好！”这家伙，完全忘记了当初他自己那副哭丧脸！

不过，我从心里为魏老师高兴！但是下午上语文课，我故意当着全班的面指着坐在后面的魏老师说：“那位说‘我们班比 3 班好’的老师就在后面坐着，大家难道不想对他说点什么吗？”

学生们纷纷转过头，非常坚定地对魏老师说：“我们班一定会超过你们班！走着瞧!”

魏老师坐在后面憨厚地笑着。

我也笑了:“同学们,魏老师是我的铁哥们儿,你们可以随便说他,他不会生气的!”

同学们都笑了,笑得十分纯真。

下课后,我把欧阳震宇叫住,帮他分析了一下他的作文。我肯定了他有比较好的语言表达基础,是可以写出好作文的,但要注意两点:第一,写作一定要认真,不要敷衍;第二,多观察、多感悟生活,尽量写出属于自己的独特的东西。

我昨天就打算到男生宿舍找生活老师,了解一下这段时间我们班男生究竟在哪些地方表现不好,但因为昨天要去市里开会便耽搁了。因此,我下午来到男生宿舍。

生活老师告诉我:“这个年级的男生不如其他年级的男生,普遍素质比较差。”我说:“你别说其他班,就说我们班。”于是他告诉我,我们班男生主要存在这些问题:不少男生熄灯后爱说话,还有一些男生熄灯后还在吃东西,等等。

我对生活老师说:“作为班主任,没能管理好学生,我要向你道歉。希望你继续严格要求学生!有什么问题随时与我联系!”

晚自习前半小时,我把所有男生集中到图书室,和他们谈心。

说心里话,不生气是假的,但我不能在学生面前生气。从哪里谈起呢?我想,还是坦诚相见,以心换心,不必刻意追求什么“谈话艺术”。把一颗心袒露给学生,学生一定会理解我的。于是,我说:“我这段时间很累,作为朋友,我希望你们能帮我一把。”我谈到我为什么要从教科所调到学校,为什么强烈要求当班主任。“最近有一些老师说,李老师你还是把班主任的重任卸掉吧,但我没有。为什么呢?因为我确实舍不得你们。可能其他人不会相信,认为我矫情,但这是我的心里话!”我谈到 1983 年,我因为工作太投入而患上神经衰弱综合征,不得不住进医院的事。“最近,我总觉得很疲倦。我们不说是师生,就算是朋友,你们也应该尽量不要让李老师操心。你们自觉一点,李老师就可以多休息休息。”

同学们都不说话,有的表情凝重地看着我,有的低着头。我又说:“最近我们班男生出现了一些问题,我在这里不批评大家了。因为我认为,如果你们没有意识到自己的错误,我怎么批评都是没有用的。这样好不好?同学们谈谈自己最近的表现，我希望大家能够对自己诚实。”

我以为学生们会不好意思发言，结果大家纷纷争着发言。在发言中，同学们真诚地反思自己最近的不足：寝室纪律差，学习上不够刻苦，练习广播体操还不够认真，有时会在自习课上聊天……

同学们说完了，我说：“我说过，最好的教育是自我教育。你们现在这样检讨自己，我很高兴。我不会给你们提不许再犯错误的要求，我只希望你们犯错误的间隔尽可能长一些。比如，今天晚上你们是否能够做到遵守寝室纪律呢？——请先不要忙着回答，想想再回答！”

几秒钟后，一群小男子汉七嘴八舌地说：“能！”“一定能！”

我说：“你们生活上还有什么困难吗？”

大家便围到我身边向我倾诉：“晚上生活老师把电闸拉了，我们连电蚊香都不能用！”“生活老师常常半夜莫名其妙地闯进我们的寝室！”“我们现在常常洗不上热水澡！”……

我说：“我这就去找有关老师。”

男生的集体谈话一结束，我就向德育处徐主任反映了学生们的意见。

晚自习时，我对同学们说：“下个星期二和星期三，李老师要去中央电视台录制节目，可你们要比赛广播体操。你们能够让李老师放心吗？”

全班同学齐声说：“能！你放心吧！”

学生们做作业时，我坐在讲台上，挨个找学生上来面批作文，也就是当面分析该生作文的得失，并进行写作指导，同时也聊聊学习和生活。今天晚上，我一共找了十来名同学谈心。

在谈心的过程中，我了解到一个问题：最近学生们的作业特别多，而有的老师会占用自习课讲课，导致学生们普遍感觉时间不够用，因此本周有学生未交作业。

我听了首先是感到惭愧，觉得自己冤枉学生了。前几天我听说我们班有同学不按时交作业后，曾在班上说：“这是我们班的耻辱！”现在才知道，有的同学不交作业可能的确是属于态度问题，但有的同学未交作业则可能是因为作业负担的确太重而没有时间完成。看来，我还不够体谅学生。

我打算明天就向各位任课老师反映一下同学们的意见。

9 月 18 日　　星期六　　阴

要不要制定班规

上午我专门向学校有关部门反映了学生的一些实际困难。我主要反映了两点：第一，应该把自习课还给学生，让他们有时间完成作业；第二，寝室不应拉闸，应该让学生能够用灭蚊器。

上午最后一节课是班会课。昨天我就跟学生们说过，这堂班会课的内容是制定班规，于是有的学生以为今天就要制定班规。说实话，弄个班规是很容易的，但如果这个班规不是来自学生而是仅仅来自教师，那这样的班规是不会真正起到应有的作用的；同时我还认为，制定班规的过程应该成为民主启蒙的过程。

因此，一上课我便说："昨天我说了，我们班一直缺个东西，就是班规。今天，我们就来讨论一下这个问题。我有三个问题要问大家，请大家一定要实话实说！第一个问题：同学们是不是真的希望我们班以后成为一个优秀的班集体？"

我话音刚落，同学们已经纷纷点头说："当然想！"

这在我意料之中，谁不愿意生活在一个美好的班集体中呢？

但这个问题一定要问，这是为了让学生们明确我们共同的目标：建设优秀的班集体！

这个问题里潜藏着一个答案：制定班规正是实现这一目标的必经之路。

但我没有一步到位地说出来，而是一步一步地引导着学生："好！我和你们一样，也希望我们班成为优秀的班集体！但是，我们在建设班集体的过程中，肯定会遇到许多困难，包括我们会犯各种各样的错误，这些都会妨碍我们实现目标。怎么办呢？所以，李老师想问的第二个问题是：你们是不是真的觉得应该制定班规？这个问题不要急于回答，一定要想想再回答，不要揣摩李老师的意愿，更不要为了让李老师高兴而说违心的话。"

同学们认真地想了想，然后纷纷说："应该制定！"

我说："究竟有多少人同意呢？这样吧，凡是觉得有制定班规的必要的同学，请把手举起来！"

一只只手举了起来，我一看，显然是绝大多数。

我又说："有没有不同意的？也请把手举起来！反对的同学不要有什么顾虑，我最愿意看到同学们勇敢地表达自己的真实意愿！"

张颢君和刘陵把手举起来了。

"好！不同意就不要违心地同意。我非常赞赏你们的独立精神！"我表扬了张颢君和刘陵，"不过，你们能够说说为什么不同意制定班规吗？"

张颢君说："制定班规让我们受到束缚，不自由，这会影响我们班的和谐气氛。"

刘陵说："我觉得没有必要制定班规。同学们犯了错误，老师教育就可以了。而且，班规是对大家的不信任。我以前看过一个故事，说一个校长坚持在学校不安装铁门而安装玻璃门，因为他相信学生们不会把门撞破，结果几年后玻璃门一点儿也没有破。我觉得应该相信我们学生！"

我问："刚才举手同意制定班规的同学中，有没有听了这两名同学的观点认为他们说得有道理而改变主意，觉得还是不制定班规好的呢？"

有四名同学举起了手。

我又问："同意制定班规的同学，你们怎么看待张颢君和刘陵的观点呢？"

这时，许多同学纷纷发言。

唐朵说："肯定要有班规，一个班没有规矩怎么行？刘陵说的那个玻璃门的故事不能说明问题，如果玻璃门被撞坏了，还是得赔偿，这不就是一种规矩、一种惩罚吗？"

张自强说："不能说制定班规就不自由，班规是对不守纪律的同学的约束。"

何思婷说："当然应该制定班规。一个集体必须有统一的行为规范，不然会乱套。"

文海说："班规不是束缚我们，而是引导我们怎样做才最好！国有国法，家有家规嘛！"

当文海说到"家有家规"时，我插了一句："你把我们班比作家，非常好。但我要问：这个家谁是家长？"

学生们齐声说："李老师！"也有学生补充："还有王老师！"

我笑了，但斩钉截铁地说："大错特错！"

学生们一愣，我接着说："我们班集体的每一个成员都是平等的，李老师和王老师也都是这个集体中平等的一员！我和你们不是父子或父女关系，而是朋友关系。我们一起建设班集体，共同追求我们的理想。在中国传统观念里，家长是一家之主，他们的话是至高无上的。如果我是家长，这个班的一切都由我说了算，那我岂不成了'皇帝'！对了，在封建社会里，皇帝把整个天下都当成他的家，就是所谓'家天下'嘛！他成了这个家的家长，因此专制便是很自然的了。但在我们班，绝对不允许有'皇帝'存在！"

稍停顿了一下，我接着说："你们说我是家长，这里面隐藏着一个观念，认为这个班全靠李老师。不，我要说李老师也靠不住。同学们千万不要把这个班的兴衰都寄托在一个人的身上，无论这个人是李老师还是王老师。我们要把希望寄托于制度，也就是我们即将制定的班规。如果一定要说这个班有'家长'的话，那么这个'家长'应该是体现我们集体意志的制度，也就是班规。我们不服从任何人，只服从班规。班规制约着每一个人，包括李老师！"

学生们显然很惊讶，没有一个人说话，教室里很安静。但从他们认真听的神态中，我知道绝大多数学生理解了我的观点。

我又对张颢君和刘陵说："制定班规就是不信任同学们吗？我认为不是。尊重和信任同学们，和严格要求同学们是不矛盾的。这里的严格要求，就包括合理的规章制度。要知道，人的天性里有懒惰的因素，有自我放纵的潜意识，因此需要外在的约束，这个约束就包括制度的约束。我多次跟同学们说过'战胜自己'，还说过'真正的教育是自我教育'，这和我们今天所说的外在约束是不矛盾的。既有自我教育，又有外在约束，他律和自律相统一，这才是完整的教育。或者说，通过'他律'达到'自律'，就是自我教育、自我约束的最高境界。其实，我们的班规也是同学们自我教育和自我约束的一种形式，因为班规是大家制定的呀！教育，还包括行为的养成，而这'养成'就包含了行为的训练——该做什么，不该做什么，都要有规矩。其实，好的制度应该是让遵守制度的人感觉不到制度的存在，同时又让不守规矩的人处处感受到制度的约束。比如，李老师就感觉不到刑法的存在，我一点儿也不觉得受到了约束：怎么连人都不可以杀呢？太不自由了！（学生大笑）但是我却处处感受得到交通法规的约束，因为我现在开车上班。有几天，为了赶在你们出操之前到学校和大家一起跑步，我偶尔还差点闯红灯。每当这时，我就会想如果闯了红灯就要被扣分，还有罚款，所以我就不敢闯红灯。无论我们多么信任别人，要知道，从理论上说，人人都会犯错误，我们制定规章制度就是为了防止大家犯错误或让大家少犯错误。中国十几亿人，犯罪分子只占极少数，但为了这极少数人，我们不得不制定出面向全体中国人的法律。这能说是对所有中国人的不信任吗？因此，我认为，制度是必需的，班规也是必需的。”

说完这些，我问张颢君：“听了刚才同学们的发言和李老师的话，你明白为什么要制定班规了吗？你原来的想法有没有改变？”

张颢君说：“快了！”

同学们满是善意地笑了。

我又问刘陵：“你呢？同学们和李老师有没有把你说服？”

刘陵说：“没有，我还是不同意制定班规。”

我说：“不要紧，没有被说服就保留你的看法。但是……这个班规还制定不制定呢？”

同学们说：“要制定，要制定！”

我说：“那我们只能少数服从多数，制定！”但我同时补充了一句：“我们也尊重刘陵同学的意见。”我大声地强调：“民主有两个原则：行动上，少数服从多数；精神上，多数尊重少数。”我又说：“其实民主制度也不是万能的，民主也有不足，最大的不足便是效率不如专制高——皇帝一个人说了算，一分钟就可以做出一个关系国家命运的决定，这效率多高！民主就办不到。另外，民主也会犯错误。但是，民主同样可以纠正错误。当然，一个班不是一个国家，但有些精神是相同的。”

我看绝大多数同学同意制定班规，便提出了第三个问题：“李老师的第三个问题是：这个班规由谁制定？”

这次学生们的回答让我很满意：“由我们自己制定！”

“非常好！”我赞叹道，“班规应该由同学们制定，而且每一个人都要参与制定。注意，是‘每一个人’，而不仅仅是班干部！李老师当然也要参与制定，但我主要是和大家讨论班规制定的原则。”

我继续引导大家：“我们制定班规应该遵循怎样的原则呢？”

学生们面面相觑，显然没有想过这个问题。我只好说：“我先谈谈我的想法，供同学们参考。制定班规是不是应该遵循这三个原则？第一个原则是广泛性。”

学生们好像不太理解我的说法，眼神里充满了迷惑。我解释说：“就是说，这个班规应该尽可能包含我们同学和李老师今后可能发生的任何违纪现象。打个比方，如果法律没有规定不能盗窃，那我盗窃就不算犯法；如果没有规定不能杀人，那我天天杀人都是可以的!”

学生们笑了，同时说：“不可能!”

我说：“是呀，之所以不可能，是因为法律规定杀人要偿命呀！同样的道理，如果我们的班规没有对迟到做出限制，那么，同学们天天迟到，李老师也不能批评，因为并没有违反班规呀！我们是‘依法治班’嘛！当然，这里的‘法’并不是真正意义上的法。一个班是没有立法权的，我这里只是打个比方。我要说的是，今后我们的班规就相当于我们班的‘法律’！而法律在制定的时候应该尽量不要有漏洞。”

学生们点头表示同意。

我接着说：“第二个原则是可行性。就是说我们的班规制定出来后，要能够落实，不能是一纸空文。要做到具有可行性，我想应该有这些要求。首先，班规的条文应该是对行为的约束，而不是对思想道德的提倡。也就是说，班规只管行为，因为只有行为才能被约束。比如，我们不能这样规定：‘勤奋学习。’这不可监督。如果写成‘课堂认真听讲，按时完成作业’之类的，就具备可行性了。另外，班规的可行性还体现在规定要有弹性，不能太绝对。如果没有一点弹性，最后是很难实行的。举个例子，我们可以规定‘按时交作业’，但总有一些时候因为一些特殊情况——生病呀或者忘记带作业本呀，有同学不能按时交作业。那么，我们可以这样规定：‘每学期缺作业或不按时交作业不得超过一次。’也可以规定‘两次’，但同时要写明‘缺作业必须向老师说明情况’。这并不是降低要求或迁就不交作业的同学，而是让班规更加符合实际，从而能够实施。”

同学们纷纷点头，觉得很有道理。

我继续说：“但这样还不能算有可行性，因为有一点没有规定：违反班规了怎么办？需不需要惩罚?”

同学们齐声说：“需要!”

我紧接着问：“怎样惩罚?”

有同学说：“罚打扫卫生!”有同学说：“罚抄作业!”有同学说：“罚款!”

我说：“劳动是光荣的，怎么成了惩罚呢？罚抄作业我也不同意，学习应该是愉快的。至于罚款，我更反对，罚的又不是你们的钱，是家长的钱。怎么你们犯了错误居然要罚家长的款呢？”

学生们没辙了，他们望着我，似乎在问：“那你说怎么办？”

我说：“和同学们一样，我也主张应该有惩罚。但我要说的是，惩罚不等于体罚！我们的惩罚措施能不能既有精神上的，也有行动上的？如果谁犯了错误，就让他给大家表演一个节目，给大家带来快乐，以表达他的歉意。如果谁打扫卫生不认真，可以规定他必须重新做！他没有做好，让他重做一遍，这是理所应当的呀！前几天我看有的小组打扫卫生就不太认真，但没有叫他们重做，因为还没有班规嘛！现在我们就要做出这样的规定。这就是我理解的惩罚。”

学生们纷纷说：“可以。”“应该这样。”

我继续引导：“但是，这样还不具备彻底的可行性，因为没有明确由谁来监督执行。我们国家的法律，由行政机关和司法机关执行。那么，每一条班规由谁执行？”

同学们说：“班干部！”这次大家没有说“由李老师执行”，我觉得这是他们观念上的一个进步，但我对他们说的“班干部”也不满意。

我说：“班干部当然应该起到执行班规的作用。但是，比如一个同学打扫卫生不认真，按班规应该重做，这一条由生活委员杨海峰——哈哈，我随便假设的一个例子——执行，但完全也有可能，这个不认真打扫卫生的同学当天晚上便请杨海峰吃了一顿火锅。（学生们爆笑）你们别笑，制度必须把一切可能出现的情况考虑到。于是，杨海峰便不再要求那个同学重打扫卫生了！怎么办？”

学生们不笑了，他们一下子被我这个问题难住了。

我说：“因此，班规除了规定每一条由谁执行之外，还得写上由谁监督！”

同学们马上问我：“那个负责监督的同学不负责任怎么办？”

我说：“我们定期——比如一个月或半个学期——举行民主评议，评议每一条班规的执行情况，特别是执行者和监督者的表现。我们的制度要把每一个人——包括李老师——都置于监督之中！”

我强调：“这就是我说的可行性。这非常重要！其实，你们原来小学和初中一定也有班规，但不少班规只不过是贴在墙上的装饰，为什么？因为缺乏可行性。我们还有校规，国家还有《中学生日常行为规范》，但恕我直言，有些规定并不具备彻底的、严格意义上的可行性，因此我们必须考虑班规的可行性。当然，特别要说明的是，具有可行性的班规也是对《中学生日常行为规范》和校规的补充，或者具体落实！”

我开始给学生说最后一个原则：“我们制定班规，除了要注意广泛性和可行性，还有制约性，即同学之间和师生之间的互相制约。也就是说，这个班规不只是老师和班干部拿来管同学的，还应该是约束每一个人的！我特别要强调的是，这个班规必须有对班主任的制约。”

同学们又一次没有想到我会这样说。我耐心地解释道：“对一个国家来说，任何公民都必须守法，这是常识。对一个班集体来说，任何一个成员——包括老师——都必须遵守共同制定的班规，这也应该是常识。因为李老师也会犯错误，如果你们不通过班规约束我，我会肆无忌惮地犯许多错误呢！比如，过去李老师做班主任是从不拖堂的，从来都按时下课，但开学以来，我已经拖堂好几次了。为什么？因为我们还没有班规嘛！同学们还没有从制度上对我进行约束嘛！因此，我拖堂也不算违规。但如果以后班规中有‘不许拖堂’的规定，我就不会，不，是‘不敢’拖堂了！再说了，班规对老师的约束并不是为难老师，而是帮老师改进工作。我问你们，你们觉得李老师脾气好不好？”

大家都说：“好！”

“可是你们知道吗？李老师以前脾气可暴躁啦！”我说，“但现在为什么变得越来越温和、越来越有耐心了呢？这都得益于我以前的学生对我的帮助。怎么帮助的呢？通过班规对李老师进行约束。如果我对同学发了火就必须接受惩罚！这样一来，我的脾气就慢慢变好了，我的教育也慢慢走向成功！你们看，班规对老师的约束多么重要！”

我接着说：“关于制定班规的原则，我就说这么多。同学们不同意也不要紧，你们也可以谈谈你们的想法。”

同学们说：“我们同意李老师说的几个原则！”

我说：“那好！那我今天的最后一个问题是：这个班规谁来制定？”

“我们制定！”同学们大声说。

“对，是你们！”我说，“但是，所谓‘你们’应该是你们每一个人，而不仅仅是班干部！这几天，同学们可以根据以上三个原则思考班规内容。下周四开始军训，你们军训期间也可以继续思考或者打草稿。军训结束后紧接着是国庆七天长假，你们就可以开始制定班规。国庆假期后回到学校，请每一名同学交一份班规！”

同学们很惊讶，制定班规怎么要花这么长的时间？

我说：“制定班规是一件非常严肃的事。如果老师匆匆抛出一份班规让大家照着做，效率是很高，但这样的班规多半不能落实。我们还是多花一些时间比较好。过了国庆假期，我们请班干部将每一名同学制定的班规进行整理汇总，拟一份草案，大家再来修改。最后，我们将以无记名投票的方式对班规进行表决。如果通过了，就执行；如果没有通过，就重新制定！总之，这是大家的事，一定要严肃认真。”

同学们都表示同意。

下课的音乐声响了，我简单总结道：“这份班规将是我们班的‘法律’，而且法律面前人人平等。李老师多次说过，班主任也是靠不住的，唯有集体的智慧和意志，以及体现这智慧和意志的制度，也就是班规，才能保证我们班逐步成长为一个优秀的班集体！这是我们共同的理想！而在这过程中，同学们在成长，李老师也将和你们一起成长！”

下课后，不少同学对我说，原以为班规就是一开学老师给大家提几条要求，然后叫大家照着做——以前初中就是这样的；没有想到，制定班规还有这么多讲究。他们觉得这样的班规才是真正由同学们自己制定的。

不局限于出台一纸班规，而更着眼于学生自我教育和自我管理意识的唤醒与能力的培养；不局限于让学生遵规守纪，而更着眼于我和学生的共同成长；不局限于追求民主管理的结果，而更着眼于民主教育——把制定班规的过程变成对学生进行民主精神启蒙和民主实践训练的过程……

这就是我的追求。

9 月 20 日　　星期一　　阴

从随笔中捕捉集体的自我教育

今天是星期一，上午照例是看学生们交上来的周记和随笔。每当这时，我总是很愉快，因为在学生的心灵中遨游是一种幸福。

周记是学校德育处要求学生每周写的自我总结，随笔是学生写的自由文字。因为我们班已经建立起了同学之间、师生之间的信任，应该说这些文字都反映了学生真实的心境。

在上周的随笔中，学生们记下了班集体中一些温暖的细节，记下了班里发生的一些普通却感人的事，也记下了他们对学习、对老师、对班集体的一些感悟。

钟晓的随笔——

> 这时，刘陵也赶了回来，虽然打着伞，但也淋得差不多湿透了。他放下伞，脱下衣服，便用毛巾擦起来。他看见我站的地方积了一摊水，急忙说："快把衣服脱了，用毛巾擦擦吧。这鬼天气！"于是我就脱下了衣服，用毛巾随便擦擦。我泡好了方便面，便趴在我们寝室里唯一的一张桌子（不知从哪儿找来的）上吃起来，热乎乎的方便面让我不觉得饿也不觉得冷了，舒服极了。这时，对面寝室的李应生过来了，耳朵里塞着耳机，正悠闲地听着音乐。他走到我的面前，对我说："你头发还在滴水呢，再擦擦吧。"他看见我在吃面，便看了一下周围又说："你们寝室没凳子呀，我去帮你找一个来吧！"他说着走了出去，不一会儿又进来了，放下凳子说："来！坐下吃吧！"我急忙说："谢谢！"他说："不谢。"说着他又悠闲地走了出去。我很是感动，同学们竟是这样热情。顿时，我觉得更温暖了。

林柔倩的随笔——

> 那不是我同桌吗？只见她浑身都湿透了，还滴着雨水的头发贴在她焦急的脸上。见了我，她一把拉住我，将手中的伞递到我手中，便向宿舍飞奔。我举着伞追着，用伞去替她挡雨，可她连忙将伞推到我头顶上，说："我已经淋湿了，别管我，你别淋感冒了。"回到宿舍，我刚想感谢她，她却已擎着那把伞再次冲向雨中，去帮助那些像我一样在雨中叹息的人了。看着她渐渐消失在雨中的身影，我心里涌起一股暖流。

读着这些文字，我被深深地感动了。

当时，我是在语文办公室看这些随笔的，身旁坐着魏智渊老师，我忍不住一边看一边给魏老师读。我说："读这些随笔时，我就像魏巍的《谁是最可爱的人》开头所写的那样，感情的潮水在不停地奔流着。你看，这篇写得多好！"然后，我又跟他说："我越来越信服苏霍姆林斯基的这个观点：学生的心灵绝不是一块不毛之地，而是一片已经生长着美好思想道德萌芽的肥沃的田地，因此，教师的责任首先在于发现并扶正学生心灵土壤中的每一株幼苗，让它不断壮大，最后排挤掉长有自己缺点的杂草。我理解的苏霍姆林斯基的这个观点的意思是：所谓'教育'，并不是凭空地给学生灌输多少美好的道德，而是充分发现学生心灵中本来就有的善良的萌芽，并使之茁壮成长，再用这些善良的萌芽去鼓励他们表现出更多的善良。上面这些学生的行为，并不是我教育的结果，但我可以鼓励他们这种行为，并让更多的学生自觉地去做善良的事。这就是教育!"

因为要去中央电视台录节目，我不得不离开学校，这是我第一次离开同学们。临别时，我向大家挥手："同学们，拜拜!"同学们也向我挥手："拜拜!"

在去机场的车上，我还想着今天读的学生随笔，以及这些随笔所发挥的作用。二十多年的班主任工作经验告诉我，所谓"自我教育"，不仅仅是单个学生的自我反思、自我提醒、自我批评、自我表扬或自我鼓励，更是用学生集体中本来蕴含的教育因素去教育——更多的是感染——整个集体。

9 月 25 日　　星期六　　阴

让学生在军训中经受磨炼

学生军训去了，我并没有跟着他们去，因为学校有一些事需要处理，同时市里也有些事需要我参与。我委托王晓丹老师照看好学生，并说我会抽时间去看学生的。

24 日晚上，我还在女儿学校开家长会，突然手机响了，接了一听，是魏雨萱的声音："李老师，我告诉你……"她的声音好像带着哭腔。当时女儿班主任正在讲话，我只好对她说："对不起，我正在开会，说话不方便。"魏雨萱只好说："那我过一会儿再打!"

家长会结束后没有接到魏雨萱的电话，我便想给她打过去，但转念一想，刚才听她的语气好像是受到什么委屈了，可能是想跟我诉苦。学生到了军营，就应该自己承担一切困难，哪怕是委屈，不应该动辄找老师哭诉。于是，我打消了给她打电话的念头，而且把手机也关了。

25 日上午，文海给我打电话，问："李老师，我们都想你了，你怎么还不来看我们?”

我说:“我现在在医院,我女儿正要做一个小手术。但我下午就去看你们!”

下午,我开着车去军营了。从成都出发到军训所在地大邑县大约60公里,沿途在修路,不太好走。我是第一次开这么远的车,一路上我很兴奋,马上要见到两天不见的学生了。同时,我也想象着学生见到我的情景,他们一定特别激动,一定是的!

经过近两个小时的颠簸,终于到了大邑县。下了车,我看见到处都有穿迷彩服的学生在训练,就是不知道我的娃娃们在什么地方。我问了问,才知道我的学生就在离我不远的地方,只是因为他们都穿着迷彩服,我一时没有看清。

我来到我们班学生的训练场,看到一位女教官正在“一二一!一二一!”地喊着口令训练学生。不远处还有一小队学生,在文海的指挥下不停地走着队列。

他们显然都看到我了,但没有一个人理我,个个脸上表情严肃,根本不把我“放在眼里”,全然没有我想象中的欢呼雀跃状!

我在那儿驻足良久,似乎成了多余的人,但我仍然欣赏着他们的队列。两天不见,我的学生便如此英姿飒爽了!我有点儿自豪。

终于,女教官对他们说:“休息!”

整齐的队列还没有散开,同学们像约好了似的,突然看向我,露出了笑容,并都向我挥舞起手来:“李老师!李老师!”他们纷纷向我拥来,顷刻间,我便被孩子们包围了!

那一刻,我真幸福。

同学们你一言我一语:“李老师,你怎么才来!”“李老师,我们好想你!”“李老师,我们表现得最好!”……

许多同学还问我中秋节来不来,我说:“李老师中秋节一定到部队来,和大家一起过节!”

同学们欢呼起来!

文海说:“我们男生给李老师表演军体拳吧!”有人说:“才学了四个动作呀!”马上又有人说:“不要紧,四个动作也可以表演!”

于是,在文海的指挥下,男子汉们迅速排好队,开始给我表演了。他们一招一式十分认真,嘴里还有节奏地吼着,气势犹如猛虎下山!宋飞还给我和同学们表演了跆拳道,他的表演赢得了同学们热烈的掌声。两名女同学——杨南希和杨扬也大大方方地站到了训练场中间，给我们表演太极拳。训练场成了快乐的海洋。

我对女教官说："谢谢你！你辛苦了！"

年轻的女教官说："不辛苦！3 班的学生最优秀！我的运气真好，被分配来做他们的教官。"

何晓蕊等几名女同学却把我拉到一旁说："李老师，我们的心灵受了伤！"我问："怎么回事？是不是女教官不好？"她们说："不，女教官对我们可好了！我们的不满不是针对女教官的，等国庆假期期间我们写随笔给你看。"

这时，王晓丹老师过来了。她说："这几天，学生天天都问我李老师什么时候来呀！"然后，她又说："我真嫉妒你，学生那么喜欢你！"我说："学生同样很喜欢你呀！"

我问她学生和教官是不是发生了什么冲突。她告诉我，学生在训练中的表现是很优秀的，只是由于种种原因，学生和教官发生了冲突，学生感到很委屈。班长文海代表同学们与有关教官进行了沟通，事情已经解决了。

后来，魏智渊老师也过来了，我问他怎么回事，他笑道："你们班的学生要民主！"

不一会儿，我大概弄清了事情的原委。个别教官在训练过程中方法有些简单粗暴，误解了学生，学生感到委屈，就说了一些过激的话，于是发生了语言冲突。

同学们对我说："李老师，我们这次真正感受到了我们 3 班是多么团结！"还有学生对我说："王老师太好了！她昨天还给我们写了一封信，非常感人！"说着，他们拿出了王老师的信给我看，还说："李老师，你一定要把王老师这封信写进你的班主任日记！"

我展开那封长达三页的信读了起来。那封信带给我的不仅仅是感动，我还从信中读到了王老师的工作技巧和教育思想的成熟。

我对王老师说："你做得很好！比我做得好！你是在用心爱着学生，用心教育着学生！"

我请文海通知大家集合，我要讲话。很快，一支精神抖擞的队伍便屹立在我面前了。

我对大家说："对不起，李老师来晚了！但我今天看到同学们的精神面貌，特别是听了你们这两天的表现后，我可以这样说：'同学们是优秀的！咱们 3 班是优秀的！’当然，优秀的不仅仅是你们，还有你们的王老师！”同学们一听“王老师”三个字，便热烈地鼓起了掌。

我继续说：“来到部队，就要像个当兵的样子！我已经听说了这两天发生的事，同学们的确受了一些委屈，但我要说，这委屈本身对你们便是一种磨炼！你们是幸运的，遇到了这么好的教官！我相信，在未来几天，你们一定会在教官的训练下变得更加优秀！”

我还有许多话要说，可是集合的哨声响起了，要开始会操了，我只好匆匆结束了自己的讲话。

几分钟之后，各班学生已经坐在了训练场旁边的台阶上，每一个班都准备上场一展风采。我站在后面，心里还在想着这两天发生的风波。风波虽然结束了，但这场风波引发的思考不应该结束，教育者利用这场风波所要开展的教育更没有结束。如何看待学校和军营不同的管理方式？如何理解别人？如何像王晓丹老师信中所写的那样“包容他人，尊重他人”？如何看待这次军训中所受的磨炼？这一切，等学生回学校后，我和王老师都要和学生好好聊聊。这场风波，也是一种教育资源。

我正想着，突然该我们班学生上场了。我看同学们个个表情严肃，俨然是即将奔赴战场的战士，我真想和他们一一握手，但不能，我只是小声对同学们说：“一会儿喊口号时大声些！”几名听到的同学对我说：“知道了！李老师，你放心！”

“一二一！一二一！”女教官带着学生上场了，随着她的口令，我们班三十七个孩子——三十七位英武的战士，发出了震天的声音：“一——二——三——四！一二三四！”

10 月

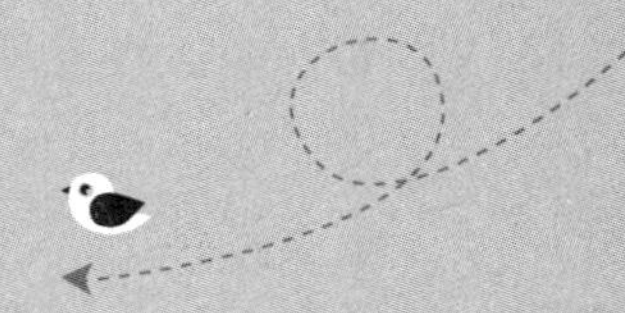

教育不是一场战斗。教育首先是一种倾听，是一种交流，是对彼此的阅读视野、生活圈子、情感世界的尊重。

10月7日　　星期四　　晴

近距离看李镇西

放假了，而且是七天。

对我来说，这可不是纯粹休息的时候——当然，调整一下身体状态还是有必要的，但我有许多事得在国庆假期完成。于是，国庆节前夕我给自己制订了计划：读书、备课、写作，当然，也会和朋友郊游……我严格执行我的计划，因此，七天过去了，我收获不小。

国庆假期，我花了一些时间在网上，尽可能维护好我的“教育在线”论坛。每当在论坛上看到我的学生，我总是很激动，便忍不住要发个短消息问问好，他们也会给我发短消息。就这样，虽然远隔百里，心却近在咫尺，始终贴得很近。

这是我教育成功的条件和基础，也是我精神生活中不可缺少的生命元素。

说起我的教育，以及我与学生的感情，我自然想到了国庆假期期间魏智渊老师写的一个帖子——《近距离看李镇西》。他对我的教育理念予以很高的评价，高得让我感觉有些失真，觉得好像不是在写我，让我难以承受。他在帖子中对我的身体表现出的真诚关切，让我十分感动。结尾处，他还直言不讳地表达了对我的教育实践和思想的某种担忧——

> 在这个世界上，完人是不存在的，每一个人都有着自己命定的无法超越的限制，一旦没有了限制，就失去了规定性，也就消亡了自己。我们都是在栅栏中舒展自己的生命，共同丰富着这个世界。而这无法超越的限制，来自自己的经历，来自自己的视野，来自自己的个性，来自自己与世界交往的基本方式。
>
> 从这个意义上讲，我知道，我可以学习李老师，但不可以做李老师。教育有时候不是一种超越，而是另起一行，抒写独一无二的自己。
>
> 也正是从这个意义上，我一直对李老师怀有一种深刻的“警惕”。我相信，他的长处规定了他的短处，因为有阳光的地方一定有阴影。
>
> 开学之初，李老师就开始给学生读路遥的《在困难的日子里》。说真的，我不喜欢路遥，我觉得现在的学生也不会喜欢路遥，所以多多少少有些担心。但出乎意料的是，学生居然被感动了！我相信原因其实很简单，李老师非常喜欢

这部小说，他用充满激情的朗诵把这种喜欢又传递给了学生。因此，我毫不怀疑，假如有充足的时间，学生也会喜欢《青春万岁》，喜欢《红岩》，甚至喜欢《艳阳天》——假使李老师喜欢的话。

这并不令人振奋。如果李老师喜欢向日葵，所有学生便拔掉花园里的其他植物，只栽向日葵，这也是一种灾难。尽管表面上看来，这种行为是完全自愿的，是发自内心的，无论李老师怎么强调要栽种的植物可以多元化，他们还是会选择向日葵。

其实我明白，每一个老师都有他的视野局限，而课本所提供的内容的丰富性，以及教育对象本身的复杂性，也决定了任何一个老师都不可能是万金油，都会不自觉地扬长避短。即使同样是讲解诗歌，李老师对《沁园春·长沙》游刃有余，而对狄更生、里尔克则可能束手无策。在这种情况下，如果缺少足够的警惕，学生接受知识的丰富性便会丧失，学生可能会全部从李老师的"窗口"看出去，看到的都是同样的风景，虽然也很美丽。

危险还不止于此。

有位老师听我在李老师班上讲《致橡树》，那是一首爱情诗，下课后她感慨道，李老师班上的学生肯定有些"压抑"，所以在我的课堂上多多少少显得有些"放纵"。她的这种感觉并不是空穴来风，的确，在李老师的课堂上，学生在自觉地收敛自己，自觉地让自己的行为朝李老师期望的方向靠拢。每次李老师外出回来后，问最近表现如何，学生们就纷纷自我检讨，甚至有学生检讨说自己最近上课发言太少。不知道为什么，这种过于自责的自我检讨让我不安。李老师长于集体谈话，但当整个集体发出的声音过于统一的时候，这恐怕也是一种危险！

所以我觉得，做一个老师，特别是当自身的道德力量过于强大的时候，往往会获得一种精神上的绝对优势。在这种道德优势面前，学生很容易拥有罪恶感，会自觉地剪除旁逸斜出的枝条，哪怕有些枝条其实是必需的。

在这种情况下，老师很容易过分自信，也就很难真正地俯下身子倾听学生的声音。我想，教育不是一场战斗，不是要用路遥们去占领阵地，教育首先是一种倾听，是一种交流，是对彼此的阅读视野、生活圈子、情感世界的尊重。一个时代有一个时代的风景，我并不觉得喜欢流行歌曲、青春偶像剧就一定是堕落。有时候，教育不仅需要感染，也需要克制、退让、妥协，这是更深层意义上的尊重。也正是在这个意义上，我撰文呼吁过，请尊重孩子爱的权利。我还写过《不服从江湖》，试图描述学生的世界，希望能够与学生达成和解，而不是单方面去改造。

所以，在我看来，无论是班主任工作还是语文教学，李老师最大的特点是把“我”融入其中，而最值得警惕的，也还是这个“我”啊！

我和魏智渊老师属于可以推心置腹、肝胆相照的朋友；因此我看了这段文字后，直言不讳地对他说：“你这篇文章，貌似深刻，但纯属想当然！”

对路遥的中篇小说《在困难的日子里》，学生之所以由“不喜欢”（其实也不是不喜欢，而是以前他们根本就没有接触过）到“喜欢”，不是因为我的朗读，而是我从这非常朴实的作品中，找到了我和学生须臾不可缺少的品质：善良。与其说是我的朗读打动了他们，不如说是路遥打动了他们；与其说是路遥打动了他们，不如说是善良打动了他们！

因此，所谓“我毫不怀疑，假如有充足的时间，学生也会喜欢《青春万岁》，喜欢《红岩》，甚至喜欢《艳阳天》——假使李老师喜欢的话”纯属想当然！或者用魏老师喜欢用的一个术语，叫作“思维假定”。

当然，魏老师列举的这几本书并非没有价值，尽管它们有着浓厚的属于特定时代的烙印。

问题在于，魏老师盲人摸象般地断定我只会给学生读这些红色作品，却不知道我给学生展示的作品并非只有《在困难的日子里》。他不知道的是，《三重门》我读了三遍，很喜欢；《梦里花落知多少》我读了一遍，很不喜欢，但我和学生交流得很好；再早一些，琼瑶、金庸的作品都曾是我和学生在课堂上的美味大餐呢！

在尽可能给学生多元选择并尊重学生精神世界的同时，理直气壮地用人类文明的崇高精神去滋润学生正在走向成熟的心灵，这是我的追求。如果放弃了这一点，我便是失职！

苏霍姆林斯基有一句话对我影响特别深：“真正的教育是自我教育。”陶行知在《学生自治问题之研究》中也说过类似的话。因此，我特别注重引导学生自我反省，战胜自己。我觉得，如果孩子们仅仅是因为“不听李老师的话”而惭愧，这是我的教育的失败；只有他们真正意识到，对一个人最高的审判只能是自己的良知，进而随时提醒自己、鼓励自己、追问自己、期待自己，这才是我的教育的成功。所谓“这种过于自责的自我检讨让我不安”，与我引导学生进行自我教育，没有半点实质上的联系。

魏老师有一段话说得非常好："我想，教育不是一场战斗，不是要用路遥们去占领阵地，教育首先是一种倾听，是一种交流，是对彼此的阅读视野、生活圈子、情感世界的尊重。一个时代有一个时代的风景，我并不觉得喜欢流行歌曲、青春偶像剧就一定是堕落。有时候，教育不仅需要感染，也需要克制、退让、妥协，这是更深层意义上的尊重。也正是在这个意义上，我撰文呼吁过，请尊重孩子爱的权利。我还写过《不服从江湖》，试图描述学生的世界，希望能够与学生达成和解，而不是单方面去改造。"我曾就类似的主题写过一篇《请给学生以心灵的自由》。

但魏老师以这段话来批评我的教育，我还是那句话："想当然！"他想当然地以为我把"教育"看成"战斗"，想当然地以为我是在"单方面"地"改造"学生，想当然地以为我认为学生"喜欢流行歌曲、青春偶像剧就一定是堕落"……我看了真是哑然失笑：这个魏老师呀，真是"秦人忧李"呀！

那天我当面对魏老师说，不管我怎么说都像在"辩护"，甚至会显得有点"强词夺理"。那么，对他的担心最好的回答是，我的学生——不是现在的学生，而是我二十多年来教过的历届学生，他们的成长和他们的今天可以证明李老师的"我"是否压抑了他们的"我"，李老师的精神阴影是否让他们的思想之光黯然失色，他们是否成了第二个"李镇西"。

答案自然是否定的。

不错，我教过的学生从总体上说有一个共同的东西：善良。这是我多年前教过的一名学生帮我总结的。但"善良"只是人最基本的品格，就精神发展而言，我的学生仍然是千姿百态的。这不是理论推导，而是事实。

我还要特别强调的是，不管我们如何尊重学生——甚至"妥协"，甚至"退让"，甚至"克制"，人类基本的精神之火——善良、正直、博爱、自由、平等、民主、宽容……都应该而且必须通过教育传递给他们。人类文明正是这样薪火相传的！

我要再说一遍：这是教育义不容辞的使命！

不过，因魏老师对我的担心，几天来我也在思考我的"教育软肋"。的确，我的教育实践和教育思想并非无懈可击。前不久，一位网友在跟帖中轻描淡写地说了一句："李老师的教育，重人文，轻科学。"虽然是不经意的一句话，当时却让我心里一震——这位朋友说到点子上去了！

其实，这一点以前我也隐隐感觉到了。2000 年 7 月，我和著名特级教师孙维刚老师接触时，深感他既有浓郁的人文情怀，同时也有着深厚的科学素养，这都体现在他的班主任工作和数学教学过程中。他曾跟我说，他常常利用教学时间给学生讲学术发展史，讲科学发现或发明的经过，讲科学家的故事……这些讲述既传播了为真理献身的精神，也启迪了学生的科学思维。在和孙维刚老师聊天的过程中，我就感觉到了自己的某些不足。

2003 年 10 月，我和程红兵老师在山西太原各上了一堂语文课。课下交流时，我开玩笑道："我和程红兵是老朋友了！有人老爱把我同他相提并论，其实我们各有特点。我认为，他的教育教学，更多的是求真，目的是让学生更聪明；我的教育教学，更多的是求善，目的是让学生更善良。当然，我说的是'更多的'，而不是说他不教学生求善或我不教学生求真！"

说这话的时候，我真的是这样想的。我也跟程红兵老师聊过我这个观点。当时我只认为这是我的特点，而没有更多地从弱点或者说不足的方面去思考。

近年来，质疑和批评我的教育实践和教育思想的朋友不少，比如，过分强调爱心呀，过分强调尊重学生而忽略了严格要求学生呀，不注重学生的自我教育呀，过于理想化呀，有乌托邦色彩呀，等等。对于这些批评，我感谢批评者的真诚，但都不会接受，因为这些都是"想当然"的结论。

但说我"重人文，轻科学"，我心服口服。

当然，二十多年来，我也不是一点都没有对学生进行科学思维和科学精神教育，但相较于"人文"（这当然也是一个模糊的概念），确实要薄弱得多！

我在这里不打算论述"人文"与"科学"的重要性，以及二者和谐统一对教育，特别是对学生人格培养的意义，也不打算以我是语文教师为借口来为自己辩护。当务之急，是从现在做起，从我现在带的这个班做起，在培养仁者的同时，还要培养智者。

晚上，我回到学校，见到了分别数天的学生，我们彼此都很高兴。

突然，我发现教室里坐着一个陌生的男生，一打听，原来是新转来的同学。于是，我请他做自我介绍，他有些不好意思地说："我叫陈鑫，原来是 × × 中学的，我喜欢上网……"我首先向他表示欢迎，同学们也鼓掌表示欢迎，然后我说："陈鑫同学刚到我们班，一切都比较陌生，生活上、学习上可能会有许多不方便，我们应该多关心他。这样吧，我们先请一名同学照顾他几天……”

我话还没有说完，强劲同学就举手了。

“好，就是强劲了！强劲呀，我可把陈鑫同学托付给你了！”我笑呵呵地说，同学们也笑了。

然后，我把陈鑫叫出教室，在教学楼过道里和他简单聊了几句。我问了问他的情况，然后对他说：“同学们和我，还有王老师，都会帮助你的。但你一定要主动，凡是遇到不方便的地方，一定要主动问，问我，问王老师，问同学们，好吗？”

他点了点头。

10 月 8 日　　星期五　　阴

选举班委

我早晨 6 点 50 分到达学校，又开始和学生们一起长跑。

上午第一节课后，我送给新同学陈鑫一本《爱心与教育》，然后坐在办公室里看学生们的随笔。国庆假期期间学生们写的随笔，大多是军训感受，谈他们所经历的艰苦训练和所承受的委屈。但学生们都说，现在看来那一切都是财富。

今天是我们班的“选举日”——一个月前我就说过，我们的临时班委只服务一个月，国庆假期之后就正式选举。

下午第一节课之前，我先讲了这个事情：“我们今天将要选举正式的班委。我先表个态，今后三年的所有选举，无论是选班干部还是选三好学生，我一律不干涉，也不参与投票，完全由同学们选，选了谁就是谁！另外，我还要说明，当班干部不是少数人的特权，而是所有人的义务，任何同学都不应该逃避这个义务。因此，我们的班干部绝对不搞‘终身制’，要让每一名同学——注意，我说的是‘每一名同学’——都有机会担任班干部！”

谈到候选人的产生方式，同学们说最好是自愿争取当候选人。我提醒大家，我们必须搞差额选举，不搞等额选举，也就是说，选七名班干部必须事先确定九名候选人。同学们都表示同意。于是，经过几分钟的举手评议，九名候选人产生了：杨扬、唐西龙、宋飞、文海、强劲、陈霜蝉、杨海峰、欧阳震宇、凌飞。

我叫这些同学都准备一个竞选演讲，晚上先向同学们发表演讲，同学们再投票。

晚上 7 点整，九名同学分别上台发表了简短的演讲。

九名同学的话都不多，但每一名同学的话都很真诚朴实，因此，他们的发言都赢得了同学们热烈的掌声。

在正式投票之前，我还说了几句："即将到来的时刻，对这九名同学来说，既是一次机遇，也是一次考验。说是机遇，是因为你们每一个人都有可能被选为正式班委，那你们不就实现为同学们服务的愿望了吗？说是考验，是因为你们每一个人都有可能落选，九个人中总有两个人会落选！但同学们要习惯这种真正的民主方式，差额选举肯定会有落选者，而等额选举就不会有人落选，但我认为应该搞差额选举。同学们都应该习惯落选，这没有什么不光彩的。光荣的落选，胜过虚假的当选！"停了一会儿，我笑着说："如果落选的同学一定要怪谁，那就怪我吧！是我强迫同学们九个人之中只能选七个，这也让同学们不得不忍痛割爱！因此，你们如果落选，并不能说明同学们不信任你们。"

在我说这番话的时候，宋飞等候选人小声说："没事儿，没事儿！我们能够承受，选吧！"

同学们以无记名投票的方式开始填写选票了。

突然，强劲问："是不是我们候选人就不能选自己？"

我笑了："既然是竞选，你对自己都不信任，还竞选什么呢？你完全可以理直气壮地投自己一票！"

几分钟后，同学们都填好了选票。同学们临时选出了三名同学——张自强、魏雨萱、任沐之，负责唱票、计票。

于是，在全班同学的注视中，张自强开始用响亮的声音唱票，魏雨萱在黑板上的相关名字下面不停地画着"正"字，任沐之则目不转睛地盯着张自强手中的选票。

整整十五分钟后，计票完毕，选举结果出来了——

杨扬 36 票、唐西龙 28 票、宋飞 34 票、文海 37 票、强劲 31 票、陈霜蝉 19 票、杨海峰 17 票、欧阳震宇 29 票、凌飞 32 票。

自然，按获得票数的多少，文海、杨扬、宋飞、凌飞、强劲、欧阳震宇、唐西龙当选，陈霜蝉和杨海峰落选。

我说："我们首先应该把掌声献给陈霜蝉和杨海峰，这不是为了安慰他们，而是我真的觉得正是他们的热情参与和庄严落选使我们的民主程序更加规范，也使我们这次选举更加公正！我们应该向他们表达敬意！而且，我们期待着他们下一次的竞选！"

掌声响了起来。接下来，我说："我们高一（3）班的第一届班委正式成立了！让我们向这七名同学表示祝贺！"

我问同学们："新班委应该设立哪些职务呢？大家说说，一会儿新班委好分工。"同学们七嘴八舌地讨论了一番，最后统一了意见："票数最多的文海和杨扬当然是班长，其余的可设学习委员、劳动委员、纪律委员、体育委员和宣传文艺委员。"

这时刚好下课，我和七名班干部来到教室外面的走廊上，开始协商新班委的分工——

班长：文　海　杨　扬　　　学习委员：欧阳震宇

劳动委员：强　劲　　　体育委员：唐西龙

纪律委员：宋　飞　　　宣传文艺委员：凌　飞

我和班干部们大体讨论了以下两个问题：第一，建设特色班级。大家一致同意我们班的特色应该有三个：书香班级、爱心班级、自治班级。第二，整理归纳今天同学们交上来的各自制定的班规。

晚上 10 点多，正当我要离开学校时，两名班长来了，他们准备在电脑上整理班规。

我对他们说："别弄得太晚了，尽量早点休息。今天弄不完，明天还可以接着弄！"

在回家的路上，我还惦记着办公室里的两名班长……

10 月 9 日　　　星期六　　　阴

根据具体情况进行惩罚：严要求、多鼓励

早晨上班的路上车子出了点小问题，因此我没能赶上学生出操。到了学校，

德育处徐主任告诉我，今天早晨他拦截了一些出操迟到的学生，其中就有我们班的强劲和陈霜蝉。

课间，我找到这两名同学问起这件事，发现迟到的原来还有新同学陈鑫。他们都说是因为睡过头了，门关上了又没听见号声。他们都很诚恳地认了错。我没有生他们的气，但很严肃地对他们说："我知道你们肯定不是有意迟到的，但这事发生在我们班是不应该的。全校同学们都在操场上集中跑步，包括你们在内的少数同学却还在房间，这多不好呀！而且，这也使我们班的荣誉受到损害——其他班都整整齐齐的，就我们班差三名同学！你们给集体荣誉造成了损害，是不是应该向同学们道歉呢？"

他们点头说应该。我说："具体方式，你们想想，好吗？"

上午的语文课，是诗歌朗诵比赛，轮到强劲时，他站在台上说："我今天犯了一个错误，因此，在这里我把顾城的一首诗改了改，朗读一遍，表达我的歉意。"接着他读了一首诗。

同学们听了有些莫名其妙。我说："看来我得向大家介绍一下强劲这首诗的创作背景。今天早晨，有几名同学因为睡过了头，没有准时到操场跑步。强劲很内疚，便改写了这首诗，表达他的心情。"

同学们恍然大悟，为强劲同学鼓掌。

我继续说："我为强劲同学知错能改的态度而感到高兴！没有不犯错误的学生，犯了错误改正就好。这看似套话，却也是真理。强劲同学的朗诵，让我看到了他的内疚。我认为，任何一个犯了错误的人都不要轻易原谅自己，但我们对任何一个犯了错误的同学都应该宽容，应该相信他！"

中午，我来到教室，听说强劲等人准备以跑步的形式来惩罚自己，我不太赞同。下午，我一直想着强劲等三名同学罚跑的事，总觉得不太妥当，虽然这是他们自己提出的。于是，我在课间把他们叫来，问他们能不能不跑步，换成其他方式，我说这是变相体罚。他们问我换成什么方式，我说："比如，为同学们做点好事之类的。"

强劲说："好呀！"

陈鑫和陈霜蝉却说："我们也同意做好事，但其实跑步也没有什么。李老师，我们今天是因为没跑步犯的错误，我们同样用跑步的方式来改正错误，不是很合适吗？"

我想了想，觉得有道理，便说："好吧！尊重你们的决定！"

在犯错误后如何惩罚这个问题上，之所以老定不下来，是因为现在班规还没有制定好，无"法"可依，无章可循。如果有了班规，这个问题就比较好解决，依"法"处理就可以了嘛！于是，我回到办公室，一份一份地仔细看同学们昨天交上来的班规。同学们定得很细，但有一个遗憾，就是绝大多数同学没有写上对老师的约束条款，他们的班规只针对学生。只有三名同学的班规涉及老师。

这三名同学写的条款虽然从班规的角度看还很不规范，但毕竟有了对老师的约束。我打算引导学生把这方面的条款制定得更完善。

昨天晚上，杨海峰竞选班干部失败了，虽然我看不出他有什么情绪上的问题，但我还是打算找他聊聊。于是晚饭后，我叫上杨海峰，和他在操场上一边散步一边谈心。

我先问他对昨天的落选有什么想法，他很开朗地说："没有什么想法。落选就落选嘛，同学们的选举是公正的，我没有什么想法，不会背思想包袱的。"

"你应该有想法才对！没有想法，我很忧虑。"我搂着他的肩膀，在操场上漫步。"如果是其他同学落选了，我最多安慰一下，叫他不要背思想包袱。但对你，我有更高的要求。因为第一次和你在操场上散步时，我就说过，你应该有更远大的抱负，要立志这一辈子干一番大事业！因此，从现在起，你就要努力地提高自己各方面的素质，而不仅仅是重视学习成绩。对成长过程中的每一个细节，你都不要放过，要反思，要体验。比如昨天落选，你就应该想一想：作为临时班干部，我为什么会落选呢？从中找出自己的不足，这对以后的成长也是一笔财富呀！"

他若有所思地点了点头。

我继续说："当然，因为是差额选举，所以肯定会有两名同学落选。这也不能说明同学们不信任你，但同学们在选择的时候，首先选择的是其他同学而不是你，你就应该反思反思：是不是自己有什么不足？按理说，你是临时班干部，已经有为同学们服务的经历，同学们应该了解你因而更加信任你。但你却落选了，这说明，你在过去一个月的临时班委工作中，的确有令同学们不够满意的地方。本来你在临时班委中是劳动委员，是天天可以为同学们服务的啊！但你给同学们留下的印象却不深，于是大多数同学在投票时没有选择你。同样是临时班干部的其他候选人，他们昨天都当选了。特别是临时班长文海，昨天是以 37 票再次当选班长！这难道还不能说明问题吗？”

杨海峰表示同意：“是的，我过去的工作的确做得不好。”

我问：“那现在你打算怎样做呢？”

“虽然没当选，但我仍然会为同学们服务，而且会争取做得比过去好！”他说。

“很好！”我赞叹道，“现在你不是班干部了，更能自然而然地为同学们服务，表现出你善良的天性；同时，你在学习上要成为同学们的榜样，还要多多帮助同学们。我希望同学们看到你的学习精神，能够受到感染。学习过程也是做人的过程。争取优异的学习成绩，同时保持谦虚谨慎，乐于帮助同学们取得进步，这是我对你的期望！”

晚自习之前，我又把陈霜蝉叫了出来：“昨天竞选失败，你有什么想法吗？”

他很阳光地笑笑：“没事儿，没有想法。”

我说：“没有想法就好！我就怕你有想法。你不是临时班干部，过去一个月你没有更多的机会去展示自己的能力，可能同学们对你还不够了解，因此你落选从某种意义上说也是很自然的。我就怕你有思想包袱啊！”

他说：“不会有思想包袱的。我会继续努力，下次我还要参加竞选呢！”

“好！”我拍了拍他的肩膀，“我就喜欢这句话！一个多月来，据我观察，你虽然有一些缺点，但优点更多。我真的很欣赏你呢！”

同样是竞选失败，我对杨海峰和陈霜蝉却采取了不同的方法，这不是偏心，而是更有针对性的教育。杨海峰各方面潜在的素质更高，我对他的要求也更高。他成绩优异，当惯了优生，我要泼泼他的冷水，让他通过落选看到自己的不足，进而奋起。这是我应该对他采取的方式。而陈霜蝉没当过班干部，用他昨天竞选演讲的话来说就是“我从来没有为别人服务过”，也不是拔尖儿的学生，还有许多不足。这次他受班集体良好氛围的感染而好不容易鼓起勇气参与竞选，我对他就应该鼓励，让他不因这次挫折而自卑，甚至失去进取之心。

第一节自习课，我召集班干部们在教学楼过道上站着开了一个会，本想让他们交流一下工作打算，谁知他们都还没有来得及准备。于是，我便跟他们谈了我的希望，这一番话也是我对历届学生干部常说的：“我觉得，班干部应该树立三个意识。第一个是感染意识。班干部当然有管理的职责，但这里的管理不是发号施令，而是用自己的行为去感染同学们。从某种意义上说，管理就是一种感染。

你们要在纪律上、学习上、生活上……从各个方面去感染同学们，而不是老想着去管同学们。第二个是服务意识。这里的服务，不仅是指你们要自觉地搞好本职工作，履行好自己的职责，更是指要在生活上、学习上为同学们排忧解难。你们要成为同学们心目中最乐于助人的班干部，要让同学们遇到困难时，首先想到的是你们！第三个是独立意识。你们要主动地工作，不要被动地做老师的助手；你们要富有创造性地工作，而不是仅仅成为老师意志的实践者。我希望你们能够通过自己的工作，展示你们的才华。我相信，只要具备了这三个意识并付诸实践，你们就一定不会辜负同学们的信任！”

10 月 11 日　　星期一　　阴

诚实比 100 分更可贵

从今天起，每天的晚自习开始用于各科月考。这是我的学生进入高中后的第一次大型考试。

在我当班主任的二十多年里，我非常重视学生的诚实品质。“诚实比 100 分更可贵”是我跟历届学生说过的话。我以前带的班，可以做到考试无人监督也没有人作弊。我希望这种作风能够延续到现在这个班。下午最后一堂课是自习，我来到班上，给同学们讲了一个话题：诚实。

我是这样开头的：“同学们，李老师想搞个调查，希望同学们能以一颗诚实的心接受李老师的调查。这需要勇气——凡是在以前的学习经历中，包括小学，考试作过弊的同学，请举起手来！”

张自强同学首先举起了手，接着，一个，两个，三个……绝大多数学生把右手举了起来。

我随便请了几名举手的同学谈他们最近的一次作弊，有的说是小学毕业考试，有的说是初中期末考试……我说：“我要表扬少数没有作过弊的同学，但同样要表扬今天举手的同学，因为你们今天非常诚实！”

我说：“如果问为什么作弊，当然有很多似乎可以‘理解’的原因，比如，家长要求成绩好，否则就要挨骂或挨打；老师要求成绩好，否则在班上抬不起头来；等等。但是，我要说，成绩不好，我们的确没有面子，可如果这成绩是真实的，那我们起码还拥有最后一点值得骄傲的尊严——一颗诚实的心！这是我们最后的良知！从这个意义上说，诚实的 0 分，远比虚假的 100 分更有尊严！”

同学们听得非常专注，他们显然被触动了。

我继续说：“我希望你们刚才举起的右手，不仅仅是向老师表明你们曾经作过弊，而且是一个告别的手势——你们高举起右手向过去的耻辱庄严地告别：‘拜拜，我曾经有过的作弊！’”

停了一会儿，我又说：“现在我还要搞一次调查，但请同学们不要轻易举手。如果你现在真的想通了，决定从今天起，以后绝对再也不在任何考试中作弊，那么，请你举手！注意，想通了再举手，如果没有想通，一定不要轻易举手。”

稍微沉默了几秒钟，开始有同学举手了，有的同学显然还在犹豫，过了一会儿，也举起了手……渐渐地，绝大多数同学把手举了起来。我清点了一下，有两名同学没有举手：唐西龙和李应生。但最后，唐西龙也把手举起来了。我笑了：“怎么你开始不举手，现在却把手举起来了？这可不好。难道你是为李老师而举手？一定要忠于自己的内心呀！”

唐西龙说：“不是。我开始真不敢保证以后不作弊，但想了想，我还是决定战胜自己，以后绝对不作弊！这是我真实的想法。”

我说：“我相信，此刻无论是举手还是没举手，同学们都很诚实！我相信，你们是在用心对自己做出庄严的承诺！同时，我也很欣赏李应生，做不到就不轻易举手，绝对不欺骗自己，他不举手也是一种诚实！”

剩下的时间，我让同学们自习，然后把班干部们叫出了教室。

我和七名班干部在教室外面的过道上研究班规的修改。我首先肯定了班干部们对同学们的班规的归纳总结，做得不错，但也提出了我的意见：“第一，班规的格式还不规范，需要更加符合班规的体例。第二，有的条款还不具体，有点笼统，比如有关班干部职责的规定就不够具体。第三，我始终不太同意过多的行为惩罚。当然，和同学们一样，我也赞成违反班规必须要有惩罚，但惩罚不应该仅仅是行为上的惩罚，能不能有点精神上的惩罚？这点，大家还可以考虑考虑。”

最后，大家决定再讨论一下，然后请我补充、修改，再让全班同学讨论。

放学后，我把李应生叫来谈心，我和他靠在窗边聊了起来：“李应生呀，我越来越欣赏你了，这是我的心里话。在军训的时候，我看到你那么认真刻苦地训练，表情严肃，一脸英武之气，真是一名堂堂的男子汉！今天，你很诚实。其他同学都举手，你偏不举，这不但是诚实，还是勇敢。我就喜欢这样坦荡的同学。不过，我想问问，你为什么做不到不作弊呢?"

李应生说："其实，我真的很恨作弊。我不举手，不是说我就想作弊，而是我做人有一个原则：做不到的绝对不说，说到了就一定要做到。"

我说："这点我明白。我相信，你和我一样痛恨社会上一切虚假的、虚伪的现象！（他认真地点点头）但我想问的是，你为什么做不到不作弊呢？我希望你同样跟我说实话。"

他说："我不举手，并不表明我以后要作弊，而是我怕我以后万一控制不住自己……"

"好，那你说，"我追问道，"你在怎样的情况下，可能会忍不住作弊?"

他说："主要是家长的压力。如果哪次我觉得自己没有好好学习，肯定考不好，但家长又非要我考出好成绩不可，那我可能……可能会忍不住作弊的。"

"就这一个原因?"我笑了。

他点点头。

我干脆地说："这好办！我可以帮你应付你的爸爸妈妈。比如，哪次你考差了，觉得不好向爸爸妈妈交差，你就告诉我一声，我就不把你的成绩告诉你家长，等你下次考好了，再告诉他们你进步后的成绩！这不就行了吗?"

他说："那就好!"然后，他很真诚地说："以后我尽量不作弊!"

我说："我现在不要你向我保证什么，相反，我允许你以后犯错误。万一哪天你真的作弊了，我也会原谅你的。我只是希望这一天永远不要到来。你也用不着举手，争取用行动来说话！好吗?"

他点点头说："好!"

最后，我又叮嘱他："还有一件事，我却要你非改正不可！今后不许不吃晚饭！你经常不吃晚饭，到晚上临睡时却又泡方便面吃，这不好！这是在摧残自己的身体呀！从今天起，你必须吃晚餐，晚上不准吃方便面!"

10 月 12 日　　星期二　　阴

整顿学风

昨天，文海跟我说：“能不能向 4 班学习，每天早晨提前十分钟早读？这样也算抓紧时间。”我问：“同学们早晨能够做到吗？”他说：“没问题的。”因此，从今天起，我们班也从 7 点 40 分开始早读。

时间一到，全班绝大多数同学已来到教室并拿出书来读，但有三名同学迟到了，分别是张自强、李应生、周杰。

我问他们为什么迟到，他们说忘记了从今天早晨开始提前早读，于是我便让他们进了教室。这时，李应生说要上厕所，我没有理由不同意，但他去了好久都不见返回。我联想到他不止一次在上课时跟我请假去上厕所，今天这么大好的黄金时间却又浪费在厕所里，实在是令我心痛。

所以，等他回到班上后，我不点名批评了他：“早晨的时间是用来做什么的？当然是学习。但我们有的同学却用于上厕所，在这之前为什么不早做准备呢？当然，我无法拒绝每一名同学的合理要求，人家要上厕所，我能不让他去吗？但问题是，如果经常在学习时间有上厕所的要求，我觉得这名同学的肠胃可能有问题，那就不但应该上厕所，还应该上医院。（同学们大笑）因此，我真希望有的同学能够注意！”

早读课结束后，我回到办公室，还在想这件事，但越想越觉得自己刚才的批评不太妥当。李应生当然不该经常请假上厕所，但我的那一番话隐隐约约有点讽刺的味道，而且有点不近人情，我应该先了解一下他究竟是不是身体不舒服，再有针对性地批评教育。

最近，班上相当一部分同学学习抓得不紧，甚至有的同学学习态度也存在问题。比如周杰，英语老师反映他本学期几乎从不主动交作业，要老师追问才勉强交。

下午，我专门把周杰找来谈心。他承认他的确存在这些问题，但也做了些解释，比如，动作慢呀，英语基础不好呀，等等。

我非常严肃地说：“记得上次也是在这个窗口，我和你第一次谈心，你说你要考清华，我很为你高兴。但是，如果没有行动，那一切都是空谈！从小学一年级开始，你就应该知道，学生最起码应该交作业，但你现在是高一的学生了，连这点都做不到！我很生气！我不需要你做什么承诺，而是必须做到——每次按时交作业！”

他跟我说：“我的英语基础很差，我想请赵老师给我补习一下。”

我说：“你现在不交作业，赵老师很生气。她可能会说：‘你连起码的作业都不做，却要我给你补课？’这样，你先把学习态度端正起来，过一段时间再向赵老师提这个要求，好吗？”

他说：“好！”

我不指望一次谈话就能改变学生学习上的坏习惯，但要想让学生改掉多年养成的恶习，也只有耐心地反复跟学生谈心。

最近我感觉，班上的学风总体上有所退步，我准备从以下四个方面进行整顿：第一，督促学生找出浪费时间的原因；第二，让学生自己写学习“病历”；第三，成立学习互助小组；第四，强化学习竞争意识。

10 月 14 日　　星期四　　阴

帮助学生战胜自我

今天的早读课非常好，同学们不但来得早，而且很快就进入了读书状态。琅琅书声在教室里回荡，格外悦耳。

但我心里一直隐隐不安，因为昨天早晨刘骞雯、项柳依、唐朵、何晓蕊四名女同学迟到了，当时我很生气，前几天刚刚强调过不要迟到，于是我冲动地说：“你们每人写一份检讨！”后来下午去市里开会，我越想越觉得自己太过分：学生迟到了，已经知道错了，改了就好，何必写检讨呢？而且学生们这么忙，写检讨得花多少时间呀！可我当时联系不上王晓丹老师，于是事情就这样搁置了。今天早晨一来，四名女同学都把检讨交给我了，那一刻我竟然有些感动。

课间操时，我把四名女同学叫来，说：“我看了你们写的检讨，写得很好！我相信你们能够改正。不，你们已经改正了，今天不就没有迟到吗？不过，说实话，李老师感觉挺过意不去的，昨天我有些冲动，便叫你们写检讨，下午我就有点后悔了，怕耽误你们的时间。但我给王老师打电话没有打通，结果就……唉，李老师在这里向你们道歉！以后我也要尽量冷静。你们要原谅李老师呀！”

她们都说：“没有什么的！本来就是我们错了嘛！”

我说：“这几份检讨，我本来想退给你们，但想了想，还是由我保存吧，我要珍藏起来。二十年后你们来看李老师，李老师就给你们看！哈哈！那时，你们都成名人了，我手里这些检讨可就是名人手迹了呢！哈哈！”她们也开心地笑了。

其实，学生对老师是很宽容的。他们一般不会计较老师的过分或者过火的批评，甚至老师犯了错误，他们也会原谅老师。作为老师，我们应该珍惜孩子的这份宽容，更应该小心谨慎地运用批评，尽量不要冲动，不要过分。

月考成绩出来了，好些同学考得不好。李应生的物理成绩特别糟糕，我找他谈心，他说他的物理基础本来就不好。我问：“那咋办？”他说：“我的信念是：百折不挠！”本来我还想和他细谈，但听他这么一说，我不打算继续谈了：“有你这句话，我就放心了！不过，百折不挠可需要行动呀！”

我当然不会天真到认为他说了就一定能做到，孩子毕竟是孩子，有时是有惰性的，但我坚信他说这话时一定是很真诚的。我以后将随时提醒他，帮助他。

最近因为忙，班干部们已经讨论过的班规修改稿我一直没有来得及看，当然，学生这一周在考试，也没有时间讨论。下午，我拿出修改稿看了起来。我发现同学们制定得很细，但是，对老师的约束太少，也太笼统，我打算认真做点增添。

我正在思考怎么修改班规，欧阳震宇来找我：“李老师，我想找你谈谈心！”

我最爱听学生对我说这句话。我多次说过，被学生信任是很幸福的。于是我说：“可以啊！这样吧，6 点 20 分，你在教室等我，好吗？”

6 点 20 分，我到教室把欧阳震宇叫了出来，倚在教学楼过道的窗边——开学以来，我多次倚在这窗边和学生谈心，对这窗边都有感情了——和欧阳震宇谈心。

他先对我说：“李老师，这次月考我没有考好。我觉得我没有学习动力，你说怎么办？”

我说：“是不是因为没有考好，你便失去动力了？”

他说：“不是，是因为没有动力才没有考好。”

我说：“动力源于志向。你有没有志向？”

他点点头。

我说："我也认为你有志向。开学不久，我就非常喜欢你，觉得你是一个很纯真也很聪明的男孩子。你有志向，就不可能没有动力。问题是，你有了志向，却往往在行动上放松对自己的要求。所以，我认为你并不缺乏动力，而是缺乏毅力！"

"对，对！"他不住地说，"我就是缺乏毅力。时间抓不紧，不像我们寝室的谢舒云，他就非常刻苦，时间抓得很紧。"

我说："增强毅力可以从两个方面着手。一是看周围学习刻苦的同学，比如你说的谢舒云，你看到他就应该感到紧张，进而迫使自己向他学习。周围紧张的环境对你是一种外在的压力，这种压力会让你觉得不应该放纵自己，而应该奋起直追！二是经常在心里提醒自己，也就是我常常对你们说的战胜自己。这点很重要。我不可能随时看着你，别人也不可能时时督促你，要让自己有毅力，只能靠你自己！给你一个小建议，每天把要做的事写在纸上，并制订一个时间安排表，比如什么时候一定要完成什么事，完成一件划掉一件。晚上如果你看到你的任务全部被划掉了，你会非常兴奋，因为你战胜了自己。如果哪天没有完成，你就提醒自己明天一定要完成！每天如此，你一定会有毅力，而且会有成就感。在我的《爱心与教育》里有一名叫黄金涛的同学，我引用了他的许多日记，他日记里就有写我当年是如何用这个方法激励他不断战胜自己的。书里面有一个'每日十问'，你可以看看。"

他点点头："好的。"

我又说："欧阳震宇，在战胜自己方面，你还应该向李老师学习！你应该随时问自己：我有李老师忙吗？昨天来看我的一个湖南网友问我有没有因为忙而不想干的时候，我说有呀，但最后我还是坚持下来了！靠什么？靠战胜自己的毅力。我现在每天都要写好几千字的班主任日记，这在许多人看来是不可思议的。因为我每天既要和你们谈心，又要找老师们谈心，还要上语文课。我每天坚持写班主任日记，累不累？当然累！可我会拥有更多战胜自己的喜悦！其实，我不如你压力大，因为我没有考大学的压力，没有学习压力，没有任何人强迫我必须做什么；不像你，每天都有那么多功课，而且心里肯定有很大的升学压力。我没有外在压力，是很容易放松自己的，但我却没有放松自己。你呢，有外在压力，应该说客观上更容易约束自己，因为压力迫使你不能放纵自己！所以，你要向李老师学习，学会战胜自己!”

最后，我说：“你按我说的去试试，一周以后再找我谈，看有没有进步，好吗?”

“好的。”他很爽快地说。

10月16日　　星期六　　阴

宁玮的故事

上午语文课开始讲《勾践灭吴》，本来应该在背景介绍上多花一些时间，但我请张自强讲了讲成语“卧薪尝胆”的来历后，觉得应该结合最近学生们月考成绩不理想而借题发挥一下。于是，我临时决定减少对历史背景的介绍——那样不会太影响他们对课文的理解，还把话题转到了学生身上。

我说：“有一副很有名的对联，上联是：有志者事竟成，破釜沉舟，百二秦关终属楚……”

学生纷纷在下面接着说下联：“苦心人天不负，卧薪尝胆，三千越甲可吞吴!”

“是呀!‘卧薪尝胆’，这是一种怎样的耻辱和对耻辱的超越?”我把话锋一转，“我相信，在座的每一名同学在今年中考过后都有一种耻辱感，都认为自己考差了，不然你们不会到这里来，而会到石室中学、成都七中等重点中学。你们很多人都是带着一种失败感和自卑感来到我们学校的！但我要说，时间仅仅过去了一个多月，有的同学似乎已经把耻辱忘记了。看看勾践，他是怎样对待耻辱的？马克思说，耻辱是一种内向的愤怒，一个人如果感到愤怒，他就会像一头雄狮一样扑向前去！我们班上，究竟有多少头这样的雄狮呢？我真希望同学们一刻也不要忘记中考的失败，不要忘记你们曾经有过的耻辱感，把这种耻辱感化为一种悲壮的力量——卧薪尝胆！三年后，在高考中洗刷这种耻辱!”

同学们都表情严肃地凝视着我。

在教室里听课的，除了每堂课都帮我做记录的魏智渊老师之外，还有我十几年前教过的学生宁玮。她当年高考失利，没有考上大学，但她在我心目中依然是一名优秀的学生，她的善良和面对挫折的坚韧不拔，被我写进了《爱心与教育》。我们班学生读了《爱心与教育》之后，纷纷要求我把宁玮姐姐请到班上来让大家见见。

于是，今天我真的把宁玮请到了班上。她特意提前来到学校，说是很多年没有听李老师的课了，很想听听李老师讲课。

最后一节是班会课，我请宁玮给大家开了一个小小的讲座，让她随便讲点什么。

在同学们热烈的掌声中，她有点腼腆地走上了讲台："我今天来到学校，不是想给大家做什么报告或开什么讲座，而是想看看李老师现在的学生。说心里话，我这一辈子最幸运的就是高中遇到了李老师，在李老师班上度过了三年。虽然后来我高考失利，没有读成大学，但李老师教育我们要善良，这是非常重要的，也影响了我以后的生活。"她有些激动，突然不知道说什么好了，同学们便说："宁玮姐姐，你给我们说说你打工的经历吧！"

"好，那我就随便说说我打工的经历。"宁玮顿时从容起来，"我是 1990 年高考失利后，当年 8 月开始打工的。其实当时我是可以复读的，我也想过复读一年，第二年再去考大学。但如果我复读，我弟弟读书就很困难，因为我家在农村，经济很困难。于是我决定去打工，支持我弟弟上学。我先在北京一家餐馆当服务员，当时什么也不会，什么也不懂，但我抱定一个信念：只要善良，就能让周围的人尊敬你。在餐馆里，我很勤劳，别人不愿意做的，我都愿意去做。因此，周围的人都对我很好。"

她还讲了几个小故事："有一次，一个顾客失恋了，到我们餐馆来喝酒，结果喝醉了，吐了一地。别人都不管，我就去照顾他，把地扫了，扶他上车。后来，他非常感谢我，还专门来餐馆看我，听说我想读书，就送了我很多书，说我很善良。还有一次，有一个客人说他的东西不见了，便认为是旁边的一个客人偷了，他便打旁边的客人，打得特别厉害。其他顾客和服务员都不管，我不能理解，怎么都不去劝劝呢？我就去拉挨打的人，叫他快走。好不容易劝走了客人，回到餐馆，结果我却挨了老板的骂。他说：'关你什么事？别人都不管，你一个小姑娘去管！'虽然挨了骂，但我想做人善良是应该的，无论如何都应该保持善良。"

这些故事都很朴实，宁玮讲的时候语气也很平淡，但同学们听得非常专注。

宁玮继续说："最严重的一次是一男一女打架，女的用烟灰缸砸那男的，我去劝，结果一不小心烟灰缸砸到了我的鼻梁，鼻梁骨断了。后来我被送进医院，还花了许多钱，最后，我不得不回到四川。现在有人说当时应该索赔，但我当时哪里会想让他们赔，我只想让他们别打了。有人说我傻，但我想，人不应该只考虑自己，还得考虑别人。"

她又说起回到四川后到成都找工作的事："一个人无论做什么都要认真，能吃苦，就一定能够赢得别人的尊敬与重用。在成都，我去某公司应聘，在所有应聘者中，只有我是高中毕业，文化水平很低，但我三天就把产品简介背熟了，经理都很吃惊。几天后，我便得到众多好评。不到一个月，公司老总就来电话叫我去当专卖店经理。最初我不想去，因为我觉得自己没有那个能力，但后来我还是过去了。他问我有什么想法，我说：'当就当，但你先不要对这里的员工说我是经理，让我默默地观察一下店里的情况。'于是那几天我一个人在店里到处转、到处看，所有员工都不知道我是经理，还以为我是新来的员工。等我熟悉了店里的情况后，我对老总说可以宣布了。当老总宣布我为经理后，有员工当场提出要辞职，说凭什么她一来就当经理。但老总很支持我，他说：'那些人要辞职就让他们辞，我另外给你补充员工。'我真的很感谢他。一个月以后，这个专卖店的营业额就上去了。再后来，我又被提拔为商场总经理。其实，我并没有什么能耐，只是对人善良，不怕困难。不管做什么，我都告诉自己：一定要对自己有信心！在那个公司干了五年后，我退出了，因为我还是想自己干。于是，我现在就自己开了一个饭馆。"

同学们一下子沸腾起来，纷纷问："在哪条街？什么馆子？以后我们去照顾你的生意!"

宁玮笑了："我那饭馆很小的，在梁家巷互助路。"

她看时间差不多了，便不再讲自己的故事，说："来到这个学校，我觉得你们的条件真是太好了，我真是羡慕你们！你们要珍惜呀！我这一辈子最大的遗憾就是没能读上大学!"

我看还有几分钟的时间，便问同学们有什么问题问宁玮姐姐。任沐之问："宁玮姐姐，你能说说如果去应聘工作应该注意些什么吗?"

宁玮回答："首先，要注意自身形象。第一印象很重要。不要过分打扮，应该追求自然美，谈吐要大方。其次，求职的目标要恰当，不要把目标定得过高，跟老板谈待遇要心中有数，过高或过低都不行。”

文海问：“你在打工的时候，有没有想过再去读书？”

宁玮答：“当然想过！我当时初中毕业考乐山一中的分数很高。我现在都还记得，数学满分是100分，我得了99分。我高考时没有发挥好，没考上大学始终是我的遗憾！从北京打工回来后，其实我还去乐山一中复读了几个月，还想考大学。但第一次数学测验，我没有考好，觉得学习丢下太久，不可能再补上了，便悄悄离开了学校。后来我才知道，那次测验我考了71分，是班上最高分！后来随着年龄的增加，我再也没有重返学校，但心里一直觉得没有读大学是遗憾！所以，我现在真的很羡慕你们！”

下课了，同学们再次对宁玮姐姐报以热烈的掌声。

宁玮今天讲的故事并不曲折，其中蕴含的道理也不新鲜，但这些故事都是真实的，所以依然感动了我的学生。善良，现在被很多人嗤之以鼻，但宁玮依然默默坚守着自己的一颗纯净的心。我为我有这样的学生而骄傲。

新教育提倡“聆听窗外的声音”，这“窗外的声音”不仅仅是指科学家、企业家等“成功人士”的声音，也包括像宁玮这样的普通劳动者的声音。

在我们每一个老师所教过的学生中，其实都有许多“宁玮”，我们也应该发挥他们的教育作用，因为他们也是一笔宝贵的教育资源。

10月19日　　星期二　　阴

青春期讲座：爱，你准备好了吗（一）

昨天我没到班上，今天一来便看学生写的随笔，以及我要求学生写的学习“病历”自我诊断书。这是我对学生学习自我管理的一种引导方式。所谓学习“病历”自我诊断书分为这样几个部分：

第一，症状自述。要求学生写出自己学习上的不良状态或自己不满意的地方。

第二，病因诊断。也就是对上面提到的问题进行原因分析。

第三，治疗措施。写出解决上述问题的办法。

第四，医治疗程。为自己定一个时间，限时克服上述学习上的毛病。

绝大多数学生写得很认真，分析也很透彻。我相信他们在写这个“诊断书”的时候，一定也在认真分析、反思自己的学习状况。我在这些“诊断书”后面批道：“祝你早日康复!”也有个别学生不是太认真，有点应付的味道。我在这些学生的“诊断书”后面批道：“你遇到不负责任的庸医了！请重新诊断!”

中午的读报课，我读了李应生的一篇随笔。读完李应生的随笔，我说：“这是迄今为止我读过的李应生同学写得最好的一篇文章！我从中读到的是人对精神的追求!”

卓翼同学因病好几天没有来上课了。我给她父亲打电话询问她的病情，她父亲说卓翼已经正式住院，但还没有查出病因。我对他说：“今天晚上我去医院看卓翼!”

从本周开始，晚上 7 点到 7 点 30 分，我给学生开系列讲座：《爱，你准备好了吗》。7 点钟到了，我捧着一大束鲜花走进教室，并叫大家拿一张纸条出来。同学们问拿纸条做什么，我说先别问，拿出来再说。

我对同学们说：“这半个小时做什么呢？我早就对大家说过，从这个星期开始我要给大家开一个系列讲座，现在你们只做一件事——听。同时，拿一张纸，其实半张就可以了，我先不说做什么，留个悬念。在开讲座之前，听我读两篇随笔。第一篇随笔的标题是《我们 3 班是这样的吗》。”

我开始读钟晓同学的随笔，在这篇随笔中，钟晓对同学们的课前准备和历史课堂纪律提出了批评——

> 许多人认为我们 3 班是最好的，我却不以为然。看吧，上课铃已经响了，老师也已经站在讲台上了，可许多人仍在看风景，许多人仍在玩。喊完“起立”之后，干啥的都有，经常要重新喊“起立”。
>
> 看吧，又是一道风景：这是一堂历史课，林老师在上面讲，瞧，他在看报，他在写数学作业，他在玩手机，他在“冬眠”……这真是一节“自由”的历史课。这是我们班吗？这是 3 班吗？

读完后，我说：“同学们想想，文中写的哪个是你？说起玩手机，我要说，以后哪个同学上课带手机，就等于是在说：‘老师，这个手机我不要了。’老师就会‘笑纳’这个手机。这两天我说得最多的是耻辱。这的确是我们班的耻辱！其实，有这些表现的不是全部同学，但仍然是全班的耻辱，为什么呢？因为咱们是一个班。正因为咱们是一个班，每个同学的进步大家都由衷地感到幸福，每个同学的退步大家都由衷地感到耻辱。李老师念这篇随笔，就是想提醒大家一下。”

然后，我又说：“今天大家看到我拿着一束花。我刚才参加了一位老师的生日会，语文组老师送他一束花。结果我把这花要过来了，我要转送给一个人。下面是无奖竞猜——我拿这花去送给谁？”

宋飞说：“卓翼！”

“对，是卓翼同学。”我与宋飞同学握手。

何晓蕊说：“我也猜中了！”

我笑着说：“那好，我也跟你握手！”我走过去握住了她的手。

同学们都笑了。

我对同学们说：“卓翼几天没有来上课了，今天我给她父亲打电话，才知道她已经住进医院了。一会儿我将代表同学们去看她。我们送什么礼物给卓翼同学呢？我想，最好的礼物就是每个同学都给她写一句话。我们想一想，假如有一天你孤独地在医院里躺着，心里是什么感受？我相信，卓翼如果看到同学们写给她的话，一定会非常高兴，病痛也会减轻许多！”

“好，下面我正式开始我的讲座。”我一边说一边在黑板上写下——

爱，你准备好了吗？

下面是听我这次讲座的魏智渊老师为我做的记录——

李老师当班主任许多年了，应该说对中学生的心理非常熟悉了，何况我家里也有一名中学生，就是我女儿。今天我讲这个话题，绝对不是说咱们班有什么早恋现象，李老师才急忙对大家进行“教育”。不是的。我认为，爱情是人道主义的考验，每个人在青少年时期都必须经历这个考验。

虽然我们班现在没有早恋现象，但我也察觉到一些问题，主要是男女同学相处的问题，应该引起我们的注意。我感觉在同学们这个年龄，的确有一些很微妙的东西。比如，有些男女同学相处的时候喜欢打打闹闹，大家觉得好像没有什么；比如，一个同学说了一句无心的话，另一个同学会很敏感地联想到什么，于是他们之间便挤眉弄眼起来；（同学们大笑）比如，那天我们分组讨论，有一个男同学和两个女同学一组，就有同学起哄；（同学们大笑）又比如……算了，不比如了！

首先，我要说明的是，我这话里没有批评，大家开个玩笑没有什么的，同学们也很纯真。我举这些例子是要说明，在我们这个年龄，有许多东西说不清道不明，但是我们应该正视。

我曾经说过，我羡慕你们，为什么呢？因为现在的中学生，男女生之间居然可以说话。男女生互相说话，在李老师的中学时代是不可思议的。（有同学表示不能理解）哦，我说的是在过去不可思议。

我今天给你们讲一个话题：我们这个年龄，会有些什么心理呢？任何一个人在青春期都会有一些微妙的心理变化，对异性也会产生一些微妙的心理。李老师曾经也是这样。我们知道，在小学低年级，男女生两小无猜，但小学高年级的时候，男女生就不太说话了，有的男生甚至以与女同学说话为耻。我读六年级的时候，不知道怎么把一个女生得罪了。这件事要追溯到我三年级的时候，有一次做语录牌，同桌的女同学说她中午可以做一个下午带来送我，结果下午她没带来，我就不理她了。到了五、六年级，我就报复她。有一次，她在桌子上画“三八线”，我很不高兴，最后的结果是我把她的钢笔重重地戳在桌上，插在那里！（大家笑）别笑，李老师小时候是很调皮的，我手上的伤就是小时候打架留下的，你们可别惹我啊。（同学们又大笑）我当时一下子就把全班女生都惹怒了。她们采取了一个行动，所有女同学把我围在中间起哄。这在当时是奇耻大辱。这说明什么问题？为什么我会感到耻辱？假如当时我上幼儿园或者小学一年级，我是不会感到耻辱的。在小学高年级，男女生之间有敌意，至少男生对女生有一种排斥心理。

但到了中学，大家又开始很希望和异性说话。还是以我为例吧！我中学时特别想和女同学说话，但不敢。那时候我学习成绩比较好，是学习委员。我们班上有一个文娱委员，是个女同学，我当时就很想和她说话。那时候我就盼着开班委会，这样就可以以谈工作为名跟她说话。（同学们大笑）那时同学们都说我的钢笔字写得好，于是每次新学期发本子，她就拿本子让我写字，比如“科目：语文。班级：高一(1)班。姓名：×××”。（同学们大声说：“把她的姓名也说出来吧！”）好的，我说，姓名：翠花！（大家爆笑）但每次我都装作很不想写的样子，其实我心里巴不得天天发本子：为什么一学期只发一次本子呀？（大家爆笑）

这说明什么问题？异性相吸嘛！但是不是就意味着男女同学就一定可以谈恋爱呢？最近，一位记者采访了我过去的一名学生，记者问李老师教她的时候，她印象最深的是什么，她说是青春期教育。她说李老师打了个比方，说的是农民种果树，第一年刚结果，农民就把它们摘掉了，第二年、第三年还摘，因为如果不摘，它们结的果实成熟后仍会又酸又涩……李老师还说，就生理而言，高中生已经基本成熟了，但生理上的成熟不等于心理上的成熟。

我对我女儿也是这样教育的，她读初一时我就给她读苏霍姆林斯基给女儿的信。我问女儿如果以后有男同学递条子给她怎么办，她说她不理。我说："男生一般没有恶意，你也可以找他谈谈或者给他回信。"我在苏州大学读书的时候，她写信给我，说班上有两个男生给她写条子。她问我要不要交给班主任，我说千万不要。后来我问她是怎么处理的，她说她对那两个男生说："我是要考重点高中的，我希望你也考重点高中。如果你尊重我，我们还可以做同学；如果不，连同学都做不成。"后来那两个男生，一个与她相处得很好，另一个则见了她很不好意思。

我经常说，我从来不担心我女儿会早恋。她看到有的女生与男生出双入对，晚上不上晚自习，到校外去吃烧烤。我女儿是很看不起他们的，认为他们没有高远的追求。

爱情，不仅仅关系到今天，而且关系到明天，包括我们的后代。苏霍姆林斯基非常注重对学生的青春期教育，包括男女相处的教育。他说现在许多家长自己都还不具备做家长的资格就成了家长，于是他提出一个观点：培养家长，要从孩子的少年时代开始。为此，我专门写过一篇文章——《培养孩子做家长的义务感》。因为我觉得现在许多家长根本就不合格！你指望这样的家长教育好孩子吗？你们想一想，驾驶汽车要通过考试拿驾照，培养孩子远比这难得多，但父母却不需要拿"驾照"。所以，苏霍姆林斯基说，怎么做父母，怎么教育孩子，要从小开始培养。如何在少年时代理智地对待我们的情感，这关系着我们一生的幸福！

别以为李老师反对男女同学交往。不，以前我们班上男生、女生的关系非常轻松自然。当时有的家长还不理解。比如，初三时上晚自习，我要求每天晚上男生一定要护送女生回家；我每次组织小型活动，如果有男同学，那就一定要有女同学。

那么，男女同学究竟应该怎样相处呢？我提了四个字：亲密有间。

怎样做到"亲密有间"？哈哈，时间到了，我明天再继续讲！

在同学们的叹息声中，我结束了今天的讲座。

离开了同学们，我到办公室拿出一本《花开的声音》，在扉页上写道：

卓翼同学：

祝你生日快乐！

李镇西

然后，我怀揣着同学们给卓翼写的纸条，带着那一束鲜花，驱车奔向成都中医药大学附属医院。

到了医院，我看到卓翼正因肚子疼而趴在床上，但看到我来了，她显然很高兴。特别是看到我送给她的书和同学们的纸条，她很激动，脸上有了灿烂的笑容。

10月20日　星期三　阴

青春期讲座：爱，你准备好了吗（二）

最近我身体特别不舒服，已经咳嗽了五个月，晚上还失眠。昨天和杨校长谈起这些，杨校长说："李老师，以后早晨你就别到学校来赶早操了！"我非常感谢杨校长对我的关心。晚上吃饭时，魏智渊老师也要我多注意休息，还说我有事可以让他做，我也很感动。昨天谢校长对我说："我看你很疲倦，你一定要注意休息。"他还建议我服用一些五味子糖浆。

今天我决定去医院检查检查，但时间实在太紧张，于是我先打电话咨询余院长。她听了我的描述，说主要还是过度疲劳所致，她建议我辞去班主任工作，至少不要每天去赶早操，她警告我说："你长期这样，非得大病不可！"我爱人也多次要我辞去班主任工作，但我想到对学生们的承诺，怎么可能辞呢？不过我决定听从劝告，从明天起，不再赶6点50分的早操了，这样我就不会因为老怕睡过头而早醒。

晚上7点整，我继续给学生做讲座。

下面是魏智渊老师的同步记录——

李老师继续昨天开始的青春期教育讲座。同学们回忆一下，昨天李老师讲到什么地方了？

（学生说："讲到'且听下回分解'。"）

分解什么？我昨天讲到男女同学之间应该怎么相处。

（学生答："亲密有间。"）

答得非常好，"亲密有间"（板书）。如果是"亲密无间"，无非这么几种情况，要么是形容幼儿园的小朋友，要么是形容爸爸妈妈。男女同学亲密无间会造成误解，也不符合自己的角色身份。"有间"就是要保持一定的距离，有分寸。如果不这样的话，有时候你可能没有任何意思，但是由于你不注意，会让对方产生误解，甚至让他失眠。（学生笑）怎么做到"亲密有间"？我有三点建议：

第一，等距交往。在一个班中，男同学要对所有女同学一视同仁，女同学也一样，不与某一个异性同学过分接触。这是不是说，我们要按学号排序，今天和这个异性同学说话，明天和那个异性同学说话？（学生笑）其实这只是一个原则，意思是平时尽可能与每一个异性同学平等交往。李晴雁读初二的时候给班上数学不好的同学补课。我就跟她讲，你给同学补课当然好，但是要"博爱"，要给尽可能多的同学补，假如你只给某一个同学补，其他同学难免会误解。当然，由于班级工作需要或者其他原因，与某个同学接触相对多一些，也是正常的。

第二，坦然交往。本来你心中无鬼，但与别人说话扭扭捏捏，就会给别人留下想象的空间。落落大方最好。我以前教过一个女学生，她性格非常大方，当时班上有几个男同学非常调皮，但非常服她。我有一次跟那几个男同学聊天，问为什么同学们对她就服气。他们说，她对他们都很好。后来许多年过去了，这些男生来见我，聊天时我问他们当时对她有没有什么非分之想。他们说，不可能，她平时很坦然、很大方，跟大人似的，他们不可能那么想。男同学也要注意这个问题，有些男同学说话不注意，容易引起误会。

第三，公开交往。如果有一天，你对某一个异性同学说，今晚锦江大桥下河边第三棵柳树下见。（学生大笑）可能你去了以后也没有说什么，无非就是问这道数学题怎么做。（学生又笑）本来没有什么，但你偏要装作很神秘的样子，还发暗号："地瓜地瓜，我是土豆！""土豆土豆，我是地瓜！"（学生爆笑）这像话吗？当然，我这只是开个玩笑。我的意思是说大家必须公开交往，因为你可能没有这么去想，但是客观上会造成一些不必要的困扰。因此，我主张男女同学公开交往。

我认为，只要做到这三点，男女同学完全可以正常交往。在我原来带的班里，暑假除了郊游外，我还鼓励同学间相互串门。我认为，有了男女同学的正常交往，我们不希望发生的事情，发生的可能性就很小。有和异性交往的欲望，这是非常正常的。过去有一句话："男女搭配，干活不累！"咱们分班为什么有男有女，这也是符合心理学的。开学的时候我让男女混坐，也是这个原因。

下面又有一个问题：有人向我们表示好感怎么办？昨天我举了我女儿的例子。实际上，如果我们处理得比较好，别人不会对你这样表示，因为你平时的谈吐已经告诉别人你是怎样的人。面对这种情况，我一般还是主张，如果别人递条子，一定要尊重，但态度要明确。我昨天说了，面对这种情况，我女儿给对方写了一封信，公开表明了态度。我在《爱心与教育》里谈到过一个学生的故事。当时我教初中，我对学生们说："当别人对我们表示好感时，我们怎么办？还有，当我们有这种想法时，怎么办？"我说只能战胜自己。这个学生很信任我，她在一次作文中写道：一次看电影，碰巧和他挨在了一起，她特别兴奋，又特别难为情。她暗恋这个男同学，于是她盼望着灯光马上熄灭。她是以第三人称写的，写完后还写了个后记，说这个女生就是自己。你说怎么办？我给她写了一封信，问她爸爸妈妈知道不知道，她说不知道，我说不要对爸爸妈妈说。我还送了她一本书——《磨亮女性智慧的利剑》。我希望她定一个目标，然后看自己现在的行为是妨碍还是有助于这个目标的实现。后来我给她做了许多思想工作，过了一段时间，问她是否还想他，她说没意思，不想了！这绝对不是她的虚言。再后来，他们同时考到另一所学校读高中了，她发现这个男同学作弊了，就非常气愤，还写了一封信谴责他。我这次暑假回乐山，碰到了她，孩子已经七岁了。我感慨万千，许多年以后再看，初中的经历只是人生长河中的几朵浪花。

不是说男同学就一定不会有这方面的想法。我要说，不管男同学还是女同学，你有这个想法并不可耻，这很正常，不要有负罪感，李老师当年也一样，但关键是要战胜自己，要明白怎么把握你人生的航线。我也说一个男生的故事吧！他比较典型，特别调皮。有一段时间，他特别喜欢一个女同学，我找他谈，我从意志谈起，强调男子汉要志向高远。这就好比登峨眉山，我们的目标是金顶，不能到半山腰就不走了，到了万年寺就觉得风景好，便停下了脚步。泰戈尔有一句诗："只管走过去，不必逗留着采了花朵来保存，因为一路上花朵自会继续开放的。”的确如此，继续走吧，不必留恋路旁的鲜花，前面鲜花多的是。如果在少年时代被风景迷住了，停住了脚步，是很遗憾的。后来我写《爱心与教育》，准备写他的故事，他就帮我列他高中成长历程的提纲。提起当时对那个女生的迷恋，他说当时真是昏了头。他后来给自己定下了目标：高中三年一定要做1000道高难度的物理题。后来，他考到了中国科学技术大学。如果他在高中就被所谓的浪漫感束缚住，就不可能有现在的成就。

人生的不同阶段有不同的主题，因而有不同的幸福。如果这些阶段应有的主题缺失或者错位，我们的人生都将是悲剧！比如，幼年失去父母的呵护，这不是悲剧吗？李老师九岁就失去了父亲，对此深有体会。又如，少年时失去了学习的机会，也是悲剧。我过几天要给同学们放一部影片，主人公为一个十三岁的孩子，父母重病，他小小年纪不得不扛起生活的重担……在青年时代不能享受爱情是悲剧，但中年一事无成也是悲剧，晚年孤苦更是悲剧。我觉得，我们什么时候该做什么事，既是个人成长的要求，也是社会的要求。

明天，我想给大家谈一谈什么样的男同学或者女同学才算是优秀的。今天就谈到这里。

10月21日　　星期四　　阴

青春期讲座：爱，你准备好了吗（三）

晚上开了一个班委会，大家交流近期的工作。我要大家着重谈现在班上的不足，大家谈到两点：第一，清洁卫生还不是很理想，有两次没有得满分；第二，晚自习有时还有聊天现象。

凌飞的一番话让大家很感动：“要搞好一个班，首先我们班干部要起好带头作用。可我们现在并没有做好！因此，应该从我们自己做起！”

大家决定改变现在一个小组搞一天卫生的方式，从下周起每个小组搞一周，这样更便于落实责任。关于自习课，大家决定每一名班干部都要严格参与管理。

晚上7点，我来到教室继续做讲座——

我们这两天的讲座，题目都是《爱，你准备好了吗》。我今天来的时候在想，今天的题目应该是《被爱，你准备好了吗》。（板书：男女有别，各具风采。有同学议论，大家都笑了）有的同学自己都没有准备好，就想别人爱他，这样的人，千万别去爱他，哪有这么便宜的事？（同学大笑）

今天的主题是，女同学和男同学——希望男同学满18周岁以后不要自称“男孩子”——应该怎样提升自己，使自己的一言一行符合自己的身份，符合自己的社会角色。我先说女同学——要做一个美丽的女人。注意，我说的是“女人”，你们可能觉得这个词好像不合适。苏霍姆林斯基在他女儿满14岁时，写信给他女儿说：“今天你进入女人的年龄了！”我是着眼于你们的一生来说的，所以我用了“女人”这个词。美丽不仅仅是漂亮，不漂亮也可以美丽。作为女性，我们今天是女同学、女孩子、少女，以后就是青年女子、中年妇女、老太太。无论什么时候，有一个角色无法改变——女人。那么，一个女人怎样才算美丽？应该具备以下四点（板书）：

第一，温柔。第二，坚韧。第三，自尊。第四，优雅。

同学们先听我读一段文字。它来自我十年前写的一本书，叫《青春期悄悄话——致中学生100封信》，从初一到高三的各种学生心理问题书中都涉及了。书中写道：有人问马克思女人最可贵的品质是什么，马克思说“温柔”。

是的，我认为温柔是一种诚挚待人的态度，温柔是心灵散发出的芬芳。一个人只有心地善良、待人宽容，相处起来才能使人感觉如沐春风。举个例子。原来我在另一所中学教书时，附近有一个邮电所，里面有几名女营业员对顾客非常热情，我每次走进去都感觉心情舒畅。所以，有一年元旦，我给她们写了贺卡，说在新年来临之际祝她们新年好。后来，她们接触我的信件多了，发现我的字迹很熟悉。有一次，一名营业员问我：“你是不是每年都给我们写贺卡？”我犹豫了一下，考虑要不要说，后来我想这又不是什么见不得人的事情，便说她们应该受到尊敬。她们很感动。那一年元旦前夕，我收到了她们的贺卡。爱的传递有时候是很简单的。后来，她们陆续调离了那个邮电所。有一次，我在骑自行车的时候，遇到了其中一位营业员，我们开心地聊起了家常，感觉特别亲切。我觉得，有时候人生的幸福美好，未必是大的方面，常常正是这些细小的事情散发着花朵的芬芳。这是第一点。这几位我连名字都叫不上来的女营业员，让我感受到了温柔的美好！当然，据我观察，咱们班上的女同学都具有这种品格。哈哈！请不温柔的同学举手！哈哈，没有。（项柳依举手，大家笑了）哦，项柳依同学举手了，哦，她不但温柔，还很谦虚。（杨扬也举手了）杨扬同学不但温柔，而且很大方。（同学们又笑了）

第二点是坚韧。女性的温柔不只是柔，还有坚韧。女性的温柔是柔而不弱。由于种种原因，大自然把温柔的一面留给了女性，把刚强的一面留给了男性。但女性的坚韧有时候连男性都赶不上。比如宁玮，外表柔弱，其实内心很坚强。马克思的夫人燕妮的座右铭就是“永不绝望”！我经常对我女儿说：“坚韧要伴随你一生。”

第三点是自尊。这个大家都知道，从古至今，女性最忌轻浮。我们女同学一定要自尊自爱，凛然不可侵犯。什么时候该说什么话，体现了一个人的修养。我相信咱们班的女同学都做得到。有些女同学不是不自尊，而是不注意与男同学的相处方式。还有一点很重要，我跟女儿说，决不许任何男同学碰你的身体，比如在你的脸上、头上摸一下等。如果你自尊，这本身就是一道防线。即使有人对你有什么非分之想，也不敢轻举妄动。

第四点是优雅。优雅靠什么？靠学识。有人说，学识能够让女人优雅起来，这种贵族般的气息是很难得的。

对男同学，我要说的是：做一个堂堂的男子汉！我也有四条建议。

第一是刚强。我们一般不喜欢很柔弱的男生。男同学如果一遇到事情就哭鼻子，这不太好。女性可以楚楚可怜，但男儿有泪不轻弹，不是不弹，而是不轻弹。有的男同学的眼泪却像自来水一样，这样不好。

第二是宽容。这是胸襟的问题。其实女同学也有这个问题，有些词，比如小气、长舌妇等，往往是说那些鸡肠狗肚的女人。我希望我们女同学要警惕。男同学更应该宽容。恩格斯在《在马克思墓前的讲话》中说：“无论保守派或极端民主派，都竞相诽谤他，诅咒他。他对这一切毫不在意，把它们当作蛛丝一样轻轻拂去……他可能有过许多敌人，但未必有一个私敌。”我们四川有句方言叫“吃得亏，打得堆”。这种品格，如果放在参加工作以后，会给自己带来许多朋友。

第三是进取。这其实是事业心的问题。可能有人要说：“难道女同学没有进取心？”当然有，但男同学更应该有进取心。马克思十七岁时就立志要“为人类的幸福和我们自身的完美”而工作，邓小平十六岁就去法国勤工俭学。我们男同学在思想上要为自己树立一个目标，我们要干一番事业。我以前经常与一些男同学谈心，我说你们现在都没有事业心，以后怎么可能做出贡献？有些同学老是一副“多情”的样子，真是没出息。

最后一点，我觉得男同学要有些幽默感才对。幽默实际上是一种有智慧的表现。幽默不一定是搞笑。我举个例子，关于周恩来的。在南京谈判期间，周恩来有理有据地驳倒了对方的谬论，对方气急败坏道：“简直是对牛弹琴！”周恩来机智地回道：“对，牛弹琴！”我要说的是，所谓幽默，不是讲几个笑话就能做到的，很多时候是即兴的，是乐观的表达，是豁达，是自嘲。当然，女性也可以很幽默。

如果做到了这些，未来的爱和被爱你就准备好了。说到底，无论男生还是女生，最重要的还是自身的修养。我们怎样与人相处？男女有别，但各具风采。

我这儿还要补充说一下，你们可以看看居里夫人的传记。居里夫人是很美的，可以说是内在美和外在美的统一。她在读大学的时候，很多人追求她，但她说：“我的志向是搞科学发明。”每次到教室她都坐前排，只留后脑勺给别人看，而且还剪了短发。我对女儿说，要学居里夫人。我们女同学也要学居里夫人。

我对历届学生都说过，今天我也跟大家说——

希望我教出来的所有女同学是最优秀的女性，我教出来的所有男同学是最优秀的男性！

10 月 22 日　　星期五　　阴雨

成立学习互助小组

月考成绩排名出来了，我在班上公开表扬了前十名的同学：杨扬、林柔倩、何晓蕊、唐朵、刘陵、凌飞、魏乐庭、钟晓、谢舒云、项柳依。但我不打算公布其他同学的名次，而是把每一个同学的成绩排名单独告诉他本人，让他知道自己的学习成绩在班上的位置。

明天准备开个家长会，但我对学生们说：“如果你感觉这次的成绩不好意思给爸爸妈妈看，那么你跟我说一声，我一定为你打掩护。等你下次成绩考好了，我再告诉你的爸爸妈妈。”结果，黄尼莫、张自强、唐西龙等同学都找到我，请我在他们家长面前“口下留情”，我说：“放心，没问题！”

我打算成立学习互助小组，便和王晓丹老师一起按四五人一组，把学生们分成九个小组。分组的原则是，学习成绩和男女性别的搭配。分组如下——

第一组：林柔倩　张自强　杨　心　张颢君

第二组：何晓蕊　陈霜蝉　刘骞雯　宋　飞

第三组：杨　扬　舒　霈　李应生　欧阳震宇

第四组：唐　朵　毕明方　黎　涵　陈　鑫　唐西龙

第五组：项柳依　杨海峰　杨南希　文　海

第六组：钟　晓　强　劲　王嫣然　任沐之

第七组：魏乐庭　罗　天　何思婷　杜　翱

第八组：凌　飞　蒋　鸣　魏雨萱　卓　翼

第九组：谢舒云　刘　陵　周　杰　程　媛　黄尼莫

晚上，我跟学生谈到了“我们和他们不一样”这句话：“昨天，我们学校的文老师对这句话提出了意见，他说这句话不妥，有看不起其他班学生的意思。我说他误解了。这句话中的‘我们’指的是所有有追求、有理想的学生，而不仅仅是指我们高一（3）班的学生。当然，在我们班说这句话的时候，无疑首先是指我们班的学生。同样，这句话中的‘他们’也不是指非高一（3）班的学生，而是指那些没有追求、自甘堕落的学生。虽然我不认同文老师的质疑，但他的话却提醒我们，不能自以为是，更不能傲慢自大，而应该虚怀若谷。既胸怀理想，又待人谦逊，这才是我们应该展现的风采！”

然后，我和学生们继续逐字逐句讨论并修改班规。关于一些条款，同学们再次提出了修改意见。里面有许多对我的约束，是我自己提出来的，但同学们对我非常宽容。修改过程持续了一个多小时。最后，我说：“我们还是无记名投票进行表决吧！”但同学们说：“就举手表决吧！”于是，同学们把手举了起来，我看了看说：“大家可以互相看看，是大多数！”同学们说：“不是大多数，是全部！”我仔细一看，果然，每一名同学都把手举了起来。

我说：“好，我明天就把修改意见写进班规，然后印发给大家。班规下周一正式生效。对我们班来说，这是一个历史性的时刻！我们的‘班级法律’诞生了！”

10 月 26 日　　　　星期二　　　　晴

思想工作随时做

昨天，不少学生反映晚自习往往被各任课老师用来讲课，因此他们写作业的时间很少，有时甚至做不完。于是，我一一找任课老师谈话，请他们把晚自习还给学生。今天，我问同学们昨天晚自习怎么样，他们说老师们都不讲课了！我很高兴，感谢老师们对我的理解。

听王老师说杨扬对分小组有些意见，主要是对组内同学有些意见。于是，我便找到杨扬，对她说："一个优秀的人应该有一种责任感，无论是对班集体还是对具体的同学！我们要多看同学们的优点，以一颗善良之心打量周围的同学！"她笑了，说："前几天有点不高兴，现在没有什么了！"

听魏智渊老师说某班一个非常优秀的学生在一次数学考试中交了白卷，问他为什么要交白卷时，得到的回答是："因为我看到教室里有很多同学在抄袭，我很气愤，于是我干脆交白卷！"听到这件事，我很震惊，同时感慨万千。

语文课上，我在黑板上写了几个词：诚实、爱心、责任感。然后，我对同学们说："先说责任感。今天下午到晚上是咱们学校的英语节，我们的责任感应该表现在各个方面，言谈举止都要符合我们的身份。今天早操时，听徐主任讲到有些学生的言行，我感到非常惊讶，那不是我们学校应该有的现象。因此，我希望今天的英语节我们没有什么不文明的言行。我们分了小组，可能有的同学不适应，觉得与自己的好朋友'生离死别'了。（大家笑）其实，我们 9 月刚到这个班时互相都不熟，现在不也熟了吗？每一个小组的每个人都要对小组其他人怀有责任感。还有，看同学一定要看优点。比如，咱们班同学，我看你们都看优点。刚开学时，咱们男生宿舍纪律不好，我就想有没有客观原因。如果学校设施没到位，我就去催促。有些同学不做作业，我也想会不会是作业太多。于是我与各位任课老师联系，设法解决这个问题。我始终相信，人之初，性本善。然后是爱心。一会儿我要把十几个贫困生的资料发给大家，大家可以分小组商量，认捐一个。李老师也认捐一个。我觉得我们应该把善良尽可能地传递给其他人。再说诚实。最近我听到一件令我特别难受的事情，我们这个年级的一个班，班上有一名优秀的同学在数学测验中交了白卷，因为他发现班上存在大规模作弊。我对这名同学肃然起敬，他交的不是一张白卷，而是一颗纯洁的心！这张白卷，让所有通过作弊获得好成绩的试卷黯然失色！当然，我自然想到了我们班。我们班有没有作弊的现象？（学生纷纷说：'没有！'）是的，我想至少我们班不可能有大规模的弄虚作假的行为，但是有没有极个别同学这样做？没有什么比一颗诚实的心灵更可贵！因此，我对那名交白卷的学生表示由衷的敬意，他的心灵就如这张纸一样洁白！其实，有的同学作弊似乎有理由——怕家长打骂。如果这种现象发生在我们班上，我会给家长做工作的。这次家长会，我就'遵照'唐西龙的嘱咐没有把成绩告诉他的爸爸妈妈。当时，他妈妈问我唐西龙的成绩，我把她叫到一边说，我要对得起唐西龙的信任，也要遵守对唐西龙做出的承诺，因此不能告诉她唐西龙的成绩。我对家长们说，让我们多一些期待。李老师如此信任大家，你们如何来信任自己呢？我昨天表扬了凌飞，为什么表扬呢？因为他追求崇高。他在随笔中说：'在我们这个年龄还是应该追求一些崇高的东西。'我经常说，判断一个人的品位高低，有两个标准。第一个，看他业余时间是怎么度过的。比如，打麻将，当然我不反对打麻将，但天天打恐怕就不好，而且有人还把这个作为一种创收方式。（大家笑）如果他将业余时间用来读书，品位就很高了。第二个，看他接触什么样的人。这是受作家张洁的启发。她说，一个人选什么样的终身伴侣，可以看出他的品位。我说，一个人接触什么样的人或者交什么样的朋友也可以看出他的品位。可能过去我们同学接触过这样或那样不太好的人，我相信我们的集体是很好的，这是一个大熔炉，能够把我们过去的缺点熔化，能够在人格上锻造每一个成员。从3班走出去的同学一定要比同龄人更坚韧、更健康、更出类拔萃！因为我们和他们不一样！"

昨晚自习课纪律不太好。吃午饭时，我找到纪律委员宋飞，鼓励他根据刚刚公布的班规大胆管理。我说："对于自习课聊天的同学，你最好是先真诚地劝告提醒，如果有同学实在不听，继续违反纪律，你只能按班规执行。如果他顶撞你，你完全可以严肃地批评他。你放心，我相信全班绝大多数同学都会支持你的！当然，我希望因纪律问题而产生的冲突越少越好。其实，即使是你批评过的同学，大多数时候还是不会记恨你的，而且会对你产生敬意，因为你是在履行你的职责。你看文海，做临时班长时也批评了不少同学，但正式选班长时，他几乎以全票当选！投他票的同学里面就有他以前'得罪'过的同学！因此，你尽管大胆管理！”

下午，我找新同学陈鑫聊天。

我对他说：“虽然我和你接触才十多天，但我感觉你很有上进心！真的。今天李老师找你，不是因为你犯了什么错误，而是因为李老师喜欢找同学们聊天。我们随便聊聊，好吗？”然后我和他随便聊了起来。

我问他这次作文为什么没有交，他说他不会写作文。我说那我一会儿就指导你。然后，我问他为什么要转学，他说他已经读了一年高一，到这里来是重读高一的。我问他为什么要这样，他说在原来的学校表现不好，高一一年是混过来的，后来还接触了一些不好的朋友，都属于常常在社会上打架斗殴的那种人，他也染上了不少坏习气，甚至还吸过烟。国庆假期前，因为没有完成作业，他和当时的班主任发生了冲突，于是母亲便建议他转学并重读高一。

我非常感谢他对我的信任：“刚才你讲述你和原班主任的冲突，很生动呀！用文字记下来，不就是一篇很好的作文吗？这样，这次作文你就写这个！”他有点惊讶。我说：“作文并不神秘，无非就是写自己——自己的故事，自己的思想，自己的感情……”

然后我又问他有没有目标或者说追求，他说他有的，我便和他谈起了今后的追求，尤其是学习和做人方面的追求。我真诚地希望他和过去的坏朋友断绝往来，他说他也是这样想的。于是，我给他提了不少建议。

不知不觉和他谈了一个小时，分别时，我告诉他：“以后你有任何困难，随时找我！”

10 月 28 日　　星期四　　阴

停电的温馨

早读时，我让学生朗读并背诵最近学的《烛之武退秦师》《邹忌讽齐王纳谏》。同学们正热火朝天地大声读着、背着，突然，我看到坐在后排的李应生起身走向窗边，朝窗外吐了一口痰。我很生气，正想批评他，但冷静一想，他好像跟我说过他有鼻窦炎，经常要吐痰。也许他是来不及跑到前排的垃圾桶前吧！于是我原谅了他，想等下课了再提醒他。可不一会儿，他又走到窗边往下看了看，我知道他要做什么，正要提醒他，他就“啪”的一下，又吐了一口痰！这下我可真生气了，但我还是忍住了，因为我想，他肯定不知道这样做是不对的，不然他不会如此沉着地在大家面前犯错误——虽然认真背书的同学不一定看到他这样做。

早读课快结束时，我不点名地批评了他：“我知道这名同学是因为身体不适，但这样做仍然是不对的。大家想想，难道我们可以从窗口往外吐痰吗？这简直是不可思议的！当然，我估计这名同学不知道自己做了错事，但现在应该知道了，而且要记住，以后千万别这样做了！”

晚上，学校又停电了。6点后，我约杨南希、程媛、黄尼莫、林柔倩等几个女生到我办公室，给她们当面讲作文。讲着讲着，天便完全黑了。这时快到7点钟了，我和几个女生摸索着来到教室，黑暗中，同学们正在用震耳欲聋的呼喊声要求数学老师吕老师和英语老师赵老师唱歌。于是，吕老师和赵老师分别为同学们唱了一首歌。唱完之后，大家看我进来了，便一致把火力对准了我：“李老师，来一个！李老师，来一个！”

我开玩笑道：“这种场地就想让我唱？笑话！”

大家都笑了起来，但仍然要我唱。我说：“你们应该先请王老师唱！”

我这一句话马上把火力引向了王晓丹老师。于是，在同学们的呐喊声中，王老师为大家唱了一首《月亮代表我的心》。王老师唱的时候，全班同学都跟着唱，气氛极为温馨！

王老师唱完，同学们再次把火力对准我：“李老师，来一个！”

我不好意思耍赖了，只好准备唱。唱什么呢？同学们说：“一定要唱现在的流行歌曲！”

我老实地说：“我不会唱现在的流行歌曲，只会唱一些20世纪八九十年代的流行歌曲，比如罗大佑的《恋曲1990》等，齐秦的歌也能唱一些。”

学生们便说：“那你就唱《大约在冬季》！”

“好，我唱——但我记不住歌词呀！”

“不要紧，我们提醒你！”同学们说。

于是，黑暗中，开始是我一个人唱，渐渐地，同学们的声音加入进来。

教室里依然一片漆黑，每一个人都看不清其他人的脸，但黑暗中我们的心都连在了一起。我唱完之后，同学们纷纷上台演唱：杨扬、张自强、陈鑫、宋飞、舒霈、张颢君、刘陵……一时间，我们教室俨然在举行演唱会！

在杨扬唱歌的时候，我隐隐约约感觉有人从教室后面朝前面走过来。我走到这名同学面前，从轮廓看好像是李应生。我拍了拍他，果然是！原来他从后面走到前面来，是为了朝垃圾桶里吐痰。

我想到黑暗中的他这样很不方便，便把垃圾桶提到后面放到他的座位旁边。

演唱会只开了四十来分钟，学校便要求各班学生回寝室了。我对大家说："我们最后再唱一首歌，作为今天演唱会的结尾！唱什么歌呢？"同学们说："唱《祝福》！"

我说："好！不过我要先说几句。昨天，王老师的公开课在因停电无法使用多媒体课件的情况下仍然获得了成功，我们要向王老师表示祝贺！"大家热烈鼓掌，我继续说："我们把这最后一首歌献给王老师，表达我和同学们对王老师的祝福！"

于是，歌声再次响起来……

一曲终了，我和同学们离开了教室，下楼时李应生走到我旁边对我说了一句："李老师，谢谢你！"我刚开始没有反应过来：他谢我干什么？但我马上就明白了。我特别感动，没有说话，只是再次拍拍他的肩膀。

这时，蒋鸣对我说："李老师，到我们寝室玩一会儿吧！"

其实我很想去和他们玩一会儿，但是不行，我对同学们说："谢谢你们！但我今晚还要备课呢！"

告别了同学们，我离开了学校。在回家的路上，我的心还沉浸在快乐中。

偶然的停电，偶然的演唱会，却必然在我和学生们的心中留下深刻的印象，也必然会为我们今后——五年、十年、二十年后——回首往事时留下温馨的记忆。

11 月

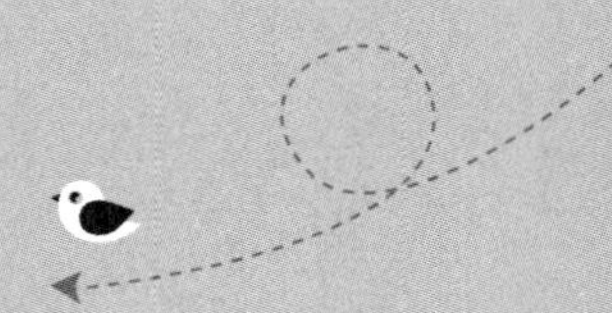

我不敢保证一定能够教育好他，毕竟教育是复杂的，但我愿意竭尽全力帮助每一名学生。

无论怎样，都决不与学生为敌。这是我的原则。

11 月 2 日　　　　星期二　　　　晴

不断战胜自己

之前我在班上建议，期中考试时我们班实行无人监督考试。我对学生们说，李老师过去教的学生能够做到，我相信你们也一定能够做到。

但我也提醒自己，一定不要把自己的愿望强加给学生。我只是建议，学生是否采纳应该由他们自己决定。星期天晚上，德育处给我打电话，说希望在第二天的升旗仪式上，由我们班的学生发言，谈谈无人监督考试。我拒绝了，因为这只是我个人给学生的建议，还没有全班通过。如果在没有通过的情况下就让学生去讲，学生会觉得李老师很假：明明是你自己的想法，却说是我们全班的愿望！但我依然可以提出建议，因为学生的考试风气应该纯正，诚信教育应该落实到学生的行动上。于是，昨天我跟学生说："这样吧，愿意参加无人监督考试的同学，可以向学校提出申请。我们班有多少人申请，这次无人监督考试的考场就坐多少人！一切都要出于自愿！"

今天，杨扬交给我一份申请书，申请书后面是一串长长的签名。

我数了数，共三十三个签名，有五名学生没有签名。我注意到，在申请书后面，宋飞、张颢君和陈霜蝉是签了名后又涂掉的。

碰巧早晨化学老师张老师对我说，这次 3 班化学测验考得不错，但他仍不放心地问我那天是谁监考，这个成绩是否真实。我非常理解他的担心。说实话，我也没有把握说我们班就绝对没有作弊的。

但当我在班上很含蓄地问："那天晚上化学考试，我们班的考试纪律怎么样呀？"学生们立刻听出了我的弦外之音，他们非常不满地说："我们的成绩绝对真实！"宋飞说："那天的化学题很难，但我绝对没有作弊！"

因此，我很自然地拿出有三十三名同学签名的申请书说："学校已经同意期中考试时单独设立一个无人监考考场，让我们班提出申请的三十三名同学到这个考场参加考试。这三十三名同学对自己的良心做了一个庄严的承诺！我相信你们能够对得起这份承诺。你们是高尚的！但我同样要说，没有签名的另外五名同学也是高尚的，因为这也是一种诚实！自己没有把握做到的事，就绝对不欺骗自己！"

虽然陈鑫到我们班还不到一个月，但我已经感觉到这个学生身上的确存在许多毛病。今天，我读到他的一篇随笔，题目是《战胜自己》。文章不长，但真实地反映了陈鑫现在迷茫的心态，不过我从中还读出了他内心积极向上的愿望，更读出了他对我的信任。我决定今天就找陈鑫好好谈谈。

晚饭时，我在食堂没有找到陈鑫，便对谢舒云说："如果你看到陈鑫，就请他吃完饭到我办公室找我。"

晚饭后，我一直在办公室等陈鑫，结果没有等到。快上晚自习时，我准备去教室叫陈鑫，结果碰到宋飞、张颢君和陈霜蝉迟到了。我非常生气，便把宋飞叫到过道上批评了一顿。

我非常严肃地对宋飞说："开学以来，我这是第一次真正生你的气！作为学生，按时上课是最起码的规矩，何况你现在还是班干部，而且是分管纪律的班干部！你让我无话可说！你最近不断犯错误，我一次次地期待着你改正，可你一次次让我的希望落空！你怎么对得起信任你的同学们？我真拿你没办法了！真想把你妈妈请来——我知道学生是最烦老师请家长的，我也从来不轻易请家长，但是，如果真的请家长了，那说明我真的已经毫无办法了，我承认我的无能！但我现在觉得还没有到那个地步，我相信你会听从我的教育。"

因为正在气头上，我一口气说了许多。但宋飞一直一言不发。

我问："你难道不想说点什么吗？"

"没什么要说的！"他显然有情绪。

我说："我没有让你一定要认错。你知道我从来不喜欢听同学说违心的话，我也知道你从来不说违心的话。但如果你不同意我的话，也可以说，包括对我的反驳。"

他说："我觉得你说的这些错误，都没有什么大不了的。"

我问："好，那我们就来探讨一下。你认为什么才是应该批评的错误呢？"

他说："比如影响他人上课。而像迟到这些，其实没有什么，又不妨碍他人。"

我说："好，我们都是讲道理的。那我们来分析一下。就说迟到吧！什么样的情况下迟到不算错误？那就是你一个人在家请家庭教师学习，而不是在学校学习。既然是在你家里，由家庭教师教你一个人，那你早点上课、晚点上课都无所谓，甚至睡睡懒觉也无所谓，因为只有你一个人嘛！但如果在一个集体中，则不行。如果大家都不统一在一个时间到教室，或者说一会儿进来一个，一会儿又进来一个，这课还有办法上吗？这对老师尊重吗？就算是自习课，也会影响其他同学。迟到怎么不是错误呢？更何况，一个人还要有起码的集体观念呢！”

他不说话了。

我问：“我说得有道理吗？如果没有道理，你依然可以反驳我。”

他说：“有道理。”

我说：“好，我知道宋飞从来不愿意说违背自己本意的话。你想通了就一定是想通了。”

我缓了缓语气，继续说：“有一个前提，是我们谈心的基础，那就是宋飞是有上进心的。没有这个前提，我们还谈什么？你要理解，我刚才有些激动，话可能说得有些严厉，但我真是为你好！因为我觉得，我不仅是你的朋友，更是你的老师！那天家长会上，我对包括你妈妈在内的家长们说：‘我知道你们的孩子都很爱我，这让我感受到了责任！我就更应该严格要求他们！’如果你犯了错误，我不批评你，依然笑眯眯的，这样你可能觉得‘李老师真好，从不批评我’，但是，这是我的失职！我现在想的是如何帮你实现理想，三年以后把你送进理想的大学！如果我不严格要求你，还配做你的老师吗？你不是在学跆拳道吗？我看你作文里面写到学跆拳道时，特别强调教练对你的严格要求，还说‘严师出高徒’，那我对你严格要求不是一样的道理吗？而且，正因为我把你当成朋友，我才直言，这才是真正的朋友！当然，我同时还是老师！因此，该批评你的时候必须批评！”

宋飞的眼睛一直看着我，显然有些感动，刚开始的那种抵触的表情没有了。他说：“李老师，我尽量改正吧！对于我管纪律，我觉得同学们可能都不服，因为我连自己都管不住。还是换一个纪律委员吧！”

我说：“现在换恐怕不好，同学们会怎样看你呢？这多不光彩！再说，如果你不当纪律委员，可能对自己的要求也会放松的。”

他说：“其实，我还是很想当纪律委员的，只是……”

我说：“这样，你继续当，而且争取当好，我叫凌飞协助你管纪律。”

“好！”他点点头。

我又说：“请原谅刚才李老师的冲动。我建议你本周的随笔就写对自己的反思，好好反思一下自己的想法和表现。人呀，是需要时时提醒自己的！好吗？”

他再次真诚地点头：“好的。”

我说："你进去吧！李老师依然相信你，依然对你充满期待！"

我随宋飞走到教室门口，叫了陈鑫的名字，同时招手示意他出来。陈鑫听到我叫他，却坐在座位上不动，眼神中充满了恐惧，不停问我："什么事？什么事？"

我说："你出来嘛！"

他却不愿意出来："什么事？什么事？"

周围的同学都急了："李老师叫你，你就出去嘛！"

他只好走了出来，眼神中仍然有一种不安。

我把他叫到过道上，笑着说："你真有趣！我教书二十多年，从来没有哪个学生被我叫了之后不出来。哈哈！你是第一个。"

他小声说："我又没有做什么错事。"

我更乐了："啊，我终于明白了。刚才我叫你，你一定以为是因为你犯了错误我要批评你。这就是说，以前凡是老师叫你，都是要批评你。因此，你已经形成条件反射了，只要被老师叫，就以为一定是要挨批评，于是本能地产生恐惧。"

他不好意思地点点头，还在嘀咕："反正我没有犯错误。"

我说："李老师今天找你，偏偏不是要批评你，李老师要帮你呀！"

他有些不解："要帮我？"

我说："是呀！你的随笔上不是写着希望李老师帮你战胜自己吗？李老师今天就是来帮你出主意的。"

他笑了，有点不好意思的样子。

我问他："你这几天，上课有没有影响其他同学？"

他说："没有。"

我说："课堂上有没有转来转去地和同学说话？"

他说："没有。"

我说："你这不是战胜自己了吗？怎么不能战胜自己呢？"

他说："因为你对我说过，不要影响同学们。再说，老师在上面讲课，看到我影响别人也不好。"

"不管什么原因，反正你做到了上课不影响别人，这就是进步！这就是战胜了自己！"我又问，"你觉得自己有没有上进心？"

"没有。"他毫不犹豫，说得斩钉截铁。

"那你为什么要写这样的随笔？还说'我也想回到从前，找回那个成绩优异、热爱学习的自己'?"我问他。

他说:"但我管不住自己呀,总想玩,不想学习。"

我说:"这是因为你没有毅力,但并不能说你没有上进心。没有上进心,能写出这样的文字吗?告诉你,你这篇随笔让我很感动!第一,你非常信任我;第二,你非常渴望上进!现在要解决的,是如何战胜自己。你是能够战胜自己的。刚才我不是说了吗?你能做到上课遵守纪律,这就是战胜自己!我问你,你是不是非常不愿意再过那种浑浑噩噩的生活?是不是想彻底改变自己,有一个新的开始?"

他说:"是的!"

"这不就是上进心吗?"我又说,"我不指望你从明天起就在各个方面都能战胜自己,都能做得很好!给你一个建议,每天给自己布置一项战胜自己的作业。比如,自己不喜欢做某件事,但这件事非常有用,你就强迫自己每天都做;你想做某件事,但这件事有害,你就强迫自己不做!"

他想了想说:"我从明天开始睡午觉吧!以前我都不睡午觉,从明天起我坚持每天中午睡午觉!"

我说:"好呀!还有没有其他的?比如,做到不迟到?"

他说:"我也想做到不迟到,但我怕做不到呀!"

我说:"不要紧!以一个星期为单位,先争取一周不迟到,再争取两周不迟到。怎么样?"

他说:"好。"

我"得寸进尺"道:"还有,能不能做到每次作业都按时交?"

他说:"这……我真的不敢保证,比如有时作业太难,我做不出来,可能就无法交。"

"你可以问老师嘛!算了,这点不勉强你。你就把刚才说的两点做好,慢慢战胜自己,好吗?"

他点头:"好。"

我又语重心长地对他说:"陈鑫呀,李老师从来没有苛求你必须从第二天开始就改正所有的缺点。不,世界上没有那种人!我允许你明天又犯同样的错误。如果你明天真的又犯了同样的错误,李老师绝对不会批评你说:'你怎么搞的?昨天才批评了你,今天又犯!'但是我希望你尽量少犯同样的错误,或者说,犯同样错误的间隔时间越来越长。你懂我的意思吗?”

他说:“我懂。我也不愿意做什么保证,因为我怕保证了又做不到。”

“不,我不要保证。我相信你能够尽量少犯错误。”我又说,“其实,从随笔中我还看到你有一个优点:你特别爱你妈妈,特别体谅你妈妈!”

他说:“我妈妈对我特别好,每次我犯了错误,她都是好好地对我说。”说着说着,他的眼圈好像红了。

“是呀,所以你应该对得起你的妈妈,少让妈妈为你操心。”我说,“以后我见了你妈妈,一定对她说:‘你的儿子多么体谅你呀!你真应该感到骄傲!’但是,我要对你说,如果你能改正缺点,提高学习成绩,你妈妈就会非常高兴!我相信,你会让你妈妈感到欣慰的!好了,你进去学习吧!”

最后,我拍了拍他的肩膀。

11 月 3 日　　星期三　　阴

陈鑫的故事

陈鑫是我目前重点关注的对象。昨天叫他出教室时,他那条件反射式的恐惧表情,给我留下了深刻的印象。今天,我又把他的第一篇作文拿出来反复看,并认真研究。

这篇作文是他上周写的。当时我布置了作文,他说不会写,我问他为什么要转学,他便滔滔不绝地给我讲了转学的经过。我听了之后说:“你把刚才讲的写出来,不就是作文吗?”后来,他果真交上了这样一篇作文——

> 今年暑假结束,我以刚刚达标的分数进入了全年级仅有的两个文科班。一进那个班,我便被班主任当作重点问题人物监管起来。只要我有一点风吹草动,她就会把我叫到跟前教育一番。如果我上学迟到、上课睡觉、作业没做,甚至顶撞老师,我便会遭到大声训斥,或是请家长,或是写检讨,至于补写作业并要多抄几遍更是家常便饭。来到新的班,在焕然一新的环境里,老师和同学们第一个认识的就是我。这不是因为我成绩优秀、品德过人、助人为乐,而是归

“功”于我课上、课下的“优秀表现”。早在高一，我的名字便响彻全年级，这并不是我惹是生非造成的，而是因为我上课睡觉出了名，并且多次顶撞老师。除了语文书上的几篇古文，我几乎什么也没学。

至于我的班主任，她是一个 33 岁的中年妇女，她的女儿今年 4 岁。她是我高一的地理老师。说来我还要感谢她，正是她的“软硬兼施”才让从不听地理课的我在地理结业考试中顺利过关。她还是传说中出了名的严厉老师，她在双林中学带的那个班是有名的差班，就连语文课和数学课都会有近一半的男生逃课，但是一到上地理课，就算再费（四川方言，意为难管教）的学生都会乖乖地回教室。

开学不到两个星期，我被请出教室的频率是一天两次。每当我站在走廊上补作业时，总会有路过的以前班上的同学过来和我聊两句，或者和我开开玩笑。一般他们走向我时总是会微笑着，故作关心地说：“你又出来啦？”我人缘不错，所以来“关心”的人从高一到高三都有，但如果这些场面被我的班主任撞见，她就会绷着脸说：“你（们）想和他一起抄吗？”随后就只剩我一个人孤独地站在走廊上。

在我看来，对我最好的老师是英语老师，每当她叫我出去补作业，我总会做出一种不情愿而又略带气愤的表情，毕竟我也不想老出教室。每当这时，她总会耐心地和我讲道理，即使我抱怨几句，她也不会把我送到德育处去。另一个我认为好的老师是数学老师，他很风趣，常和我们开玩笑，还让我们叫他“华眼镜儿”或“华老头儿”。有一次，我把书放在抽屉里，上课时他看见我桌子上是空的，便批评了我几句。后来他得知我带了书，便在第二天上课前当着全班的面向我道歉。我很感动，因为这是我第一次听到老师向我道歉。

后来有一天，我没有做数学作业，不是我不想做，而是因为我不会做。数学老师单独辅导了我近半个小时，让我把作业补上。不幸的是被班主任碰见了，她非要我重做八遍。我花了一上午的时间做完了八遍。当我活动了一下早已站酸的双腿时，班主任又向我提出了一个更加苛刻的要求：把题也抄八遍。我的天呀！这几道题全是应用题，若要抄八遍，就有上万字。原本不情愿的我在听到这个要求时一下子失去了理智，就在教室外和她吵了起来，引来许多的听众和看客。可能她也没想到一向令学生“闻风丧胆”的自己会在众目睽睽之下被我公然顶撞，她气昏了头，竟连“滚！”“爬！”一类的话也说出了口。后来我妈妈到了学校，她就当着我妈妈的面大喊大叫地陈述我的种种不是，而我就一直斜着眼睛盯着她，看她那张不停翻动的嘴能向我妈妈告出多少条我的罪状。她可能也注意到了这一点，就当着我妈妈的面和我吵了起来。说实话，如果当时不是我妈妈拉着我，我真想上前一步在她脸上扇上一巴掌，以发泄我几个星期来对她的愤怒。

一番唇枪舌剑之后，我自然是背着书包由我妈妈领回家反省。我妈妈是一位很成功的教育者，至少我这样认为。一路上，她分别站在我和班主任的立场上分析了这件事的原委，最后便得出了让我转学的结论。虽然我也想转学，但考虑到经济原因，就推辞了。但我妈妈又对我做了多次思想工作，说现在家境比较宽裕，并告诉我不用为钱的问题担心。

于是，我就转到了成都盐街道外语学校（简称“盐外”），并重读高一。

经过这次教训，我的性格改了很多，虽然还有许多不足，但我认为我已进步了不少。我不敢保证以后不犯类似的错误，但我有信心克制自己，这当然也少不了老师的监督、提醒和帮助。

文章很长，但看得出陈鑫是用心在写，而且说出了心里话。我一边看一边想，如果不是被学生气昏了头，老师是不会这样惩罚他的，可见陈鑫以前的表现确实很令人头疼。我很理解甚至同情他以前的老师，包括班主任。

同时，我也从这篇作文中看到了陈鑫懂事的一面：老师但凡有一点点好，他都看在眼里，并感激不尽，比如数学老师向他道歉。另外，他非常爱他的妈妈，而且体谅家里的经济状况。这些都说明他并不是一无是处。

正如他在文章结尾说的“我不敢保证以后不犯类似的错误”那样，我也不敢保证就一定能够教育好他，毕竟教育是复杂的，但我愿意竭尽全力帮助他。

晚上去吃饭，正好碰上陈鑫，他远远地就和我打招呼：“李老师！”等我走近才知道他找我有事：“李老师，给我一张纸吧，你看我刚刚上了体育课，脸上的汗太多，我要擦擦。”我掏出一包纸巾给了他。

我一边看着他擦汗，一边问他：“今天睡午觉了吗？”

他笑着回答：“睡了！”

“迟到了吗？”我又问。

“没有！”他说。

我表扬他：“很好！可见你是能够战胜自己的！继续努力！”

11 月 4 日　　星期四　　晴

评议班委和班主任

晚上，同学们按事前通知的 6 点 40 分到了教室，我因为和王老师谈工作，迟到了两分钟。进教室后，我准备开班会，但看到同学们正津津有味地看电视里面的体育新闻，有些不忍打断他们的兴致，便说："再看五分钟吧！"

五分钟后，我开始开班会。

我先对同学们说："我星期六有事要出去，下周都不在学校，而下周我们要进行期中考试，还要参加校运动会，现在有一系列的事情要提前交代。这里我拟了一个这节班会课的提纲。"

我拿着提纲说："首先想说一下，我们班应该养成一个良好的风气，就是能够公开地进行批评与自我批评。今天下午有班干部跟我汇报了一些令人遗憾的表现，我说我不听了，班会的时候让大家来说。现在大家都来回忆一下，最近咱们班上发生了哪些令人痛心或者说遗憾的事情。"

同学们没有思想准备，教室里顿时安静了下来。

我继续说："一个班既要有爱心，还要有什么呀？"

张自强说："童心！"

我说："不对。我要说的是，还要有正气！如果只有爱心，你好、我好、大家好，是不行的；如果只有正气，一个班人人一副'正气凛然'的表情，也不行。我前面带过七个班——你们是第八个班，我带班的追求是，既要有温暖，又要有正气。我举个例子。原来我有一个学生叫安超，行为习惯不好，但崔涛同学对我说：'李老师，你把安超安排和我坐在一起，这样我可以监督他上课守纪律，每天放学后还可以给他补习功课。'安超犯了错误，崔涛会毫不留情地批评他。后来安超跟不上我们学校的学习进度，要转学，当时我很难受，觉得自己的教育没有做好。结果他转走后的第三天，他父母来找我，说安超想回来，我表示非常欢迎。安超回来的时候，我们全班给他开了一个欢迎会。他很感动，写了一篇文章说为什么要转回来，原来是因为那个学校的班级风气太坏，他还是喜欢我们班。当时班上有一个叫陈靖月的女同学，体育特别强，多次打破学校田径纪录，她专门给安超写了一封信安慰他。后来，有一次照集体相，我们班有一个女生长得不漂亮，平时班上没有同学歧视她，但那次照相结束后，有同学告诉我那个女生很难过，哭了。后来我了解到，是安超照相的时候站在她后面说：‘我今天晚上要做噩梦的。’为此，陈靖月写了文章严厉批评他。我找安超谈话，说：‘你回来的时候，同学们是怎么对待你的？人与人之间要将心比心嘛！’这个班就是既有爱心又有正气！我希望咱们这个班也是既有爱心又有正气。好了，大家想好了没有？最近班上有哪些不好的事情？”

班长文海举手说：“今天上午上数学课时我接话，打断了吕老师的思路。然后，他就生气地说不上课了，让我们上自习。”

我问：“你接的什么话？”

文海说：“吕老师说‘接着，我们研究’，我就接了一句‘反函数’。”

我说：“哦，你想帮他把话说完。”

魏雨萱说：“今天我和文海发英语背诵材料，结果当时是做眼保健操的时间，学生会的人看到我们两个没有做眼保健操就扣了 0.1 分。”

强劲说：“我觉得最近的卫生工作不是很负责，清洁卫生没有达到我们的要求。”

我问：“哦，你的意思是，虽然达到了学校的标准，但没有达到我们的要求。哪些地方没达到要求？”

强劲说：“有些地方还是存在死角。”

我说：“其实有时候我们连学校的卫生标准也没有达到，比如昨天清洁卫生就被扣了分。什么原因？”

强劲说：“黑板槽里的粉笔灰没有清理。当时，负责打扫的同学去值周了！还有，我觉得我平时态度不是很好。”

我说：“我觉得可以理解，为了班上的事，我有时候态度也不好，比如现在。”

我又问：“还有没有？”

陈鑫站起来说：“上午我坐的是其他人的位子，私自调换座位了。”

我说：“你请坐。我要多说几句，我不知道会不会暴露陈鑫同学的隐私，他说他在原来的学校，经常和老师——说文雅些是辩论，说得不好听点就是吵架。但是，今天陈鑫同学敢于直面自己的错误，我很高兴。陈鑫是一名有缺点的好同学。”

杨扬说：“今天做眼保健操的时候，我也没有做。我在看英语单词，我没有做好。”

我说：“还有没有？今天的数学课难道只有文海一个人接嘴？”

李应生说：“我觉得恐怕……也许……大概——（大家笑。我插话：‘哦，还有“可能”。’）我上课的时候借东西，欧阳震宇说了我一句，我说：‘你真是变态呀。’过了五六秒钟，我发现气氛不对劲，有些异样。吕老师好像在说我。”

我说：“不管他说没说你，你都应该反省一下自己。”

唐西龙说：“上课时我也换了位子，换了位子就睡觉。”

我笑了：“哦，你换座位是为了睡觉。把硬座变成卧铺？”

同学们大笑。

唐西龙有些不好意思：“我是班干部，没有起到带头作用。”

我又问：“还有没有？”

他没有说话了。

我说：“好，唐西龙你坐下。其他同学还有什么情况？”

宋飞说：“我是纪律委员，我觉得我上课都管不住自己。还有自习课，我也经常说话……”

我说：“哦，把同学们招呼好。你们不要说话！让我一个人说……”

大家笑了起来。

我继续说：“关于宋飞，最近我多次找他谈心。我也不指望他以后绝对不犯错误，但我希望他能够尽量少犯错误。”

张自强说：“其实我这几天也一直在换位子。”

我说：“开学时同学们自己确定的座位，一旦确定了就不应该随意变动。我们每周轮换一次座位，星期天晚上到校后座位定下来，就不要再换了。如果有同学想要换座位，应该找王老师或者我。”我停了一会儿，继续说，“我还听说——”

不等我说完，刘陵赶紧站了起来：“我缺过作业。”

我说：“嗯，你能够承认我很高兴，但关键是要改正。你还缺过一次语文作业。你喜欢看《参考消息》，每天都看。这是很好的习惯。胸怀天下是对的，但也得关心自己呀！人既要有宏观的视野，还要有微观的眼光。”

同学们大笑。

文海说："历史、地理考完以后，我们就开始——"

我问："开始做什么？"

文海说："看书。"

我问："看什么书？看语文、数学？"

文海说："不是看当堂课应该看的课本，而是看其他科目的书，或者做作业。"

周杰说："我经常不交作业，我觉得这两个月来我是班上交作业次数最少的。"

我说："希望你以后尽量不要这样。其他同学有没有这样的呀？"

没有人回答。

我说："对了，我还听说了一件事，说某某同学今天在课堂上吃东西。是谁呢？"我故意对魏乐庭说："是你吗？"她摇头。我又对王嫣然说："是你吗？"她也摇头。

"那是谁呢？"我故意装出迷惑的样子。

终于，唐西龙站起来了。同学们大笑。

我故作恍然大悟："哈哈，是你啊！怎么刚才发言的时候你不说呢？"

唐西龙说："我忘了。"

我说："忘了？哦，可能忘了。那你现在说一说。"

唐西龙说："早操时我在练跑步就没有去吃饭……"他不好意思继续说了。

我说："于是你就买了面包在课堂上吃，是不是？好，坐下。"

我继续说："这恐怕就不对了，但其中似乎有可以原谅的地方。你说是为了练跑步，但是不能因此说在课堂上吃东西就是应该的。李老师今天早上听说班上有这样那样的事情，非常生气，但很快平静了下来，我告诫自己不要急躁。这点你们要向李老师学习。我想，第一，没有哪个班级在成长的过程中不出现问题。你们也要告诫自己，人不可能不犯错误，关键是犯了错误要改正。正因为班上有问题，才需要我们班主任嘛！第二，每件事情都要调查一下是不是有值得原谅的地方。关于数学课的事，肯定是同学们做得不对。但是我也要实事求是地跟同学们讲，今天我去问吕老师，他说今天实在是迁怒于学生，因为课前遇到一件特别令他心烦的事，一想这事就觉得没办法上课了。所以，我觉得两个方面都要说，如果这节课同学们表现很好，如果同学们知道吕老师心情不好，能配合一下，他会非常感动，这堂课仍然会上得很好的。我们不懂事，接嘴了，于是吕老师更生气了。但是，我也不能只批评大家。当然，同学们也不能轻易原谅自己。就像唐西龙，似乎可以原谅，但不要轻易原谅自己。我们要多看我们的不足。在这方面，我们应该向 4 班的同学学习。我们在许多方面还有漏洞，同学们不妨稍微回忆一下在哪些方面和 4 班有差距。我今天在 4 班说，咱们两个班要互相学习。”

我停了一下，又说：“刚才同学们所说的这些问题，暴露出我们班规的一个漏洞。比如，扣分在实行过程中有许多问题，关于扣分、加分的条款，还有哪些可以改进……都值得继续探讨。我觉得大多数同学非常看重这些班规，我很高兴。一个人最讲究脸面，这很重要。哪些班规是需要改进的，大家可以说说。”

宋飞说：“我觉得扣分前应该提醒一下，不然同学们不知道被扣了分，可能会继续犯错。”

我说：“嗯，我扣了你的分，同时要提醒一下。还有什么呢?”

文海说：“我觉得扣分实行起来很难。项目比较多，一张表不好反映，比较乱。”

我问文海：“你是说，每个人都应该有一张表?”

文海说：“而且，扣同学分很难办。”

我对大家说：“实际上文海他说得不对。怎么难办呢? 同学们可以想些办法来改进嘛！还有同学提出要加分。”

宋飞说：“加减分不应该算小组的，应该算个人的。不然被扣分的同学可能会觉得无所谓，反正都是扣小组的。”

我说：“宋飞的意见值得重视，扣分要落到个人身上。我觉得这个很有道理，咱们以后就先算个人的分，再算小组的分。”

魏雨萱说：“我们初中时也扣操行分，我有些体会。文海遇到的最大的困难是，他怕同学不理解，以为是他自己任意扣的。因此，我建议用两张表，文海可以把它贴到墙上，同时自己也保留一份底子。”

我说：“很好！这样，文海接下来可以设计一下这个表。还有吗? 哦，王老师要说什么?”

一直坐在后面的王老师说：“李老师，那张表格，我还是提倡自己对自己负责的责任制，如果说你今天被扣分的话，你自己填上去。”

我说：“王老师说得对。我觉得你们每个人都要对自己负责。同学们要信任班干部，因为是我们自己选的班干部，但没有一个班干部会不犯错误或者在工作中不出现失误，我觉得我们要有基本的信任。我想大多数同学会理解班干部的。”

文海说：“今天是 11 月 4 日了，我们是 10 月 7 日当选的，快一个月了。我觉得应该对班干部的工作进行评议。我们想听听同学们是怎么评价我们的，我们有哪些不足。”

我说：“很好！咱们就说一下吧。我本想让大家写在纸上，算了，说就行了。但是我希望有优点说优点，有缺点说缺点，特别是说说班干部还有哪些需要改进的地方。我们一个一个地来评议。先说班长文海。”

何思婷说：“我觉得应该让他先把自己管好。”

“比如——”我提醒她说具体些。

“比如，他有时候上英语课纪律就不太好，今天老师讲话他还接嘴。”何思婷说。

我说：“我就欣赏何思婷这种精神，当面批评班长。”

宋飞补充说：“还有，文海不要‘动手动脚’的。”

我说：“好。下面该说说杨扬了，大家说！”

有一个同学说：“我觉得杨扬的作用没有文海的作用那么大，或者说没有发挥作用。”

我说：“对，我也有这个感觉。她把自己当作顾问或者名誉班长了，哈哈！这是杨扬要注意的，要主动发挥作用。强劲怎么样？”

同学们说：“还可以！”

文海说：“我觉得，作为劳动委员，他应该监督同学们，但他却帮着同学们做。”

我笑了：“你这是在表扬他呀！”

周杰说：“我觉得他总体还比较好，只是有时候态度有些凶。比如，有些人吵到了他，他就会大吼大叫。”

“对同学们的态度是应该好一些。”我说，“但是如果哪个同学不打扫卫生，严厉一些也没有什么不对的。”

同学们纷纷点头表示同意。

周杰继续说："还有，他每天早晨起得比较早，吵得我们睡都睡不着。"

我说："这点强劲可要注意呀！"

强劲使劲点点头。

我又问："凌飞怎么样？"

大家纷纷说不错。

我问："哪里不错？"

大家说："他板报办得好！"

我说："他只办了一期呀！不过这一期的确办得不错。我给凌飞提了一个建议，咱们每个小组负责一期板报……"

我话还没说完，大家纷纷表示反对。

我解释道："实际上，这个学期每个小组做不了几次板报，就办一次，负担不重的。"

任沐之说："我觉得板报一个星期办一次没必要。一个组四个同学，不可能样样都行的。还有，好不容易办一期板报，只管一个星期，太可惜了！"

我说："那好，这个建议还可以继续讨论。哦，对了，我还给凌飞加了一个任务，管理纪律。接下来，大家说说欧阳震宇。"

李应生大声说："好！"

我笑了："好？你不是说他变态吗？"

同学们大笑。

有一名同学也说："欧阳震宇可以。"

我追问："哪些地方可以？"

该同学说："都可以！"

我说："他肯定请你吃过火锅！"

大家笑了起来。

坐在欧阳震宇前边的舒霈说："我觉得他好是好，就是有些时候……"

我说："你先说他的工作。"

但她执意顺着刚才的话说："他和李应生经常整我们两个。"她用手指指自己和杨扬。

杨扬说："他没起到带头作用。作为学习委员，来得比较晚，没有带领大家早读。本来每天早晨凡是作业没交的都应该记下来，这是他分内的事，但他没有做。”

我说：“我对欧阳震宇也不太满意，有许多事都没有做，比如，组织一些学习方面的活动呀，还有作业收交。这里顺便说说，以后作业由小组长先收，然后交给学习委员欧阳震宇，小组长告诉他本组还缺谁的，欧阳震宇就负责记录。还有早读课的问题，虽然你不是课代表，但是还有组织的责任。”

我看快下课了，便对大家说：“我们再说说宋飞吧！他怎么样？”

杨扬说：“我觉得宋飞上课比较爱讲话。”

钟晓说：“他还爱打闹，打粉笔仗。”

我说：“哦，这个就不对了。宋飞，你可要改正呀！”然后，我问：“唐西龙呢？如何？”

大家纷纷说：“他的工作还是不错的，但经常违反纪律。”

我对唐西龙说：“是呀，同学们还是很公正的。你工作不错，大家都肯定，但违反纪律大家都不满。”

最后，我说：“我觉得我们这次这样的评议真好！班干部就是要接受同学的监督。如果任班干部时中途由于不称职被撤换了，真是不光彩。另外，像唐西龙今天在课堂上吃东西这样的错误，不能再犯了。”

我突然想到还有一件更重要的事：“对了，你们还应该给我提一些意见。李老师教你们两个月了，有什么意见？”

唐朵说：“没有意见！”

我说：“你没有意见不等于别的同学没有意见呀！大家想想吧！”

过了一会儿，陈鑫说：“你好多天没上语文课了！”

我说：“哦，前两天我开会，是魏智渊老师上的。但今天不是上了吗？对了，你是说今天不是语文课，讲古文才是语文课？李老师的语文课可是无所不包呀！”

张自强说：“李老师好久没有给我们读小说了。”

我说：“好，过了期中考试，我就给你们读。”

杨扬说：“好久没有课前演讲了。”

我说：“对了，这个没坚持。”

舒霈说：“我觉得李老师对我们不够严厉，应该再严一些。你有时候过于信任我们，过于包容我们，可我们毕竟还是孩子。”

我笑了："嗯，再严厉一些？你这个意见供我参考。还有什么意见？"

李应生说："李老师跟我们在一起的时间太少。"

我说："哦，最近我的确太忙。说到这里我要解释一下，我们学校每年要进一些新老师，过几天我还要去高校选老师。不过，我觉得最遗憾的是不能和大家一起参加运动会。"

大家说："就是，就是！"

我说："不过，运动会期间你们取得了好成绩可以给我发短信。"然后，我又说："我觉得你们对李老师监督不严，刚才我迟到了两分钟。"

学生们马上说："唱歌！"

我说："已经下课了，今天不忙着唱，以后再唱。"

大家齐喊："不行！"

我说："大家别闹，我明天再唱，一定唱。我觉得咱们这个班会开得非常好。我们班现在出现了许多问题，但是我相信咱们班会在改正错误中不断进步。每个同学都要有信心，而且每个同学都要严格要求自己，同学们要互相监督。好了，这堂课就上到这里。"

可学生们不依："还没唱歌呢！"

我说："好了，别这样。我有一个毛病，记不住歌词。"

可学生们还是要我唱，我只好说："这样吧，我把谷建芬当年为我学生谱的班歌唱一遍，如何？"

学生们说："不行，已经听过了！唱《恋曲 1990》！"

我说："我实在记不住歌词……要不这样，今天晚上我照着歌本练，下次唱三首！"

11 月 5 日　　　　星期五　　　　晴

玩笑风波

早晨来到学校，我特意带了两本书。

一本是《爱心与教育》，打算送给 4 班的学生王佳曦。昨晚魏智渊老师对我说，他班有一个叫王佳曦的女生，初中时就听班主任朗读过《爱心与教育》，进入我校后很想有一本《爱心与教育》。昨天是这个女同学的生日，魏老师建议我送她一本。但是我身边没有书，我说我回家再找找。昨晚回到家里，好不容易找到一本，今天特意带来学校，送给了王佳曦同学。

还有一本是《花开的声音》，这是送给唐朵的生日礼物。报到时她填的出生日期是 9 月 14 日，但注明是农历。我查了查万年历，1987 年的农历九月十四日按公历算是 11 月 5 日。于是，公历 9 月 14 日那天我没有送她礼物，而是把礼物留到了今天。

但早读课刚走进教室，我发现本来坐第一排中间的唐朵居然把课桌搬到后面靠窗的地方。我过去问她为什么要擅自搬到这里来坐，她说不想挨着陈鑫坐。我说："陈鑫有什么对不起你的地方，我可以找他谈，让他跟你道歉，但这不能成为你换座位的理由。"我耐心地劝她把课桌搬回原位，但她很坚决地说："不搬！"

如果是二十年前，面对这样的学生，我肯定会强硬地说："必须搬！"因为我必须维护班主任的权威，我说话居然有人不听，那还得了？但今天我很冷静：学生正在气头上，班主任不妨忍让一下。

想到今天是她的生日，我走到讲台上，对大家说："今天是一名同学的生日，我照例要送一份礼物给这名同学！这名同学就是——唐朵！"

唐朵刚才还很不高兴的脸一下子绽开了笑容。在同学们的掌声中，她走上前来从我手中接过了《花开的声音》。

我稍停了一下，接着说："今天还有第二份礼物要送给唐朵，这就是对她的直言批评——同学们是知道的，李老师多次对大家说过，真正的好朋友应该直言对方的不足，这对朋友来说，也是最珍贵的礼物。今天李老师就要送给唐朵这份礼物！"

我简单说了一下唐朵擅自移动座位的事，然后说："刚开学排座位时，我让大家自己想怎么坐就怎么坐；但一旦编定，就不能随便改动，不然一个班不就乱套了吗？今天这样坐，明天那样坐，显然是不行的。但唐朵却这样做了。我认为，她做得不对！我知道，她肯定有什么委屈，或者有什么充足的理由。但是，无论个人有什么委屈，都不能成为擅自改变座位的理由！现在唐朵不愿意搬回原处，我也没有办法。但我希望唐朵冷静想想，希望她能够在第一堂课下课后把课桌搬回原处。”

说完，我准备离开教室，突然看到唐朵在向我招手，我便走了过去。

她说：“李老师，我搬课桌是有原因的。”

我说：“我知道你有原因，而且可能还受了什么委屈。”

她说：“我愿意搬回去。”

我说：“这就好！”

我把陈鑫叫出教室，来到走廊上，问：“你是不是和唐朵吵架了？”

他情绪激动地说：“我又没有说什么！大家都在开玩笑，不关我的事！”

我说：“我没有说全是你不对，但既然双方发生了矛盾，不应该只是一方的责任。她肯定也有不对的地方，但你有没有不尊重她的地方？”

“没有！”他态度越来越强硬，高昂着头，眼睛斜看着窗外。

我知道，如果此时强压他，只会让师生双方越来越对立。我缓了口气说：“你有没有无意中说了什么伤害她的话？这话不一定是出于恶意，但客观上让她觉得很委屈。”

他不说话，头仍然昂着，一副坚绝不屈服的样子。

我叹了口气，说：“陈鑫呀陈鑫，你来咱们班虽不久，但应该感受得到咱们班的风气，也感受得到李老师对学生的要求，就是做人第一，而做人首先是尊重别人。你跟李老师说过你为什么转学到这里来，还写了一篇文章。这篇文章有三点让我感动。第一，你很信任李老师，愿意跟李老师说心里话。第二，你对老师的评价很公正，哪怕是骂你并罚你的班主任，你也肯定她教学不错，让你地理考试过了关，你还表扬了你的数学老师。不过，我觉得你说班主任让你抄题要写上万字，恐怕有些夸张吧？”我有意说了一个细节问题。

他想了想，说：“是有上万字。”

我说：“怎么会呢？一道题难道有一千多字吗？”

我故意和他争论，并仔细算账。

他很认真地给我解释：“是应用题，每道题抄八遍就有一千多字。要抄八遍呢！”

不知不觉中，我让刚才很倔强的他和我说起了话，而且他说话的语气明显缓和了。

我说：“哦，原来如此。第三，从这篇文章中，我感到你非常孝顺，对你妈妈非常体贴。我很感动。正是因为你母亲的建议你才转学到这里，你也希望彻底告别过去。那么，你现在难道愿意回到过去吗？说实话，自从你转到咱们班，我的工作量增加了许多，但我觉得值！因为我看到了你真诚的上进心！"

他昂起的头慢慢低下了。

我直接问他："你说没说过杨海峰喜欢唐朵？"

他说："说过。"

我说："什么叫喜欢？这个年龄的异性同学之间多说几句话，就叫喜欢？这事绝对不可能，你不要随便猜测议论人家。退一万步说，即使有这种情况，同学们就应该议论吗？"

他不说话了。

我继续说："我还想强调的是，你是男同学，是男子汉，应该有宽广的胸襟，你要大度、大气！你不是说过你人缘好吗？怎么人缘好还会和别人吵架？人缘好，应该是尊重别人，并以此赢得别人的尊重。"

他依然不说话，但很认真地在听我说。

"现在，唐朵已经搬回来了，可能对你还会有些情绪，我希望你让一让她。男子汉嘛！气量大一些，好吗？"我说。

他点点头说："好！"

课间，我找周围的同学了解了一下情况，得知昨天晚上的纠纷是同学之间开玩笑引起的。包括唐西龙在内的一些同学怀着捉弄别人的心态搞恶作剧，的确有些过火了，而且无聊，再加上有的同学太小气，于是矛盾升级……本来，班集体里出现这些问题也是很正常的，但我觉得应该引起重视。因为如果一个班的同学之间热衷于开一些庸俗的玩笑，互相议论一些无聊的话题，这个班的风气不可能好。

这次风波还涉及一个人：杨海峰。应该说，真正无辜受伤害的是他。于是我也找到他聊了聊。

他简单说了一下昨晚的情况，和其他同学说的差不多。但当我问他是否感到委屈时，他淡淡一笑："没什么！同学们都是开玩笑，只是有些过分了。"

我问："有个别同学议论你喜欢唐朵，你都不生气吗？"他还是淡淡一笑，豁达地说："不生气。他们说他们的嘛！我不会往心里去的。"

我感动地拍拍他的肩膀："这就是男子汉！男子汉就是要有这样的胸襟！"

学校把我们班写的关于无人监考的倡议书抄了出来，我们班三十三名同学在后面签名，然后我和王老师分别写了一句话。

王老师写的是：“诚实考试，诚信做人！”我写的是：“我为我的这些学生而自豪！”

语文课前，我走进教室，看到陈鑫在写作业，突然他的笔坏了，于是他重新找笔，坐在旁边的唐朵赶紧把手往自己的文具盒伸去，准备借笔给他。但陈鑫很快找到了笔，所以她便没有继续拿笔。然而这个细节被我看到了，我心里很高兴。

我在讲课前花了一点时间来说这件事。我开门见山地说：“今天早晨我不高兴，因为唐朵擅自坐到其他地方去了。下课以后我做了一些调查，了解到事情的来龙去脉，我觉得这不是一件小事。”

大家认真地看着我。

我继续说：“民主制度的建立有一个前提，那就是民众的民主素质。民主不仅是选举，还是一种生活态度。什么叫民主的生活态度？人与人之间充满平等、尊重、关爱、宽容等等，这样的社会就叫民主社会。具有这样素质的人，就叫具有民主素质的公民。如果没有这些，民主政治就不可能真正建立。为什么？人的素质在起作用。我从事教育工作，但我觉得我不是单纯地给你们传授知识，而首先是在培养公民。目前在我们班，还有同学不知道什么叫尊重，什么叫宽容。李老师很忧虑。”

这番话似乎不着边际，但我有我的用意，我要让大家从民主的角度看待同学之间的相处。

我接着说：“我刚才做了一些调查，但我不打算谈具体的细节。似乎每一个相关的同学都觉得自己委屈，其实，这件事情有什么了不起的?！我要强调的是，同学之间应该宽容。现在我们有的同学缺乏一种宽容、一种度量。我经常说做人要大气。举两个例子。我高中的时候，在农村中学读书，刚好有一个从重庆转来的同学。那时候我也不太成熟，总觉得自己是城里人，有一种优越感。来了一个同样是城里的同学便很亲切，我们很快便形影不离了。但那时候他心胸也比较狭窄，我当然也很小气，为一点儿小事就互相不理对方了。直到后来他要转学了我们才和好。我们的友谊一直保持到现在。现在想起来，我那点度量，真是可笑！你们现在与同学有一点矛盾就仿佛势不两立，以后想来也会感到很可笑。另一个例子是我女儿的事，她读初中时，班上有一个同学跟长舌妇似的，晴雁就比较讨厌她，后来直到快初中毕业了，一次偶然的机会，晴雁觉得她其实人还不错，于是不讨厌她了。晴雁后来就吸取了教训，觉得任何同学都有优点，要宽容地对待同学。”

我说这些话的时候，同学们都在认真地听。虽然不是每一个同学都涉及昨晚的纠纷，但每一个同学都在思考。

我继续说：“谈到昨晚这件事情，有一个同学我要表扬——杨海峰。有同学说杨海峰喜欢谁，杨海峰知不知道？知道。如果换了一个人，这样被人说，一定会气急败坏，但杨海峰没有，他淡淡一笑，表现出一种对同学的宽容，更是一种大度。人的尊严是什么？这就是真正的尊严！有同学就喜欢捉弄别人，拿别人寻开心，甚至欺负别人。李老师最不能容忍的是欺负同学的行为。你有什么了不起？没有谁可以在精神上优于对方！当李老师怀着同情的心情找杨海峰谈话，想安慰一下他，没有想到杨海峰只是淡淡一笑，说没什么。我感慨万千——这就是人与人之间的差别！杨海峰也有许多缺点，比如，他的随笔写得不认真，还有上次他没有当选班干部，他要总结经验教训。但在这件事情上他值得表扬。我在想，以后我们之间应该怎么相处。每个同学都应该想想这个问题。昨天也有些同学表现比较好，他们都在劝：‘没有什么的！’有关同学还应该想想自己在这件事情上扮演了什么样的角色。总之，一个人要大气、大度！”

我注意到，陈鑫和唐朵在我说话的时候很难受，把头低着。于是我说：“但是刚才上课前我高兴地看到一个细节。刚才陈鑫的笔不能写字了，他想另外找一支笔，唐朵马上给他找笔。我非常高兴看到这个细节！一个人的度量越大，越尊重别人，就越能赢得别人的尊重。我经常说，我们同学要大度。我希望我们的男女同学都能够大气一些，大气要从小处做起！”

…………

讲完课文后，快下课了，同学们缠着我要我唱歌，说昨天说好了的，必须唱。我说读报课上一定唱，说到这里我突发灵感：“这样，中午15分钟的读报课，我们为今天的寿星唐朵同学举行演唱会，我主唱，同时请唐朵点几名同学和我一同演唱！”

同学们都鼓掌表示同意，唐朵高兴得有点不知所措，我叫她点几名同学，她便点了凌飞、张自强、杨南希等。

读报课前，我专门在办公室练了一下同学们要我唱的《大约在冬季》和《恋曲 1990》。到了教室，我看同学们正在做眼保健操，便悄悄在黑板上写了几行字。当同学们做完眼保健操睁开眼睛时，看到黑板上写着——

生日快乐！

庆祝唐朵同学十七周岁歌曲演唱会

同学们都笑了起来。遗憾的是，唐朵在学生会开会，因为时间关系我们不能等她，便提前开始演出了。几名同学在大家的欢呼声中走上了讲台，一一演唱：杨南希唱《单人房双人床》，凌飞唱《爱一个人好难》，张自强唱《唯一》……这时唐朵回来了，演唱会达到了高潮。在大家热烈的掌声中，我分别演唱了《恋曲 1990》和《大约在冬季》。同学们还要我再唱一首，于是我说："同学们现在学习辛苦，为了激励大家，我给大家唱电视剧《西游记》的主题曲《敢问路在何方》！"

下午，学生们上体育课，我来到操场，准备找唐朵谈谈，毕竟她是女同学，还得把工作做仔细一些。我看到同学们在运动场上龙腾虎跃，一群同学正在跑道上打羽毛球，其中就有陈鑫和唐朵。何晓蕊等几名同学邀请我打羽毛球，我便过去了。唐朵、陈鑫、何晓蕊、项柳依、杨海峰等同学一一和我厮杀，特别痛快！我累了，便坐在一旁歇着，这时我看到唐朵和陈鑫正快乐地打着羽毛球。我想：我还需要找唐朵谈吗？

显然没有这个必要了。

唐朵下场后坐在我旁边休息时，我还是问了她："今天这个生日快乐吗？"

她说："很快乐！"

我说："李老师送了两份礼物，一本书和一顿批评，你当然快乐啦！"

她笑了。

我又说："记住，一定要大度！"

她点点头："嗯！"

"还有，"我继续说，"中午大家为你唱了歌，晚上自习前，你这个寿星也应该为大家唱一首歌。"

"好！"她很爽快地答应了。

11 月 12 日　　　　　　星期五　　　　　　阴

有时也需请家长

本来说上午便去学校，但由于要去市委组织部办点事，于是我午后 1 点 10 分才回到学校。

刚进校门，远远就听到了操场上的喧闹声和高音喇叭里播放的进行曲。想到马上就要见到因为出差在外几天不见的学生，我心里有些激动。我刚走进操场，就看到我们班学生坐在跑道边的树荫下，学生们也看到我了，纷纷跑了过来，并惊喜地叫道："李老师！""李老师回来了！"跑在最前面的张自强张开双臂和我紧紧拥抱，那一刻，我感觉我拥抱着全班学生。

学生们围着我，七嘴八舌地争着给我报喜，说我们班这个项目得了第一名，那个项目也得了第一名。我说我知道了，拿出手机给他们看："知道了知道了，这些好消息都在我手机上呢！"文海把摄像机给我看："李老师，你看我们班比赛的录像。"

何晓蕊却很遗憾地说："李老师，我们女同学实在太不争气，我都没有脸来见李老师了！"我说："哪里哪里，这不怪你们，尽力了就好！"

女子 4×100 米接力赛就要开始了，我们班杨扬、何晓蕊、项柳依、黄尼莫等四名女同学向点名处走去，她们知道很可能仍然是最后一名，但她们还是毅然肩并着肩向前走去！四名同学的个子都不高，看着她们可爱的背影，有同学说："四个小精灵！"有同学说："不，是四只小天鹅！"我看她们穿着白色上衣、黑色裤子，笑着说："我看呀，更像四只小企鹅！"同学们都笑了。

文海叫我帮着摄像，我说我不会，文海教了我几个简单的操作，我便开始摄像了。我把镜头对准跑第一棒的杨扬：杨扬长得小巧玲珑，脸上却充满了坚毅，枪声一响，她便拼命往前跑，旁边的同学大声地呐喊："杨扬加油！杨扬加油！"在同学们的加油声中，杨扬跑完了第一棒。渐渐地，我们班明显落后了，但小姑娘们仍然顽强地奔跑着。最后一棒是何晓蕊，她已经是最后一名了，但她仍然拿出全部的力量往前冲！那精神，真让我感动！

男子 4×100 接力赛就更让人振奋了。赛前，文海、张自强、强劲、唐西龙四个小伙子互相鼓励，他们的目标不是第一名，而是破校纪录！果然，随着砰的一声枪响，文海如离弦之箭，一开始就跑在了最前面，然后一棒又一棒，小伙子们风驰电掣，一路领先。最后一棒是唐西龙，他如同踩了风火轮，不，简直就是在飞翔，把对手远远抛在后面，第一个冲到了终点！

我们班的同学兴奋地欢呼着，沉浸在喜悦之中。

在同学们加油呐喊的过程中，我发现没有宋飞和刘陵的身影，还听说第一天比赛时，他们本来应该参加跳远比赛，结果居然因为没有到达运动场而错过了比赛！现在，同学们都在为运动员们兴奋呐喊，他俩又不在。我叫蒋鸣等同学帮我四处找一找，结果没有找到。

过了一会儿，我看到宋飞和刘陵回来了。我把他们叫到一边，问他们刚才那么长的时间到哪里去了，刘陵说："在厕所里。"用不着多加分析，仅从时间上判断，就可以知道这显然是句谎话。我问宋飞刚才到哪里去了，他犹豫了一下，说："在打扑克。"虽然我很生气，但他毕竟没有说谎，因此我多少有些欣慰。我问他们第一天为什么没有参加比赛，他们说在吕老师办公室玩。

我看着他们很久说不出话来，心里特别难受。最后我还是说了："让我说什么好呢？全班同学都盼着你们为班争光，那么多的同学在为集体拼搏，你们呢？该你们比赛时却不在运动场，而在一边玩！今天，同学们都在关心着比赛，在加油，在呐喊，你们呢？却在一旁打扑克！"

问题不仅仅在于运动会上这两名同学的表现，我想到了开学以来，他们两个人不断犯错误，我已经找他们谈过多次。我叹了一口气："算了，现在我不多说，一会儿再说吧！"

后来，我还了解到，不在运动场上而在其他地方打扑克的还有欧阳震宇、陈霜蝉、陈鑫。

运动会结束了，离学生乘车回家的时间已经不多了，但我觉得有必要简单总结几句。于是，我让学生先回到教室。

我对同学们说："李老师本来应该高兴，因为大家取得了这么辉煌的成绩，而且我回来时受到同学们这么热烈的欢迎。刚才我看到全班绝大多数同学在为参赛而忙碌，那么热烈地呐喊。但是，有些同学却不在班上，而在其他地方打扑克。我不禁要问：这些同学是不是我们班的同学？为什么他们对班集体那么冷漠？"我停了一会儿，又说："这次我们班的女同学没有取得好的成绩，但我很感动，因为每一个参赛的同学都尽了力，她们对班集体的真诚的爱已经表达了出来！比起个别能够参赛却没有参赛的同学，她们无疑是真正的强者，我们应该向这些同学表达敬意！”

全班鼓掌。

放学后，我让刘陵和宋飞留一留。我已经决定和他们的家长联系一下，让家长配合教育。这时，陈鑫很不高兴地咕哝着：“哪有那么多的话要说！也不看看时间！”他显然在埋怨我。我想到王老师和其他老师都对我说，陈鑫在这次运动会上表现出一种极不负责任的态度，大家都在为运动员加油，他却说了一些风凉话。于是我把他叫出了教室，他很不情愿，说：“我又怎么了？我又怎么了？”我对他说：“如果李老师耽误了你回家，一会儿我可以开车送你回家。”他情绪非常激动，毫不夸张地说，他脸上表现出厌恶的表情。我非常生气，无比严厉地对他说：“陈鑫，如果你有良知的话，你应该明白你到这儿一个月来，李老师和同学们在你身上所倾注的关心！为什么？因为我们对你还怀有希望，觉得你还有上进心。我不愿放弃对你的帮助。如果你真的要放弃自己，我也无可奈何，但我会很伤心的！”他的表情开始转变，有了一丝震惊，似乎也有一点惭愧。我还想说点什么，但最终没有，只是对他说：“我不想多说了，你自己想想。好了，走吧！”

我请王老师给宋飞的家长打电话，请他们来学校，同时请杨扬给刘陵的父母打电话，请他们跟我联系。不一会儿，宋飞的父亲来了，我对他们父子俩说：“对不起，我先单独和刘陵谈谈，你们稍等一会儿，好吗？”

然后我和刘陵两个人坐在教室里开始谈心。我走到一个座位前坐下，他却笔直地站着，我叫他坐下，他不坐，说他就站着，我火了：“你不坐，那我就陪你站着！”他只好坐下了。

我首先狠狠地批评了他：“作为一个我心目中的优秀学生，我希望你在各个方面起好带头作用。你这样做难道不觉得有愧吗？你的表现很让我失望。今天最让我生气的，不仅仅是你无故不参加比赛，而是你今天公然撒谎！”刘陵低下了头，满脸惭愧。

这时我的手机响了，一听，是刘陵母亲的声音：“李老师，刘陵是不是犯错误了？”

我看了刘陵一眼，他很紧张，脸色很难看。我用一种轻松的口气对他母亲说："没有没有！刘陵表现很好，你别担心。我让你跟我联系，是因为他今天可能回来晚一些，我要找他谈谈语文学习的方法问题。"她有些不相信："刘陵真的没有犯错误？"我说："没有犯错误！他的表现不错。"她说："那我就放心了！李老师，你一定要严格要求刘陵，如果他有什么缺点，一定不要客气，严厉批评，我们做家长的没意见！"我说："好的。再见！"

我把手机关了，这时刘陵说了一句"谢谢李老师"，然后又补充了一句"谢谢"。

我说："我实在不忍心让你妈妈知道你犯了错误，她把儿子送到学校，多么希望你能够表现好一些，好好学习呀！你说我能够让她伤心吗？再说，我已经看到了你真诚的悔恨，相信你会改正错误。既然如此，我还有必要向你家长告状吗？"

我又说："我知道，作为学生，最反感班主任两点：第一，动辄把犯错误的学生交给德育处，交给校长；第二，动辄请家长。李老师从来不轻易请家长。但是，家长把孩子送到学校，也有知情权，也就是说家长有权知道自己孩子在学校的表现，因此，老师要将同学们的表现如实告诉家长。当然，我不会轻易请家长，但是，学校教育不是万能的，李老师的教育也不是万能的，如果李老师觉得必须通过家长的配合才能进行有效的教育，我也只好请家长。实话实说，这是我的无奈或无能，我承认这一点。不过，对你，我现在觉得好像还没有到山穷水尽的时候。"

他认真地听着。

我继续说："其实，我绝对不是否定你善良向上的一面。我至今记得那次你递纸巾给听课老师的细节，那是一个善良的刘陵。但是，最近你不关心集体，也是事实。可见有两个刘陵，这两个刘陵常常打架，但经常是卑下的刘陵战胜了高尚的刘陵，我很遗憾。我多么希望从现在开始，高尚的刘陵能战胜卑下的刘陵啊！"

我想到上次申请无人监考签名时，刘陵没有签名，便问他原因，并请他一定要说实话。他说："我绝没有想作弊的意思，只是想，有没有人监考我都绝对不会作弊，何必一定要签名呢？另外，我看到大多数同学签了名，我就想下一次再申请。"

我说："很好！我也相信你是不会作弊的。现在我们来分析一下，你不作弊，因为你痛恨虚假，但你今天撒谎了，这也是虚假。作弊和撒谎有一个共同点，都是虚假的！你看，你今天做的正是你痛恨的呀！我希望你以后一定不要说假话了。哪怕说真话有时会挨批评，但至少没有欺骗自己，你心里会好受些。哪怕你骗过了老师而没有挨批评，如果你有良知的话，心里也不好受的。当然，李老师刚才也对你妈妈撒谎了，但这是善意的谎言，因为我的目的不是要欺骗你妈妈，而是要让你进步！"

他说："我认识到自己的确错了。"

我想到宋飞父子还在外面等，便说："这样吧，今天不多说了。你把你想说的写在随笔里吧！"

刘陵刚刚离去，宋飞父亲就走了进来，我和他一起朝办公室走去，一边走一边说："我想先和宋飞聊聊，就我和他单独聊。你再等等，好吗？"他很理解地说："好！好！"

我和宋飞在办公室聊了起来，我先说："我要说的，其实开学以来多次找你谈话时都说尽了。现在我真不知道该怎么说了！"

他说："李老师，我只认为我没有参加比赛是不对的，其他的我不认为我不对，打打扑克有什么错呢？"

我说："好，我就喜欢你说实话。你今天没有撒谎也让我很高兴。我就怕你为了迎合我，明明想不通却说想通了。我知道宋飞很诚实。我希望你保持这种说实话的品质。好，现在我们一起分析分析。打扑克的确没有什么，但你打扑克的时候正是运动会期间。第一，学校要求每个班的同学都坐在自己班的位置上，不能随便走动，更不能四处游逛玩耍。你这样做已经违反了学校纪律，何况还让我们班的形象受到影响，这怎么能够说'没什么'呢？第二，作为班集体的一员，应该为运动员们加油，为他们服务，大多数同学是这样做的，你却脱离班集体去打扑克了，这能够说你是关心集体吗？我说的有没有道理？我希望你同样也说实话。"

他点点头："有道理，我服。但是，开学以来我犯的错误，好多都是不知不觉就犯了，我也管不住自己。"

我说："关键是你一定要战胜自己！"

他说："可我就是不能战胜自己。"

我说："这样，我给你一个建议，你回去给自己定一个类似计划的东西，用表格列出来。纵向第一列分别是周一、周二……一直到周六；横向第一排，分别是你希望自己克服的缺点，比如迟到、上课说话、不按时完成作业等等。你每天晚上对照表格反思，做到了一点，就打个钩，如果你一天之内一排全是钩，你会很有成就感，因为这就说明你战胜了自己，第二天早晨你可以给李老师报喜。如果哪一天没有全打钩，你就不要告诉李老师，李老师知道你没有战胜自己，会继续等待的。你先这样一天一天地督促自己，以后慢慢可以以一周为单位，如果有一天你一周的表格上都是钩，你的那种喜悦将是无与伦比的！慢慢来，我相信你一定会逐步战胜自己的。”

他表示愿意这样做。我说：“你爸爸还在外面等着你，我请他进来。你爸爸进来后，你希望我怎么跟他说？”

“你就实话实说吧！”他很诚恳地说。

于是，我把他父亲请了进来，简要汇报了宋飞最近的表现，在有分寸地说了他的错误之后，肯定了他两点：第一，不说谎；第二，有强烈的战胜自己的愿望。我对宋飞和他父亲说：“我们都充满希望地期待宋飞的表现吧！”

傍晚，我跟陈鑫母亲通了电话。我请她找陈鑫好好谈谈，要他好好珍惜现在的新环境，不要又回到过去。我说：“你告诉陈鑫，李老师确实很伤心，希望他理解李老师，同时告诉他，我们都愿意继续帮他！”

11 月 15 日　　星期一　　晴

关于欠交作业的问题

早晨的升旗仪式上，学校颁发运动会奖状，我们班获得了年级团体第一名和广播操比赛第一名。我把团体第一名的奖状拿到办公室里收藏好而没有贴到教室的墙壁上。二十多年来，我当班主任的班从来不在教室贴奖状，我和我的学生达成这样的共识：荣誉属于过去，一切从零开始！

但中午我回到教室，却看见广播操第一名的奖状赫然贴在墙壁上。我对学生说了我的看法，主张把奖状取下来。“当然，等我们快毕业的时候可以贴出来，回顾一下我们的光荣历程。哈哈！”我说。

外出将近一周，回来一下子觉得事情特别多，有点手忙脚乱。班上也出现了一些问题，比如今天早晨收随笔，居然有几个同学没有交。我准备加强这方面的教育与管理。

下午，我特意给学生上了一堂班会课：走近苏霍姆林斯基。

为了这堂课，我专门做了课件，有许多有关苏霍姆林斯基的图片。但到了多媒体教室，出了点小问题。于是，在电教老师帮我调试的过程中，我给学生们讲了讲作业收交的问题。

其实，也不是大多数同学不交作业，而总是有少数同学不按时交，甚至有个别同学多次不交。我觉得这也不对。于是我先问同学们：“以前你们读小学和初中，如果同学不交作业，老师有哪些惩罚？”

同学们七嘴八舌：“罚抄很多遍！”“做俯卧撑！”“跑操场！”“跳楼梯！”……

我说：“这些我可不用。有同学缺了作业，我总是耐心给你们讲道理，总是信任你们，从来也不体罚你们。上一次舒霈给我提意见，说我对同学们不够严厉，我决定改正这个缺点……”

突然，我听到左后排的唐西龙说了句什么，我便高声问他说了什么，是不是对我的说法有不同看法。他却赶紧说“没有说什么”。我是最反感学生这样的。我不喜欢自己说话时被人突然打断。于是，我有些恼怒地问：“我刚才明明听见你出了声！”他仍然说“没有说什么”，于是我更加恼怒地说：“如果出了声，却不表示任何含义，这恐怕不应该是人类发出的声音，因为人类发出的声音都是有特定含义的。”我突然意识到这样说不太恰当，但可能是惯性，结果还是说出了口，后悔也来不及了。

我回到刚才交作业的话题：“这样好不好？从明天开始，如果有同学一直都不交作业，我就把这个情况通报家长，我们学校发的周记本上不是有个栏目，就是要求班主任给家长填写该学生本周缺了几次作业、迟到几次等等吗？那以后如果有同学没有交作业，我就如实填写。当然，我知道学生反感老师请家长。但是，像长期不交作业的，我是不是应该让你的家长知道呢？你们想想，你们家长每年花上万元的费用送你们到学校来，家长有知情权呀！”

有的同学说好，有的同学没有说话。

我说："其实，我说的规定不可能对大多数人构成威胁，因为绝大多数同学不存在这个问题。"

宋飞坐在最前面，他对我说："我不表态。"

我说："哈哈，那你至少没有反对吧！"停了一会儿，我非常严肃地说："交作业是小学生第一天进校就知道的最起码的规矩。咱们是高中生了，我说句不好听的话，如果有同学无论如何都不交作业，那么对不起，你就不适合读高中。我那天不是讲了，在美国一些高中，违纪三次，校长就会请这个学生离开学校。我国初中是义务教育，不能开除学生，但高中可以开除，至少可以劝其退学。"

我当然知道，我的学生犯的错误远远不会达到这种程度，但我有意把这话说得特别重，因为我觉得需要给个别同学一种危机感、一个警醒。

这时候，电教老师把设备调试好了，我开始播放课件："这堂班会课，我主要做两件事，一是把这次出去开会的情况给大家做个汇报，二是应同学们的多次要求给你们展示一些我的老照片。"的确是这样的，学生们跟我说过多次，说想看看我以前的照片。

上课期间发生了一件事。绝大多数学生在非常认真地听讲，但是坐在前排的两三个同学却老在做小动作，特别是陈霜蝉，他不停地动，座椅发出了声音，特别刺耳。那一刻，我的心里极为难受，我不得不停下朗读，看着他，同学们理解我的心情——我相信此刻，我和绝大多数同学的心情都是一样的，为个别同学的做法感到难受！我沉默了很久，没有说一句话……

但我终于还是说了："此刻，我心里的难受无以复加！其实，我这个人是很情绪化的，迄今为止我很少当众批评学生，我总是把尊严留给你们。国外有媒体说一些中国人素质很差，我想同学们听了一定会觉得这是对中国人的侮辱。但你们想想有些人的素质是不是很差？而这种素质差往往表现在细小的地方。那么，什么叫素质好？"

陈霜蝉非常惭愧地低下了头。我看到全班其他同学都非常认真地注视着我，一下子意识到自己的失态，觉得不应该因为个别同学犯错误，就批评全班同学。于是，我平复了一下自己的情绪，继续上课……

课上完后，我看还有一点时间，便说："之前好多同学都要我把我以前的照片拿来给大家看看。好，下面还有几分钟，我给大家展示我的老照片。"

这些照片从几个月大的婴儿时代开始，然后是读幼儿园、小学，一直到高中毕业，当知青插队，然后考上大学……学生们看着当年的李老师，兴奋得很，不停地评论，不停地笑。最后一张是我现在的照片，我说："岁月无情呀！现在的李老师'人老珠黄'了！"

吃晚饭的时候，我和陈霜蝉坐在一起，我说："刚才李老师有些急躁，话可能说重了……"陈霜蝉马上打断我的话："没有没有！李老师，是我不对。真是我不好！"他态度非常诚恳。

我说："其实现在想来，你肯定不是有意要破坏课堂纪律的，主要是因为你平时的课堂纪律就不好，养成坏习惯了，所以不知不觉就表现出来了。我知道你不是有意的，但我希望你以后一定要控制自己，遵守课堂纪律，好吗？"

"好的。"他再次诚恳地说。

我还想找唐西龙道个歉，但在食堂里看了看，没有见到他。

今天读任沐之的随笔，她写道："我有心里话很想找李老师谈。"这一句就让我非常感动。我想到好久没有找她谈过心了，于是，晚自习前，我把她叫出了教室，靠在过道的窗前和她聊了起来。

我们聊到了学习，我鼓励她一定要有信心，要有毅力。她说她对学习还是很有压力的，我跟她谈了一下学习方法，然后说："要想学习好，还有一点很重要，就是要有好心情。好心情从何而来？那就是善待周围的每一个人。对别人善良，帮助别人，别人会很尊重你，你自己也会感到心情愉快！这点很重要。如果对周围的人这也看不惯那也看不惯，心里不痛快，这肯定会影响学习的。当然，我这样说，决不意味着你是一个小气的人，我只是没有针对性地提醒。"我们谈到了一些做人的道理，我希望她做一个大气的人。她说："我原来其实很小气，但现在慢慢心胸开阔多了。"她又告诉我，她和好朋友何思婷约定好了，不议论任何同学的是非。我说这很好。聊了二十多分钟，快上自习课了，我说："你对李老师有没有什么意见？可要说实话呀！"她想了想说："我觉得你好久没有给我们上语文课了，我们都盼着上语文课呢！"最近期中考试，接着又是运动会，当然不会上语文课。我说明天就上语文课。最后，我说："以后有什么困难，尽管找我。你就把我当作你的110吧！"她笑了。

回到教室，我想到陈鑫本周没有交作文和随笔，便走到他的座位前问他，他说他的手因为打篮球受伤了，写字很吃力。我看他右手的食指果真受了伤，便原谅了他。我问他伤口处理过没有，他说没有，想找创可贴，但没有找到。我说我家里有，明天带来。

然后我跟他说："星期五晚上我和你妈妈通了电话，你妈妈告诉你了吗?"他说知道了。我问："你能够理解李老师吗?"他点点头。我说："我真是希望你能彻底改正缺点呀！这不光是为你，也是为我呀！你想想，一个有缺点的同学在一个老师的教育下成为优秀学生，这是老师多大的幸福！你的进步，会让李老师有成就感的!"

我离开学校前，陈鑫叫住了我，说他饭卡上没有钱了，想向我借一百元钱。我借给了他。

11 月 16 日　　星期二　　晴

作弊事件

自从班长提出提前十分钟早读后，每天早晨 7 点 40 分，同学们便来到教室开始学习，今天也如此。但有一个人迟到了——陈鑫。

我问他为什么迟到，他居然说："我迟到了？我看其他班的教室里空空的。"

"但我们是 3 班!"然后我对他重申了我们班的纪律要求，并要求他以后不再迟到。我说这些话的时候，他满脸不高兴。

一想到他长期养成的一些习惯也不可能一下子改正，我便没有多说了。他正要进教室，我说"别忙"，同时往衣服口袋里掏东西，一边掏一边问他："知道我在掏什么吗?"他说："不知道。"我问："真的不知道?"他说："真的不知道。"我把东西掏出来放在他的手上，说："创可贴。你忘记了，昨天晚上我说过要给你带的。"

他脸上的表情马上柔和了："谢谢李老师!"

一个偶然的机会，我得知这次期中考试我们班可能有同学作弊。我很难过，但并不感到震惊。在这次学生提出申请之前，我就对魏智渊老师说过，我决不敢保证签了名的学生就绝对不会作弊，多年的班主任工作经验告诉我，教育不会这么简单。但我仍然支持学生签名，不是因为学生已经达到了无人监考而不作弊的境界，而是为了通过这种方式教育孩子们要诚实。记得当时我对魏老师说："如果出现了作弊现象，我仍然会从容视之，然后把这件事作为一个教育的机会。"

现在机会果真来了。意料之外，但似乎又是期待之中。

不过，我现在关心的是：究竟是不是真的有人作弊？是谁作弊了？有多少人？作弊的细节是什么？

我开始在同学中进行调查。这涉及教育中一个敏感而棘手的问题，或者说这是一个充满悖论的问题：如果让学生说出作弊者的名字，那客观上我就是在鼓励"告状"；如果不让他说出作弊者的名字，那我的调查将无法进行，最终也不可能对作弊者进行有效的教育。

在《走进心灵》里，我曾写下一句话："决不培养告密者！"我把鼓励学生告密视为一种可耻的教育。但是，我同时也认为，教育必须培养学生的正义感，一个人，一个集体，乃至一个国家，如果正义沦丧，便是堕落的标志！

二者的矛盾如何解决？

至少在我的教育中，我是解决了的。这里有一个关键：如何认定"告密"？在我看来，告密的动机源于个人私利，这一点鲜明地区别于为了维护公共利益的正义行为。一般来说，出于正义的举报并不直接与个人利益相关；当然，有的时候，正义的举报可能既关乎公共利益也涉及个人利益，这也是无可非议的。

在学校教育中，如何既防止学生养成卑劣的告密习惯，又理直气壮地培养学生的正义感？我是这样对学生说的："李老师不主张因为一点鸡毛蒜皮的事学生就向老师告状，一个人要学会独立承担并化解自己所遇到的各种难题；李老师更反对班干部动辄向老师反映某某同学又怎么样了，因为在我看来，班干部也应该独立地工作，不能老是依赖老师。但是，如果是事关班级利益和集体荣誉的大是大非的原则性问题，以及重大违纪事件，任何关心我们集体的同学都有义务如实反映真相；如果老师或学校有关方面来调查，每一名同学都应该如实陈述自己知道的情况。"

在调查过程中，我给有关同学讲了这个道理："这件事本身似乎与你个人没有任何关系，因为这个同学作弊是这个同学的品德缺陷。但是，这件事也与你有关系，因为这件事如果是真的，将是对整个集体的损害。我们是在无人监考申请书上签了名的，而且是公开贴出来的。你作为签名者之一，难道不觉得蒙受了耻辱吗？李老师想知道是谁，也不是要把这个同学怎么样，但我肯定要教育这个同学，这是李老师的责任呀！你应该帮助李老师，这也是在帮李老师挽救这名同学呀！”

最后，同学们不约而同地说到一个名字：魏雨萱。

这倒让我有点吃惊。魏雨萱是一个非常开朗的女同学，特别尊敬我。她每次看到我总是远远地就向我招手。每次我出差结束回到班上，她总是很兴奋地说：“李老师回来了！”当然，她的成绩的确不是太好，这可能是她作弊的原因吧。

作弊可不是一般的违纪，如果万一冤枉了学生可不得了；但正因为不是一般的违纪，因此我一定要仔细调查，绝对不能轻松放过任何一个作弊的学生。她作弊的程度如何？具体细节如何？我决定进一步做些调查。

整个下午的课间，我都在见缝插针地找有关同学了解情况。结果说法不一：有的同学说魏雨萱只是推迟了交试卷；有的同学说看到该交试卷了她还在写，但不知有没有抄别人的试卷；还有的同学只是听说，并不是亲眼所见……

我觉得这件事一定要慎重，不能仅凭几个同学的说法就断定魏雨萱一定作弊了，万一看错了呢？不过，即使魏雨萱没有抄别人的试卷，她至少也违反了考试纪律：明明应该停止答卷，同学们都交试卷了，她却还在写。如果是在高考的考场上，这是绝对不允许的。

在调查中，有同学对我说，这件事情得问卓翼，她最清楚，因为是她收的试卷。

我找到卓翼询问情况，她很肯定地说：“魏雨萱并没有抄别人的试卷，她是在写自己的名字。”

我终于松了一口气：看来，魏雨萱没有作弊，只是一般的违纪。然而，随着调查的深入，结果非常明确了：魏雨萱在考物理时没有作弊，只是在收试卷时还在写；但是在这之前的政治、历史和地理考试中偷看了同桌凌飞的试卷。为了核实清楚，我马上去找凌飞，结果凌飞承认的确如此！

我先表扬了凌飞此时的诚实和对李老师的信任，但同时很严肃地批评了凌飞：“你帮同学作弊，错误的性质是一样的，都是在作假。”他表示认错。

应该说，这件事情基本上已经很清楚了：在无人监考的物理考试中，魏雨萱虽然没有作弊，但是违反了考试纪律——要求停笔后她还在写；而在这之前的几次考试中，她的确作弊了。

我看时间快到 7 点了，决定马上开一个班会。但是，我不打算一开始就直接进入作弊的话题，而是从集体荣誉感开始谈。我稍微做了一些准备，写了一个提纲，走进了教室。

我看见同学们都在教室里做作业，便说："今天李老师有些重要的事情想跟大家谈谈，或者说我准备开一个临时班会，同学们能不能把手中的事情停一下？我一般晚上不耽误大家学习，但今天的事情的确很重要。"

我突然看到墙上还贴着广播操第一名的奖状，便说："把奖状取下来。同学们都知道我为什么让大家取下来。荣誉属于过去，一切从零开始。"

毕明方个子比较高，便走过去把奖状揭下来了。

"今天这半个小时我准备讲一个比较重要的话题。"我看不少同学还在写作业，便说，"同学们能不能先不忙着写作业？同学们抓紧时间做作业，我作为班主任很高兴，但现在有些事情要讲一讲。最近我们班上有许多非常好的现象，也有许多不足。"

同学们都停下了手中的笔，我便开始说："我跟大家讲过，一个班像一个人一样，会有许多优点，但也不可能没有任何问题。那天王老师给我讲了我走后几天同学们的事，我非常感动，正是因为这份感动，让李老师觉得必须继续教我们这个班，继续当这个班的班主任。我这么说是有根据的。我先从运动会讲起。今天吃饭的时候，我问几个男生：如果要选运动会最激动人心的时刻，你们会选哪一刻？现在我也把这个问题拿来问大家。"

同学们都说："拔河！"

"是呀。"我说，"我今天上午看到了黄尼莫等同学写拔河的随笔，我后悔极了，后悔没能看到你们拔河的场面。下面，我们一起听听黄尼莫的周记，再一起回顾一下事件的经过。如果三年以后要编《花开的声音》这一类的书，我一定要把它编进去，把我们今天的辉煌载入明天的史册！"

我开始朗读黄尼莫的随笔。

随着我的朗读，我们班在输了第一局的情况下，连胜两局的动人场面再一次让大家心潮起伏。

读完了随笔，我说："请我们班参加拔河的勇士举手，让李老师看看是哪些同学！不，还是起立吧，让我看看英雄们的风采！"

十六名同学站了起来，分别是文海、张自强、蒋鸣、李应生、毕明方、唐西龙、强劲、凌飞、杨心、何晓蕊、黄尼莫、任沐之、程媛、杨南希、魏雨萱、何思婷。

“这样，明天我们照个相。”我说。

我继续说：“运动会的感人事迹当然不止这一件。那天我在江阴开会，不断收到文海给我发的短消息，说谁得了第一。我就问他广播操怎么样。说实话，咱们班同学的体质本身就要好些，有的项目拿第一不能算真本事，广播操做得好才是真的有本事。我觉得咱们这个精神要保持下来，还要用在学习上，乃至用在各个方面，一定会创造奇迹。另外，我觉得还应该表扬女运动员，她们非常顽强。很遗憾我回来晚了，只看到女子 4×100 米接力赛，当杨扬、何晓蕊、项柳依、黄尼莫等四名女同学去点名处时，有同学对着她们的背影开玩笑，有的说四只小精灵过去了，有的说是四只小天鹅，我说她们穿着白衣黑裤，就像企鹅，这是最令人感动的。当时我帮同学们摄像，最后一棒是何晓蕊，她个子不高，但双腿跑得飞快，喏，是这样的……”我用双手比画着，全班同学大笑。“就这样往前跑，真让我感动呀！何晓蕊是最后一名，离第三名还很远，但她丝毫没有气馁，依然使劲地向前跑，仿佛是第一名一样。明知道会失败，但精神不败！学习上也应该这样，哪怕名次是最后一名，也要这样。”

然后，我又说：“还有一名值得表扬的同学是卓翼。”我开始读黄尼莫的另一篇随笔。

这篇随笔通过一些细节，写出了病中的卓翼对集体的关心。我说：“同学们听了有什么感受？这就是卓翼同学对集体的爱。”我又读了卓翼今天交的一篇随笔，在这篇随笔中，她也通过一些细节表达同学们对她的关心，并感谢同学们对她的关心。我一边读一边说：“卓翼还感谢大家，其实这都是应该的，都是一个班的同学嘛！不过我要告诉大家，卓翼的身体还没有好，我们为卓翼鼓掌吧，祝愿卓翼早日恢复健康！”

同学们热烈鼓掌。

“该表扬的恐怕不只是卓翼。”我继续说，“还有那几名打扫教室卫生的同学。王老师很有意思，说要给每个同学发一张奖状，把我们大家当小孩子，王老师很爱你们的。好，上次把教室打扫得很干净的同学举个手。我知道并不是只有这几个人愿意搞卫生，我想大家都是愿意的，但我要说的是，这十三名同学让我很感动。这里我要向陈霜蝉和张颢君表示歉意。我印象中他们两个人比较懒散。王老师跟我说有他们俩时，我很纳闷：怎么这两个人也来了呀？我想他们是不会主动来的。我便问王老师：'是不是你叫他们来搞卫生的？'王老师说：'哪里哪里，是他们主动来的，而且他们俩还很积极呢！'我错了，当时真的很内疚，无缘无故就对陈霜蝉、张颢君有偏见。我向陈霜蝉和张颢君表示歉意！这件事给我一个教训，不要对同学有偏见。好了，咱们给这十多名同学鼓个掌吧！"

同学们的掌声又响起来了。唐朵、张颢君、杨心、林柔倩、陈霜蝉、宋飞、刘骞雯、舒霈、杨扬、钟晓、杨南希等同学得到大家由衷的尊敬。

"另外，我要特别表扬宋飞和刘陵，他们那天错过了比赛，但他们主动要求搞卫生，说是要将功补过。"我继续说，"我跟王老师说，到了期末，积分榜的前十名同学有奖励。我们要加分，但是现在我不敢随便加。我希望班委制订一个加分条例。同学们，咱们班有这么多的好同学，为集体赢得了这么多的荣誉，我想我们每一个同学都会感到自豪的。"

同学们的一张张笑脸看着我。

我久久没有说话，迟疑了片刻，说："我在想下面该怎么说……"我终于直接说了下去："这次我们班是无监督考试，在无监督考试的时候是不是每一名同学都对得起自己的承诺？有没有做过有违自己承诺的事情？如果有同学这样做了，这不是他一个人的过失，是全班的耻辱。我的意思是说，如果有同学作弊了，不光是签了名的同学的耻辱，也是没签名的同学的耻辱，因为我们是一个集体。我希望有关同学主动来找我。当然，李老师不会不给有关同学面子，我永远不会当众批评这名同学。"

气氛一下子沉静下来，甚至有些严肃。

我看到魏雨萱在座位上流泪，心里便有些同情，我想毕竟是女同学，应该给她营造一个宽容的氛围，便说："面对同学的缺点你们怎么看？我想没有人会不犯错误，李老师今天就犯错误了。今天上语文课，写课文题目时，把'公西华'写成了'公华西'。还有，我昨天说唐西龙发出的不是人类的声音，这是对唐西龙的不尊重，在此向他公开道歉。那么，我们应该如何对待犯了错误的同学？一、要宽容；二、不要互相议论。我们平时要养成不议论是非的习惯，特别是女同学。昨天我找同学谈心时也说过，人一定要大气，要善待周围每一名同学，包括犯了错误的同学。昨天有同学说：'李老师，我和同学约好了，以后再不议论任何人的事情。'大家不要忘了给自己营造一个好心情，怎么营造呢？用愉快的心情对待别人，别人就会愉快地对待你。人生其实很短，怎么过得愉快？李老师刚刚拿到了体检结果，没什么大碍，我对生活又充满了希望。哈哈，这让我更珍惜和同学们在一起的每一天。我经常想，人生的长河看起来那么长，但实际上也很短，因此，要有一个宽广的心胸，用微笑面对一切。”

我又说：“谈到同学关系，最近有同学跟我诉苦，说没有最好的朋友。其实，友谊的最高境界是不即不离。懂不懂什么叫‘不即不离’？就是既不过分地靠近，又不过分地疏远。古人有一句话叫‘君子之交淡如水’。当然，我很高兴同学们把李老师当成好朋友。今天有同学也跟我说：‘李老师，你太信任我们了。’我说：‘是的，我读的苏霍姆林斯基的第一本书就是《要相信孩子》。’这样吧，我过几天搞一个调查，看李老师对你们到底宽了还是严了？”

有同学说“严了”，有同学说“宽了”，更多的同学说“宽严合适”。

最后我说：“我再重申一遍，如果哪个同学有困难就找李老师，比如昨天有同学说饭卡上没钱了，说要找我借钱。嘿嘿，我平时没钱，昨天恰好带钱了。这个同学运气真好！记住，以后李老师就是你们的110！”

晚上9点，我还在办公室办公，这时魏雨萱来了，她哭红了眼睛。我请她坐下，然后说：“我知道你会来找我的，我很高兴。你先说说吧！”

她说：“李老师，我承认我在这次无人监考的历史和地理考试中看了凌飞的试卷。但是我以我的人格保证，我绝对没有在物理考试中作弊。是这样的，收试卷的时候，我的答案还没有抄在答题卡上，便匆匆抄上去。可能有同学以为我在作弊。你不相信就算了，反正我问心无愧。”

我说：“我相信你说的话，我很高兴你能有这个态度。但是，第一，你在停止考试之后还在写，这不算作弊，但也是违纪；第二，在之前的考试中你的确作弊了。”

她没有说话，点头表示认同我的说法。

我继续说：“关于作弊的危害，我不打算说了，因为我说得太多了，我不说你也知道。我现在想说的是：第一，你的有关成绩全部记为零分，包括你没有作弊但违纪的物理考试成绩；第二，我不会在班上公开批评你，我会保护你；第三，我不会跟你的家长说。”

我缓了缓，又说：“魏雨萱呀，我还想告诉你，你千万不要恨接受李老师调查的同学，他们既是在维护集体荣誉，也是在挽救你呀！”

她说：“这点你放心，我不会的。只是我感觉对不起同学们，特别是凌飞。

是我的作弊连累了他。”

“还有，”我继续说，“李老师绝对就事论事，不会因为你在这件事上犯了错误，就否认你的其他优点。你不要担心李老师从此就把你看得很坏，或者说看成是品质不好的同学。不会的！你不要背思想包袱，李老师绝对会一如既往地关心你、相信你！”

11月17日　　星期三　　晴

抓住教育时机

语文课前我找到凌飞：“你这次把试卷给魏雨萱看，所犯错误的性质和作弊一样，都是弄虚作假。因此，你的历史和地理成绩只能记零分。”

他有些吃惊，脸色很不好看。

“既然犯了错误，就要勇于面对，并承担相应的责任，这才是男子汉！”我说，“不过，请相信李老师，我绝对不会因此把你当作坏学生。你现在在我的眼中，是一名犯了错误的好同学！”

他看了看我，然后很诚恳地说：“我接受李老师的处罚。”

语文课上，先由林柔倩发表课前演讲。我对同学们说：“让我们用持久而热烈的掌声欢迎林柔倩同学上台演讲！”

教室里响起了掌声。

林柔倩走上了讲台做演讲。演讲结束后，同学们的掌声比刚才还热烈。

我在黑板上写下一句话：“一切都会过去！”然后我说：“林柔倩说得非常好，‘一切都会过去的！’类似的话我原来也跟我的学生讲过，这也是我要把墙上的奖状取下来的原因。无论你取得多大的成功，一切都会过去的。关键是现在，关键是你现在在做什么！有一段时间，我们班的班训是：‘此刻你在做什么？’我们还曾经写过一个标语贴在黑板上方：‘向每一秒钟挑战！’就是要抓住此刻，抓住每一秒钟。”

我稍微停顿了一下，又意味深长地说：“这一切都会过去，也包括集体所蒙受的耻辱。大家都知道，在这次期中考试前，我们班有三十三名同学在无人监考的申请书上签名。向全校同学，向李老师，也向自己做出庄严的承诺，绝对不作弊！李老师很高兴，绝大多数同学遵守了自己的承诺，但是有极个别同学……”

我实在不忍心继续说，于是缓和了一下语气：“说实话，李老师平时也批评大家，比如宋飞、李应生等同学平时的一些不遵守纪律的举动，但这些缺点我都能原谅。不遵守课堂纪律呀，出点小风头呀，等等，我都看成是不懂事，没有什么大不了的！这不是什么严重的品质问题。然而一个人弄虚作假，李老师绝对不能容忍！这种行为，恐怕不是李老师一个人，而是每一个人都会感到耻辱。别人一提起高一（3）班就感到自豪，可是，咱们整个高一（3）班的荣誉因个别人而蒙羞。经过我的了解，主要是两个阶段：第一个阶段是考政史地的时候，有同学的确做了不该做的事，而且还不是一个同学，既然作弊，那通常就涉及两个人。第二个阶段是物理考试，因为没有摄像，无法断定作弊，但肯定是违纪。因为明明该停止答卷了，你还在写，这绝对是不行的。20 世纪 80 年代末期，我参加高考监考，终止考试后，有一个同学的答题卡还没有填，这个同学对老师说：‘能不能给我个机会？’这个老师说：‘我非常同情你，但我没办法帮你，否则我会受到法律制裁。’这当然很残忍，但仔细想一想，如果允许，就意味着他思考的时间比别人多，这本身就不公平。对你来说可能是残酷的，但是如果成全了你一个人，那对其他人就不公平了。因此，尽管有的同学物理考试没有作弊，但违纪也不应该！”

同学们的表情都非常严肃，他们没有说话，但我能够感受到他们心中的难过。

我问：“咱们班这次的违纪事件，应不应该跟学校反映？”

任沐之说：“我觉得不应该，这太丢脸了！”

何思婷说：“应该给这个同学一次改正的机会！”

我说：“我很高兴何思婷对犯错的同学有一种宽容的态度，但是……”

陈霜蝉把我的话打断了：“家丑不可外扬。”

有同学说：“是班丑不可外扬！”

班上同学七嘴八舌，都不同意把这事张扬出去。

我表明我的态度：“听了同学们的表态，从某种意义上讲我很高兴，说明大家都非常珍惜我们班的荣誉。不然的话，公布就公布吧，又不是我。但是我要讲，犯了错，决不能捂着。何思婷的观点是对的，我们应该给犯了错误的同学一点宽容。不过，我肯定要在学校会议上讲，还有一点，有关同学的考试成绩记零分，协同作弊的人也记零分。本来，如果真的有人在无人监督的考场上作弊，我是不会考虑面子的。我们要被全校通报，给全校同学讲一讲，三十三个人签名，但是我们中有人没有做到。当然，我没有确凿的证据证明她作弊了，事情没有到那个程度。但肯定是违纪的，应该给德育处、给校长们讲清楚。一个班也应该诚实！”

“有两名同学交白卷，我很赞赏。一个是魏智渊老师班上的，面对大面积作弊，他宁愿交白卷！一个是咱们班上的李应生，那天晚上考数学，他做不出来便没有交试卷。当然，不交试卷不对，要向吕老师道歉。但从另一方面讲，他完全有条件作弊，比如可以看他旁边同学的试卷，这样说不定还可以欺骗老师，以为他有进步，说不定还会表扬他。但他没有！他可以抄却不抄，从这个意义上讲，我非常欣赏李应生，宁可自己挨骂，也不做这样的事情！说到正气，我要向这次向李老师反映情况的同学表示敬意！我重申我过去说过的观点：第一，我坚决反对因为一点鸡毛蒜皮的事情就向老师告状，包括班干部；第二，如果出现了重大的违纪事件，每个同学都有权反映，这是一个人最起码的责任感。我要感谢有些同学，他们其实是在挽回咱们班级的荣誉。明天，伍希要来我们学校正式签约了。伍希，还记得吗？”

“记得！她也作过弊的。”同学们说。

“是呀！”我说，“本来李老师要现身说法，想举一个我作弊的例子来教育大家，但是我真的没有作弊过。伍希作过弊，可她改正了缺点后当上了班长，成了一名非常优秀的学生！所以呀，人犯错误很正常，犯了错误及时改正是很高尚的。”

我想到魏雨萱现在心里肯定很难过，便问同学们：“你们觉得这次犯了错误的同学以后会不会改正？”

同学们都大声说：“会！”

“那咱们用掌声预祝这名同学！”我提议。

掌声如雷。

“好，现在我们继续看当年孔子是怎么带‘研究生’的。”我开始讲今天的语文课。

下课以后，魏雨萱走上讲台递给我一封信，然后说：“李老师，我可以和你一起走到食堂吗？”

“当然可以！”我说。

在去食堂的路上，魏雨萱对我说：“我想了想，决定请求李老师给我一个机会，让我在班上向同学们认个错。”

我感到意外，但很感动：“太好了！同学们不会因此而看不起你的。刚才我说了，改正错误也很高尚。”

中午，我看了魏雨萱的信，我估计这封信是她在语文课前写的。她希望我不要在班上再提这件事，我理解。但这样的重大事件，我不可能不在班上强调。我不认为我这样不点名的批评有什么过分的地方，相反，我认为这是教育全班同学的机会。当然，这件事还没有结束，她现在肯定还有思想包袱，担心同学们看不起她，我还得继续做些工作。

下午最后一节课是体育课，我给这次运动会中参加比赛的运动员照了相，然后和学生一起打羽毛球。学生们争相来和我对战，我也喘着粗气和他们较量，周围一片欢呼声。和学生在一起玩，实在是快乐！

晚自习前，我朝教学楼走去，上楼的时候我还在想魏雨萱的信，想到她现在所承受的压力。怎么让她尽快振作起来呢？突然，一个念头出现在脑海里……

我到了教室，把杨扬叫了出来：“李老师想请你帮个忙。是这样，魏雨萱现在感觉有压力，觉得同学们都会看不起她。我当然可以找她谈，希望她振作起来，但如果她收到来自同学的信，感受到同学的鼓励和安慰，这会让她感到温暖！李老师今天在班上批评得比较重，我认为这种事应该严厉批评，但我们并不能因此而放弃她，我们还要继续帮助她进步。因此，我想请你给她写一封充满真诚与鼓励的信。但注意，不要让她觉察出是李老师让你写的。”

她说：“好！我写。”

我又说：“李老师其实也是在教你如何关心同学。你是班长，应该多关心同学。这种关心不仅仅是学习上的关心、生活上的关心，也包括对犯了错误的同学的关心。”

她又说：“那我以全班同学的名义给她写吧！”

“不，”我说，“没有在班上征求意见，不能随便用全班的名义。你是班长，就以你个人的名义写。”

“好的！”她说。

我又把杨南希叫了出来，对她说了同样的话。她非常乐意地答应了。

我之所以还要请杨南希给魏雨萱写信，是因为她是一名普通的同学，这样能让魏雨萱感到同学们的确对她充满了真诚的期待，会感到温暖的。

晚上回到家里，我也给魏雨萱写了一封短信——

魏雨萱同学：

你好！

你给我的信我看了。我相信你所写的都是实话，我感谢你对李老师的信任。

今天李老师对你批评得很重，但我至今认为应该这样批评。对犯了这样错误的人，应该猛击一掌，让其警醒。关于作弊的危害，我说过多次，这里我不打算重复。我想说的是，你的行为首先是对不起你的一颗童心。你说你在无人监督考试的申请书上签了名，就绝对不会作弊，这我相信。但是，之前我让发誓以后不再作弊的同学举手，当时我还叫你们想想再举手，我记得你当时也是举了手的。可你为什么还是要在历史和地理考试时作弊呢？我绝对相信你举手时是真诚的，而这次作弊可能是一时忘记了自己对自己的承诺。可见，战胜自己不那么容易，需要毅力呀！

我非常高兴你现在已经真诚地意识到了自己的错误和这错误的严重性。我现在想说的是，同学们和李老师绝对不会因此而对你“另眼相看”。你说你觉得自己现在是我们集体的局外人，不，你仍然是我们集体的一员！你有许多优点，对人热情大方，特别关心集体，我至今还记得刚开学的升旗仪式讲话稿就是你参与撰写的。每次李老师出差回到班上，你总是非常热情地跟李老师打招呼。你现在不是一个坏同学，只是一个犯了错误的好同学！

我相信你以后不会再作弊了，同时，我向你承诺：第一，以后决不再提这次作弊的事；第二，李老师决不把这件事告诉你的家长；第三，以后你在各方面遇到什么困难，你依然可以找李老师，我愿意一如既往地帮助你，永远做你的好朋友！

愿这封信给你带去新的希望，让你能够重新振作起来！

祝你早日恢复好心情！

你的朋友：李镇西
11 月 17 日晚

明天早上，我就把这封信打印出来给她。

11 月 18 日　　　星期四　　　阴

魏雨萱的公开认错

中午读报课，我先对同学们说：“昨天我在班上不点名地批评了个别同学考试违纪和作弊的行为，下课后，这名同学，也就是魏雨萱同学，找到我说：‘李老师，我想在班上公开向同学们承认错误。’听了她的话，我非常惊讶，然后非常感动。本来我没有想过要在班上公布她的名字，但她却勇敢地表示要向同学们公开认错，这需要勇气！当时我说：‘好呀，今天中午的读报课就可以。’她说：‘不，还是明天吧，我得准备一下。’这种行为实在是值得我们每一名同学敬佩！”同学们用掌声打断了我的话，在掌声中，魏雨萱走上了讲台。

她首先对大家说了对不起，然后说了自己违纪和作弊的经过。当然，她的重点还是在认错与道歉上：“我真的觉得自己对不起班上的同学们！我们班是一个优秀的班集体，可是我却给她抹了黑。我的有关科目的考试成绩全部记作零分，我心甘情愿地接受。请大家相信我，我一定会改正的。我还要感谢帮助我的同学们，是你们让我认识到了自己的错误。今天我向大家认错，希望大家原谅我！”同学们再次为她鼓掌。

最后她说：“我刚才看了一下我们的班规，上面没有关于作弊的惩罚。我便依照抄作业的惩罚规定给自己扣操行分。”说着，她便走到墙上的操行分表旁，在自己的名字下面写上扣分记录。

同学们的掌声又响起了……

那一刻，我很感动。我说：“魏雨萱作弊是不对的，对于这种行为必须予以最严厉的谴责。但是，魏雨萱对待错误的态度确实令人钦佩。说实话，因犯错而损害集体荣誉的同学并不止魏雨萱一个人，但像魏雨萱这样主动坦然地公开向全班同学道歉的却不多。也正因如此，我和同学们一样，对今天的魏雨萱充满了敬意！当然，我对全班同学也充满了敬意，为什么呢？因为围绕这次作弊事件，我们班的正气与爱心得到了完美的统一。因为有正气，所以魏雨萱的错误被举报，她也受到谴责和处分；也正因为有爱心，所以犯了错误的魏雨萱并没有被大家抛弃，相反，同学们都向她伸出了温暖的援助之手！我说过多次，现在我还要强调一遍，一个优秀的班集体必须具备两点：一是爱心，二是正气。我们具有这两点，所以我们的班风很好。我相信，我们班会继续保持爱心和正气，使我们班越来越好！对于魏雨萱，我愿意在这里公开承诺：第一，以后决不再提这次作弊的事；第二，李老师决不把这件事告诉家长；第三，以后你在各方面遇到什么困难，你依然可以找李老师，我愿意一如既往地帮助你，我永远是你的110，永远做你的好朋友！"

读报课下课后，杨扬和杨南希分别把她们写给魏雨萱的信给我看。

晚上，我正要离开学校，心里还想着魏雨萱，不知她收到同学的信后心情怎样。于是，我把杨南希叫来："今天你把信给魏雨萱，她的表情怎样？"

"她很高兴！"杨南希说。

我说："你看，不过就是短短的一封信，你就给同学带去了快乐，你也很快乐。所以呀，平时要多观察周围有哪些同学需要你去关心。这里的关心不只是指生活上、学习上，也包括思想上。我希望你以后能够不需要李老师提醒，就能主动给周围需要关心的同学带去温暖！"

"好的。"杨南希点头说。

这时，魏雨萱正好走了过来，她跟我打了招呼后，走过杨南希身边时悄悄递给她一封信。虽然天色已经很黑了，但这个细小的动作还是被我发现了。我当时就猜到了那肯定是她给杨南希写的回信，但我还是故意问："你给杨南希什么呀？"

魏雨萱说："我给她写的信。"

我故作不解地问："怎么天天见面还要写信呢？"

"因为下午杨南希写了一封信给我，所以我给她回了信。"魏雨萱非常认真地给我解释。

"哦，"我表示明白了，"杨南希给你写的什么呢？我可以知道吗？"

魏雨萱马上从衣服口袋里拿出一封信给我："李老师，你看吧！"

我认真看了一遍——实际上是重新看了一遍，然后说："写得真好！魏雨萱，你看了有什么感受？"

魏雨萱说："李老师，我很感动！真的，我当时好感动啊，我觉得我们班的同学太好了！"

我说："是呀，我也觉得我们班的同学太好了！这次杨南希在你最困难的时候给了你温暖，让你感动，你得好好珍藏这份温暖，以后谁有了困难，你就把这温暖传递给他，也让他感动，好吗?”

“好!”魏雨萱说。

我和魏雨萱说话的时候，杨南希一直在看信。我真想知道魏雨萱是怎样给她回的信。于是，我问魏雨萱：“我想看看你给杨南希写的回信，可以吗?”

魏雨萱却说：“哎呀，不嘛！李老师，你别看，好吗?”

我说：“好吧！我当然要尊重你。”

信没有看成，但看着魏雨萱和杨南希手挽手向教学楼走去的背影，我心里非常愉快。

我为我的学生而愉快，更为自己在这次作弊事件中所表现出来的教育技巧，以及教育的成功而愉快。

教师，有时候也需要自己欣赏自己。

11 月 19 日　　星期五　　小雨

抽烟事件

早晨，我搭德育处徐主任的车上班。在路上，我和他聊起最近我们班的情况，跟他讲了这几天处理作弊事件的经过。他问我凌飞怎么样，我说在这次作弊事件中他也犯了错误，让魏雨萱看自己的试卷，不过他认错的态度还不错。

我问他怎么想起问凌飞。他迟疑了一下，说：“前不久我逮到他吸烟。”

这倒让我有点意外，但他马上又说：“你别去问他了。因为当时他认错态度特别诚恳，所以我答应过他不跟班主任讲的。”

我说：“但我还是想知道具体经过。你放心，我不会去找他，我就装作不知道。”

他说：“这件事有一段时间了，发生在期中考试期间。我上厕所时偶然发现他在里面吸烟，便批评了他。他当时非常后悔，态度很诚恳，说自己给班上丢脸了。看得出来，他非常有集体荣誉感。后来他主动给我写了一封信，希望我原谅他。”

我请徐主任把那封信给我看看，并再次强调我不会找凌飞，一定保密。到了学校，徐主任把凌飞给他写的信给我看了。看了信，我一方面为徐主任细致的工作而感动，另一方面也为凌飞的真诚自责而感到欣慰。我不想再找他了，而且不想让他知道我知道这件事。这不仅仅是为了不“出卖”徐主任，而且是因为凌飞这封信让我觉得没有必要再去找他了。有时候，班主任也需要糊涂一点，哪怕是装出来的糊涂。

当着学生的面，我一直说他们是最优秀的，但我心里也明白他们有这样那样的缺点或坏习惯。未来三年的教育任务是很艰巨的，但我有足够的思想准备迎接任何意想不到的挑战。无论怎样，决不与学生为敌，这是我的原则。

这几天还有一件事让我心里一直蒙着阴影。大概是星期三的晚上，我走进教室，学生们告诉我，原来只教我们班的数学吕老师要教 4 班了，他们都不同意，好多女同学还哭了。他们要求我不要安排吕老师教 4 班。当时我很忙，还有其他事情要跟学生们说，因此便没有多“纠缠”这件事，但这事让我心里不太舒服。于是今天的语文课前，我对学生说了一番话：“我今天想讲一个我早就想给你们讲的话题。昨天李老师讲《论语》的时候讲过‘己欲立而立人，己欲达而达人’。为什么我要特别讲这句话？因为最近好多同学沉浸在‘悲痛’之中，他们听说吕老师要教 4 班便很不高兴。我现在要问大家一个问题：你们为什么不愿意吕老师教 4 班？我不是跟你们说过很多次吗？我们要有一种胸襟，不要怕吕老师教了 4 班，4 班的数学就超过我们了。‘己欲立而立人，己欲达而达人’嘛！”

说到这里，好几名同学马上把手举起来，他们的表情表示他们非常不同意我的说法。于是我请手举得最高的黄尼莫说说。黄尼莫说：“李老师，你理解错了！我们不希望吕老师教 4 班，并不是你说的那个原因，而是因为他教我们一个班，都是晚上两点才睡觉，如果再教 4 班，恐怕 4 点才可以睡觉。我们是担心吕老师的身体！”

任沐之还举着手，我便请她也说说。她说：“昨天晚上我们发现他的眼睛里面都是红血丝，我觉得好感动。吕老师太辛苦了，不能再给他增加工作量了！”

我说：“哦，原来是这样！我理解大多数同学是为吕老师的身体着想。吕老师也说：‘我为我的学生这样关心我而感动。’同学们体谅吕老师是对的，但有没有这样一些同学呢，生怕 4 班的数学超过我们？如果这样想，那就是不对的。关于吕老师的工作安排我们也有一些想法，比如增加教导处的人手，减轻他的工作量，这是另外一个话题。昨天吕老师也说，有些同学因为心疼吕老师还流下了泪水。我都很感动。其实，只要我们努力，我们就可以保持成绩上的优势。你们体谅吕老师是对的，但是我们要为对手喝彩，因为只有对手强大了，我们才能更加强大。”

上完语文课，我就要去机场了，今天得赶到连云港去。但今天学生一上课便缠着要我唱歌，说是昨天我上课拖了堂，得罚我。我说：“好，我唱。正好我要走了，这样，等下课时唱，就算我的告别演唱好不好？”因此快下课时，我就给学生唱歌。我问唱什么歌，杨南希说：“唱‘咚咚咚’那首！”

同学们便说：“对，就唱‘咚咚咚’！”

我没有反应过来：“什么‘咚咚咚’？我不会唱。”

何思婷提醒我：“就是《敢问路在何方》！”

啊，原来如此。我给学生唱过这首歌，当时为了搞笑，我自己哼前奏：“咚咚咚咚咚咚——”当时学生们笑得前仰后合。所以，今天他们要我唱“咚咚咚”。

“好，‘咚咚咚’就‘咚咚咚’，我唱！”我爽快地答应了。然后我又给同学们唱了一首苏联歌曲——《共青团员之歌》，我把歌词发给大家，说李老师以后要教大家唱，现在先听李老师唱。

歌唱完了，任沐之学着我的腔调唱“再见了，亲爱的李老师”，我说“我又不是你妈妈”，同学们都笑了。

在机场，我一个人在候机室打开电脑看我本学期写的班主任日记，一看字数统计，居然有 26 万多字！我心里很有一种成就感。再想到本周围绕作弊所进行的一系列成功的教育，再次感到教育真是一件很有乐趣的事。

我不由得又反思我处理作弊事件的全过程，悟出了不少我认为值得以后继续保持的地方，或者说悟出了一些道理。第一，这是一次偶然发现的学生的错误，但我没有放过，敏锐地抓住这次事件，并以此为契机对学生进行了一次教育。第二，作弊本来只是一个人的事，我完全可以单独和她一个人谈，但我把这件事同全班的荣誉联系在了一起，让全班同学都受到一次教育。一些没有经验的班主任往往只是就事论事，或只是对个别学生进行教育，这样会让其他同学觉得这事和自己无关，班主任就失去了一次集体教育的大好机会。第三，我没有粗暴地呵斥这名同学，我尽量把工作做得很细，但我也不是轻描淡写地说说而已，而是很严厉地批评，这体现了尊重与严格要求的统一。第四，通过这件事，我让全班同学接受了一次正义感与爱心和谐统一的教育。因为有正义感，同学们都对作弊感到愤怒。而在有的班，作弊已经不会引起同学们的愤怒了，有的学生连最起码的是非观都没有，甚至觉得作弊并不可耻，作弊被发现了才可耻。这样的班风是令人忧虑的。值得骄傲的是，我们班不是这样的，我们班充满了正义感，同时也有爱心。在严厉批评作弊者的同时，同学们真诚地向她伸出了温暖的手，让她感受到集体的关怀，鼓励她改正缺点，和集体一起前进。第五，我请两名同学给作弊的同学写信，这本身也是对这两名同学非常自然的爱的教育。我要让学生们明白，关心同学不仅仅是关心病中的同学，不仅仅是关心学习有困难的同学，也包括关心因犯错误感到自卑的同学。这次是我提醒他们去关心，我希望他们以后能够主动留心周围有哪些同学需要关心，进而主动把真诚的关心送到这些同学的心中。

飞机飞向万米高空，等飞机飞行平稳后，我再次打开电脑，看着同学们最近写的几篇随笔，心里实在惬意极了……

11 月 22 日　　星期一　　阴雨

斥责陈鑫

虽然我不会再去追究凌飞吸烟的事，但这几天我一直把他挂在心上。

今天看随笔，我读到他上周写的一则文字——

> 进入高中以来，我的所有思想都在进行着翻天覆地的变化。首先是为人，一直感觉以前我还不算个人。其实现在我也不是一个完整的人，我还处在学习阶段。而对于怎样做人，我还没有资格发表言论。因为现在我接受的新思想太多，但还没有一个明确的中心，就像盘古开天地之前那样混沌，一切即将出现的事物、能量正在孕育。

凌飞说他过去不算人，这话当然说重了，但他过去有许多坏习惯，这是事实。看得出来，凌飞现在处于心灵受到冲击、思想发生变化的过程中，有些迷惑和混沌是正常的。我把他的随笔本往前翻，读到他以前写的几则文字——

> 进学校以来，我接受了很多新的思想。它们有的来自同学，但大多数来自

老师。盐外的老师在无形中给我带来巨大的思想上的冲击。

不过我还是想接受更多的纯正的观念，我感觉这是我现在最缺乏的东西，因为如果一个人不去接受纯正的思想，他就会越来越颓废。我还不想颓废，我也有宏伟的志向，我也想为自己树立一块丰碑。

上面这段话是他10月份写的文字。在11月初，他又写下这样的话——

来到盐外，我的思想、我的精神主流每天都在发生着改变，围着纯正的思想而上下波动，李老师宽容而博大的爱心已经渗透到了我的内心……

在成长的路上，孩子肯定会有反复，会有一些心灵上的“折磨”。所以，他前段时间吸烟也就可以理解了。我打算找凌飞谈谈。

许多老师都对我的班主任工作和我们班的班风予以很高的评价，我承认我的班主任工作有一些富有个性的东西。但我要说，我们班之所以比较优秀，还有一批人不能不提，就是与我合作的任课老师。没有他们，也就没有我们班现在的良好班风。比如，教我们班数学的吕俭勇老师。杨南希上周的随笔就是写吕老师的——

“昨晚，吕老师又在我们寝室里给我们讲数学题了，讲到11点以后才走。”每次听到男生骄傲地这样说，我们女生心里都酸溜溜的。女生一见到吕老师都在抱怨：“吕老师，你就给男生讲题，都不给女生讲，真是不公平。”而每每这时吕老师都会笑，眼中闪过的神色包含着……欣慰？无奈？很复杂，看不清楚。

昨天的数学作业大家都觉得挺难的，晚自习下课后，吕老师说先到女生寝室来，大家都特别兴奋，要知道这可是吕老师第一次来咱们女生这边。

吕老师大约是10点的时候来的，在105寝室，等我洗漱完毕他刚好出来，准备到108去，我也跟了过去。吕老师一进门，大家就都围了过来：“吕老师，这题怎么做？”“吕老师，我还是不太明白。”“吕老师……”大家七嘴八舌，只见吕老师坐了下来，有条不紊地给我们逐一讲解，等我“大彻大悟”地抬起头来时，已经是10点58分了。忽然，在灯光的斜射下，我发现他的眼睛里布满了血丝，仿佛看到了他深夜两点还在伏案工作的情形。想到现在吕老师还要去给男生们讲解，我觉得自己的鼻子有点发酸。忽然间，我不再希望吕老师来女生公寓了，我希望他能早一点休息，眼里少一点红血丝。

谢舒云同学也有一篇随笔，题目是《感动》，也是写吕老师的。

我非常感动，我为我有这样的好搭档而感动。正巧吕老师走过我的办公室，我赶快把他叫住，请他看杨南希和谢舒云的随笔。他看完后，说："学生把我写得太好了！"我说："你本来就这么好嘛！"

我又说："一些任课老师在和学生打交道时，只想到教学，而没有想到感情。他们和学生的交往仅仅停留在教学上，而忽略了学生的心灵。而只有走进心灵，我们的教学才能真正成功。"

我之所以要及时把这两篇随笔给吕老师看，有一个很重要的原因，就是我要让他被学生感动。正如学生需要老师的表扬一样，老师也需要学生的表扬！班主任影响任课老师的方式之一，便是及时做好学生和老师之间的感情传递工作，让老师觉得：这些学生真好，我真应该更好地教他们！用孩子们自己的话感动老师，鼓励并进一步激发老师的爱心，比我这个班主任找任课老师谈一百次都管用。

听其他老师说，星期五我走了之后，班上发生了打架事件。我找了一些同学来做了一些调查，也找有关老师问了问情况，了解到大致的经过。

原来，星期五课间，陈鑫和陈霜蝉把周杰的钢笔拆了，还将墨水弄了一桌子。周杰看了很不高兴，埋怨了几句，结果周杰和陈鑫发生了冲突，最后两个人便打了起来。许多同学都去拉他们，赵老师看到后也批评了他们。更恶劣的是，当赵老师批评陈鑫时，他居然还顶撞老师，骂赵老师！

这种现象是我绝对不能容忍的！

让我高兴的是，同学们也觉得绝对不能容忍。同学们在向我反映情况时无比愤慨："李老师，我们实在看不惯他那种社会上二流子一样的习气！""李老师，怎么能让他转到我们班呢？""我们这么优秀，他的影响太坏了！"我把同学们这种"看不惯"视为我们班的正气。

下午，我到教室先把陈霜蝉找出来问情况，他居然不承认做了对不起周杰的事，口口声声说是开玩笑，我火了："你愿意别人那样开你的玩笑吗？"当时快上课了，我便对他说："你好好想想，想通了再找我！"

然后我便走进了教室，我先对同学们说："下面的话不是针对全班每一个人的，所以如果我的话说重了，大家不要以为我在批评你。但这些话我的确是在批评个别同学，而且必须公开批评，因为有人公开欺负同学，这种现象绝对不能在我们班出现！"

然后我说："许多同学都为生活在我们高一（3）班而……"

我正想说“而幸福”，结果话还没有说完，就被同学们打断了：“而骄傲！”

“对！而骄傲！为什么？因为我们班同学之间互相尊重，李老师尊重你们，你们也尊重李老师。之前李老师心里对同学产生了偏见，都公开向这些同学道歉，因为我觉得我没有尊重这些同学。可是在我们班，大家都看到了，居然有同学敢明目张胆地欺负别人！你有什么了不起！”我越说越气，声音无比严厉，“李老师最见不得欺负别人的人！请个别同学别把社会上那一套拿到我们班来！如果你认为你可以任意欺负别人，那你不可能在我们班得逞，因为我们是3班！任何一名同学都不会容忍你的！不管谁欺负我们班的哪一个人，都是在欺负我的孩子！我决不答应！如果我容忍了你，那就是对被欺负的同学和其他同学的犯罪！”

自开学以来，我从来没有在班上这么严厉地批评过学生，哪怕是不点名地批评。我看到有的同学因此而感到惊讶。

最后我说：“请理解李老师的愤怒。我再说一遍，我决不容忍，我相信我们班上绝大多数同学也不会容忍这种可耻的行为！”

晚上吃饭时，王老师对我说，她找陈鑫谈了，他不愿意向周杰道歉。同时王老师告诉我，女同学们都同情周杰，非常反感陈鑫。王老师告诉我：“女同学们都说，如果陈鑫胆敢再欺负周杰，所有女同学都会站出来！”

吃了饭，我在操场上碰见了凌飞，便和他边聊边走。我问：“你是不是开学以来感觉思想上很乱，有时很烦躁？”

他说：“是的。我觉得我对好多问题的认识都很混乱。”

我说：“很混乱？有的不应该混乱吧？比如起码的是非观念……”

“当然，这些我不混乱。”他说。

“还有，你愿意上进，这点肯定不会有错吧？”

“是的。我主要是对一些问题的看法不确定。”

我说：“首先我要告诉你，我明显地感觉到你很有上进心，愿意追求纯真的东西。但是你过去可能有许多坏习惯……”

“就是，就是！”他说。

我正要展开和他谈，突然看到陈鑫正往我办公室走，我赶紧对凌飞说：“对不起，我和陈鑫约好了，我们以后再聊，好吗？”

我来到办公室，看到和陈鑫一起来的还有陈霜蝉。我请他们坐下，然后我也坐下。

他们一言不发。我一脸严肃地说："你们来做什么？怎么不说话？"

迟疑了一会儿，陈霜蝉说："我和周杰开玩笑，有点过分，伤害了他……"

我打断了他的话："对不起，打断一下，你们是知道李老师的性格的，李老师最不喜欢听违心的话，因此我希望你们说的话一定是发自内心的，不要为了迎合李老师而说假话。"

陈霜蝉说："我说的是真话。我很内疚……"

我说："上周我才给你们讲了《论语》，讲了'己所不欲，勿施于人'，如果别人那样对你，你愿意吗？既然不愿意，你又为何那样对待别人呢？"我给他讲了一些尊重人的道理，然后说："你现在的态度很好。我希望你以后不要再有这样不尊重别人的行为！好，你走吧！"

只剩下陈鑫了，他不说话。我说："你来做什么？老坐在这里不说话算怎么回事？"

他说："我有点看不惯周杰，所以就……"

他不说话了，我耐心地等待他继续说。但他仍然不说。

我便问："就这些？"

"是的。"他说。

我正要说话，他又很有情绪地说："我觉得以后你要批评我，就直接点名，不要像下午那样不点名，谁不知道你说的是我？"

我故作惊讶："别人怎么知道我是批评你呢？"

他说："因为那天的事大家都看到了。"

"这就对了！既然我没有点名，别人都知道是你，可见如果说你的形象受到了影响的话，首先是你自己的行为损害了自己的形象。我点不点名都一样！我之所以不点名，是想给你点面子。但由于你自己不给自己面子，公然欺负同学，所以我想给你面子都不可能了！"

他哑口无言。

我毫不客气地斥责他："陈鑫，起码你不懂得尊重人！你来我们班，我和同学们是怎么对待你的？你看不惯周杰？我实话告诉你，现在班上大多数同学非常看不惯你！但人家欺负你了吗？你看不惯就可以随意欺负别人？什么逻辑！你知不知道，这次调整寝室，同学们都不愿意和你在一个宿舍，是我一个一个地做工作，他们才接纳了你。因为我对他们说，任何人都有关心同学的义务！如果你有良心，你应该感到愧对同学们！”

他低着头，依然不说话。

我继续大声斥责：“我是班主任，我要对我另外三十七名学生负责。我同时又是这个学校的管理者之一，要对全校学生负责。因此，凭你这种表现，我一句话就可以让你离开我们学校！”我停了一会儿，又说：“但我没有这样做，我现在也没有想这样做。因为，我对你还怀有一丝希望。你想想，你来到咱们班后，我在你身上花了多少心血？同学们是如何关心你的？但是，我要告诉你，教育不是万能的，我不会轻易放弃你，但如果你就是要堕落，我也没有办法！只是，我希望你珍惜这么好的班集体，珍惜老师对你的信任！我在外面讲学，常常有老师问我：‘李老师，你有没有教育不好的学生？’我说：‘当然有了！我20世纪80年代教的一个学生后来还被判了刑呢！’当时我很痛心，觉得自己教育失败了。后来我想了想，也就问心无愧了，因为我在他身上尽了我所能尽的全部力量。教育的确不是万能的。只是我以后每遇到一个后进生，就告诫自己：不要轻言放弃，但如果我尽力了却没有达到目的，也不必自责。现在我对你就是这个态度！”

他一直沉默，但我看得出来，他已经不再有抵触情绪了。

我继续说：“我知道，你原来有许多恶习，我也知道你很想改正。但我告诉你，一个人要进步是非常艰难的，甚至要经历一个痛苦的过程。你千万不要后退呀！我宁愿认为，你这次欺负同学，是过去不可自控的惯性。如果你继续这样，学校肯定不会再留你，我也不会再要你，因为我必须对得起其他的同学！你说，这件事你有没有错？说真话，说你现在的想法。”

他说：“我错了。”

我说：“错了？错了就应该认错。你必须公开向周杰道歉，而且写书面的道歉信！这没有什么商量的余地，必须这样做！”

他说他和周杰已经和好了，我说：“我现在不是在调节你们俩的矛盾，而是要消除你在班上的恶劣影响。你既然公开欺负了别人，就必须公开道歉。”

他表示愿意，我说那今晚就道歉吧。他说还要准备一下，想明天道歉，我表示同意。

然后我又说：“你曾说你人缘好，那为什么班上绝大多数同学很反感你？难道你刚来同学们就反感你吗？这一切都是你自己的行为造成的。你所谓的人缘好，是你在原来的不良朋友那里人缘好，但在我们班你的人缘就不好，这说明我们班风气正。我对你说，现在你要理解同学们对你的愤怒。不过，你放心，如果你改正了恶习，同学们仍然会接纳你的。你必须用行动重塑自己的形象！李老师继续期待你的表现！再说一遍，李老师现在不会放弃你！你的进步，就是李老师的成功；如果你真的被开除了，这是李老师教育的失败！只要你不放弃你自己，李老师永远不会放弃你。你放弃自己的那一天，才是李老师放弃你的那一天！”

晚自习时，王老师把陈鑫叫出去继续谈心。我在班上公开讲了陈鑫的事，我表扬了同学们的正义感，特别表扬了女同学，然后又叫大家再给陈鑫一个机会，相信他能够改正缺点。

从教室出来，碰到吕老师，我告诉了他陈鑫的情况，然后同他聊了一会儿。他说班上吸烟的还不止凌飞，还有陈鑫和谢舒云。我说，对于凌飞和谢舒云，我有充分的信心，慢慢教育他们；对于陈鑫，我不敢说我有充分的信心，但我有足够的耐心，会尽我最大的努力。

11 月 23 日　　星期二　　阴

陈霜蝉、陈鑫的道歉

早晨来到教室，我把欧阳震宇叫了出来，站在过道的窗边和他谈心：“这次期中考试，你考得很差！总结原因了吗？”

他说：“我不刻苦。”

我说：“记得很久以前我找你谈过，对你提出要战胜自己。遗憾的是，你没有做到。你是很聪明的，但不努力，做事很不认真。比如作文和随笔，你的文字基础很好，但你从来没有写出过体现你真实水平的文字，因为我感觉你每次都在应付。这样下去怎么能行！”

他低下了头。

我说：“现在谁也无法帮你，你只能自己救自己！还是那句老话，战胜自己！你现在和班上其他同学的距离已经拉开，要冲上去，必然要花比别人更多的时间，比别人更刻苦！好吗？”

他点点头。

昨天有老师对我说，唐西龙和陈霜蝉从陈鑫身上学了不少坏习惯。对此，我很忧虑。于是早读课的时候，我把陈霜蝉叫了出来："有老师说你跟着陈鑫学了不少坏习惯，我不知道是否真的如此，但我还是把这话转达给你，算是对你的提醒。你有许多优点，但现在你的坏毛病的确越来越多了。如果你仅仅是学习懒，我还不那么忧虑。但如果是品质上的问题，我就很担心了。我希望你好好想想到这个学校来是做什么的。你应该向大家证明，我陈霜蝉还是那个竞选班干部的陈霜蝉，是那个主动打扫教室卫生的陈霜蝉！"

然后，我又把唐西龙叫出来，对他说了类似的话。两名同学都表示今后一定会注意。

我回到办公室，继续看学生的随笔。

翻开陈鑫的随笔，他谈的是"自由"。他是这样谈自己的苦闷的——

> 自由对于每个人来说，都是最重要的东西之一，尤其是对我。我渴望自由胜过其他任何东西。我从小就比同龄人更自由，这些自由表现在我能在平时看电视，周末不用去补课，周末晚上能在外面玩到10点。当然，这些自由都建立在学习之上。如果学习不好，这些自由就会受到约束。
>
> 要让一个长期处于自由中的人突然什么都要受到限制，只会让他感到自由的可贵。正如现在的我一样。自从转学之后，父母对我的要求直线上升，常常抓住我的一点点小错误就唠叨个没完没了，这让我越来越感觉到家庭对我的束缚。另因自身逆反心理的影响，我越来越想挣脱这一束缚，认为只有在网吧或是朋友之间才能得到自由。这样一来，我在家的时间自然越来越少，学习效率自然下降，成绩也随之下降。而随着成绩的下降，父母的教育之言又将加倍地萦绕耳边，令我加倍地想挣脱去追求自由。
>
> 这是一个恶性循环。这是我的错还是父母的错？还是中国教育一味追求成绩的观念在起作用？我在这个旋涡中随波逐流！

从这段文字可以推测，他从小的家庭教育主要是纵容和娇惯，而他的快乐主要来自网吧和社会上的"朋友"；现在他被严格要求，却自以为失去了"自由"。为此，在今天的语文课前我说了一段话："李老师今天给大家带来一个话题——民主与自由。民主有两点应该注意：第一，是对人的尊重。在一个互相侮辱的社会，不可能建立真正的民主制度。民主的实质是尊重，民主教育就是要尊重学生的人格与尊严，同时教会学生尊重他人。第二，民主对不同人群的含义也不完全一样……这里顺便问问，你们是不是公民？”

同学们说：“不是。”

我笑了：“你们当然是公民！只是还没有选举权而已。同样是公民，你们为什么没有选举权呢？这是不是不公平呢？当然不是。因为你们是未成年人，还不能对自己的行为负完全的责任。对你们来说，你们只有‘有限民主’。我们设想一下，假如我们在幼儿园里搞选举，肯定不行，因为他们还不具备这个能力。假如李老师任何事情都需要你们表决，看起来民主了，其实这是庸俗的民主。因此，有的事情不需要投票，比如这次调整寝室。这是不是说李老师是假民主？不是，那是对你们负责。教育对你们应该是尊重与引领的统一。昨天下午我找一名同学聊天，我问他是不是过去有一些不好的习惯，现在非常想改正。他说是，而且说他现在思想上有一些彷徨。我说这是正常的。任何人都要经历精神上的涅槃，李老师可以帮助你们。那么还有没有另外一种情况？比如说有的同学有一些不好的习惯，他还觉得这很正常，很喜欢这样的生活。在这个时候，李老师给你们一些提醒。”

我又说：“什么叫自由？孟德斯鸠说，自由是做法律所许可的一切事情的权利。可见法律是底线。如果有人认为自由是为所欲为，那么你就没有这个自由，因为别人同样有这个‘自由’！对同学们来说，自由意味着遵守纪律。其实，对遵守纪律的人来说，他从来不会感觉不自由。比如我从来不会因为有法律存在而感觉不自由，我不会埋怨：凭什么我不能够杀人？凭什么我不能盗窃？遵守纪律的同学也不可能埋怨：我凭什么不能作弊？凭什么上课不能聊天？太不自由了！要明白，在一个集体当中，不能妨碍别人。对我们班来说，自由就是做一切不违反纪律的事情，或者说不妨碍他人的事情。其实这只是一个底线。咱们班各个方面都是很优秀的，我们要珍惜今天的荣誉，不要做任何有损集体荣誉的事。比如上课不能看小说，有没有同学没遵守呢？李老师说不能把饮料带到教室里来，有没有同学没做到呢？”

课间操我找到陈霜蝉，单刀直入地说：“你应该向周杰公开道歉！”

他表示愿意。我说：“比起陈鑫，你程度稍微轻一些，就口头道歉吧！”

他说：“不，我还是写一封书面的道歉信，然后在班上读。”

和陈霜蝉谈完之后，我朝办公室走去，项柳依要和我谈学习，她进高中后一直学得很吃力，尤其是物理和数学。我帮她简要分析了一下，然后鼓励了她，并建议她找数学老师和物理老师谈谈。

我在办公室继续看学生的随笔，突然发现不知什么时候周杰放了一封信在我的办公桌上。信的内容是认错，他认为自己也不对，虽然受了欺负，但也不能用打架的方式来解决。

我向杨校长谈起陈鑫的事情，杨校长和我一样气愤，她说周杰是个很老实的学生，初中就被同学欺负过。正聊着，谢校长走了进来，听说此事后非常气愤地说："必须严肃处理，如果不改正，这样的学生应该开除！教育并不是万能的！"我们决定再给陈鑫一次机会，如果再犯类似的错误，一定开除。杨校长说她先找陈鑫谈谈。

中午吃完饭，我在校园里碰见黄尼莫朝我走来，她一边走一边打手机。我多次强调过学校的规定，不能把手机带到教学区，她居然在教学区打手机。平时我碰见学生都会主动打招呼，但我想她如果看到我，肯定会很惭愧、很尴尬的，于是我装作没有看见她，朝另一个方向走去。谁知她看见我了，还说："李老师，您接一下电话，是我妈妈打来的，她给你解释她明天为什么不能来开家长会。"

我真是哭笑不得，只好把手机接了过来……

午后读报课，陈鑫被杨校长叫去谈话了。我便叫陈霜蝉先上台公开道歉。他发言之前，我对同学们说："我们希望听到真诚的而不是敷衍的道歉，大家认真听听，我根据同学们是否有掌声或者掌声是否热烈来判断大家对陈霜蝉这个道歉的评价。"

陈霜蝉走上讲台，开始读他的道歉信："我现在对我前几个星期所犯的错误做检讨。我与周杰在一个寝室，所以平时经常对他开一些不大不小的玩笑。当时我也没有考虑到这会侮辱到周杰。现在我明白了，这些行为都是对他人极大的不尊重，使他人的心理受到了极大的伤害。这是一种将自己的快乐建立在别人的痛苦之上的行为。我现在对自己的行为感到深恶痛绝，后悔不已。我决心以后再也不去做有损他人自尊的事情，更不去羞辱、欺负他人，做一个正直的人。现在我诚恳地向周杰同学道歉，对他说声对不起，希望他能原谅我。但愿我们能在以后的学习生活中和睦相处，成为好朋友！"

同学们报以热烈的掌声。

我说："我和同学们一样，也认为陈霜蝉这个道歉是诚恳的，为他这种态度而高兴。”

这时陈鑫回来了，我同样对他说：“该你道歉了。我将根据同学们是否有掌声或者掌声是否热烈来判断你的道歉是否真诚。”

陈鑫也开始读他的道歉信：“自从周杰搬到我们寝室后，我就和同寝室的陈霜蝉一起开周杰的玩笑。起先还只是说说罢了，后来就愈演愈烈，玩笑也开得越来越过分，以致伤害到周杰的自尊心。我起先一直不以为意，全然不顾他的感受。经过上周五的打架事件后，王老师、赵老师和李老师都对我进行了严厉的批评和教导，让我认识到凡事都应先站在他人的立场上想一想，如果别人也是这样对我，我会怎么想。我为了自己一时的高兴而去伤害其他同学，这本来就是不对的。而当老师批评我时，我反而公然顶撞老师，这是错上加错。身为一名中学生，本该以学习为重，而我却把心思放在开同学的玩笑上，这不符合一名合格的中学生应达到的要求，更何况我还是一名盐外的学生。通过老师悉心的教导，我认识到了自己的错误，了解了一个人要先学会尊重别人才会受到别人的尊重，不尊重别人的人，别人也会这样对待你。这里，我向周杰以及以前因为我而受到伤害的同学表示深深的歉意，并下决心永远不犯同样的错误，请老师和同学们监督。”

同学们也为他鼓掌，掌声不如刚才热烈，但至少大多数同学还是原谅了他。

我对陈鑫说：“你不仅欺负了周杰，而且极不尊重赵老师，对赵老师说了一些非常不应该说的话。你还必须给赵老师道歉！”

他表示愿意。陈鑫走下讲台后，我说：“在这件事情上，周杰是受欺负者。但是，周杰采用的解决办法不对，因此，也有那么一点点过错。报上常有这样的新闻：某人遭遇不公，不是通过司法途径解决，而是私了，结果酿成恶果！因此，以后不管谁遇到类似的情况，首先应该报告老师。这不是软弱，而是理智。下面的话，我是对班上每一名同学说的。虽然这件事情只发生在个别同学身上，但我看到了许多同学的冷漠！如果我们的同学都有正义感，能够及时制止，这样的事情也不会发生。这让我感到很痛心！我们班不能仅仅有爱心，还得有正气！在这件事情上，为什么会有那么多的看客？当然，那天也有不少男生上前把两人拉开。但是周杰被欺负、被戏弄了这么长时间，为什么没有人出面制止？也许有同学觉得这不关自己的事，多一事不如少一事。不对，我们周围的任何一件事都和你有关，任何一个人的遭遇都和你有关！”

下午最后一节课，我把杨扬、杨海峰、钟晓、罗天、刘陵等五个来自农村的同学请到办公室聊了一会儿。我先问他们生活上有没有什么困难，他们说饭卡上的钱用完了，今天没有钱吃饭了。我便马上到财务处问了问他们的饭卡什么时候打钱上去，回答是明天就打上去。我对这几名同学说："明天就可以了！今晚我请你们吃饭！"

然后我又问同学们对他们如何，他们都说很好，而且是特别好！我就说："关键是你们自己不要自卑，不要因为来自农村就觉得自己低人一等。大家要向杨扬学习，开朗大方，要随时想到自己在人格上和其他人都是平等的。"

我又说："你们得到了许多关心，这是一种温暖。你们可以在精神上把这种温暖传递给他人，比如看看周围有哪些人需要你们的帮助，主动伸出援手，哪怕是一句问候，都会让人感到温暖。"

他们都点头表示愿意。我又从立志的角度勉励他们要志存高远，不仅在学习上严格要求自己，更要在人品上严格要求自己，追求完美，追求卓越。这几个孩子学习刻苦，成绩优秀，更重要的是，他们朴实、善良、坚韧、豁达。我从心底喜欢他们！

不知不觉吃饭的时间到了，我说："该去食堂了，今天李老师请客！"于是我和他们一起朝食堂走去……

晚自习前，我找到凌飞、蒋鸣、谢舒云，说："现在陈鑫在你们寝室，你们要注意以下三点：第一，你们不能受他坏习惯的影响，他欺负寝室里的任何一个同学，大家都要挺身而出；第二，如果他有任何重大违纪情况，你们一定要及时报告；第三，你们还是要关心他，要相信人心都是肉长的，尽可能和李老师一起帮助他进步。"

我又找到陈鑫，再次勉励他一定要拿出顽强的毅力战胜自己，跟过去的恶习告别。

离开教室时，魏乐庭悄悄给我一个信封，这是我那天给她写了信后她给我的回信。开学以来，我一直和一些同学保持书信往来。我觉得写信有时候比当面谈话更容易沟通心灵。

11 月 27 日　　　　星期六　　　　晴

鼓励陈鑫

星期六只上半天课，没有早读，但是学生往往最容易迟到。今天早晨来到教室，我却看到绝大多数同学都准时到了，只有强劲和周杰迟到了。

语文课上评讲作文。这次期中考试的作文，题目是《独爱××》。陈鑫写的是《独爱步行》，写他奶奶喜欢散步，因而身体健康。整篇作文语言通顺，感情真挚。我特意请陈鑫上台念他这篇作文。

陈鑫有些不好意思，但还是走上了讲台，认真读他的作文。同学们给他以热烈的掌声。这是他欺负同学那件事以后，第一次在讲台上正面亮相。我就是要给他一个机会，让他觉得自己仍然被尊重。

我评论道："从陈鑫这篇作文中，我感觉他特别孝顺，很爱他奶奶。你奶奶叫你什么？"

他不好意思地说："叫我'鑫鑫'。"

"哈哈！如果你奶奶知道你写这篇作文，一定会说'鑫鑫真懂事'！"我笑着说，"我想，你奶奶一定盼着她的鑫鑫能够早日成才，你也一定不会让奶奶失望的。希望你见了奶奶，代我问候她老人家，祝她身体健康！"

班会课上，我给学生读了几篇杂文，这些杂文对社会的黑暗现象予以无情的抨击。课后，文海走到讲台前问我："李老师，我发现你好像对社会上许多现象都不满，是吗？"

我说："是的。我们对社会的满意总是相对的，不满是绝对的。正因为不满意，所以我们有责任让社会更美好。鲁迅说过，不满是向上的车轮。"

文海是我们班班长，朴实善良而且富有上进心。前几天，学校分配给各班一个参加业余党校学习的名额，他第一个主动要求参加业余党校学习。我早就想给他写一封信，但一直没有空。今天，我终于给他写了一封信——

文海：

你好！

虽然我和你认识不过三个月，但我们之间已经建立起真诚而深厚的友情，当然，还有我们彼此之间的信任。无论是作为班长还是作为普通学生，你都给我留下了非常好的印象：朴实、善良、纯真。我很高兴有你这样的学生，正是因为这样，作为你的老师，我更觉得自己对你负有一份神圣的责任。也正是由于这种责任感，自从知道你有入党的愿望起，我就想给你写一封信，谈谈我的一些想法。我这些想法不一定正确，供你参考吧！

对于你要求入党，包括希望参加业余党校学习，我的态度是：尊重你的意愿，支持你的选择，同时希望你能成为一名真正有信仰而且不计个人名利，献身于人民的共产党员！

在我看来，共产党员首先意味着对马克思共产主义学说的理解与认同，这是前提条件；其次意味着一种献身精神——谋求国家的强盛，为人民的利益而奉献自己的全部，当人民利益与个人利益发生冲突时，会毫不犹豫地牺牲个人利益！过去和现在的许多共产党员就是这样的，例子我就不多说了。

但我还是想提醒你，我从小就知道，共产党员除了维护工人阶级和最广大人民群众的利益，没有自己的特殊利益。在战争年代，共产党员意味着随时准备牺牲，而在今天，共产党员则意味着随时准备"吃亏"！这里我想到了"毫不利己，专门利人"这句话。全体中国共产党党员必须将它作为自己自觉追求的道德境界。道理很简单，《中国共产党章程》明确指出："中国共产党党员是中国工人阶级的有共产主义觉悟的先锋战士。""党在任何时候都把群众利益放在第一位。""中国共产党党员必须全心全意为人民服务，不惜牺牲个人的一切，为实现共产主义奋斗终身。""除了法律和政策规定范围内的个人利益和工作职权以外，所有共产党员都不得谋求任何私利和特权。"而且每一位党员在入党时都要面对党旗举起右手，对党和人民庄严承诺："为共产主义奋斗终身，随时准备为党和人民牺牲一切！"既然如此，群众就有理由以同是共产党员的白求恩、雷锋来打量身边的每一位党员，看你是否"毫不利己，专门利人"。要求党员"毫不利己，专门利人"并非否定党员个人的基本生活需求和正当的权益（即党章所说的"法律和政策规定范围内的个人利益和工作职权"），但是，作为一个道德要求，每一位共产党员面对白求恩精神，面对雷锋精神，是没有任何理由说"党员也是人"并以此拒绝追求崇高的！本来，对每一位共产党员来说，他们不仅应践行低层次和中间层次的道德要求，而且应该践行高层次的道德要求，从而给其他公民树立良好的道德示范和提供榜样激励。这应该是一个常识。现在的问题是，恰恰有一些党员把自己等同于一般老百姓——甚至连老百姓都不如，还在那里反对"毫不利己，专门利人"，觉得压抑了自己的个性，侵犯了自己的权利——这岂非咄咄怪事！如果仅仅是遵守职业道德，那党员和群众在道德上还有什么区别？某些共产党员不但起不到应有的道德示范作用，反而有损共产党员的形象。“毫不利己，专门利人”现在之所以有不少人不相信，与这样的党员是分不开的。现在大家都在谈中国社会的诚信危机，我认为最大的危机是某些共产党员抛弃入党誓词的政治信仰危机和道德信仰危机。这才是最大的不诚信！

也正因如此，我会提醒要求入党的学生：你们做好“毫不利己，专门利人”的准备了吗？做好了随时为人民利益而放弃个人利益乃至生命的准备了吗？如果做好了这种思想准备，那么就义无反顾地申请加入中国共产党吧！相反，如果你们抱着入了党就可以享受各种“优惠”或者“特权”（比如更容易被保送上大学，大学毕业更容易找个好工作，在单位更容易被提拔，等等），那么，我劝你们别入党！

我当然相信你的真诚！但作为老师，更作为朋友，我还是想给你一个善意的提醒。

但愿你不会误解我。你能理解我吗？

祝你早日实现自己的愿望！

你的朋友：李镇西

11 月 27 日

12 月

优秀的教育者和平庸的教育者的区别，不在于教育者是否犯错误，而在于如何对待已经犯了的错误。这里所说的“如何对待”，不仅仅是指想方设法弥补错误所造成的损失，而且主要是指对错误的反思——对成长中的年轻教师来说，这一点非常重要。

12月2日　　　　星期四　　　　阴

经常反思自己的教育失误

上午，我在成都教育学院（该校于2013年被教育部撤销建制）做报告——《生命与使命同行——做一个反思型的教师》，听众都是成都市的中学校长。在谈到一个真诚的教育者应该善于随时反思自己的教育失误时，我引用了自己以前写的几段话——

著名翻译家傅雷先生曾在其译作《约翰·克利斯朵夫》的卷首语中这样写道："真正的英雄不是没有卑贱的情操，而是永不会被卑贱的情操所征服；真正的光明不是没有黑暗的时候，而是不会被黑暗所湮没。"同样的道理，真正的教育者，也不是没有失误，只是他总会从失误中汲取新的前进力量。几乎可以绝对地说，任何一个教育者在其教育生涯中，都会犯这样或那样的错误。优秀的教育者和平庸的教育者的区别，不在于教育者是否犯错误，而在于如何对待已经犯了的错误。这里所说的"如何对待"，不仅仅是指想方设法弥补错误所造成的损失，而且主要是指对错误的反思——对成长中的年轻教师来说，这一点非常重要。善于把教育失误变成教育财富，这是任何一个教育者从普通教师走向教育专家乃至教育家的最关键的因素之一。

把教育失误变成教育财富，前提是我们能够诚实地对待自己的事业，严肃地对待自己每一天的工作，唯有这种真诚和严肃，才能够让我们坦然地面对自己的失误——为了我们心爱的事业和学生，我们勇于解剖自己和否定自己，因为这能使我们更加成熟，使我们的教育走向成功。泰戈尔有这样一句诗："真理之川从错误之渠中流过。"也正是从这个意义上说，每一次错误对所有具备真诚反思精神的教育者来说，都是一个进步的台阶，我们沿着错误的台阶一步一步走向教育事业的高峰。相反，那些敷衍地对待自己的工作并且被某些狭隘的功利思想束缚头脑的人，往往会拼命地掩饰错误，会找许多"借口"和"理由"来原谅自己。对这样的人来说，每一次自我原谅都是一个新的错误，这个错误同时也是一个陷阱，即使他们能从这个错误的陷阱中艰难地爬上来，也随时都可能掉进另一个错误的陷阱，从而永远不能够走向教育的成功。

所谓“反思错误”，通俗地说，就是犯了错误之后不要轻易原谅自己，而是拷问自己的心灵：我为什么会犯这样的错误？这样的错误是出于一时的感情冲动，还是有着必然的思想根源？这样的错误事先能不能够避免？这样的错误是否达到了我期望的“教育效果”？如果达到了某种“教育效果”，那么我付出的代价是什么？如果没有达到，那么这次错误所造成的表面后果和潜在危机有哪些？这样的错误蕴含着怎样的教育遗憾、教育缺陷，乃至教育悲剧？这样的错误可能会在学生的心灵中造成怎样的伤害？这样的错误包含着哪些可以理解的善良意图？这样的错误掩盖着哪些不可原谅的自私而可怕的个人动机？我是否真正从这次错误中汲取了教训，并从中获得了新的教育启迪？……

经过这样的反思，一些令我们追悔莫及的教育错误，就会成为我们的教育财富。

讲到这里，我举了本学期犯的一个错误。我说：“有一次，我在班上做了一个关于考试应该诚实的集体谈话，谈话前我在班上搞了一个调查：‘凡是过去考试作过弊的同学请举手！’当时，大多数同学举起了手。我表扬了他们的诚实和勇敢，并请了几名举手的同学讲他们过去作弊的经过。然后，我再对学生们进行诚实教育。”

“应该说，那次谈话总的来说是成功的，触及了学生的心灵。”我说，“但是，现在我仔细审视那次谈话，觉得我有一个败笔，那就是我叫过去作过弊的学生举手。现在我越来越觉得，当时我真不应该那样做！为什么要让学生把过去的耻辱当众暴露出来呢？我只需这样说就可以了——‘请同学们问问自己过去是否作过弊。如果作过弊，请对自己的良心发誓，以后再也不做这种对不起自己的事情了！’让学生举手毫无积极意义，可我当时居然还很得意于自己的‘教育创意’！这种建立在让学生自曝耻辱和隐私的基础上的‘教育创意’有什么值得得意的?”

12月8日　　星期三　　晴

草坪上的语文课

午后，我朝教室走去。杨扬问我：“李老师，同学们都发现你上周好像比较郁闷，看你好像不太高兴。”

我很感动：“啊，没什么。一会儿上课我给同学们解释一下。”

最近几天，成都平原阳光灿烂。下午第一节语文课前，我对同学们说：“外面阳光难得这么好，咱们去草坪上上课吧！”

同学们笑了：“李老师要来个孔子式教学！”还有同学说：“好，咱们也去‘侍坐’，听‘李子’讲学！”

我们来到操场的草坪上，围成一圈，席地而坐。我盘腿坐在中间，拿出语文书：“我们今天学韩非子的《五蠹》。”

这篇文章体现了韩非子与时俱进，反对“仁政”，强调“法治”（当然不是现代意义上的“法治”）的政治主张。我一边讲一边即兴评论，不时说一两句笑话，逗得同学们哈哈大笑。

课文讲完了，我看还有点时间，便说：“今天是咱们班两名同学的生日，李老师照例要送他们礼物！首先，让我们祝贺杨心同学！我给杨心同学的生日贺词是这样写的：祝贺你生命的花儿绽放在十六岁的花季！”杨心同学上前来接过礼物，依然是《花开的声音》。

“下面祝贺强劲同学！”强劲也上来双手接过了礼物。

阳光洒在草坪上，大家都非常开心。

我又换了一个话题：“刚才课前杨扬问我上周为什么郁闷，有什么不高兴的地方。我很感动同学们这样关心我。是的，上周是有几件事让我很不高兴：第一，矿难死了那么多人，我真的很难过。第二，上周给大家读《凤凰琴》，我也很难受。这是我第二次读《凤凰琴》，第一次读是十年前，当时也流了泪。第三，上周我们班有三名同学吸烟，我很不高兴。不过，我要说的是，李老师都不是针对我们班同学的。同学们对我都很好！”

说到这里，我拿出一篇随笔说：“我给同学们读一篇随笔，大家听听。”

这是魏乐庭上周写的随笔（括号里的是我的评论）——

真的很难相信，我们高一(3)班居然会因为抽烟而受处分。自开学以来，我们班就受到许多学校领导的关注，现在居然有三个人因为抽烟而受处分，这不是让别人看了笑话吗？也许这件事会影响我们班在他人心目中的地位，他们会想：这还是名师班的人吗？说什么名师班，只是一个空壳而已。的确，影响一定会有的，但这也是我们班诚实的一个表现。谁也不能保证其他班就没有这种人。或许也有这种人，但是为了保住班级的名誉而闭口不谈。（我们这个年级其他班也有吸烟的，只是没有被处分，但我觉得我们班应该严格要求，应该给处分。）所以，我认为被处分的同学给班级抹了黑，可是这也从另外一个方面体现了我们高一(3)班的诚实。（的确是这样。）

从本周开始，我们班增添了阅读课。这是名副其实的阅读课，大家都带了书来阅读，而且还做了笔记，这大大地拓宽了我们的视野。班上要建立“书香班级”，这就是我们迈开的第一步，以后还有更多的想法等着我们去实践。

读到这里，我说：“其实，上周我也有高兴的时候，比如这篇随笔就记载了我的快乐！”我继续念——

我们这周又跳起了很久没有跳过的长绳，每次体育课，我们都会从体育器材室借来长绳，连李老师也被吸引过来了（读到这里，我说：“这句话没说对，明明当时是我提议跳绳的，是我让你们去借的呀！”），居然和我们一起跳了起来，还不时做些怪动作，引得大家大笑不止。李老师的心就好像只有十几岁一样单纯，只想跟大家一起玩有多快乐，那个时候的李老师比给我们上课时要自在得多，看得出来他充满童心，他的高兴绝对不是装出来的（读到这里，我又说：“是的，的确装不出来，哈哈！”），是自然流露出来的。

这周班上发生了不少事情，有悲也有喜。虽然我不喜欢悲事，但它还是丰富了我们的生活。

快下课了，我说：“最后，我要表扬项柳依同学，建议给她加操行分2分，因为这次她给我提了意见。这个意见我是不同意的，但她能提意见我很感谢，要奖励。”

项柳依上周在周记上这样写道——

这周我要做个检讨，因为李老师检查寝室时我的床被拍到不合格。那天中午我回寝室就把所有东西收拾整齐了，并且保证不会再有类似的事情发生。我十分内疚，我不应该在生活方面连学校的基本要求都达不到，即使走得再匆忙，也应该把小事做好，住校纪律第一。但是我还是要说，我对李老师这种做法有意见，原因就是他在我们不知情的时候去了寝室，并且还拿着相机“搜集证据”。在我看来，这似乎是借着班主任的权力干涉我们的隐私，有种反客为主的感觉。虽然说李老师是我们的班主任，但是并不代表他可以这样对我们，这是间接的不尊重。如果我们在寝室的时候他来突击检查，我会非常欢迎，如果东西没有收好照样会被他看到的。李老师说他相信我们，我现在想问他到底是不是真的相信我们！如果我们辜负了他给予的信任，那么他为什么不说他不相信？而且寝室老师是干什么的？他也不信任寝室老师。我知道李老师想深入“基层”，更好地整顿寝室，我也认可他那种不亲眼看到不相信的精神，但我还是不大能接受这种方式，希望老师谅解！

我在快下课的时候说：“我特别赞赏项柳依能够给李老师直率地提意见，大家应该向她学习！不过，我想解释一下，作为班主任，检查同学们的寝室状况是我的职责，我必须对同学们负责。这不存在不信任的问题，更谈不上侵犯大家的隐私。那天我说‘取证’，是开玩笑的，取证只有司法机关才能做，我哪敢？哈哈！”

下课了，同学们都不愿意离开，让我下节课继续上语文课。我当然不同意，于是我大声喊道：“起立！同学们再见！”

同学们不太情愿地回应：“老师再见！”

最后一节课是体育课，我和同学们又在草坪上跳绳了，先是一个一个地跳进去又跳出来，然后是一群一群地在里面跳，大家累得上气不接下气，但都很欢乐。历史老师林老师也加入了我们跳绳的行列，别看林老师快六十岁了，跳起来仍然像年轻人一样！

严老师和文老师路过草坪时，我对同学们说：“去把那两位老师拉过来！”

何晓蕊马上跑了过去，不由分说把他们拉了过来。

面对眼花缭乱的跳绳，严老师居然不敢跳，在我们的鼓励兼“威胁”下，她从容地径直走了进去！结果每次进去都被绳子缠住，如是者三！文老师和严老师是同样的“下场”，最后他们不得不担负起甩绳子的重任。

同学们提议大家站成一排跳，于是，我们十来个人便站成一排，整齐而有节奏地跳了起来，“死”一个退一个，最后居然只剩下我和杨扬。我们仿佛在较量，继续拼命地跳，一下、两下、三下……我的腿实在不争气，只好退了出来，把胜利“拱腿”让给了杨扬。杨扬说：“李老师，如果你再坚持一下，我就输了，我也累了！”

我在跳的时候，大家都叫道：“李老师，做点怪相嘛！”我便一边跳一边做出各种各样的姿势和怪相，周围哈哈大笑，有的同学笑得弯下了腰。

冬天的草坪上，草已经发黄，但因为有了温柔的阳光，更因为有了充满青春气息的孩子们，草坪上依然生机勃勃……

12月9日　　星期四　　阴

教育惩罚与民主教育

今天我又去男生寝室看了一下，管理生活的耿老师说他们最近进步不小。我要她说说表现最好的寝室是哪一间，她想了想说："是凌飞、谢舒云、蒋鸣、陈鑫那个寝室。"

这让我很高兴。中午吃饭时，我看到那四名同学，便装作很严肃的样子把他们叫住，他们看我的表情以为犯了什么错误要挨批评，便有点不知所措地走到我的面前。我继续故作严肃："今天，我又去看了男生宿舍。问了问你们的情况，生活老师说……"我故意停顿了一下，终于还是忍不住笑了："你们寝室最好！"

他们一下子也乐了，陈鑫说："当然是我们寝室最好啦！"

我要他们保持住，并说："千万别再这样——"我做了一个吸烟的动作。

他们说："不会了！"

中午，得知最近有十三名同学没有交地理作业，我很生气，便叫学习委员欧阳震宇统计一下本学期开学以来缺交作业的情况。然后，我把缺交作业严重的几名同学——宋飞、凌飞、陈鑫、陈霜蝉、张自强等，请到了办公室。

我让他们坐下后，很生气地说："到这个学校来工作，我什么困难都预料到了，就是没有预料到学生居然会如此频繁地不交作业！偶尔一两次不交或忘记了交，我可以原谅，但经常不交，就很难让人理解！现在李老师是没有办法的，我想问问你们：你们以前读小学或初中，如果不交作业，老师是怎么处置你们的？我看能否从中寻找点灵感。"

他们纷纷说："做下蹲运动！""罚跑操场！""重做五遍！""罚抄作业十遍！"

我说："哟，都这样罚！我可不能这样做。那不是体罚吗？如果你们没有做广播操，叫你们跑几圈是可以的，当锻炼嘛！但没有做作业，不好用锻炼来代替。怎么办呢？我真是没有办法了！"

陈鑫说："请家长嘛！"

我一下火了："请家长？我们有的家长正是因为已经对自己的孩子没办法了，

所以才送到这里来。我请家长有什么用！”

同学们不说话了。我说：“一切外在的惩罚都靠不住！只有自己惩罚自己，也就是说，只有自己严格要求自己，才靠得住。”

宋飞说：“我很想说以后再也不缺作业了，但我怕做不到。”

我说：“如果你是开学说这句话，我可以理解你。但现在已经过去大半学期了，你缺了这么多的作业，还在说以后可能做不到不缺作业，我就觉得你不像男子汉！”

他说：“那我尽量做到吧！”

“这话我爱听。”我说，“我也没有要求你以后绝对一次作业都不缺了。如果真有什么特殊情况，又缺作业了，我不会反问你为什么说话不算数，我也会原谅你的。但你不能因此而放松自己，你应该以最大的努力保证不缺作业！”

他说：“好！”

其他同学也表示尽量做到不缺作业，不辜负李老师的信任。

我说：“你们看，今天李老师一点儿都没有惩罚你们，我期待着你们的行动。”

他们走后，我还在想：什么惩罚都没有，但我已经让他们的心灵受到了震动，至少他们不会无动于衷的。我不一概反对教育惩罚，但是，让犯了错误的学生自己感到惭愧，进而产生要改正错误的愿望和决心，这比教师的任何惩罚都更有用。

我想到曾有一些老师在网上与我争论教育是否应该有惩罚，我写过《教育惩罚与民主教育》这样的帖子——

> 真正的教育首先是充满情感的教育。在学校，任何形式的体罚都必须根绝，因为离开了对学生的爱与尊重，就谈不上任何教育。
>
> 但是，成功的教育却不能没有惩罚。
>
> 我在这里强调教育不能没有惩罚，当然是有针对性的。长期以来，有的教师在这个问题的认识上存在误区。他们认为既然是“教育”，就应该总是“和颜悦色”“润物细无声”“循循善诱”。值得一提的是，有些“教育专家”也常常这样“语重心长”地教诲每天和学生打交道的一线教师：要“说服教育”，要多“谈心”，要多“讲道理”，要“感化”，“不能发火”呀……
>
> 但许多老师显然还没有修炼到面对错综复杂的教育难题，特别是面对具体的违纪学生时，能够“面不改色心不跳”的程度，他们——包括我——实在做不

到呀！于是，有人讥讽这些“专家”：“您说得太好了！那我把我的学生交给您，您来试试吧！”

应该说，“教育”本身就包含惩罚的因素。教育，不仅意味着提高人的道德水平和知识能力水平，同时意味着按文明社会与他人交往的准则规范人的行为，即通常所说的“养成教育”。这种“养成教育”带有某种强制性，这种养成良好文明习惯的“强制性”与思想专制不是一回事。作为社会人，不遵循起码的公共规则与秩序是很难与人交往的。同时，在一个集体中，一个人违纪必然会妨碍其他人的学习。这样，为了尊重大多数人学习的权利，有时不得不暂时“剥夺”个别人的学习权利——也就是说，必须予以必要的惩罚。

什么是“惩罚”？我理解的教育惩罚是对不良行为的一种强制性纠正。这既可以体现在精神上，也可以体现在行为上。前者如扣操行分或给纪律处分（警告、记过等），对严重影响课堂秩序的学生甚至可以请出教室以让学生反思其过（对所谓“请出教室”，我认为要具体问题具体分析，不好简单肯定或否定）；后者是某些过失补偿性行为（比如打扫卫生不认真而罚其重做等）。这些惩罚与尊重学生并不矛盾，正如著名教育家马卡连柯所说：“确定整个惩罚制度的基本原则，就是要尽可能多地尊重一个人，也要尽可能多地要求他。”

但我要说明的是，不管是怎样的教育惩罚，都不能是体罚。有的朋友不理解我的这个观点，他们认为，既然是“惩罚”，怎么又不包括“体罚”呢？“体罚”不是“惩罚”的一种吗？

这又是一种误解。何为“惩罚”？惩罚：处罚。那什么叫“处罚”呢？处罚：对犯错误或犯罪的人加以惩治。而何为“体罚”呢？体罚：用罚站、罚跪、打手心等方式来处罚。现在许多人一提到“惩罚”，总想到“体罚”，这是在理解上对“惩罚”一词的泛化。

我这里还要强调的是，科学的教育惩罚不仅仅是制止违纪现象的手段，而且还应该是培养学生的民主意识与法治精神的途径。也就是说，教育惩罚不应该只是来自教育者，还应该来自学生的集体意志。比如在我的班上，所有的惩罚都依据经学生民主讨论并无记名投票通过的班规，因此，这“惩罚”已不是来自教师的“铁腕”（如果这样，很容易导致教师不自觉的“专制倾向”），而是包括教师和学生在内的集体意愿。更重要的是，教育惩罚不能仅仅针对学生，同样应该针对教育者。也就是说，在一个集体中，班主任和学生都应该遵循共同的规则，不能有任何凌驾于集体规则之上的特殊成员。在这里，教育惩罚充满了师生平等的精神。从教至今，我多次因不慎违规而被学生依据共同制订的班规惩罚。我觉得，这不是我有意要“严于律己”“以身作则”，或者显示“打铁先要自身硬”，真正的民主教育理应如此。

总之，教育不能没有惩罚，但惩罚不是体罚，而且我们提倡的“教育惩罚”应该充满现代民主精神。这样的“教育惩罚”使民主精神真正深入学生心灵：学生与班主任享有一样的权利，班主任与学生具有同等的义务。在这样的机制中，学生开始尝试自我教育与民主管理的实践，切身体验集体与个人、民主与法治、纪律与自由、权利与义务、自尊与尊重他人的对立统一关系，潜移默化地感受着同学之间、师生之间的尊严与人格的平等。这样的教育惩罚，实际上是让学生在实践中受到民主精神、法治观念、平等意识、独立人格的启蒙教育——而这正是面向未来的现代教育所应该包含的基本要义。

最近我们班上三名同学吸烟，我给以校纪处分便是一种教育惩罚。

但仅仅给处分是不够的，还得让这个处分深深触动学生的心灵。今天看谢舒云上周的随笔，他写道——

“要想人不知，除非己莫为！”这句话我今天终于领会到了。其实一开学，吕老师就知道了。我早就知道有一天李老师也会知道，但是身不由己呀！其实我吸烟时真的很痛苦，每次吸完烟我就想到吕老师，真对不起吕老师呀！

我决心已定，不会再在盐道街外语学校吸一口烟了，若有再犯，自动离开。

尽管这次学校处分了我，但我没有怨言，自己做错了就要扛起来。“知错能改，善莫大焉。”下午我将面对李老师的严厉批评，我希望他能把我说个痛快，让我受到最大的惩罚！

（我在后面批道：别人帮不了你，只有你自己才能帮你！还是那句老话——“战胜自己！”）

我在班上调查了一下最近几节阅读课学生们读的书，有这样一些：《达·芬奇密码》《白话的中国》《1983》《数字城堡》《哈克流浪记》《长安乱》《悬案》《大雪无痕》《谁动了我的奶酪》《静静的顿河》《E网情深》《爱心与教育》《马克·吐温幽默小说选》《道德经》《人与社会》《拥抱逝水年华》《家》《子夜》《童年》《人类的声音》《花开的声音》《世界著名科学家的少年时代》《处世书》《芙蓉镇》《巴黎圣母院》《老舍短篇小说欣赏》《史记》《苔丝》……

12月10日　　星期五　　晴

给沮丧烦闷的学生写信

早晨吃饭时，我和钟晓坐在一起，随便聊了几句。我问他昨晚英语考得怎么样，他说不怎么样，很不满意。我又问他平时晚上几点睡觉，他说一般12点左右。我知道他感到压力大，但如果压力过于沉重则不利于他今后的学习。

于是我便说："不过就是一次月考，不必太看重。我多次说过，高中三年的生活，就是由无数次的成功与失败组成的。或者说，生活主要就是由挫折构成，没有挫折就没有生活。因此，你应该把挫折当成常态，以一种从容的心态应对。就像李老师一样，自从开始做你们的班主任，我就没有想过一帆风顺。无论以后班上遇到什么困难，都在我的意料之中，因为这就是生活！"

凌飞最近情绪不好，估计是因为最近老是犯错误，很沮丧。我想再找他谈谈，但想到之前经常找他谈，也许他已经很烦了，干脆给他写封信吧——

凌飞：

你好！

很早就想给你写信，因为考虑到找你谈的次数太多，可能你都烦了。还是通过写信与你交流，可能你容易接受些。

这学期开学见了你，应该说第一印象也不错。但是，坦率地说，大半学期过去了，你的表现总体上说让我有些失望。当然，这不能怪你，学生嘛，当然会有缺点，尤其是成长中的少年，正因为有这样或那样的缺点，才需要教育，需要引导。

我经常对同学们说："你们以后考上大学，与我关系不大。因为你们的家庭教育、你们的学习基础、你们的勤奋以及你们的天资，使你们即使不遇上我，也可能考上大学。李老师的作用是和你们一起学做人！"的确如此。我把你们的人格成长看得比学习重要。你可能最近有些郁闷，觉得自己很倒霉，什么事都不顺心，接二连三挨批评。其实，我也不想批评你。哪怕看到你只有一点点进步，我都无比高兴。最近你犯了不少让我生气的错误。你明明吸过一次烟挨了批评，你也保证了要改正，可你偏偏不守信用！你这是自己欺骗自己呀！这次教训确实深刻！如果你因此而汲取教训，那么这次处分你就没有白挨。就在你屡犯错误的这几天，我也没有把你看成很坏的学生。我至今仍为你在随笔中写的要求进步的话而感动，我觉得那是你的真心话。只是要把心里想的变成行动，确实需要毅力，对你来说，有时很难很难。这也许就是成长的烦恼吧！

但你决心追求纯真的东西，这绝对没有错。这个时代，很容易让人迷失，让人在喧嚣浮华的物欲中失去对精神的追求。读书为了什么？现在很少有人想这个问题。有人说，读书是为了考大学，考大学是为了找工作。真的这么简单吗？其实你想想，如果你不读书，就没有工作吗？我看不一定吧。靠父母积攒的钱也未必就不能过上比较好的生活。但人不是动物，显然不能仅仅满足于吃好的、穿好的，仅仅满足于感官的欲求，还要有精神上的追求。正是这个原因，你们才决定考大学。读书可以使自己的精神更加充实，视野更加开阔，使自己在更高的层次上、更深刻的意义上成为“人”！一个人的成长，不是靠别人，而是靠自己。

老师也好，家长也好，只能给你建议、给你忠告，如果你不能把握自己，不能战胜自己，再高明的老师也没有用！我要做的，不是代替你进步，而是在你需要提醒的时候提醒你，在你需要鼓励的时候鼓励你，在你迷惑的时候给你一点建议，在你取得进步的时候分享你的喜悦。

现在你处于彷徨的阶段，我估计你正在进步的“痛苦”之中。后退一步就是堕落，那是很容易的，也是很“愉快”的，但你十几年的成长就前功尽弃了；咬着牙战胜自己，每走一步都很吃力，但很坚实，而且是在进步，你会获得真正的成长的幸福！

再过几年或者更长的时间，当你长大了，在事业上取得了成功，回头看今天，你会为今天的烦恼而感到可笑，同时也为自己终于能够在人生最关键的时候战胜了自己而骄傲！

我曾对你寄予厚望，把你看作优秀学生，今天我依然把你看作优秀学生，同样对你寄予厚望。

今后你还会犯错误的，但我们都不要灰心，犯了错误就改正，在一次次改正中走向成熟。我会时时刻刻注视着你！

祝你快乐！

你的老师朋友：李镇西

12 月 10 日

12 月 14 日　　　　星期二　　　　大雾转晴

转变与困惑——花季的烦恼

欧阳震宇的家在金堂县，离成都较远，因此他星期天一般不回家。昨天他母亲打电话来，说欧阳震宇自我约束能力太差，星期天上午出校门一直到傍晚才回来，是去打电子游戏了。她很着急，想把欧阳震宇转到金堂读书，这样家长可以随时督促。

我早晨把欧阳震宇叫到一旁："还记得开学之初我与你谈心的内容吗？"

他想了想说："记得，是谈学习目标和毅力。"

"是呀，当时我就对你说，你缺的不是目标而是毅力，而毅力只能靠你自己，李老师是帮不上忙的。现在过去这么久了，你做得怎样呢？"

他低下头，不说话。

"你妈妈希望你转回老家读书，你愿意吗？"我问。

"不愿意！"他说。

我说："那你就应该拿出行动来让妈妈放心！如果你没有自我约束力，即使回去读书，也未必能够学好。本学期还剩一个多月，我希望你能够改变自己。你多多观察一下周围学习好的同学，看你和他们的差距在哪里，然后以此作为突破口，改正自己的缺点。好吗？"

早读课，我看到强劲桌上放着一本小说，拿起来翻了翻，内容很低俗。我对他说："建议你不要看这种书，时间那么宝贵，被这种书浪费时间实在不值得！"

我想类似的情况可能还不只是发生在个别同学身上。面对垃圾读物，教师有责任引导学生向人类高尚的精神靠拢。

于是上课前，我提到刚才看到的那本书："我想先说说课外阅读的事。昨天下午我给大家推荐了一本《杨振宁传》，有些同学迫不及待地看起来，这很好！我们的时间是非常有限的，我们要做许多功课，因此课外阅读选择什么书来读很重要！如果你是成人，那很自由，没人管你，只要不犯法就好；但如果是正在成长中的孩子，则需要引导，需要听取建议。我家住在某职高附近，回家时经常看到该校不少学生成双成对地出入。如果他们没有犯法，好像这也没有什么。不过对你们，我说过，将来你们是有责任感并希望有较大作为的公民，在求学时代就不能这样。你们既然选择了这里，选择了考大学，就应该明白自己的定位，就不应该把时间浪费在这样的读物上。”我说着拿起了那本书，接着说：“我翻了一下，这样的读物谈不上反动，也谈不上淫秽，但很庸俗，单是从标题上就可以看出它会很有卖点。曾经有人建议把《红楼梦》改为《女儿国秘闻》，把《水浒传》改为《孙二娘和她的105个男人》，为什么？有卖点呀！也许我对大家的要求高了一些，但既然自己选择了崇高，就应该对得起自己的选择。”

昨天我在语文课上表扬了陈鑫，他的确有进步。这个进步，不仅仅是我一个人的感觉，许多老师和同学都感觉到了。魏雨萱上周在随笔中写道——

这周，我们这个学习小组被调到教室的一旁，呈一纵行座位。因此，我的同桌变成了陈鑫。刚开始，我以为他是个喜欢嘲笑女生、趾高气扬的人，心里还有些不悦，但我们只有一周做同桌的时间，就没有多想了。但后面几天，我感到欣喜不已，因为在相处中，他并不是那么令人讨厌。

他上课非常认真，不会多说闲话，虽然偶尔也说说，但并非一发不可收拾。他的作业受到了老师的表扬，所以我也就浏览了一番。的确，作为一个男生，他的书写很工整，也看得出他态度很端正。这至少是值得我学习的。虽然他平常在行为上显得不太在意，但他也有善良的一面。就好比我在英语考试前胃痛，他就递给我一瓶足以让身体稍微暖和一点的水，帮我减缓疼痛带来的不安；在数理化的学习方面，我常常碰到绊脚石，作为同桌的他总会主动、耐心地给我讲解；课间，我们也会有说有笑……现在的我对他刮目相看。我们看人不可以片面，要看他的缺点，更要看他的优点。因此，在评价一个人的时候，要多角度地观察，这一面不好看，转一面也许就会好看。

也许是巧合，陈鑫上周三的随笔也谈到自己的感受——

今天下午的体育课，我是和我们班的大部分男生一起在足球场上度过的。这是我近两个月来在学校里和现在班上同学相处得最快乐的一次。我以前认为，我本来上学就比较晚，再加上又复读了一年，到了新的班上一定会和许多同学合不来，没有话说。但现在我认为我的观点是错的，和比自己小一岁甚至两岁多的同学在一起也同样快乐。

我们在初冬半绿半黄的草坪上忘我地奔跑，只是为了追赶一个足球。寒风凛冽，但快乐却显现在每个人的脸上。我们会为了进一个球而欢呼，也会为了丢一个球而失落。我发现自己第一次融入了班集体，感受到了班集体的温暖。

我有信心，在这个班里快乐地生活下去！

我看了这篇随笔非常高兴，在后面批道："很好！这次不少同学的随笔都写到你的进步，我很高兴。看到你的进步，我比自己有了进步还高兴。这也是我教育的进步啊！愿你天天快乐！"

我去找陈鑫，跟他说了同学们对他进步的肯定。他很高兴地笑了，同时很得意地告诉我："这次数学考试我考了128分！物理考试考了全班第二名！"

我说："李老师真是为你高兴呀！你原来不是说你上数学课听不懂吗？"

他说："现在不了，我觉得我找到学数学的感觉了！"

我说："你的进步是李老师和其他老师的成功，也是全班同学的成功！希望你带给我们更多这样的成就感！"

回到办公室，我想赶紧给陈鑫的母亲打电话，告诉她儿子的进步，但手机电量不足，快关机了。于是我发了一条短信给她："陈鑫近来有进步！特报喜！"

而杨南希在随笔里，却对杨海峰提出了批评——

无论做什么，我们都离不开"责任"二字。曾经有一位朋友说过，每一个人都会对他所说的每一句话、所做的每一件事负相应的责任，我们应该做一个有责任心的人。

成立了学习小组以后，我们组就一致推举杨海峰为组长，理由是他成绩好，我们都很信任他，相信他会帮助我们，而事实也证明了这一点。他总是很有耐心地帮我们讲解。可能每个人都是有两面性的，当与他熟悉后，他的另一面才展现在你的面前。相处了一段时间，我们发现他有些不负责任，很多事情得过且过。刚开始他忘记给我们交作业的时候，大家都觉得他是一时疏忽，没在意，但这样的事竟接二连三地发生。让我开始有些生气的是，那天他把项柳依的化学作业错交到数学作业中去，急得柳依到处找，后来猜测是交错了的时候，他只说了一句话："我待会儿去帮你找一找，如果找不到，那我也没办法了。"我觉得这是一种极不负责任的表现，真心地希望他能加以注意。

我找到杨海峰，向他转达了同学们的意见。他不好意思地说："是我做得不好！"然后他很诚恳地表示一定会改正。

杨南希在这篇随笔的结尾还写道——

还有一件小事，让我感触特别深。上周李老师出于种种原因情绪不太好，好多同学都发现了,但也就仅限于发现而已。那天做完课间操,王老师叫住我们说:"你们有没有发现李老师情绪不太好?"我们都点点头,她又用商量的语气说:"我们能不能以班长为代表,代表全班去问问李老师?李老师那么关心我们,我们也该关心关心他啊!"我当时特别感动。我觉得王老师这种无声的关心才是最让人感到温暖的。

我特别感动,王晓丹老师协助我做了大量工作,还这么细心,并以此教育学生要有一颗关心他人的爱心。我很感谢王老师!

12月15日　　星期三　　大雾

"与学生打成一片"靠的是情感的滋润、人格的感染

今天课间操,我看陈鑫脸上有许多印痕,便笑着问他:"刚才上课睡得还好吧?"他一惊,然后不好意思起来。

我说:"我一看你脸上的印痕,就知道你刚才上课睡觉了!什么课?"

"英语。"

"这可不好。以后不能再睡觉了!这不但会影响学习,也对老师不尊重。"

语文课上,陈鑫发言特别积极,虽然他说得不一定对,但绝对很认真。课后我和他开玩笑:"你语文课上精神十足,是因为你英语课上睡了觉,有的是精神!只是挖肉补疮不合算呀!"

最近我的确为陈鑫的进步而高兴。杨校长也说:"最近陈鑫走路的状态都和过去完全不一样了,就像换了一个人!"

我说:"我也表扬了他,对他说:'以后你可能还会犯错误,但希望你永远都要有上进心!'"

其实,我内心深处也做好了他反复犯错的思想准备。后进生的转变是一个长期的过程,是在反反复复中走向进步的。在学生犯错误的时候,我们要充满希

望，相信他在我们的帮助下总会有进步；在学生取得进步的时候，我们要清醒地认识到，教育转化一个学生不是那么简单，他随时都可能反复。

下午，接到一个老师的电话，这个老师说她苦恼于自己难以和学生打成一片，因此怀疑老师是否真的应该和学生打成一片。她说："学生就是学生，老师就是老师，师生关系不能庸俗化！什么'师生打成一片'，这是不可能的事！"

我请她把她的电子邮箱给我，然后我给她发了一篇我过去写的短文——

我坚定地认为，教师真诚地和学生打成一片，不但可能而且应该。

我不否认个别老师在"和学生打成一片"时有一些庸俗表现，但并不能因此就否定教师放下自己的架子深入学生心灵的行为。我们通常所说的"和学生打成一片"，并不是抹杀师生之间在社会角色、生活阅历、文化知识等方面的差异，更不是无视教师所承担的教育职责，而是追求教师和学生之间情感的平等、思想的平等、尊严的平等。教育，更多的时候是一种情感的滋润与人格的感染，所以它并不只是讲台上的事，也包括日常生活中与学生共同的喜怒哀乐，甚至摸爬滚打。童心和爱心，是每一位教育者筑造事业大厦的基石。优秀的教师应该学会并善于用儿童的眼睛去观察，用儿童的耳朵去倾听，用儿童的情感去热爱，用儿童的兴趣去探寻！当学生把我们当作知心朋友时，我们已经在学生心中树立起了人格的丰碑，而我们的教育之舟也就开始驶入成功的港湾。

苏霍姆林斯基为自己是学生的平等的朋友而自豪。他曾在假期和学生一起划着小船到荒岛探险。他多次说："孩子们的欢乐，就是我的欢乐！"从教以来，我多次邀约学生（或被学生邀约）去郊游、去登山探险，峨眉山、云南石林、黄果树瀑布、瓦屋山原始森林……都留下了我们的足迹和笑声。我的右手掌上至今还留着一块伤疤，这是多年前我和一群高二学生在峨眉山的雪地上打闹时留下的纪念。有一年，我还和学生一起徒步几十公里路到乡间春游。在洒满春光的草地上，我和学生们"斗鸡"、摔跤，最后我被他们死死地压在下面……多年来，不少家长为我和学生的亲密无间而感动；而我却认为，学生在课余和我"没大没小"，甚至叫我"老李""镇西兄""西哥"，这是我的荣幸，因为他们看得起我！

"和学生打成一片"是没有错的。真诚只能用真诚去赢得，而心灵只能用心灵去感受，因为教育者的尊严是学生给的！

12 月 16 日　　　　星期四　　　　雾

教师的童心

下午最后一节又是体育课，我来到操场，看到男生在踢足球，本想上去试试，但怕坚持不下来，便到操场边看女生们在做什么。结果看到女生们在台阶上坐成一排，都在看书。我随便翻了翻杨扬正在看的《拥抱逝水年华》，问："这书我都没有看过，怎么样？"

她说："很好的，是介绍普鲁斯特的。"

我问大家："你们为什么不去锻炼？比如踢毽子或跳绳。"

她们说没有毽子，也没有绳子。于是我便和她们聊天。何晓蕊说她以后想学文科，问我学文科累还是学理科累。我说："我女儿说过一句话：如果你自觉性强，那么可以学文科，因为文科作业不多，课余主要靠自己学习；如果你自觉性不强，那么千万别学文科，要学理科，因为理科有许多作业，逼得你不得不学。"我问她为什么想学文科，她很天真地说她想从政，但她马上又说："可我这个傻兮兮的样子，好像也不适合从政！"

我们都笑了。黄尼莫、林柔倩等人又问我为什么不组织郊游。我说："你们还没有得到七面流动红旗呀！"

学校的常规流动红旗总共是七面，我向学生承诺过，如果能够一次性拿到七面红旗，我们就组织郊游。

她们又讨论如果郊游到哪里玩呢。我说："我们到何晓蕊家去玩！"

她们说好，何晓蕊说："我家在都江堰，很好玩的！"

我又说："我很想组织大家搞一次徒步旅游，到了春天，咱们步行欣赏川西平原的油菜花，沿途我会组织各种游戏。"

她们都憧憬地说："好呀！"

看到林柔倩，我抱歉地说："哎呀，我忘记给你带巴金的《春》了！明天一定记着！"

她说不要紧的，然后她说她还有许多问题要问我，等月考完了以后，下周再找我。我说没问题，只是不要把我考住了。

我问林柔倩："你是西昌的？"她说："是的，杨南希也是西昌的。"

我笑着说："以后我们还可以到西昌去玩！或者我以后到西昌去家访，哈哈！"

学生们也笑了起来。这样的聊天很难说有什么教育性，但我很开心，学生也很开心，这就够了！

和学生在一起感到很开心，这需要教师有童心。与其他行业的人相比，教师的心灵总是年轻的。乐于保持一颗童心，善于在某种意义上把自己变成一个儿童，这不但是教师最基本的素质之一，而且是教师对学生产生真诚情感的心理基础。随着岁月的流逝，我们不可避免地会在年龄上与学生拉开距离——比如从照片上看，我明显比过去"沧桑"多了，但我的心还是年轻的。因此，我们应努力使自己与学生的思想感情保持和谐一致，学会用儿童的眼睛去观察，用儿童的耳朵去倾听，用儿童的兴趣去探寻，用儿童的情感去热爱！

教师的童心意味着葆有儿童般的情感。裴斯泰洛齐在《与友人谈斯坦兹经验的信》中这样深情地写道："我决心使我的孩子们在一天中没有一分钟不从我的面部和我的嘴唇知道我的心是他们的，他们的幸福就是我的幸福，他们的欢乐就是我的欢乐。我们一同哭泣，一同欢笑。"能够自然地与学生"一同哭泣，一同欢笑"的教师无疑会被学生视为知心朋友。

教师的童心意味着拥有儿童般的兴趣。有的教师认为，教师在学生面前固然应平易近人，但切不可显出过分的孩子气，因为这样会使教育者丧失起码的尊严。但我认为，只要把握学生的情感，并注意环境、场合，教师任何"过分的孩子气"都不会是多余的。作为成人，教师当然不可能在任何方面都与学生有着共同的兴趣爱好，但教师的职业却要求我们应该保持一点儿童的兴趣。苏霍姆林斯基在《教育的艺术》中曾说："只要人们没有做到以童年的欢乐吸引住孩子，只要在孩子的眼睛里尚未流露出真正的欢欣的激情，只要他没有沉醉于孩子气的顽皮活动之中，我们就没有权利谈论什么对孩子的教育影响。"与学生多一种共同的兴趣爱好，你便多了一条通往学生心灵深处的途径。当学生发现老师带他们去郊游并不仅仅是为了满足他们的愿望，而更多的是出于老师自己的兴趣时，他们会不知不觉地把老师当作朋友。在与学生嬉笑游戏时，老师越是忘掉自己的"尊严"，学生越容易对老师产生亲切之情——而这正是教育成功的起点。

教师的童心意味着葆有儿童般的纯真。童心，表现为淳朴、真诚、自然、率直，而这些也正是人民教师，特别是中小学教师应具备的品质。生活阅历赋予我们成熟，社会经验赋予我们练达，文化知识赋予我们修养，人生挫折赋予我们机智……但是，对真善美的执着追求，对假恶丑的毫不妥协，火热的激情，正直的情怀，永远是教育者的人格力量！当教师第一次与学生见面时，他就开始置身于几十名学生的监督之中，老师哪怕表现出一点点矫饰、圆滑、世故、敷衍塞责、麻木不仁、玩世不恭……都逃不过学生那一双双干净无邪的眼睛，并会给学生纯洁的心灵蒙上阴影。作为社会人，教师也许会有几副面孔，但面对学生，教育者只能有一张面孔：真诚！须知真诚只能用真诚来唤起，正直只能以正直来铸造。正因为如此，卢梭在《爱弥儿》中告诫教育者："不要在教天真无邪的孩子分辨善恶的时候，自己就充当了引诱的魔鬼。"

有人曾经质疑："童心固然可贵，但童心怎能取代教育？"我的回答是："童心当然不能取代全部的教育，但教育者的童心是教育的必备条件之一。"

12 月 17 日　　　　星期五　　　　晴

在点点滴滴中鼓励学生

今天一进教室就看到王晓丹老师正在照料张自强吃药，我问张自强怎么了，她说他病了。我对他说："你看王老师多关心你呀！"我心里的确感动：许多老师都只看到我为这个班的付出，其实和我一起为孩子们服务的还有王老师和其他任课老师，只是他们都默默无闻，而我却很"显赫"。

早读课时，我把唐西龙叫了出来，我问："最近感觉怎样？"他说："还好。""哪些地方好？"他说："时间抓得比过去紧，也没有缺作业了。"我问："上课还吃东西吗？""没有了！""好！"我拍了拍他的肩膀，"我也觉得你最近进步不小。李老师要你'每日九问'，坚持得怎么样？"他说："有时没有坚持。"我说："应该坚持。一个人的成长真的是只能靠自己，老师、家长都只能在旁边建议，最后还得靠自己。我叫你'每日九问'，就是想让你时时提醒自己。当然，也不一定就是这九问，你也可以根据自己的情况变换其他问题。总之，要随时争取战胜自己!”我送他进教室的时候，看见陈霜蝉好像又在赶作业，我问：“又没有完成作业吗?”他说不是的，这是改正做错的作业。我问他最近缺作业没有，他说没有。我满意地拍拍他的背，说：“好!”

然后我把黎涵叫了出来，和她聊了聊。黎涵性格很内向，平时也很守规矩，这样的学生往往在老师的视野之外。我们常常盯着最调皮的学生，而把不少默默无闻的学生忽略了。我问她学习上有什么困难，她说物理和化学学起来很吃力。于是我和她慢慢分析原因，她说是因为她初中基础不好，我说：“可能还有一个原因，就是你性格内向，上课很少参与讨论，课余又不接触老师，可能信心也不足。”她点头同意我的分析。然后我就给她提了两个建议：“第一，课余多和有关老师交流。和老师交流能够让老师及时了解你的学习障碍，及时帮助你，如果需要补过去的知识，老师也会帮你补。第二，一定不要放弃，要不断鼓励自己。学习不可能没有困难，但我们永远都不应该放弃。我们就盯着优秀同学追赶，即使永远赶不上，在追赶的过程中我们也会有提高。”最后我问她：“还有没有困难需要我帮助的?”她摇了摇头，我便说：“大方些！以后有什么困难，随时找李老师，好吗?”第一节课，我在办公室专门给唐西龙的妈妈打了一个电话，说她儿子最近有进步。电话里，他妈妈很高兴，不停地感谢我。我们往往是在学生犯了错误时给家长报忧，却忘了当学生有进步时也应该及时给家长报喜，这对学生也是一种鼓励。

语文课刚开始不久，我就听到教室的门似乎在嗒嗒地响，我以为有人在敲门，便走到门边，可是没有人呀！声响还在继续，我突然发现，原来是靠在门边的陈鑫发出的响声。我一下子很生气：“你为什么这样?”他好像也突然意识到自己发出了不该发出的声音，脸上表现出尴尬与惭愧。我语气舒缓了一些：“这不应该吧?”这堂课是讲史铁生的《我与地坛》。这本是一篇内涵很厚重的课文，谈对生命的感悟，我估计学生不太容易理解。但在研讨中，学生参与很踊跃，而且发表了不少精辟的观点。我和同学们一起交流，并很自然地联系同学们的实际评论几句。比如，谈到作者母亲对儿子的惦记，我说：“今天早晨，我给唐西龙的妈妈打了电话，因为她始终惦记她的儿子在学校的表现。我在电话里对唐西龙的妈妈说唐西龙最近有进步，她非常高兴！你们看，让母亲高兴是一件多么容易的事!”张自强发言谈到作者史铁生为了让母亲骄傲而决定写作，他说他很感动……我忍不住打断他，说了几句：“一个爱自己母亲的人，无论有多少缺点，都不失其善良。我想到了陈鑫，他刚转学到这里的时候，我和他谈心，当时他有许多缺点，但我感受到了他对他母亲的爱。我心里就想，这孩子一定会有进步的，因为他爱他的母亲。后来有一次陈鑫写了一篇作文，是写他奶奶……”同学们纷纷说：“作文叫《独爱步行》！”“对！就是这一篇！我读了之后很感动，心想这么孝顺的孩子一定会成为好孩子的，一定会让自己的妈妈和奶奶感到骄傲的！所以，现在陈鑫有进步，我觉得在意料之中。”

这堂课我和同学们的感觉都很好，我们一起进入了作者的心灵，一起思考、感悟生命。下课时，有不少同学对我说：“这堂课上得很好！”宋飞对我说：“李老师，散文课就得这么上！”哈哈，他们那语气俨然是语文教育专家在指导刚大学毕业踏上讲台的年轻教师！

班委成立以来，一直没有进行过民主评议，所以今天晚自习前，我请同学们做了一件事——给七名班干部投信任票。我请同学们拿出一张纸，先把信任的班干部的名字写出来，然后再写不信任的班干部的名字，并说明不信任的理由。不一会儿，同学们都把写好的信任票交上来了。

12 月 20 日　　星期一　　阴

班委的信任危机

同学们对班干部投信任票的结果统计出来了：杨扬 22 票，文海 17 票，凌飞 29 票，强劲 23 票，宋飞 7 票，欧阳震宇 15 票，唐西龙 21 票。

应该说，凌飞、强劲、唐西龙的得票比较正常，而另外几名同学的得票在我看来则不应该。特别是文海和宋飞，前者是以 37 票当选的，现在所获信任票居然还未过半数，后者所获信任票居然连班上总人数的零头都不到！按理说，仅以这个结果就可以将他们两人的职务解除。但我想，解除职务倒是很简单，但这不利于对他们的教育，如果以这次投信任票作为契机进行引导，说不定这会成为他们进步的又一次机会呢！当然，这需要对他们猛击一掌。

下午，利用阅读课的时间，我叫七名班干部各自搬着椅子出了教室，坐在过道上开了一个会。

“这个班委会很重要!”我开门见山，“上周五开了一个对班干部投信任票的班会。为什么要让同学们给你们投票？因为我们是民主治班。当初班干部由同学们无记名投票选出，既然同学们选了你们，就应该由同学们通过投票监督你们。如果信任票过低，要撤职。这个做法只是针对你们的吗？不是。李老师也包括在内，同学们也要对李老师进行民主评议，投信任票。如果所获信任票不过半数，李老师自动离职，或者你们直接去找谢校长，要求换班主任。我们要搞真民主，不要搞假民主。所以，每一个班干部都要意识到我们在集体的监督中，这不由你，是制度规定的。”

他们都不说话，只是看着我。我继续说：“班委成立以来的两个多月，在座的每一个班干部或多或少都为班级做了一些事。这次评议中同学们充分肯定了这一点。尽管如此，在这儿我们开会的时候，我还是要把你们做得对的指出来，意思是说同学们对我们做的工作看在眼里，记在心里。要说成绩，有一点是明摆着的，咱们班各个方面在整个年级都是优秀的，这和班干部工作是分不开的。”

我终于说到正题：“这次投票的方式是：信任的便只写名字，不信任的要说出不信任的理由。我在这儿把结果公布一下，我先把得票数说一下……哦，你们先各自回忆一下当初你们当选时所获得的票数是多少。我记得当时九名候选人参加竞选，得票最低的也有 19 票。你们看，当时最低的得票数都过了一半。你们回忆起来了吗？当时你们得票多少？”

文海说他得了 37 票，杨扬说得了 36 票，其余几名同学也都说了自己当时的票数。

“咱们做个比较吧。这是由王老师统计的信任票结果——杨扬 22 票，文海 17 票，凌飞 29 票，强劲 23 票，宋飞 7 票，欧阳震宇 15 票，唐西龙 21 票。”我把这次七名同学的得票情况公布了。

“现在听到的结果和自己想象的有没有出入？感不感到意外？分析一下原因。文海先说说，好吗?”

文海一直低头不语。

强劲说：“比我预料的还要多一些。得票少可能是因为我对同学们态度不好吧!”

“不，这次没有一个同学说你的态度有问题。”我说。

杨扬说：“我该做的工作大部分没做。”

欧阳震宇说：“本来是我的工作，该做的没有去做，还需要老师督促。”

唐西龙说：“我经常下课打闹。工作没有以前认真负责。”

凌飞说：“这个结果是我预想中的。”

我问：“你认为这次票数不如当选的时候多的原因是什么？”

凌飞说：“我觉得略少几票很正常。”

“就是说你现在比较满意？倒也是，只要不是差得太多。差得太多就不正常了。”我说。然后我问文海：“文海，你呢？”

文海非常惭愧，脸色很不好看，他吃力地说：“我……没有起到……带头作用……”

我非常严肃地说：“就这一句吗？如果这样，你还得继续往下说。如果在班上公布这个结果，没有过半数要撤换班长，这是很严重的。和上次当选时相比，足足少了20票！”

宋飞说：“我自己都不守纪律……我管别人，别人不听我的，我就不管了。他们就说我不负责。”

我说：“你实际上在为自己开脱。你是说你本来就管不住自己，别人又不听你的，于是大家认为纪律不好是你的责任。”

我环视各个班干部，大家都低着头不说话。

“刚才每个同学都说了几句，但我无法知道你们内心的真实想法。”我说，“我就想问一句：你们知道这个结果以后，究竟是什么心情？我不要你们回答。我想无非这几种。非常难过，这是第一种。除了难过，还感觉很惭愧，觉得对不起同学们的信任。当时信誓旦旦，同学们为我们鼓过掌的啊！这是第二种心情。还有第三种心情，觉得委屈，埋怨同学们。第四种心情是无所谓，我就希望是这种结果，让李老师把我撤了，反正我也不想做了。我想无非就这四种，当然也可能还有其他的心情。究竟是哪一种心情，我不要你们说出来，因为你们说出来的未必是真实想法。究竟属于哪一种，每个人心里有数。”

他们依然低头沉默。

“你们可能会想：同学们究竟给我提了什么意见呢？为什么对我不满意呢？”我说，“我归纳了一下，大致是下面这些。咱们班干部对同学们的意见一定要正确对待，哪怕是激烈的言辞也要有承受力，如果连这都受不了，以后怎么做大事?”

我开始读同学们写的不信任他们的理由:“先说文海吧!‘没有起到带头作用,常常打闹,无自觉性,上课有时不认真听讲。’‘没有起到班长的作用。’‘自制力差,没有表率作用。’‘无自控能力,每次下课打闹都有他,甚至是挑起者,上课也无法控制自己,更不要提管别人。’这里有一个同学是这样写的,我念全文:‘作为班长,成绩很重要,但做人方面也必须成功。虽然你为班上争得了不少荣誉,但你的行为却没有起到带头作用。下课打闹,你很高兴。上课经常睡觉、讲话。你可知道你的形象大打折扣,威信大减!当同学们知道你将入党时,心里都很不服气!希望你改正!’”

文海的头垂得更低了。

“对欧阳震宇的意见是,”我继续读,“‘工作很不负责任,当化学课代表期间,常失职,没有起到作用,最近略有改进’。你们看,欧阳震宇哪怕有一点改进,同学都看在眼里。”

我继续念:“宋飞:‘管不住自己。’‘对自己、对他人都要求不严格。’‘忘记了他是纪律委员。’‘纪律不好。’‘工作极不负责。’强劲:‘晚自习下课后,没有叫该打扫卫生的同学按时打扫,导致最近几周清洁常被扣分。’‘有时纪律不是特别好。’杨扬:‘没有尽到班干部的责任。’‘没有什么工作的痕迹。’‘没有起到班长的作用,形同虚设。’‘未见其主动工作,经常让人忘了她是班长。’唐西龙:‘带头打闹,有时还违反纪律。’相比之下,对凌飞的意见要少一些,只有‘有工作才做,工作不够主动’。还有同学说:‘班干部几乎无作用,比如文海和宋飞,还会给班上带来不好的影响,老是影响纪律。’”

读完后,大家的头垂得更低了。

我缓和了一下语气:“同学们提的意见,我想措辞上可能不一定准确,比如究竟是经常打闹还是偶尔打闹,是经常上课睡觉还是有时上课睡觉,可能都有出入。作为班干部,不要计较同学们是不是措辞准确。总体上说,你们觉得同学们提的意见对不对?”

大家点点头。

但宋飞说:“我怎么会‘极不负责’?我是管了的,只是管不了就不管了。我觉得我还算是负责的。”

我说:“你的意思是只要管了就算负责了,而不管结果?课堂纪律不好时,你管了，但情况并没有好转，你便不管了，这叫负责吗？我们要看效果。当然，大家真有什么异议，可以提出来，你们如果觉得有什么不对的地方，也可以说出来。欧阳震宇，对不对？”

欧阳震宇点头：“对。我觉得对我的意见是对的。”

我还想着宋飞刚才说的话：“宋飞，你的理解有问题，同学们说你‘极不负责任’，是看效果。你自己都说了，既然大家都不听，你就不管了。你主要是对那个‘极’字不满意，是吧？”

他点点头。

“这肯定有出入。可能同学们的措辞不一定很准确，不过说你工作不负责，总体上还是对的，是吧？”

宋飞点点头。我向大家：“你们觉得呢？”

大家点头。

我特意问文海：“文海觉得呢？”

文海很难过的样子，点点头。

“这就有一个问题了。”我说，“大家想一想，当初我们之所以当上班干部，恰恰是因为我们有作为，尤其是文海，那时候你还和同学们发生了争执，在发生争执的情况下还几乎全票当选。现在你们没有得罪人，信任率反倒大幅下跌！这说明什么？我不会要求你们在班上表态，我要你们用行动表态。但是在这儿，大家要谈谈怎么办。”

大家沉默了，没有一个人说话。

“想一想，好不好？”我不急于要大家表态，“刚才我说了四种态度、四种心情。我想现在大家心里是不好受的，怎么办？有一个办法很简单……我估计宋飞是预料到了这个结果的。可能宋飞会想，没超过半数的解除职务就行了。但我觉得，这样对你们来说是轻松了，但随之而来的是，你们的形象必然会受到损害。因此，我想最好不要这样。我觉得一直干到任期满正常卸任比较好。你们的任期一般来讲要一学期，如果特别好，干一年，到了期末再改选。我希望大家在被信任的情况下，也就是说在大多数同学信任你们的情况下，正常卸任。我建议，下个月，咱们再投一次信任票，如果通过了，你们再光荣离任。这对你们也是一种督促，而且我会在评语上写你们班干部工作有进步。你们说呢？”

大家点头。

“文海，你说一下？”我再次对文海说。

文海的头埋得更深了，半晌不说话。

我为了缓和气氛，开了个玩笑：“一般一把手说话都比较谨慎，不轻易表态。哈哈，开个玩笑。”

文海终于抬起头：“我……考虑一下，晚自习……再说。”

“可我今天有事要提前离开学校。你现在没有想好，那我不勉强。”然后我继续对大家说，“我要说两点。第一点，从总体上说，绝大多数同学始终是公正的。有的老师对学生评议老师有意见，说有的学生被老师批评了就胡说。我当时就说，班上五十个学生，个别学生胡说是正常的，如果大多数学生对你不满意，那你肯定有问题。如果不看同学们的信任票，我会觉得你们表现很好，但是同学们能看到你们的真实情况。你们不要表现给李老师看，要表现给同学们看。比如，如果不是看到信任票，我会觉得文海是一个很负责的班干部。当然，现在我也认为你是一个好孩子，但是不是好班干部就是另外一回事了。如果我对你印象不好，而同学们觉得你好，我当然要服从同学们的意见。第二点，怎么获得同学们的拥护？宋飞，当时你是在得罪少数同学的情况下当选的，可见同学们看中的是什么。我多次对宋飞说，哪次你管同学纪律，同学不听，你和他吵起来了，吵到了办公室，你在同学心目中的地位肯定上升。因为同学们知道你是为了全班同学的利益得罪个别同学的。我这儿还要给宋飞说这样一句话，我绝对尊重你的意愿。如果你说不愿意做了，我尊重你。但我要给你机会，让你挽回你在同学们心目中的形象。你们要随时‘讨好’同学。注意，我用了‘讨好’这个词，怎么‘讨好’？坚持原则，大胆工作！越不怕得罪同学，越能‘讨好’大多数同学。越是你好、我好、大家好，你们在同学心目中的地位越是一落千丈。想到你们心里比较难过，这个投票结果我暂不在班上公布。你们今天下午还是把想法写下来给我看看。我想，这是第一次投信任票，我不要求你们在班上做检讨或者表态，但是我需要了解你们的想法。另外，我希望你们能够表现出坚忍不拔、知错就改的精神，等下个月再投票的时候，希望你们的信任率会上升。对选民负责，这就是民主。我们要在班上搞真正的民主建设。你们写的时候是不是突出一下，从哪些方面找回同学们的信任？好歹就一个月了，再次投信任票可能还是这个结果，也可能不是。最后，你们要么被撤职，要么正常卸任。刚才说了这么多，大家想一想，明天早晨给我一个答复，可以以书信的形式。我有一个原则，每信必复。对于李老师，你们放心，我绝对不会害大家，我会注意在班上维护你们的形象，当然你们自己也要注意。凌飞为什么得票高？第一，他做了一些事情；第二，他的纪律相对好一些。这就是班干部的带头作用。宋飞最近监督大家做眼保健操，这是好的，但是他管不住自己。杨扬表现很好，但是工作不积极，同学们也有意见。我们的同学是很好的，在班干部不得力的情况下，班上的同学依然表现很好。我希望每个同学对自己负责，对班级负责。今天大家心情都很沉重，你们就把要说的话写给李老师吧。那就这样吧。散会！”

临走，文海向我索要同学们的意见，我把与他有关的部分撕下来给他。因为上面还有投票结果，所以我特别嘱咐他保密。

我把正准备走的宋飞叫住了：“你留一下，我们单独聊一聊。实际上，你作为一个普通同学是有进步的，我说的是实话。你说呢？你自己说一下自己的进步吧！”

宋飞说：“我作业交得好，上课比过去守纪律了，还有我晚上在寝室里按时入睡，没有聊天了。”

他一边说，我一边总结他的话：“交作业了，上课守纪律了，在寝室里聊天也不那么晚了。交作业这一点我知道。哦，说到这里，我还得向你道歉。”

他不解地看着我。

“那次我把不交作业的同学叫到办公室，我说我这次不罚你们，但你们以后要交，李老师相信你们，即使以后偶尔没交，李老师也不会拿今天的话来压你们。我当时说过这样的话，我说过允许你偶尔不交。”

宋飞说：“嗯。”

我说：“我的意思是说，批评你后的第二天，你又没有交作业，我当时生气地批评了你。我说话不算数了，食言了！因此向你道歉。”然后我接着说：“刚才你对同学们说你‘极不负责’有意见，我理解你的意思，但总体上讲不要拘泥于这个‘极’字。如果你不想当班干部，这次就可以解职，但这对你不利，你觉得呢？”

宋飞说：“我觉得无所谓。”

我说：“你一定要有信心，一定要哪儿跌倒哪儿爬起来，以免给你自己的形象带来不好的影响。我并不是袒护你，但要保护你的自尊心。如果李老师根据这个结果就撤了你的职，这种方式不太好。一个月以后再评议一次，你还有机会。”

宋飞说：“如果我得到的信任票还不过半数呢？”

我说：“那我就没办法了！你就应该像做临时班干部期间那样，如果个别违纪同学不听，你就应该大胆管理。你要这样想：又不是我要找你麻烦，我如果迁就了你，班级怎么办？那才是对不起大多数同学！如果你把班级管好了，又怎么会没有很高的信任票？”

宋飞点点头。

“我继续期待着你！”我拍拍他的肩膀说，“好了，今天就谈到这里！”

12 月 21 日　　星期二　　阴

成长需要挫折教育

昨天开班委会，我要求班干部们写写各自的想法，今天他们都交上来了。

文海这样写道——

说实话，昨天开班委会的时候我有些不服气，自己得到的信任票比杨扬还低，为什么？她几乎什么事也不做，票却比我多。在班级工作上，我敢给自己打90分，绝对不输于其他人。信任票没过半数，按班规应该自动解职，但李老师说再给我们机会，当时我真的想说什么都不做了。

晚上，自己想了很多，也想通了。作为一个班长，对自己的要求不能低，工作能力是一方面，自己的表率作用对班上的同学也很重要，而且自己都没有做好的事，凭什么要求别人去做？别人会想：班长都这样，我为什么不可以？同学们肯定不服气。教我们的老师都很看重我们班，如果他们看到班长都如此懒散，从某种意义上讲对整个班的印象也会大打折扣。下课带头打闹，更是不应该。首先就没遵守《中学生守则》，对同学的影响之坏就更不用说了。

竞选时，我是以 37 票当选，而这次的信任票仅 17 票，足足少了二十名同学的信任。在哪里跌倒，就在哪里爬起来，而且一个聪明的人绝对不会在同一个地方跌倒两次。在以后的学习、工作中，我会以最高标准来要求自己，只有自己先做到了，才有资格去管别人。这只是人生无数挫折中的一个，我相信我自己，任何事都不能难倒我，因为我是最好的。

宋飞是这样写的——

听了同学们的意见后，感觉同学们是公正的，群众的眼睛是雪亮的。平日我工作的确不是很负责，而且自己还常常加入打闹的行列，对于班集体的热心程度也不够。同学们投的信任票数，没有在我的意料之外，所以我的心情并没有如过山车般起伏那么大。我不是那种脸皮厚的人，在李老师告诉我如何在同学中建立威信、如何取得同学的信任后，我相信虽然只剩下一个月了，但是在这一个月里，我会体现出自己在班集体中存在的意义。我不会选择逃避，更不会写什么辞职信，哪怕是熬，我也会好好把这一个月熬完，希望在最后的一个月里，可以取得更多同学的信任。

晚自习前，我把七名班干部请到我的办公室，再次开了一个班委会。

我说："同学们应该理解李老师！作为一般同学，你们还是不错的。但你们是班干部，我自然会严格要求你们，而且没有挫折的教育是不完整的。这次投信任票，你们感到难过，难过到没脸见人，这也是一种挫折感。你们的成长需要这种挫折感！好了，我看了同学们写的，很真诚，但不足的是，下一步怎么做写得不具体。我不要求你们再对同学们许诺，昨天我说了，让你们用行动来证明你们的决心，但在这个会上，你们应该谈谈自己下一步该怎么做。"

今天他们的情绪显然要好得多了，他们各自发言谈了自己的打算。

文海说："我首先要管好我自己，再管他人。特别是我不能再打闹，也要制止别人打闹。还要协助强劲把卫生搞好。"

宋飞说："我也是首先把自己的纪律管好，然后大胆地管其他同学的课堂纪律。"

强劲说："我以后会更加努力地把卫生搞好！"

杨扬说："协助其他班干部，在卫生、纪律等各方面都大胆管理。"

唐西龙说："第一，我不打闹；第二，早操按时到操场；第三，纪律方面应该管好自己。"

欧阳震宇说："我把学习委员该做的做好。一些琐碎的工作，比如写课程表呀等，争取做得更好。"

轮到凌飞发言时，他说了几句非常有分量的话："我觉得，我们现在不应该抱怨同学们怎么样，而应该问我们自己做得怎样，哪些我们能做到却没有做到！应该尽快在同学中间树立威信！这才是最重要的。”

我充分肯定了凌飞的话：“凌飞说的，正是我想说的！其实我们的同学很好。第一，我们班目前在年级是最优秀的班级之一；第二，这次同学们对你们有意见是因为你们没有作为，这说明我们班风气很正。如果不是这样，你们不工作可能还会受到大家的赞扬呢！我同意凌飞的话，我们必须从自己做起，尽快在同学中间树立起威信。昨天我说了，要赢得同学们的信任，无非两点：第一，严于律己；第二，大胆工作。但第一点，恕我直言，有的同学做得很不好。仅举一例，最近有的男生寝室晚上聊天聊到很晚，特别是唐西龙和强劲所在的寝室，我听说后非常生气，这样怎么去说服其他同学？”

说到这里，唐西龙和强劲很惭愧地低下了头。

我说：“我不去批评你们寝室的其他同学了，我就批评你们。由你们去做他们的工作，不能继续这样了！好吗？”

他们点头。

“关于大胆工作，”我继续说，“我建议，大家努力做几件事给同学们看看，让同学们知道，你们不但有责任心，而且也能够做好工作！”

他们都同意，便开始商量做什么事。最后大家商定要在三个方面做出成绩：第一，学校元旦晚会，我们班出一个优质的节目，凌飞建议排练男女声英文小合唱《明天更美好》，由文海伴奏；第二，狠抓课堂纪律（主要是大家不够重视的自习课、历史课、地理课等）的课堂纪律；第三，齐心协力搞好教室卫生。

文海又提到班规操行扣分，前段时间班干部们也不太认真，相关记录有些乱，建议重新统计。我说：“难道过去的积分就不要了？”他说：“是这个意思，这个责任由我们来负。从明天起，我们一定认真记录操行分！”大家都说可以。

我说：“既然你们说可以，那就这样吧！但我得跟同学们解释说明一下。”

最后，我说：“相信大家在最后一个月，一定能够赢得同学们的信任！今天的会就到这里吧！”

我和同学们一起向教室走去。路上，文海说要给我提一个意见，我说：“你说吧。”他说：“有些同学，特别是一些女同学，对你有一个意见，就是说，你有时说话有点儿看不起人的样子。”

我说：“哦？具体些。”

他说："主要是你有时说你以前的学生如何优秀，还说'我现在还没有按以前学生的标准要求你们'这样的话，让我们觉得你看不起我们。"

我说："好，我完全接受这个批评。以后我会改正的，我再也不这样说了。谢谢你！同学们对我还有其他意见吗？"

他说没有了。我心里想，其实我绝无看不起学生的意思，但我那样说，潜意识里便有这个班的学生不如过去的学生的意思。学生可是很敏感的，老师说话稍不注意，就会伤了学生的心。我以后一定得注意。

回到教室，我看见同学们已经开始上自习，全班都安安静静的。我忍不住表扬道："在没有老师、没有班干部的情况下，大家都这么自觉，我们班的同学就是好！"然后我对几名班干部说："这么好的同学，怎么会不好管理呢？"

我开始物色小合唱的人选，我走到何思婷旁边跟她说小合唱的事，问她是否愿意参加，她说她愿意。我马上去跟凌飞说了，凌飞说："李老师，这事你就别管了，你放心，我会组织好的！"

听了这话，我怀着满意的心情准备离开教室。我蹑手蹑脚地走到教室门口。我怕我关门的声音破坏了教室里的宁静，便向座位最靠近门口的林柔倩招了招手，她很诧异地走过来，我悄悄对她说："你把门轻轻关上。"

我前脚跨出门，她便轻轻地把门关上了，几乎没有一点声音。

我知道，教室里的同学们，依然静静地上着自习……

12 月 23 日　　星期四　　阴

把教师对学生的褒贬转化为集体对学生的褒贬

早晨和钟晓一起吃饭，又谈到数学学习，因为之前他说数学学习有压力。我对他说不要怕困难，没有困难就没有学业的进步；同时，我还鼓励他多多与吕老师交流，让吕老师随时了解他的困难，进而及时辅导。

钟晓是一个来自农村的孩子，淳朴、勤奋，不但我非常疼爱他，同学们也很敬佩他。他比较内向，不善言辞。不过开学以来他已经有了很大的进步，上课还常常争取发言呢。吃完饭，我和他一起往教室走去，我鼓励他以后要争取当班干部："一个人的成长无非三个方面——品德、知识和能力。你的品德是没有问题的，知识也不错，你成绩比较好，虽然现在学习上有些困难，但这是正常现象；而能力则是你的弱点。能力的强弱，直接决定着你将来的工作和发展的好坏。我鼓励你当班干部，不仅仅是为了让你为同学们服务，更重要的是让你通过当班干部培养自己的组织能力、演讲能力。"

他点头表示同意我的说法。

我又问他："小学和初中当过班干部吗？"

他摇摇头："没有。"

我问："小组长呢？"

他笑了："小组长是当过的。"

我也笑了："嗯，还是担任过基层干部的。哈哈！"

快到教学楼时，我突然发现我把教科书丢在食堂了，忍不住叫了一声："糟了！我忘记拿教科书了！"

我刚说完，钟晓说了一句"我去给你拿"，便一溜烟儿地跑了。过了一会儿，他气喘吁吁地回来了，把书交给我。

我特别感动："谢谢你！谢谢你！"

早读课，同学们仍然热火朝天地读着书，教室里书声琅琅，一走进去，我感觉非常好。

我走到文海面前时，他对我说："李老师，如果有同学课堂上不守纪律，我们马上批评不太好，因为老师在上课；扣分也不太好，因为同学们会认为班干部暗中扣分。"

我问："那怎么办？"

他说："我和宋飞商量了一下，决定跟上课的老师们说一下，叫老师们严格要求大家，对不守纪律的同学点名批评。凡是被老师点名批评的，我们就扣分。"

"可以！"我说。

然后我在班上宣布了班委的这个决定，同时还谈了我的两个设想："我打算成立两个社团，一个是文学社，一个是自励社。同学们可以自愿报名参加。"文学社大家好理解，自励社却不好理解。我解释说：“参加自励社需要两个条件：第一，非常渴望全面发展；第二，缺乏自制能力，很苦恼。总之，这个社就是李老师帮你战胜自己。”同学们明白了。

我说：“这两个社团的人数都不宜多，各不超过十名同学。至少第一批参加者不要太多，几个就行了。想参加者可以在学习委员那里报名。”

我又要求大家本周写一篇随笔，内容是写一个进步大的同学：“如果你认为最近哪名同学进步特别大，你就可以写他，但必须用事实说话，说明这个同学的进步的确让人欣慰。”

早读课结束后，我来到王晓丹老师的办公室。我先问了她昨天为什么要给凌飞打饭，她说凌飞说要先去教室打扫卫生，于是便请她帮忙打饭。我说：“哦，是这样！但我感觉也不宜帮这个忙。我知道你对学生非常关心，这是很好的。但是，我有一个想法，凡是学生能够做的，老师一定不要代劳。”

然后我又说：“一直想找你聊聊，因为我最近好像忽略了你，冷落了你。好多班级事务应该让你参与，比如最近我开了两次班委会，真应该让你也参加。真是抱歉！其实，你默默无闻地做了很多事，那天早读课我进教室，还看见你给张自强拿药。”

这是我的心里话。我不止一次地想，其实我们这个班是我和王老师，还有其他任课老师一起建设的，但人们的聚焦点往往投在我的身上。这有点不公平。

王老师一直很低调，今天听了我的话，她仍然很谦虚地说：“没有什么的，这都是我应该做的。”

我给她介绍了最近班上给班干部投信任票的情况，以及最近我组织的两次班委会。我说了我的想法：“班主任工作很重要的一点，是调动整个集体的力量。我们要把班主任对某一个学生的表扬或批评转化为整个集体对某一个同学的表扬或批评。比如，我可以找班干部谈，要他们严于律己、主动工作，但这只是我一个人的作用，远不及一次投信任票对班干部的触动大。这次看来，效果很不错。信任票的结果，激发了班干部的工作热情，也让他们认识到自己的确时时处于同学们的监督当中。当然，让同学们投信任票，必须有一个前提，就是整个班风的纯正以及拥有充满正气的舆论。不然，不负责的干部不会受到谴责，可能越不负责的班干部所获信任票越多。”

王老师说：“这几天宋飞和文海工作很积极主动。”

我说："那该表扬，一会儿我就去表扬他们两个！"

然后我又说道："不光是对班干部，对其他同学也应该调动全班同学来鼓励。我今天布置了一篇随笔，让学生本周末回去写'他的进步令人欣慰'。最近进步大的同学不少，但如果只是我一个人表扬，对进步大的同学的激励是有限的。如果是同学们的表扬，那效果就大不一样了！因此，我一直强调一个原则，班主任一定要善于把教师对具体学生的褒贬转化为集体对他的褒贬。"

课间，我叫宋飞和文海。宋飞大叫："什么事？我又没犯什么错误！"

我笑了："没犯错误，我就不能叫你吗？难道不允许我表扬你吗？"

我对两名同学说："你们最近工作很主动积极，该表扬！继续保持！"

然后我叫杨扬："这是我今天收到的你妈妈给我写的信，你看看吧！"

她拿着信看了起来，等她看完后，我对她说："你家里有困难，下学期你就不必交班费了！"

她说："不，我要交的。不然我心里不舒服。"

我说："好吧！不过，如果你有什么困难，一定要及时跟我说。"

然后我又对她说："我想把这封信收入我的教育日记，可以吗？"

"可以！"她很爽快地点点头。

我又说："如果你跟妈妈联系，你就说李老师收到信了。过一段时间我再给你妈妈回信。"

开学初讲第一篇课文《沁园春·长沙》时，我跟学生说过，一些明明已经成年的男性，居然还嗲声嗲气地自称"男孩子"，更乐意别人叫他"男孩子"！今天中午读报课，我给学生读了梁晓声的一篇文章——《走出高等幼稚园》。文章尖锐地抨击了许多男女青年故作儿童状的心态，讥之为当代中国的一道"奶油风景"，然后提醒人们注意另外一种现象：不少贫苦人家的孩子，为了生活不得不装大人，在大人的行列中挣扎……

文章读完了，我对同学们说："明年你们就要十八岁了，我希望你们早日成为男子汉和有作为的女青年，而不是永远的男孩子、女孩子！"

12 月 24 日　　星期五　　阴

向学生讨“礼物”

学校本周举行教育教学科研周活动，今天下午的闭幕式上，我召开了一个特别的班会课。实话实说，今天的班会课我只是在心里有一个大体的设想，但没有具体的方案，我习惯于根据现场的情况随机应变。包括怎么开头，我也没有想好，一切看现场情况。

学生陆陆续续地走来，魏雨萱走过我的身边时给我一张贺卡：“李老师，提前祝您元旦快乐！”我一边说“谢谢”一边在心里想：好了，今天班会开头的切入口有了！

我见学生已经到齐，便笑着问大家：“大家猜一猜今天主题班会的内容是什么？现在我们来一个无奖竞猜。”

同学们七嘴八舌：“师生关系。”“感动。”……

李应生开玩笑道：“冲动。”

同学们笑了起来。

我也回敬他一个玩笑：“冲动？你就不怕‘冲动的惩罚’？”

同学们大笑。

我说：“都没猜对。再来猜一次？猜中有奖。”

有同学说：“又是奖西服一套？”

“不！”我斩钉截铁地说。

“那奖什么呢？”大家问我。

“防寒服一套！”我笑着说。

同学们再次大笑。

所谓“西服一套”，典出我的朋友卢志文，这家伙特别擅长开玩笑，他曾经在一次灯谜活动中，提出奖品是“西服一套”，结果获奖者向他要西服，他把自己的西服脱下来，往那人身上一套，然后又脱下来。别人感到迷惑，他笑道：“我说是西服一套嘛！套一下后当然要还我呀！”

后来我曾经也这样“戏弄”学生，所以他们今天以为我又是开玩笑的。

但还是有同学开始猜了："和元旦有关。"

我说："元旦？会不会是元旦？"

多数同学都说："不会！"

"为什么不会？"我问。

同学们说："你没有给我们拿礼物来。"

我笑了："你们就想要礼物！刚才有同学说圣诞节，同学们说不可能，李老师没带礼物，那你们真的想要礼物？我为什么要给你们带礼物？不过，嘿嘿，我今天收到了第一份礼物，是魏雨萱同学送给我的贺年卡。我可不可以读你写在上面的话，魏雨萱？"我问魏雨萱。

魏雨萱说："可以。"

我读道："李老师，节日快乐！认识你是我的荣信（幸）！呵呵，'荣信'！魏雨萱在这里写了一个通假字呀！"

同学们善意地大笑。

"我问一下，你们同学之间送不送贺卡？"

有的说不送，有的说送。

我又问："哪些同学根本就没有买礼物？"

几个同学举手。

我说："这些同学该表扬。我听说有的同学之间送礼物，有的还比较贵重。这可不好！第一，我反对同学们互相赠送礼物；第二，我非常希望同学们送给我礼物。"

同学们大笑。

"如果说今天的班会课我就是要向你们要礼物，你们信不信？"我说。

同学们都表示不相信。

我却继续说："今天李老师真是要跟你们要礼物，主题班会的题目叫——礼物。"我一边说，一边板书"礼物"。

我又说："有的同学觉得有点儿意外。那我还要叫你们猜，李老师想要你们什么礼物？——咱们班同学很聪明，基本上赶上李老师了。"

同学们大笑。

有同学说："校服一套。"

我乐了："哈哈，我这么大年龄穿校服？你给我我还不要呢！"

同学们问："提示一下，是哪方面的?"

我说："好，我提示一下，是让我最高兴的礼物。"

有同学说："书!"

我说："书? 呵呵! 你们有吗? 我可要你们当场给我。"

有同学说："掌声。"

我说："呵呵! 掌声? 掌声不能鼓45分钟啊! 我再提示一下。我给大家读一段文章……"我拿出一本书——《走进心灵》，我一边给同学们看一边说："这是我多年以前写的。里面还有我和我以前学生的照片，算是老照片了。我读一段文字，这段文字写的也是有一年李老师班上的学生在教师节给我的礼物。那是1994年，我先介绍一下'时代背景'，呵呵! 那时候我教三个班语文。高一时与同学们关系很好，常常在周末骑车转一环路。但到了高二，因为我工作量增加了，教全年级三个班的语文，还当班主任，所以与同学们接触有些少，我发现我和同学们有些隔膜。这是背景。"

我开始读——

1994年9月开学不久，便迎来了又一个教师节，学校要求各班利用班会课举行庆祝活动。这天，我吩咐班干部们在教室黑板上写了一行大字："教师节——献给老师的礼物!"

班会开始时，我笑着对大家说："今天是我的节日，所以，我想向同学们索取'礼物'。"学生们顿时笑了起来，显然是不相信我的话。可我却认真地继续说："在过去的高二学年里，由于李老师修养不好，再加上工作繁重，所以，我工作越来越急躁，在各方面都存在许多问题。今天，我诚心诚意请同学们对我的工作提出意见。这对我来说，的确是最好不过的礼物啊!"

接着，我又拿出事先买好的钢笔、圆珠笔和铅笔："为了鼓励和感谢同学们，今天我来个'有奖征谏'，同学们可不要错失良机啊!"

同学们又是一阵大笑，气氛开始活跃了。他们见我十分真诚，便也认真思考起来……

开头炮的是黄金涛："李老师，我们都记得，高一时您和我们没有师生界限，我们甚至可以对您直呼其名；可是到了高二，您越来越爱对我们发脾气，师生之间有了明显的心理距离。希望李老师能恢复高一时亲切的笑容!"我走下讲台，来到黄金涛的面前，双手递给他一支钢笔："谢谢你的批评!"

班长吴冬妮站了起来:“李老师,上学期班上运动会的会徽设计,您没有征求同学们的意见!”我略略回忆了那件事的经过,说:“好吧,我接受班长的批评,今后班里的事儿多和大家商量。”说完,我送给她一支圆珠笔。

平时常挨我批评的郭坤仑也发言了:“李老师有时太爱冲动。那次林川用脚狠狠踢教室当然该挨批评,但您当时拍着桌子厉声斥责他,让他写了检讨又请家长,使林川事后很久还感到抬不起头。”我同时拿起两支圆珠笔,一支递给郭坤仑:“谢谢你的直率!”一支递给林川:“请原谅李老师!”

提意见的学生越来越多了……下课铃响了,我总结道:“永远感谢同学们!愿在新的一学年,我们1班的全体同学和我这个班主任精诚团结,同舟共济,共同创造明年七月的辉煌!”

回答我的,是一片雷鸣般的掌声!

一年后,学生们果然以出色的高考成绩为我们班的历史画上了一个完美的叹号。离校之际,学生们来向我告别,他们送我一张同学们签名的尊师卡,我打开一看,里面有黄金涛代表全班写的一句——

“镇西兄:血脉虽不相连,心灵永远相通!”

这段文字刚读完,同学们便热烈地鼓起了掌。我说:“现在同学们应该知道今天李老师要什么礼物了吧?”同学们似乎一下子没有反应过来,没人说话。

我说:“难道你们不愿意?”

大家赶紧说:“愿意!”

我有意说:“你们给了李老师礼物,李老师也会回赠你们礼物的。哦,你们知道我今天提什么礼物来了?你们别着急,礼物嘛,我今天带来了。”

我从讲台下提了一捆书放在讲台上:“这是送给你们的书——《与梦飞翔》。专门给中学生写的随笔。我数数有多少本。一、二、三、四……二十五本,只有二十五本!我送完为止。哈哈!”

同学们没有说话,似乎都在思考。我认真地说:“李老师真心希望听到同学们的意见。我们已经认识了三个多月,哦,应该是近四个月了。在这个过程当中,同学们通过随笔、作文,包括和我聊天,对我提出了意见,我很感谢大家。现在,我继续听取同学们的意见。今天也不分一、二、三等奖,凡是提了意见的,都有份!送《与梦飞翔》一本。从哪儿开始说呢?先从语文教学开始吧!我平时听大家对我教学的意见相对少一些。我提第一个问题:你们觉得李老师最好的一节课是什么?"

谢舒云举手:"上《我与地坛》。"

凌飞说:"我认为是讲《赞美》,穆旦的诗。"

杨心说:"是作文课。"

宋飞说:"《我有一个梦想》。"

杨扬说:"《沁园春·长沙》。"

我说:"哦,原来这些课你们认为我上得好!那我要思考了,这些课有哪些优点需要我继续保持的。其实,这些课不一定是我上得好,而是课文好,比如《我与地坛》,是史铁生的文章写得好。那么,我要问第二个问题:李老师上得最糟糕的是什么课文?"

项柳依说:"是文言文。"

"是吗?"这让我有点意外。

有几个同学点头。项柳依补充说:"讲文言文的时候,老是你一个人讲。满堂灌。"

"哦,我明白了。好,第三个问题,李老师哪一次的作文题你觉得出得最好?"

魏乐庭说:"就是那次叫我们任选一篇文言文来改写。"

强劲同学说:"《源于细节的感动》。"

钟晓说:"《温馨的记忆》。"

"嗯,我知道了。"我继续说,"第四个问题,最差的作文题是哪一道?"

杨南希同学说:"就是那次叫我们写运动会。"

她这一说,大家都点头同意:"就是,就是!"

我说:"主要是题目太陈旧了,是不是?那还有什么作文题出得不好?"

同学们不说话了。

我继续问:"关于语文教学,我还有两个问题,李老师最该保持的优点是什么?"

任沐之说:"我觉得是李老师互动的教学风格。"

杨心说:"丰富我们的课外知识。"

凌飞说:"课堂教学中融入了民主的思想。"

宋飞说:"李老师上课有激情!"

我笑了："这和性格有关，我想改也改不了。"

我又问："李老师的语文教学，最应该改正的是什么？"

黄尼莫说："讲文言文时的满堂灌。"

任沐之说："有时候上现代文你只让我们说你却不说。"

我笑了："你说得有道理，我也应该参与讨论。大家感到我文言文满堂灌，只是我一个人说；而上现代文又只是让同学们说我不说。呵呵！我想我扮演古代人，你们扮演现代人。好，我非常感谢大家对我语文教学提的这么多意见！说实话，假如不开这个班会，真不知道同学们对教学还有这么多不满意的地方。"

"好，我开始征求对班主任工作的意见了。"我转入另一个话题，"下面同学们就不说优点了，只说李老师的缺点。关于班主任工作，对李老师有什么意见？哪怕你觉得提出来可能不是那么准确，也不要紧。"

唐朵说："我觉得李老师和我们在一起的时间没有王老师和我们在一起的时间多。"

我说："这实在是因为……"我本能地想解释说我太忙，但我突然觉得不应该解释，于是我说："对于这个意见，我不做任何解释。好，以后我尽量多花一些时间和大家接触。以后你们上课我就坐在后面，呵呵！"

王嫣然说："这段时间的体育课李老师也没有和我们一起跳绳了。"

我说："嗯，其实李老师很喜欢和大家一起玩。我一会儿给你们看我们一起跳绳的照片，照片上，我们跳得很高，好像被截了下肢！"

同学们都笑了，大家都沉浸在一种美好的回忆之中。

任沐之说："你对我们太信任了。"

我幽了她一默："那好，李老师以后不相信你们了！"

大家哄堂大笑……

杨南希说："我觉得有时候大家挺活跃的，李老师却弄得气氛很沉闷。"

我不太理解这句话的意思，正想问问，却看见杜翱举手了——他可是从不举手发言的！我和他开玩笑："啊！我终于可以聆听杜翱的课堂发言了！"

同学们大笑。

杜翱说："李老师周记本上评语写得太少了。"

"好，以后我给你多写一些！"

杨扬说："我觉得最近几个男生犯错误，你老是请家长。"

其实，我根本不是“老是”请家长，而是极少请家长，但我不想多解释，因此我仍然说：“谢谢！”

罗天说：“你在有些事情上对我们不太关心。”

“哦？比如——”我说。

“元旦活动，班上的元旦节目，李老师好像不太关心。”罗天说。

我说：“其实对元旦活动的节目，李老师也在关心，凌飞可以做证，呵呵！我们已经在准备了。我还在想，我们可以多搞一些活动，没有元旦，我们也可以搞联欢。”

卓翼说：“我觉得李老师有时候把有些事情想得太简单。”

“比如？”

“比如学校要求办板报，你却很晚才通知我们，使我们措手不及。还有班会课也是。”

我说：“哦，这是我的错。不过，有的事情我是不想让你们准备，所以搞突然袭击，比如班会课，不要同学们事先知道，不要同学们准备，就像今天这样开班会不就挺好的吗？”

卓翼继续说：“还有，就像这次元旦的节目，我和其他班同学在一个寝室，他们早就开始准备了，我们班最近才通知。”

“好，咱们以后早点准备！还有什么意见？”

何思婷说：“我觉得班规制定得最不好。”

我叫她说具体些。

“用唱歌作为惩罚，根本没有力度，有的同学觉得无所谓，犯了错误不过是唱唱歌而已。”

“哦，你觉得我犯了错误也不应该只是唱歌？”

“不，你可以唱歌，而且你唱得越多越好。你也不必罚款了。我是说同学们犯了错误不应该只是唱歌，这太轻松了，这个完全不像是班规。”她说。

我说：“这个意见我接受一半，还有一半让班干部们去接受，认真修改一下。”

文海说：“你有时候把我们和你以前的学生相比，感觉我们很差似的，不如你原来的学生。”

“比如？”我问。

他说："比如，你说以前你在石室中学的学生发表了很多文章，现在在我们班你找不到学生发表的文章。"

我说："这个意见，有女同学也在随笔上提过。李老师向大家庄严承诺，我以后尽量改正。以后李老师如果再说'像我原来的学生……'你们马上就对我吼：'你说什么？你说什么？'我肯定就不说了，你们还可以继续吼我：'你说呀，往下说呀！'"

同学们大笑。

我又说："这儿顺便提醒一下，我们的自励社已经有人报名了，可文学社还没有人报名。文学社搞起来以后，我会好好培养大家。原来说文学社要限制名额，我现在不限名额了。不过不能超过三十八个！"

同学们又笑了。

周杰说："我觉得李老师有时候对大事不了了之，小事却看得很严重，还要写检讨。"

我要他举例说明。

他说："像打架这些大事你就不怎么重视，像迟到这些小事你却很重视。"

我说："你什么时候打架了？我怎么不知道呢？哦，想起来了。好的，谢谢你的意见！"

魏雨萱说："其实很多时候我们都想和你面对面沟通，可是不知什么时间和你沟通。很多时候要跟你沟通，我得把想说的话写下来，如果要写，又得等到周末，有时等到写的时候，那种感觉就没有了。"

我说："我和同学们沟通，我想无非是三个方式：第一，晚自习大多数时候我都在，6 点半到 7 点的阅读课时可以面谈。第二，你们可以利用随笔周记来写出自己想说的话。第三，我非常提倡同学们网上交流。我和四眼钢牙妹（我说到这里，同学们都对着杨南希笑了），还有宋飞都在网上交流过。我保证，你们三十八名同学的来信，我绝对每信必复，而且不少于 1000 字。虽然这样我会很忙，但我觉得我的工作就应该做这些。"

钟晓说："我在随笔上写过一个建议，你可能忘记了吧？"

我一愣，的确没有想起来，便抱歉地说："真不好意思，我的确忘记你提了什么建议了！"

"我说我们班应该有一个盆子。"

“买个盆子做什么用？给李老师洗脸用？呵呵！”

“不是，盆子里装上水，老师下课可以洗手，搞卫生时也可以用来擦洗黑板。”他说。

我说：“我真忘记了。这个事情让文海和强劲办理。”

钟晓说：“李老师周记里的评语写得太潦草了。”

我说：“好，不止一个同学给我提这个意见了。这样吧，我把评语打印出来，贴在你们的周记本上，好不好？”

同学们纷纷说：“不用，那太麻烦你了！”

凌飞说：“不行，要手写，我们还要你的手稿呢！”

我笑了，同学们也笑了。

周杰说：“今天早上我们组打扫卫生扣了0.1分，今天早晨你叫我们重扫一周，这不公平，如果要重扫，以前扣过分的小组也应该重扫。”

我对大家说：“这个事情大家稍微讨论一下，究竟怎么处理比较好。是重扫，还是不必重扫？”

多数同学们都说应该重扫。

宋飞说：“我觉得应该，这叫抓典型。”

林柔倩说：“应该重扫！以前我们组做得很干净，只是你进来看到有一点灰就要罚我们。”

我说：“多数同学觉得不重扫才不公平。其实这件事我也想过。今天中午在休息的时候我就想到下午的班会，担心同学们能不能提出意见——呵呵，谁让我这么‘完美’嘛！当时我想，如果同学们真的提不出意见，我就把周杰说的这件事提出来，因为我的确觉得我做得不对。但是我认为的不对，与周杰认为的不对不同，和同学们的认识也有所不同。我和你们的分歧在什么地方？周杰着眼于他这个组不该重扫，而我则感到我错在‘人治’。其实当时我就后悔了，因为要改就应该改班规，在班规没有改之前就要以班规行事。而李老师那么做，叫人治。班规上有规定，班干部们可以根据具体情况对班规做出修订。如果要罚周杰小组重扫，也应该通过班干部们。但我没有经过这些程序，马上就说：‘9.9分，重扫！’我的错误在于不应该用一个人的观点取代集体的意见。这叫专制。最近我们班委做了整顿，抓三件大事，卫生、纪律和元旦节目。在这个背景之下严格要求是对的，只是在操作上还是应该尊重班规，以后你们班干部讨论看看是否修订班规。 我不介入了!”

杨海峰说:“有时候你喜欢搞突然袭击。”

我仍然问:“比如?”

“比如没经过我们允许就到寝室去检查。 这让一些同学很尴尬的。”

我说:“可我还是应该关心你们的寝室纪律和卫生呀! 这个问题怎么解决呢? 那我以后就和生活老师联系吧!”

何晓蕊说:“我觉得你抓作业的力度不够。 李老师布置的作业也不多。 像数学课代表杨海峰和杨扬,每天抱着作业本朝吕老师办公室跑,跑得‘咚咚咚’的!”她说话很形象,“咚咚咚”几个拟声词让大家乐了。

我也笑了:“好,我以后每个星期就让你也累得‘咚咚咚’! 这学期还有一个月,我会多加一些作业的。 我一定让你‘咚咚咚’!”

同学们大笑。

可任沐之站起来说:“我觉得语文与数学是完全不同的学科,数学就应该每天做,而语文没有必要做那么多机械的作业。”

我问同学们:“我究竟听谁的意见?”

同学们大声说:“听任沐之的!”

我说:“我觉得是一个分寸问题。 现代文就是要感悟,重在多读多写。 文言文呢,适当做一些练习是必要的。 我已经跟魏老师说了,我们将设计一套文言文的作业,适当加大练习强度。 好,同学们的意见都很好,咱们都是为了大家的共同进步嘛!”

刘骞雯说:“我觉得一些同学的随笔,没有经过人家同意,你就发到网上,这样不好。”

我问:“还有哪些同学和刘骞雯有同样的意见?”

有两三个同学也举起了手。

我说:“是这样的,其实这点我是比较慎重的,包括在班上读,我都要征求意见。 昨天在网上我挂了杨扬母亲的信,都征求了她意见。 而且凡是发到网上的,我都要仔细研究,看是否适合公开。 如果可能涉及同学们的隐私,我绝对不会公开。 这样吧,如果以后有的同学觉得自己的某篇随笔不宜公开,向我及时说明,我就不会放到网上去了。 我绝对尊重大家! 中国人的隐私意识在觉醒,真是一个进步!”

程媛说："我觉得李老师有时候说话不太像话。比如，你说你不轻易请家长，可是那次好几个男生没完成地理作业，你就请了家长。"

我说："我接受你的意见！但是，我并没有请家长。当时我是很生气，把他们请到办公室，后来他们说这样惩罚那样惩罚，说了很多惩罚的方式。我说算了，不惩罚了。他们说用一点来做承诺：以后尽量做作业。我很高兴看到他们几个同学几乎没有缺过作业。有的时候我把'请家长'挂在嘴上是吓唬吓唬大家，呵呵，其实是没请的。我接受程媛的意见！"

我又问："还有什么意见？"

没有同学举手了。

我开玩笑说："嗯，李老师现在没有缺点了！"

这时，舒霈举手了："李老师，你能不能让我们换一个随笔本？我们用这个小学生随笔本写起来很不方便。"

何晓蕊补充说："而且我这个课代表抱的时候也不方便。那天我都是用提包给你提来的。"

我又乐了："对，那天何晓蕊提一大包来，我说大过年的，送什么礼嘛！呵呵！好的，同学们也可以去商店看看，什么本子比较合适，给我建议。"我看还有十分钟，便说："我来统计一下。今天给我提了意见的同学举个手。"

我数了数，共有 23 个同学给我提了意见。"这些同学今天都给了李老师最好的礼物！谢谢！"我说，"请这些同学上台来，我回赠你们礼物！"

同学们一一走到讲台前，我把书赠送给他们，并握手，几乎每个同学接过书都说："谢谢李老师！"

我握住他们的手说："我要谢谢你们！就是为了感谢你们才送你们书的。"我对杜翱说："你看，你第一次发言就有礼物。呵呵！以后要多发言呀！"我又送了两本杂志给刚才猜班会主题的李应生和张自强。最后，我说："今天，咱们互赠了礼物。但是不要忘了，新年之际，值得我们送礼物的人还有很多。你们说，还要送哪些人礼物？"

同学们说："生活老师！"

我说："是的。新年之际，我们都会收到礼物，但许多普通的劳动者为我们服务，也应该得到我们的礼物。还包括实验室的老师、小学老师、幼儿园老师。你们承载的爱太多太多，远远不是一句新年快乐就可以报答的，但是说了比不说好。最后，谢谢同学们给我的礼物！下课！”面对同学们鲜活的青春面庞，我又说：“再次谢谢同学们！祝同学们新年快乐！”

“祝李老师新年快乐！”同学们大声说。不少同学走出教室路过我的身边时，要我在书上签名，我说我还要继续开会，晚上再签。

班会结束后，不少老师都说我的学生们很可爱，全班充满积极向上的气息！接下来，我给老师们做了一个报告——《新教育和新的师生关系》。

晚上，我来到教室里，同学们纷纷拿出《与梦飞翔》。我在讲台前坐着，大家将我团团围住，里三层外三层，一时间我成了“明星”。我不停地给每个同学的书题词签名。

我给文海写道：“谢谢你对我的帮助！祝你新年快乐！”签第二本时，我还想这样写——这是我的心里话，可同学们不答应了，非要我写不同的内容。于是，我绞尽脑汁写不同的题词：“很高兴成为你的朋友！”“愿我们永远是朋友！”“希望继续得到你的帮助！”“和你在一起，我会永远年轻！”……

给杜翱是这样写的：“你第一次发言就得到礼物，我好羡慕你哟！保持！”

给杨扬是这样写的：“你的淳朴、善良、自信，我很欣赏！祝你——”我停了一会儿，抬头问她：“你猜我祝你什么？”

她猜不出来。

我笑着写道：“祝你长胖！”

每一个同学的书上，有一句话是共同的：“祝你新年快乐！”不过，有的书上我写的是：“祝你新年巴适（四川方言，意为愉悦、顺利）！”“祝你新年安逸！”“祝你新年安登儿逸（四川方言，意为舒服、幸福）！”

题词、签名写完后，我看了看上周同学们写的周记。这个周记是学校统一要求每一个学生写的，主要是学生自己的一周小结和班主任的评语，周末拿回家给家长看。平时，我们班周记都是王老师写评语，但我都要看，也要写简单的评语。宋飞和陈霜蝉最近进步不少，几乎再也没有缺作业，而且纪律也不错。因此，我在他们的周记本上写了一句：“最近进步很大，希望家长奖励！”然后我把本子交给两位同学，说：“拿着我这个批语，到你们爸爸妈妈那里去领奖！”

远处焰火缤纷，同学们有些躁动不安，自习课也不太安静。文海上来代表同学们对我说：“李老师，同学们都要求今晚不上课，搞活动。可以吗？”

我十分理解同学们的心情，但我这样对大家说：“其实，我上周就想过今天晚上我们搞个活动，但那天我对德育处徐主任说起，他说考虑到安全等因素，各班都不搞，等到元旦前夜，全校再搞联欢。我觉得我们作为一个班，应该服从全校的统一安排，不能搞特殊。你们想想，如果我们班在教室里搞联欢，必然会影响其他班同学的学习。请同学们一定要理解李老师，同时你们也应该克制自己。”

大家不说什么了，虽然心里可能都有些不高兴，但毕竟还是安静地学习了。渐渐地，其他教室有喧哗声传来，显然是有的班在搞活动。声音越来越大，我实在忍不住了，便走出去看是哪个班，结果发现是对门教室。教室的灯光是熄灭的，我走进去把日光灯打开，看到同学们和英语老师赵老师正在兴奋地唱歌。我对他们说，这样会影响其他班同学学习的。他们纷纷表示歉意，赵老师抱歉地说不知道学校的规定，她马上停止联欢。赵老师还对我说，原来还准备第二节自习课在我们班搞呢。我说不要搞了，如果同学有意见，你就说是李老师不同意搞。

我回到我们班教室，同学们在继续自习。快下课时，我说：“我知道赵老师本来要给你们搞活动，但我已经告诉她不要搞了。我们一个班不是孤立的，不能搞特殊，不能只顾自己而影响其他班。希望大家在这点上也能战胜自己！”一些同学表现出不高兴，不过也没有说什么。第二节是赵老师守自习，我便走了。

但刚走不远，就听到身后传来我们班的喧闹声，我转身回去，果然看到同学们正在闹闹嚷嚷地要求赵老师搞活动。

我严肃地说：“这就是你们的不对了。李老师已经把道理给你们讲了嘛！怎么还这样呢？”

教室里安静了。

碰到王老师，我对她说：“今晚同学们都有些躁动，你要特别注意一下同学们，严格要求，不能迁就。”

她说：“好的。你放心！”

12 月 25 日　　　　星期六　　　　阴天

读《一碗清汤荞麦面》

昨天晚上，魏乐庭给我一封信，因为忙，当时没有来得及拆开看。今天早晨我拆开看了。最近特忙，不能及时回信，只能等到元旦再给她回信了。

今天上完课，我就要去南昌讲学，因此离家时我把行李都带上了。

一到学校，就听说昨天晚上第三节自习课同学们不太守纪律，有同学提醒，其他人还不听。学生的这个表现并不让我意外，但我还是不太舒服。可一走进教室，同学们都开开心心地向我问好，还要我看他们布置的教室。我看了看，教室的墙壁上贴满了贺卡，窗户玻璃也都装饰了一番。同学们看我挎着相机，便要我照下来，于是我便把贴着贺卡的墙壁照了下来。

同学们很高兴，我便把镜头对着他们，大家赶紧笑眯眯地对着镜头。一时间，教室里的气氛很不错。我心里犹豫着：是否还要说说昨晚的事？如果说了，必然会破坏这美好的氛围；如果不说，我觉得也不行，毕竟同学们违反了纪律。我一边把相机放进套子里，一边吞吞吐吐地说："我……其实现在不太高兴。因为昨天晚自习……这样，有关同学能不能谈一谈事情的经过?"

强劲站了起来："昨天上自习有点吵，有同学就把书摔掉了。"

我说："真的这么简单吗？这是全部的实话吗？昨天我看有同学在周记本里写道，有一次他说了实话，结果吃了亏，有些人不说实话，结果逍遥自在。我在后面写道：'你觉得你吃亏了吗？如果这样想，我很为你担心。'昨天晚上是不是像强劲说的这么简单？就是'有点吵'？……"

我突然看到坐在我身边的李应生嘴里居然还含着棒棒糖！

我批评他："你这个行为是不能原谅的！你居然还……"我正要继续严厉批评他，但看到他脸上呈现出很尴尬的表情，似笑非笑，好像很惭愧，于是我忍住了："算了，不说你了！"

我继续说昨天晚上的事："其实，我有一千个理由可以原谅你们。但如果这个可以原谅，那很多缺点都可以原谅。你们说话是没有算数的，我昨天走之前大家已达成共识，可你们没有做到。可能你们会说李老师要理解你们，我当然尽量理解你们，比如昨天我在楼上就想，可能昨天有同学在宿舍里聊天聊得比平时晚。有没有这种情况？我心里想的是，如果真是这样，也应该理解你们，不予追究。可是你们连上课都不守纪律了，这就不能够原谅了。大家经常说要磨炼自己，怎么磨炼自己？就是要在面对诱惑的时候控制自己。同学们之前的表现都非常好，展示了我们班的风采，老师们的评价也非常好，这些我们都要保持。像今天教室里这样布置是可以的，但不能影响学习。既然选择了考大学，就要勇于克制自己。我告诉你们李晴雁前天是几点钟睡的。昨天早晨她的闹钟响了10分钟，她居然没有被叫醒！我问她头天晚上几点钟睡的，她说是4点钟睡的！所以，这几天我非常生她的气，昨天我强迫她11点钟前必须在床上躺着。我的意思是说，选择了考大学就得做出一些牺牲。我经常讲这个道理。你如果不考大学，随便做什么，只要不犯法都可以。但我们既然选择考大学，选择了咱们这个班，那就得比一般人付出更多。徐主任说，他已经给高一年级1、2、5班的学生说了，下学期，如果有人觉得不适应我们学校，可以另做选择；如果有人不符合我们学校的要求，学校也会淘汰他。我可不希望咱们班有同学被淘汰，我真希望到了高三我们班还是在座的三十八名同学。”

有同学问：“我们高二分班怎么办？”

我说：“当然，我这儿说的是不希望同学们因为被淘汰而离开我们班。如果是正常的转学和分文理科，离开我们班是可以理解的。比如说你们的爸爸妈妈调到火星上去工作……”同学们爆笑。“那我肯定还是能够理解的。哈哈！非常抱歉，今天李老师批评大家了，在李老师要远行的时候还要说这些话。”

同学们问：“李老师要到哪里去？”

我笑了：“南昌。南昌市教科所邀请我去讲学。知道吗？南昌有一座非常著名的楼。”

同学们开始猜测：“黄鹤楼！”“岳阳楼！”

我提示道：“‘秋水共长天一色’是写哪座楼的？”

有同学反应过来了：“滕，滕……”就是“滕”不出来！

“滕王阁！”我说，“我明天就回来。本来今天李老师心情还是很愉快的，不断地收到祝贺。我打开电脑，有几十条留言，发现那么多网友关心你们，有许多网友非常熟悉你们，说‘代我向你三十八个孩子说声新年好’。我的手机上还有一个网友的短信，也要我向你们问好！”

我把手机短信读了一遍，说：“你们看，多少人关心你们呀！好了，现在我给大家说一下今天语文课上什么内容。1988年，我在一期《外国小说选刊》上读到一篇短篇小说——《一碗清汤荞麦面》，非常感人。当时我便给我的学生朗读了，并说真该把这么感人的文章选入中学语文教材。两年后，中学语文教材果然选了这篇小说！不过，题目翻译成了《一碗阳春面》。我觉得，还是原来的《一碗清汤荞麦面》这个题目更打动我。”

我拿出一本旧语文教材给同学们看，继续说："遗憾的是，现在你们学的语文教材又将这篇小说删除了。今天，我就打算给你们读这篇小说。这篇小说是一个日本作家写的。说到日本，我们会想到日本侵华，想到南京大屠杀，我对当年的侵华日军和今天否定侵华罪行的日本右翼分子恨得咬牙切齿；但是，我们也要理智地看到，多年来，直到今天，也有不少日本人在为中国讨回公道而不懈努力。同时，日本作为世界经济强国之一，这个国家及其人民必然也有许多值得我们学习的地方。比如，今天我要读的小说中所反映的一种精神品质就值得我们学习。"我开始朗读——

对于面馆来说，最忙的时候，要算是大年夜了。北海亭面馆的这一天，也是从早就忙得不亦乐乎。平时直到深夜十二点还很热闹的大街，大年晚上一过十点，就很宁静了。北海亭面馆的顾客，此时也像是突然都失踪了似的。就在最后一位顾客出了门，店主要关门打烊的时候，店门被咯吱咯吱地拉开了。一个女人带着两个孩子走了进来。六岁和十岁左右的两个男孩子，一身崭新的运动服。女人却穿着不合时令的斜格子的短大衣。"欢迎光临!"老板娘迎上前去招呼着。"……唔……清汤荞麦面……一碗……可以吗?"那女人怯生生地问。那两个小男孩躲在妈妈的身后，也怯生生地望着老板娘。

…………

教室里一片宁静，同学们显然被打动了。当我读完最后一句，同学们仍然沉默着，过了一会儿，才爆发出雷鸣般的掌声……读的过程中，我和以前一样，不断地结合所读的内容自然而然地做即兴评论。比如，读到母子三人在大年夜去吃一碗面时，我说："我们当然不可能大年夜去买一碗面，但你们能不能对得起你们的母亲？你们在这里的每一天，是让母亲欣慰还是难过呢？当你们的母亲知道你们昨天晚上自习课是这样的表现时，她们会做何感想?"

我还一边读一边对小说的艺术特色进行评说……

同学们依然静静地听着我的评论。快下课了，我说："前两天，我收到杨扬妈妈的来信——我昨天征求杨扬的意见，说：'明天上课可能要提到这封信，你同意吗?'杨扬说没问题。杨扬妈妈在信中说，杨扬初中毕业时，当地的好几所学校都希望杨扬前去读书，但杨扬说她愿意到成都读书，于是很多老师劝她，到那儿的学生大多是有钱人的孩子，可能有人欺负你啊。但她仍然坚持到了成都，到了我们学校。她妈妈说每次杨扬回家都说班里的同学好，班里的老师好。她的妈妈非常感谢同学们，在信中让我一定要代她向班里的老师和同学问好。我想，我们班的确是一个很温馨的班。虽然今天李老师批评了大家，但同学们的好，李老师要表扬。我多次说过，我们与他人相处，也许不经意间的一句话就会影响到他的一生。小说中的老板娘不可能想到一碗面会影响到这母子三人以后的生活，影响孩子的一生，但的确影响了。我们也是如此，可能不经意的一个动作、一个眼神，就会伤害到一个同学的心，甚至影响他的未来。这种影响可能是积极的，也可能是消极的。昨天我做了一个报告，我说学校的教育要注重教做人，知识是人格的一部分，关键还是人格！这就是为什么李老师总是强调要善良正直。本来这篇小说，我早就想给你们读，但我觉得放在新年前夕读更有意义。再过几天就是元旦了，我想，三年以后，三十年以后，你们可能会想到：‘哦，我当年读高一，在新年前，李老师给我们读了一篇小说《一碗清汤荞麦面》。’愿你们永远善良！”

下了课，我直奔机场，午后到达南昌。下午，我在南昌市教科所胡老师的陪同下，游览了著名的滕王阁。在滕王阁四楼的小工艺品店，我买了 40 张用树叶做的书签，上面印有王勃的《滕王阁序》。我打算回去每个学生送一个，我女儿一个，王老师一个。东西虽不起眼，但也算我送给他们的新年礼物。

胡老师说：“做您的学生真幸福！”

我说：“应该说，我做这些学生的老师很幸福！”

12 月 27 日　　　　星期一　　　　晴

谁是进步最大的同学

上周我叫同学们在随笔本上写一篇小作文《进步最大的同学》。

今天收上来看，被写到的同学真不少。有两篇是写宋飞的。

张自强：“自从那天晚自习开始，宋飞便开始作为一名真正的班干部来执行他的任务了——上自习时督促同学们不要说话，课间监督同学做眼保健操……就连他自己也少了很多闲话。我看在眼里，真为他感到高兴，他是我的好朋友，现在他有了明显的进步，我怎能不表扬一番呢？希望他能坚持下去！”

陈鑫："现在的他好像变了个人似的，对人不但客气了许多，就连开玩笑也并不像以前那样过分了。 他身为纪律委员，以前的自习课他总会将那些有意无意违反纪律的同学臭骂一顿，而现在，更多的是用平心静气的提醒代替以前粗暴的管理方式。 他的学习态度也改善了许多。 平常围着老师问问题的同学当中也多了他一个。 我想他在这次期末考试中的成绩一定会有明显提高。"

此外，林柔倩同学还写到钟晓的进步，还有文海、张自强等同学也被同学们表扬进步大。 当然，更多的同学写的是陈鑫，如果把同学们写的作文视为"进步奖"选票的话，那陈鑫无疑是得票最多的同学。

杨心："首先，在学习上，陈鑫就有很大的进步，每天上课都比较认真，积极地思考，有一次在物理课上还提出了自己的见解，与老师进一步探讨。 其次，在生活上，他与同学之间的关系也有所好转，特别是和周杰。 陈鑫还是个热心肠的人，我经常看见他给同学（杨南希）讲题，而且非常耐心，不厌其烦。 我从陈鑫的作文中也能体会出他是一个很善良的人，他很爱自己的妈妈、奶奶。 尽管陈鑫还有许多缺点，但看得出他在尽力地改正，在试着改变。"

钟晓："一个月以前，他还是一块'顽石'，上课睡觉，大声讲话，瞎起哄，不尊重老师，还侮辱同学，甚至和同学打架。 而如今他变了个人，而且还爱上了学习，可见他的进步是突飞猛进的，而我不说，大家也该知道他是谁了。 ……现在的他，是崭新的他：现在他爱上学习了，在课堂上不睡觉、不起哄了，而是把那股劲用在了积极思考、认真听讲上，并且按时完成作业，而且还经常问问题，他真真正正地爱学习了。 成绩提高自然不用说，有好些科目还是顶尖呢！在行为等方面，他也有了相当大的进步，开始被同学们所接受，并且同学们爱和他在一起玩了。"

当然，陈鑫进步大并不说明他现在就完美得没有一点缺点了。 有同学在写唐西龙的不良表现时提到了陈鑫现在仍然存在的问题："那天李老师说给唐西龙妈妈打了电话，告诉她唐西龙有进步。 我倒是觉得唐西龙虽然在成绩、学习上有所进步，但行为真的很难让人觉得他这个人有进步。 前几天就不说了，只是带头打闹。 昨天的事，当然，有谁敢说自己不想玩儿呢？只是不能狂欢，抱怨几句也就罢了。 唐西龙却一直在那儿骂，语言简直不堪入耳，还写什么抗议书让同学们签名，不签的他就骂人，那些话听到就让人觉得气愤。 有的同学认为他的行为习惯变成这样是受了陈鑫的影响，我也这样认为。 前几天的自习课上，他们俩不是一起给班上的同学取外号（很难听），就是唱网络黄色歌曲。之前陈鑫没来的时候班上也没有人唱这种歌，到现在班上至少有一半的男生都会了。他们拿同学开黄色玩笑。陈鑫还有一个缺点就是爱嘲笑别人穿的鞋子呀衣服呀是些不知名的牌子，语言恶毒！”

我在部分同学中进行了一些调查，事实的确如此。这篇作文至少有两个信息提醒了我：第一，我打电话给唐西龙的母亲说他有进步，只是我之所见，而在同学们眼里他并没有进步，以后我应该多听听同学们的意见；第二，陈鑫在进步的同时仍然存在一些严重的问题，在我看来，这是正常的，不能指望一个同学在一个早晨改掉所有缺点。

课间操的时候，我把这作文中的内容告诉了唐西龙，他也承认基本是事实。我很严肃地对他说：“我以为你有进步，可同学们却发现你没有进步。我认为同学们比李老师公正。我对你的表现很心痛！这样，我现在不打算多说，你先好好想想，想好了之后再来找我，好吗？”

关于陈鑫，我准备明天再找他谈。

刘陵也写到自己的进步。课间，我找到刘陵，拍着他的肩膀说：“你的随笔我看了，我也认为你有进步！保持！不多说了！”

在今天的随笔中，我还了解到，在星期五我们班举行班会前的上午，学校就把班会评比结果贴出来了，我们班获得“特等奖”。尽管这个同学请我不要公布她的姓名，不要在班上读她写的这篇随笔，但想了很久，我还是决定匿名保存在这里，作为对我的提醒——

> 星期五早晨，我在我们学校看到了一个令人难以置信的红榜，全校班会高一(3)班荣获特等奖，而且全校仅此一个特等奖。我看了很纳闷：我们之前搞过什么班会得奖了？李老师的班会明明就在下午，还都没有开过，居然就得特等奖了！当时只有几名老师在场，怎么说也不能得一个特等奖吧？那上次王老师关于“叩问爱情”的班会呢？恐怕也不是吧！那次已经得了奖了，而且是两个多月前的事情了，和这次评课又有什么关系呢？想来想去就只有星期五下午那堂还未上过的班会课了，别说得奖，就连那堂课是关于什么主题的我们都不知道(李老师总喜欢吊我们胃口)，何况是得特等奖呢！
>
> 虽然能得奖是我们的荣誉，但这奖是不是拿得太牵强了？我们还没有付出任何劳动，可以说除了知道要上课，什么都不清楚。我不敢面对那张“神奇”的

红榜，更不敢面对别的班那些为这次班会费尽心思的老师与同学。

…………

读了这篇随笔，我的第一感觉是惊讶，因为我一直不知道那天上午就已经贴出红榜了；第二个感觉是欣慰，我为我的这名学生的正直而欣慰，让我欣慰的当然不止这一名同学——还有同学在这次随笔中质疑所谓“特等奖”。从某种意义上说，我正是希望我的学生成为这样的人：任何虚假的荣誉都不能要！正如另一名同学在随笔中写到这件事时所说：“我们班班会的效果，无愧于特等奖，但程序有问题——获奖应该是在班会后而不是在班会前。”

我感到脸红。平时常常抨击“假教育”，但我自己却遭遇“假教育”。尽管我在此之前对此一无所知，如果不是看了学生的随笔我至今仍然不会知道，但毕竟与我有关，我仍然感到尴尬与难受。后来我了解了一下，原来这是因为德育处一个小小的失误造成的。但中午读报课，我还是在班上做了解释，并说明我已经向学校提出取消我们班的“特等奖”，同时表扬了同学们的正直和诚实，还特别强调：我们以后获得的任何奖励都应该名副其实，否则绝对不能要。

今天，我收到了全班同学写给我的贺卡——

镇西兄：

您就像“傻大哥”一样细心照顾着我们。在元旦即将到来之际，祝您身体健康，万事如意！

高一(3)班全体同学

12月27日

12月28日　　星期二　　晴

趁热打铁促进步

昨天下午语文课快结束时，我提到了个别同学骂脏话：“我们班这段时间进步越来越大，这次写‘进步’，好多同学都提到宋飞，也有说文海的，更多的同学写陈鑫。但我要说的是，也有同学在咱们这个班上不是在进步，而是在退步。星期五晚上，有同学想搞联欢会，便叫同学签名，有同学不签便骂别人。我要对这个别同学说，说一句脏话全班同学都听得见，难道你不害臊？我希望我们每一名同学都注意一下自己在全班同学心中的形象。我坚信我们班每一名同学，只要李老师轻轻一提醒，他就会改正。以前做错了，改正就是了。李老师也要改正缺点，我准备把你们那天给我提的意见弄成一张表，贴在教室墙上，让同学们监督李老师改正。我们来比赛，看谁能更快地改正缺点！”

今天我把几篇写陈鑫进步大的随笔给了陈鑫，让他看看；同时，我也把那篇涉及他仍然存在的问题的随笔给他看。

中午读报课，我把几篇随笔在班上念了。有一篇是写同学互相指出不足之处，进而改正的。我对大家说：“这才是最纯正的友谊！”

我把陈鑫叫来，问他看了同学们写的随笔有何感受，他说：“同学们说的都是事实。”

我说：“对你的批评也是事实吗？”

他说：“是的。”

我说：“同学们是公正的。你取得的进步大家都看在眼里；你存在的问题，大家也看到了。但我认为，你现在存在的问题，是进步中的问题，这和没有进步时存在的问题是两码事！不过，我还是希望你逐步克服这些问题。好吗？”

他点点头。

12 月 29 日　　　　星期三　　　　阴

教学生面对困难

周杰在随笔中谈到自己的苦恼，我在后面批了一句：“找我聊聊。”

课间我找到周杰，对他说：“你能意识到自己的性格弱点，这是很好的，但也不必背思想包袱。你要尽可能在生活中、在集体中培养自己豁达宽广的胸襟，不要什么都那么计较。当然，面对不良现象，比如有同学违反纪律，你看不惯，这是你有正义感的表现，但也不应该发脾气呀！一会儿我上课谈谈这事，提醒一下大家，好吗？”

他表示同意。

凌飞今天在语文课上的演讲是《跨栏》。他说——

体育比赛中的跨栏与人生有许多相似的地方，但也有许多区别。体育比赛的跨栏是固定的，而人生的跨栏可变性很大。随着年龄的增长，我们会经历大大小小的考试，这是不可避免的。考试的难度有高有低，这也是我们不可避免的。以后，我们会上大学、毕业，然后找工作。现在的就业形势是非常严峻的，当然，人会遇到不同的工作，会取得不同的成绩，成年以后我们还会遇上婚姻家庭问题。有的人在跨栏的过程中轻松自如，有的人则会跌倒。总之，人生就像跨栏一样，会经历许多挑战，当你用力跨过以后，你的人生就会非常精彩。我们应该勇敢地跨好每一次栏！

我充分肯定了凌飞的观点，然后接着他的话题说："人生的确如同跨栏，但最大的一个栏不是考试、婚姻，而是自己的弱点。我在网上写文章时说过一句话：只有自己能够打败自己。我还想补充一点，咱们班同学之间应该互相帮助，互相促进，让人感觉到温暖。上个星期，同学们写到了自己的进步。还有同学写到文海、宋飞在班级工作上有进步，这就是同学们对他们的帮助。还有很多同学谈到了陈鑫的进步。有的同学说陈鑫的进步得益于李老师的耐心教育，错了！这是大家对他的帮助，是我们集体对他的教育。所以我对陈鑫讲：'你犯了错误时，同学们义愤填膺；但你有了进步时，同学们也会为你喝彩。'但是，昨天我还给陈鑫看了同学们为他指出缺点的随笔，并对他提出了非常严厉的批评。他承认都是事实——同学们说的他的进步是事实，同学们说的他存在的问题也是事实。这也说明同学们是公正的。可能某一名同学对你有偏见，可是大家是公正的。下面，我要说另外一个事情。周杰遇到一个困难，需要大家的帮助。他在随笔里说他的性格不好，太急躁了。我觉得同学们首先要有一颗宽容的心，每一个人的性格不一样，并不是说宽容就是原谅缺点。其他同学要宽容周杰，尤其是男同学。有些同学说看不惯他。你看不惯别人，别人也看不惯你。一个集体，大家应该相互坦诚，尤其是男子汉。我觉得每一名同学都应该思考：我应该给其他同学留下什么印象？我在集体中留下了什么形象？"

12 月 30 日　　星期四　　晴

元旦篝火晚会

这几天不断收到同学们的贺卡，杨心的贺卡上有这么一句话让我特别自豪——“很感谢您在这个学期对我的关心和教导，能在您的班上学习是我的骄傲！”为什么我会感到自豪呢？我的愿望就是要让我的每一名学生因为遇上了我而感到幸运。现在至少杨心感到了幸运，我当然没有理由不自豪。

班长文海对我说，同学们给生活老师、保安师傅、实验室老师等的贺卡都已经写好了，但还差几张贺卡，所以给医务室医生和车队师傅的贺卡还没有写。现在买也来不及了，我便把我手中的几张贺卡给了文海，请他务必今天写好，然后分别送出去。

看着同学们能够给平时默默无闻的老师、师傅送去新年问候，我心里感到暖融融的。

几天前听说凌飞最近心情不太好，我便对他说：“近期抽个时间我们好好聊聊，如何？”他很爽快地答应了。

凌飞是一个很特别的孩子，刚入学军训时就表现出烦躁不安和性格的脆弱，开学以来思想一直比较颓废；学习成绩不平衡，理科比较好，但语文成绩很差，写作更是“惨不忍睹”。不过，从他的随笔来看，他很有上进心，对自己要求也很高，同时有许多成长的烦恼。虽然因吸烟挨了一个处分，但作为班干部，他工作还是比较负责的。前不久同学们给班干部投信任票，他的票数最多。真正让我对他产生希望的，是那次班委会上，他说：“我们不应该去怪同学们，而应多问问自己为同学们做了什么！”总之，我感觉凌飞是有突出缺点但也有着强烈上进心的孩子，值得着力锻造。

今天中午，我把他请到办公室，和他聊了起来。我先请他谈谈他有什么苦恼。他说：“我对自己总是不满意，心里有时候很烦。刚刚来这里的时候，我很不适应，所以比较心烦。最近对自己更不满意了，常常在日记中反思自己，也做了些调整。还有，就是对同学，特别是对我们班男同学很不满意，他们整天只知道打闹，实在是太幼稚了。我不认为我们这个班的同学有多么优秀，比起我心目中的优秀还差得远！”

我和他分析起来："你的烦恼，是成长的烦恼。我为你有这种烦恼而感到高兴，这说明你正在走向成熟。和你一样，我也感觉我们班许多男生很不懂事，显得比较幼稚。但是，这也是大多数男孩子的正常表现，毕竟处于青春期，精力旺盛。你应该宽容同学，不能苛求他人。你要调整好自己的心态，不然，你以后长大了，老以自己的标准去衡量别人，就很容易失望。"

他说："我最近也意识到了这个问题，已经开始调整自己。但我对我们班的班干部太失望，比如文海，军训的时候我对他真是充满希望，但他正式当上班长后的表现实在让我失望。还有其他班干部，也表现得不令人满意。当然，我也没有做得很好。"

"最近怎么样呢？"我问。

"最近有些进步，但我仍然不满意。"他说，"我觉得班委有个问题，就是男生太多，这样一来，几个男班干部不负责就没有人管得了。这是当初选班干部时的一个失误。"

我问他觉得自己的行为习惯如何，他说自我感觉还好。我笑了："那你还吸烟呢！"然后，我又问他最近有没有吸烟，他说在学校绝对没有吸烟。我很奇怪："在学校没有吸，那你在哪里吸了呢？"他笑了，有些不好意思地说："在家里有时候吸烟。"

我更奇怪了："你爸爸妈妈不管你？"

他说："他们这方面对我管得比较松。"

我心里叹了口气，但脸上没有表现出特别生气，只是说："这里，我不想从违反《中学生守则》的角度说这个问题。我只想说，吸烟既对身体有害，又浪费钱，实在不合算！你不应该吸烟，哪怕是在家里。"

我谈到对他的期望："凌飞呀，李老师现在不把你当学生而把你当朋友，对你说几句话。我觉得你的确是可以培养的好苗子，我确实想把你当成我过去教过的杨嵩、程桦等学生一样来塑造。"我给他谈了谈我以前教过的杨嵩、程桦、陈峥等优秀学生的成长，然后继续说："李老师教过成千上万名学生，以后还会教许多学生，不可能要求每一名学生都出类拔萃，但你应该出类拔萃！我不可能要求每一名学生以后都干大事业，但你应该立志以后干一番大事业！在李老师教的学生中，绝大多数人，我希望他们成为合格的中学生，另有一小部分，我希望他们成为真正的栋梁之材。在一个老师的教育生涯中，发现一个或几个可以着力培养的好苗子，然后用心培养其成才，这是最让老师骄傲的事。甚至可以说，一个老师一辈子如果能培养出哪怕一个杰出的人才，也足够了。李老师现在对你也是这种心情。这不是对你的偏心，而是因材施教，是富有个性的教育。因此，你要理解李老师的心情，理解李老师对你的严格要求。”

在说这些话的过程中，我不断给他讲杨嵩的成长故事。他听着，并不时很郑重地点头，那一刻，我觉得凌飞实在是很懂事。

在聊的过程中，凌飞表现出了对现在的班干部的不满。我想到在随笔中，他也曾经多次表达过这种不满，便问他：“如果同学们都拥护你，你愿不愿意承担起班长的责任？”

他说：“我还没有仔细想过。”

我说：“我建议你争取竞选班长，原因有两个：第一，为我们班。一个人应该有点责任感。通过自己的努力为班级建设贡献力量，这是一件很有意义的事，还可以让同学们因你的存在而感到幸福。第二，为你自己。你目前的数理化成绩比较好，但能力还不全面，你看你昨天的演讲就很不成功，而未来社会需要的人才必须拥有全面的能力，这都需要从现在开始锻炼自己呀！”

他说他的确为自己的演讲能力不强而苦恼，但是他没有就竞选班长一事表态。我问他有什么顾虑，他说：“我担心自己做不好。”

我给他分析道：“其实现在的班干部做得也不好，如果你当上班长，我可以说，只要稍微尽点力，班上就会有积极的变化，你也会赢得同学们的拥护。”我还说：“如果你真的竞选成功，我建议由你确定班委成员，这样可能更好些。”

他若有所思，过了一会儿说：“我考虑一下吧！”

我说：“好。我会尊重你的。”

下午语文课，我给学生评讲作文《我也有一个梦想》。这次作文要求写演讲词，为此我也写了一篇同题作文，读给同学们听——

> 我特别敬仰的陶行知先生说过一句话：“先生之最大的快乐，是创造出值得自己崇拜的学生！”我把这句话作为我的教育信念。让学生成为自己崇拜的人，这是我的梦想！
>
> 小时候，我曾梦想自己成为一个人格高尚、学识渊博、才华横溢、能力出众的人。但我有太多的遗憾：书读得不多，学问不高，修养不好，综合能力也不强……每当想起这些，我总是自卑而沮丧。但是，因为现在我是教师，所以我并不绝望。我可以通过每天的工作，培养出一批又一批在各方面远远超过我的学生，我梦想我的学生都是值得我崇拜的出类拔萃的人！

注意，所谓“值得我崇拜的出类拔萃的人”，并不一定是名声显赫的科学家、企业家、文学家或其他什么名人——当然也包括这些——但更多的是默默无闻的普通劳动者，正像多年以前我教过的一个学生程桦所说的那样：“任何一个有追求的劳动者，都可以成为普通岗位上的巨人！”

如果他们是科学家，他们会像杨振宁、邓稼先一样倾尽自己的才华，为中华民族的科技事业赢得世界声誉；如果他们是文学家，他们会以中国人民的欢欣和苦难作为自己创作的源泉，进而写出反映我们这个时代的真实的史诗；如果他们是国家公务员，他们会时刻牵挂民间疾苦，把每一位劳动者都当作自己的亲人，绝对不会以权谋私大搞腐败；如果他们是普通的商店服务员，他们会以自己的真诚善良，让每一个顾客有宾至如归的感觉……

更重要的是，我希望我的每一名学生都是独一无二的最好的自己。在明丽的蓝天下，每个人都是一棵生机勃勃的树。我们生活的世界本身像一片森林，其中有的人是乔木，有的人是灌木；有的人是参天的白杨，有的人是婆娑的杨柳。我的每一名学生将来所从事的职业肯定各不相同，但有一点我希望相同：都是自己所在行业的佼佼者。问题不在于做什么，而在于要成为最好的——

也许不是最美丽的，但可以最可爱；也许不是最聪明的，但可以最勤奋；也许不会最富有，但可以最充实；也许不会最顺利，但可以最乐观……因此，若是工人，就要当技术最出色的工人；若是营业员，就要当服务质量最佳的营业员；若是医生，就要当医术最高明的医生；若是教师，就要当最负责的教师；甚至哪怕只是在街头摆了一个小摊的摊贩，也要当最受顾客称道的劳动者！也许不能成名成家，不能名垂青史，但可以成为同行业中千千万万普通人里最好的那一个！

最后，我还要说，我崇拜的学生，无论从事什么职业，他们首先是中华人民共和国的现代公民，具有民主、自由、博爱、平等、宽容等现代意识，并把这些意识体现于生活的每一个细节。除了崇拜真理，他们不迷信任何权威；除了遵守法律和服从自己的良心，他们不屈从于任何强权的意志。作为普通公民，他们时刻关心着国家的命运，并用自己每一天的努力，推动着中国的进步。

这篇演讲词刚朗读完，教室里便响起了热烈的掌声。在掌声中，我说：“我相信，同学们是不会让我失望的！”我还说：“我希望同学们以后都是善良正直的公民。”我突然提高了音量，厉声说道：“我特别要说，希望你们以后当了官，一定不要做贪官。如果以后谁成了搞腐败的贪官，就永远别来见李老师！”

快下课时，我说：“为了表达我对同学们的一片心意，也是感谢同学们对我的帮助，我决定请大家吃饭，我已经在学校旁边的冯庄酒店订了四桌饭，今天晚上我们全班聚餐！”同学们欢呼起来，有的同学说：“早就该请了，上次你不是被评为十大教育明星了吗？当然该请客。”

晚上，我和王老师带领同学们在酒店聚餐。虽然不能喝酒，但我和同学们以水代酒频频举杯，共祝新年快乐，我特别祝同学们学习进步，还祝王老师更加漂亮！聚餐后，我们又回到学校音乐厅参加才艺表演活动。学校考虑我们班班风很好，特意把我们班同学安排在最前面的两排。后来幼儿园的小朋友们来了，我请同学们主动让小朋友们坐前排，我们班坐到后面去，但女同学们说：“让我们抱着小朋友们吧！”于是，前排的女同学们便抱着小家伙们看表演。

第一个上台表演的是我们班的张自强，他演唱的《白桦林》赢得了全场喝彩。我还特意给他拍了不少演出照呢！

我看同学们津津有味地看着表演，便离开了他们，因为小学部也邀请我去看他们的表演。我走过操场时，看到几个初中的同学在打闹奔跑，手里还拿着木棒之类的，我便上前制止，然后把他们叫到一旁教育。他们很紧张，我很和气地跟他们说了打闹的危险，然后向他们保证不会告诉他们的班主任，但条件是不能再继续打闹。他们赶紧向我表示一定改正。

然后，我想回到音乐厅，因为我看时间不早了，估计表演快完了。路上刚好碰到杨校长，她很生气地告诉我，刚才 3 班同学很不听话，台上的同学在演唱，3 班不少同学把手里的荧光棒往台上扔，而且不听指挥，一时间现场秩序很乱。

当时我非常生气，走进教室，看到王老师正在批评同学们。我对同学们说：“你们知不知道今天晚上学校安排我们 3 班坐前面的良苦用心？我们辜负了学校的信任呀！今天本来是个高兴的日子，但你们怎么这样不懂事呢？刚才哪些同学不听指挥往台上扔荧光棒？”

张自强、黄尼莫、唐西龙、李应生站了起来。

“还有哪些同学没有守纪律？”我问。

何晓蕊等同学也站了起来，但她们解释道：“因为我们抱的小朋友要去捡地上的荧光棒，所以我们就离开了座位去保护他们。”

王老师说：“抱小朋友的同学可以坐下。”

我没有说话，但心里已经原谅了她们。想到我们班的同学影响了全场的秩序，我生气地说：“这几名同学必须在全校做检讨！今天晚上我们都不去参加篝火晚会了，就坐在教室里，算是对我们的集体惩罚！”

杨扬说："李老师，原谅他们吧！别叫他们在全校做检讨。"

我问："那怎么挽回我们班的形象呢？"

同学们都不说话，大家的表情都很沉重。

我又问："大家说，怎么办？"

陈鑫举手站了起来，说："我们去把音乐厅打扫干净吧！"

出自陈鑫之口的这一句话，一下子让我的心软了。

我忍不住对同学们说："李老师很容易激动，但也很容易感动。陈鑫这句话让我很感动！"

这时，操场上的篝火晚会快开始了，德育处派人到各班催同学们下去。我说："张自强、黄尼莫、唐西龙、李应生留下，其他同学下去吧！"

文海说："李老师，我也留下吧。我是班长，也有责任。"

我说："好吧！"

现在，教室里只剩下五名学生。我叹了口气："你们真让李老师失望！说起来，你们都有这样或那样的原因，但是……"

这时，张自强解释说："本来是 4 班的同学先扔，后来我们也跟着扔，我们也没有想那么多……"

黄尼莫说："我抱的小朋友要扔，我就……"

我缓了一口气："其实，你们也不是成心要捣蛋，不过就是高兴起来就忘记了一切，但客观上却造成了现场秩序的混乱。"

李应生的表情好像很委屈。

我问："李应生有什么要解释的吗？"

他很不服气地说："没什么要说的！反正我都已经习惯了！"我知道他的意思是说他从小就习惯被批评了。然后，他又补充了一句："我的性格就是这样！"

他越说越激动，文海不停地劝他少说几句，我却说："让他说，让他说！我就喜欢这种性格，哪怕和我吵架也不要紧。李应生，我早就盼着和你吵架了！你还记得吗？第一天见面我就对你说过，以后我们可以吵架，但双方都必须讲道理。我不要你一定服从我，我当然也不是一定要服从你，我们都服从道理。"我问其他几名同学："你们说怎么办？"

他们不说话，我问李应生，李应生仍然气鼓鼓地说："随便你怎么办！我无所谓。"

我没有理他。

这时，其他几名同学说："这样吧，一会儿篝火晚会结束之后，我们把操场打扫了吧。"

我说："篝火晚会结束时一定很晚了，明天再说吧！"

等我和几名同学来到操场，看到我们班同学坐在离舞台最远的一堆篝火旁，几乎看不到舞台上的演出，但神情严肃的同学们仍然没有乱跑或朝前面移动。我的心又软了，觉得刚才我批评得有些过火，本来是迎新年，结果让大家心里不畅快。想到这里，我对大家说："同学们不要生气了，李老师也不生气了，我原谅大家了！我们都高高兴兴地迎新年吧！"

熊熊篝火把同学们的脸映得通红，火苗蹿得很高，舔着夜空，虽然是隆冬时节，但大家都感觉很暖和。

这时舞台上正是时装表演，我们班的宋飞、何思婷、强劲和魏雨萱有模有样地走了出来，真有点时装模特儿的气质，但比时装模特儿更富青春活力。看到他们出场，同学们开始活跃了，不停地为他们喝彩——虽然距离舞台很远，他们也根本听不到喝彩声。

一年一度的学校迎新年篝火晚会很隆重，光是搭舞台就花了一周的时间，整个场面很像中央电视台"心连心艺术团"的演出现场。舞台上的同学和老师载歌载舞，舞台下是黑压压的观众，四堆篝火和舞台灯光交相辉映，整个学校一片辉煌！

因为我们班同学离舞台太远，既看不清也听不清，于是他们便在篝火旁说笑聊天，李应生等人不时地绕着篝火奔跑打闹。我走到李应生面前，拉着他的衣袖往火堆里拖，和他开玩笑："想跳火吗？跳吧！"他却还在生我的气，面无表情，竟然真的朝火堆走。同学们笑了起来，我松开了手。看到同学们渐渐开心，我也开心了。

魏智渊老师走了过来，对我说："你不应该批评你们班的学生，因为刚才主要是我们 4 班的学生在扔荧光棒。当时是我们班的同学在演唱。"

我说："我们班的同学也有不对的地方，我应该严格要求他们。"

最后一个节目是我和几位校长、主任的歌曲。第一个上场的是我，于是我赶紧换上唐装。这时候我感觉后面有人打我，我转过头，是李应生在用气球锤敲打着我，我对他笑了笑。这时该我上场了，我走到了舞台中央："你挑着担，我牵着马——"一曲引来全场掌声，我俨然有当红歌星的感觉，哈哈！

我继续忘情地唱着："迎来日出，送走晚霞——"

我听见我们班同学在为我喝彩，其中还有亢奋的尖叫。这时，任沐之跑上台来送我一束荧光棒，算是献花，哈哈！

在我之后，杨校长的《约定》、徐主任的《迟到》、吕老师的《懂你》等都激起了全场兴奋的尖叫，越到后面越有点失控，特别是吕老师演唱的时候，上去献荧光棒的同学几乎把他压倒。最后，我们在《老鼠爱大米》的齐唱中结束了我们这个节目。

晚会一直持续到半夜12点，谢校长向全校师生做激情洋溢的新年致辞，然后是晚会最后一个节目，也是晚会的高潮——一束束绚丽的焰火在学校上空绽放，激起全校师生的惊叹，耀眼的礼花照亮了仰望天空的每一张兴奋的脸……

子夜的盐外，在缤纷的色彩中如梦如幻！

晚会结束了，同学们开始离开操场回寝室，我也准备回家。这时，李应生走了过来，对我诚恳地说："李老师，今天我有些冲动，对不起！"

我什么也没有说，只是对着他笑了笑，但是我心里却格外舒畅……

12月31日　　星期五　　晴

适时表扬、鼓励

虽然昨晚睡得很晚，但今天上课却没有同学迟到。我对同学们说："一会儿课间操的时候，我们到校园走一圈，把地上的纸屑等杂物捡捡，算是弥补昨天的过失，也算是今年的最后一天为学校做一件好事！"

我想到今天是今年的最后一天，觉得应该给每一名学生家长问个好，于是我便到王晓丹老师那里抱来全班的周记本，在每一个同学的周记本上写了一句话："请代我向你爸爸妈妈致以新年问候！"

课间操，我们班同学果真走出教室，到校园各个角落打扫卫生。当时我正准备上第三节课，便在楼上教室里从窗口往下看，看到我们班同学正在认真地打扫林荫道，打扫跑道，打扫操场……来听课的一位老师也站在我旁边看着远处劳动的同学们，她忍不住赞叹道："你的孩子真可爱！"

语文课开始后，我笑着说："我们首先请著名的时装模特魏雨萱小姐演讲！"

魏雨萱大方地走了上来："今天我讲的是人与人之间的信任。首先分解一下'人'字。现在我想请两名同学上台来。"

她请杨扬与李应生上台，然后要求李应生往后面仰，杨扬在后面撑住李应生，两人的造型刚好是一个“人”字。

魏雨萱说：“看来李应生非常信任杨扬。这个‘人’字，一笔是李应生，另一笔是杨扬，相互信任就是一个人。两个人相处的时候，彼此要信任。有的时候对方或许会做错一件事，但我们应该尽可能信任别人。最后，我向大家推荐一本书——《没有任何借口》。这本书的内容未必适合我们，但这个名字很重要。你要尽你最大的努力去做好任何事情，而不是找理由应付一切。”

我补充说：“刚才魏雨萱同学说到了信任，我觉得我和你们也要互相信任，包括你们说错了一句话，做错了一件事，李老师要相信你们能够改正。我昨天晚上批评了大家，后来魏老师说他们班的问题还要严重一些。杨校长还对我说，主要是对我们班要求比较严格，期望比较高。后来我看到同学们认错，我就不生气了。今天早上课间操时，我看到同学们在校园搞卫生，感到咱们同学真的非常好！无论校园什么地方有多么脏，咱们同学走过去之后那里就变得非常干净了。拿任何一个同学出来找一找都有缺点，比如李应生，尽管他现在可能认识上还有问题，但他有一点很好，他知错能改，而且我觉得他这个人对集体还是有责任感的。今天是 2004 年最后一天，我给每一个同学周记本上都写了一句话——‘请代我向你爸爸妈妈致以新年问候！’落款时我写今天的日期，便感慨万千！是的，永远不可能再有 2004 年 12 月 31 日这一天了，时光就是这样流逝的。今天我们打扫了校园卫生，这不但是积极地弥补我们的过失，而且更是积极地树立了我们班的形象。昨天的事情就让它过去吧！”

我又说：“今天我想，我昨天是不是批评重了一些？我昨晚是不是应该在晚会结束后再说？当时我也不够冷静，同学们也要原谅我。”

停了一会儿，我拿出一本《花开的声音》，说：“今天，我们要提前祝魏乐庭同学生日快乐！魏乐庭的生日是 1 月 1 日，魏乐庭过后又是谁将过生日呢？是不是杨海峰啊？”

杨海峰笑着点头。同学们哈哈大笑。一时间，教室里充满了暖融融的气氛。

这堂语文课讲江泽民同志在庆祝北京大学建校 100 周年大会上的讲话，以这篇课文为缘由，我引出了一个话题：北大精神。

关于北大精神，概括有许多，而且众说纷纭。我理解的北大精神就是一种“自由精神”，其他如民主、科学、爱国等，都由此而发。从这点出发，我选择了我认为最能代表北大精神的四位北大人——蔡元培、胡适、马寅初、钱理群，对他们进行介绍。当然，能够体现北大精神的人还有很多，比如鲁迅、李大钊、陈独秀等人，但时间有限，不可能面面俱到，只能在介绍这四位北大人的过程中附带谈谈。我精心制作了一个多媒体课件，给同学们一一展示。

最后我说："也许三年后，我们在座的有考上北大的，那我希望你能够做一个真正的北大人；当然，更多的同学也许没有去北大，但我也希望大家都拥有北大的自由精神，做一个真正的知识分子！"

下课了，我对全班同学说："同学们明年见！祝大家新年快乐！"

同学们对我说："祝李老师新年快乐！"

离开教室时，唐西龙送我一张贺卡，我说谢谢，然后又说："本来一直想找你谈谈，结果实在没有时间，只有明年谈了！真是遗憾！这样，你把你想说的话先写在随笔本上，好吗？我只有一个要求，不要写违心的话，写出的每一个字都是你心里想说的！"

我特意找到正要出门的凌飞："怎么样？昨天我给你的建议想成熟了吗？"

他说："让我再想想吧！我的意思是，不干则已，要干就一定要干好！"

"好的！"我拍拍他的肩膀。

回到办公室，我给凌飞的父亲打了一个电话，跟他谈了凌飞在校的表现，主要是希望他鼓励鼓励凌飞。我也直率地希望他不要迁就凌飞，不能让凌飞在家里吸烟。电话里，我有意隐瞒了凌飞因为吸烟而被学校处分的事。

下班后，我开车离开学校回家，一路上兴奋而遗憾。兴奋的是，我感到2004年我收获很多，其中最大的收获是从教科所回到了学校，重新生活在学生中间，短短的四个月，我便收获了一份纯真而沉甸甸的情感。遗憾的是，本来计划今年完成的一些事没有完成，比如：我本来计划今天给魏乐庭写一封生日祝贺信，但因为停电而未能如愿；我还计划给张自强回信，给周杰写信，都因为停电而没有完成。只好等元旦期间有电的时候再写了。最近停电，让我特别被动，许多计划中的事都不能完成。

生活总是有遗憾，但从某种意义上说，正因为有遗憾才让我们永不满足地创造新的生活。

1 月

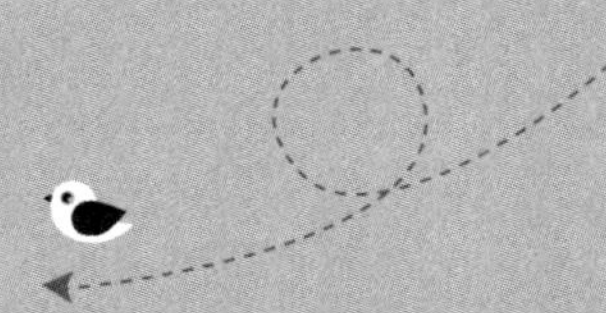

真正的教育，就是教师用自己的心灵在学生的心灵上写出心灵的诗篇！和学生一起用生命写诗，很美！

1月4日　　星期二　　阴

真正的成熟是做自己灵魂的船长

陈鑫和宋飞在随笔中反映，前段时间文海在一次小测验中偷偷看了同桌的试卷。我很不安，于是找一些同学调查。结果确实如此，但同学们说："那几个男同学以为是文海向李老师告了他们的状，于是便想通过这件事来报复文海。"

听了这话，我的心情比知道了文海作弊还难受。企图通过打小报告来达到报复同学的目的，这种心理是极其阴暗的，也是极其可怕的。

我当即找来唐西龙询问，结果他承认他们的确想报复文海。我很生气："你们真是冤枉文海了！作为班长，他从来没有打过小报告！你们以为他告了你们的状，就找了一个自以为很正当的理由——文海在小测验中作弊，来报复他。你们不觉得你们的心理太阴暗了吗？本来，如果没有这个背景，完全可以给文海一个处分，但我绝对不能让怀有报复心理打小报告的人得逞！因此，对于文海，我只在班上批评！我要说，你们这种心态发展下去，是很危险的！"

我在教室过道里与他谈了很久，我说："我真不希望你退步呀！这件事我很生气，因为你对待同学批评的态度有问题，不是虚怀若谷，而是猜测是谁告的状进而很有心计地进行报复。太可怕了！"

我请唐西龙好好想想，过几天再和我聊。然后我把文海叫出来，询问他是否曾经在小测验中作弊，他愣了一下，点点头，然后把头埋了下去，很低很低。

我叹了一口气，严肃地说："你叫我怎么说？唉，我不打算多说。你先把你作弊的经过和你的认识写一个文字的东西，明天给我。"

下午，我把学生元旦前在班会上给我提的意见归纳整理成表格，拿到教室里去，我对学生说："李老师感谢大家给我提了这么多意见，我已经把你们的意见填进这个表格了，现在我把它贴在墙上，请同学们随时监督我。而且有意见随时都可以提，我让同学们给我提意见可不是为了开班会，我是很认真的。"

这个表格有三项内容："学生所提意见""说明解释""改正期限"。我一边给学生读表格里的内容，一边进行相关说明。谈到有同学说我不应该把我们班的同学与石室中学的学生相比时，我说："看不起同学们是不对的，但我肯定要用要求石室中学的学生的标准来要求你们。这点你们应该理解。如果你们觉得没有必要比，我就不比了，但那才真是看不起你们。同学们对自己应该有一个高标准要求。李老师就是要去比，把你们往上提。咱们班上有些同学已经比上或者超过石室中学的同学了，我们班已经有同学在思想境界上达到或者超过了我以前教过的学生。”

说到这里，我拿出凌飞的随笔本：“比如凌飞。当然不是说凌飞现在就没有缺点，不，他现在仍然有不少问题，前次咱们班上仅有的一次处分就有凌飞。但是他的缺点是前进中的缺点。本质上讲，凌飞是一个要求上进的同学。就凭这一点，我就毫不掩饰对凌飞的欣赏。”我给大家读了凌飞上周写的随笔片段。读完后，我说：“其实凌飞还有许多烦恼，有烦恼是很正常的，幼儿园的孩子才没烦恼呢，有了烦恼，从某种意义上说，是走向成熟的体现。凌飞他很爱思考，人区别于动物的标志之一就是人有思想。李老师希望大家各具个性，但是在这个方面——比如一个人要战胜自己，要自我反思，这应该是大家都具备的。我觉得凌飞这样坚持下去的话，肯定各个方面都会进步很大。”

我又说：“李老师多次说过，教育就是提供选择，而接受教育就是选择。同样一个老师给大家讲道理，有人选择接受，有人却选择不接受。什么是真正的成熟？凌飞现在当然还不成熟，但他正在走向成熟。真正的成熟是做自己灵魂的船长！”

我又开始读刘骞雯的随笔《我是自己灵魂的船长》。

读完后，我说：“有的同学太贪玩，说元旦要休息，怎么能做作业呢？做作业是到校上课前的事情嘛！每次我教高二、高三，都有一群人悔恨不已，觉得自己以前太贪玩，浪费了许多时间，想让时间倒流，重新读一遍高一。我可以说，我尽管这样讲了，还是有人要重复昨天的故事，但有的同学不会的。”

最后，我提到了期末的班委改选：“我觉得这届班委有一个不足，这里说的不是每一个班干部，而是说班委的结构不合理，男生太多，女生太少。我就在想，期末调整班委的时候，同学们能不能只选班长，然后由选出来的班长自己组建班委？这样可能会好些。当然具体怎么选，你们还可以想一想。”

吃晚饭时，我一直在想唐西龙的事，越想越觉得我是不是把唐西龙批评得太狠了？这样他可能会背思想包袱的。吃了饭，天已经黑了，我朝男生宿舍走去，想把唐西龙、宋飞等人叫下来，与他们聊聊。巧得很，走到操场边就遇上他俩，于是我说："走，到我办公室。聊聊！"

我们在办公室里坐下，我先说："本来我想把你们这事拿到班上说说，但刚才我想了一下，觉得没有必要，只要你们真的认识到错了并且能改正，就算了，何必非要弄到班上去呢？所以，我们现在好好聊聊，你们有什么话都可以说，包括对我的批评的不同意见，都可以说。"

唐西龙说："我觉得的确是我错了。第一，我的确骂了同学们，爱说脏话；第二，我的确是想报复文海。"

我问："这是你的心里话吗？"

他点点头："是！但是我对李老师也有一点意见。"

"说吧！"

"我觉得有时候你把一些小事看得很重，对一些大事却不重视。"

"比如——"我提示道。

他说："比如前次我在课堂上吃零食，我认为你批评得太重了。"

我笑了："这个意见我不能接受，呵呵！在课堂上吃零食，而且是多次吃零食，这是小事吗？我认为这不是小事。"

他又说："对作弊等大事，你却不重视，没有给处分。"

我知道他说的是魏雨萱作弊没有挨处分的事，我说："李老师对同学们的处分，总是在多次犯同样的错误之后。魏雨萱是第一次犯错误，而且你也看到了，她的态度非常诚恳。我的目的不是给处分，而是教育她。当然如果她一再犯错，那肯定要给处分的。凌飞等人吸烟被处分，是因为他们多次违反纪律，而且不听老师的教育，所以必须给处分。当然，你给我的这个意见，有一点是可取的，就是希望我大事小事都重视。我还是谢谢你！"

然后我提到他们几个同学报复文海的事："首先，你们真的冤枉文海了，他确实没有跟我告过状。你们也是班干部，想一想，李老师什么时候要你们或者说鼓励你们告状了？其次，你们这种心态是非常不好的。文海是否真的作弊暂且不说，你们想整同学就找了一个冠冕堂皇的理由，李老师就是担心你们的心灵被这类邪恶的东西占据了。一个人应该善良，不应该老想着通过告状来整人。那么，什么是恶意的告状，什么是富有正义感的举报呢？这两个在表面上有时候的确不好区分，但我认为，关键是看被举报的人和事与举报人之间有没有直接的利害关系，或者说是否直接涉及举报者的切身利益，或者再直接点说，举报人是否想通过举报达到个人的不可告人的目的。如果是，我认为这是可耻的打小报告；如果不是，则应该视为为了集体、为了社会、为了国家的正义的举动。当然，我再说一遍，这二者在形式上有时很难区分，但我们都是有良心的，我们可以问问自己是否问心无愧!”

他们都很认真地听着，唐西龙表示同意我的说法。我问宋飞：“同不同意我的说法?”

他说：“同意。”

我问：“你对李老师还有没有意见?”

他说：“有一点，李老师每次找我谈话，总爱说你自己去反思吧，去悟吧！但我常常不知道怎样悟呀!”

我说：“这是因为我要求你们自己教育自己，自己战胜自己。教育，说到底还是自我教育。我当然可以一味地批评你，但那样的话，不一定让你心服。我要你自己想，就是要你在反思中体验自己教育自己的过程。”

我问他：“还有什么意见?”

他说：“没有了。”

我说：“这件事我不再提了，希望你们以后别再犯这样的错误。还有，以后你们主动和文海搞好关系，都是男子汉，应该豁达些。李老师真是希望你们早点真正成熟啊!”

1月5日　　星期三　　晴

重锤撞击心灵

收到魏乐庭的回信：“有关班委改选的事情，我有话要说，‘组阁’其实不是个好主意。我想过：‘组阁’太专制了，不够民主，同学们不会赞成的；还有就是如果由班长来‘组阁’的话，那么班长会选与他要好的同学，如果不选要好的朋友，那就没有什么凝聚力了，这样来选班干部就不公平了。说搭配，在竞选的时候，稍稍地注意一下就可以了。我在初中时担任过学校的大队长，负责管纪律和检查黑板报，所以现在要在班上担任班干部，我想问题应该不大。不过，我想，现任班干部的能力都比我强，唯独欧阳震宇的工作还有点欠缺，他是学习委员，我认为既然是学习委员，就应该在学习方面做得很好，但是在这方面，他没有我做得好。填写教学日志其实每个人都会，只是现在要在学习方面做出表率，我相信如果我担任学习委员，一定能做好我的工作。还有不到一个月的时间了，班委改选的事应该早点去完成，如果太晚了，对接下来的时间就没有多少意义了，或者可以再晚些时间进行，但我认为改选的班委就是下学期的班委了。”

杨心：“我深深体会到能跟着李老师学习是一件多么幸运的事，我能比别人多知道许多知识，我能了解一个真实的林徽因，我能认识一个真实的杨振宁，我能看清真实的美国。这些都是多么幸运啊！”

“今晚我接受了一次灵魂的洗礼，听着央视主持人饱含深情朗诵的诗歌——郭沫若的《天狗》、闻一多的《死水》、何其芳的《预言》、戴望舒的《雨巷》、穆旦的《赞美》……我仿佛置身于20世纪初的中国，我感觉自己全身都充满了力量，准备随时战斗，为民族、为国家而战。我的心与那些学者、民主战士紧密相连，我能理解他们的心情，他们为了民主、自由而不懈奋斗的精神和决心是永远值得我们学习、敬佩的！”

我在后面批道：“杨心，能遇上你这样优秀可爱的学生，也是我的幸运！”

林柔倩：“其实在篝火晚会时，大家的心情都不是那么愉快。在音乐厅发生的事让大家都感到好难过，其实我觉得有些不公平，但也没有办法，因为我们是高一(3)班嘛，你的一点问题都会被人拿去当话柄。我们来到操场后，大家心情沮丧，没心情去看节目，不时地回头看咱们班的教室窗口，看灯是不是还亮着。不久，灯熄了，李老师和几名同学下来了。看到大家一个个都闷闷不乐，李老师就故意说一些特别好笑的话来逗大家。我想发生了这事，李老师心里一定也是不好受的，为了不扫大家的兴，还是强忍着心里的难过逗大家。我希望以后咱们全班都努力，不再丢咱们高一(3)班的脸。尽管我们感到很抱歉，但我仍然不觉得我们错了，也不知道错在哪里，为什么有的领导连一个解释的机会都不给，这不是太过分了吗？”

读到这里我也在反思，觉得那天晚上我是有些急躁，由于我的急躁而批评了同学们，破坏了大家看演出的情绪，我越来越感到过意不去。

我在班上向同学们表示了歉意：“说实话，我至今仍然认为批评大家是应该的，毕竟我们班不少同学的确违反了纪律，作为一个优秀的班集体，当然应该更加严格地要求。但现在想来，我不应该在那时批评你们。我想假如我这样处理就好了——当时不提这件事，等过了元旦晚会再说这事儿，就不会影响大家的情绪了。再次表示歉意，本来我想给大家唱歌表示歉意的，但是今天不，因为我没有带歌本！呵呵！”

同学们用他们的笑声原谅了我。看来，稍不注意我就会犯错误。我不由得仔细想了想最近处理的一些事，回忆有没有处理不当的地方。我想到了还没有处理的文海作弊的事。昨天我曾对唐西龙说：“本来，完全可以给文海一个处分，但我绝对不能让怀有报复心理打小报告的人得逞！因此，对文海，我只在班上批评！”现在想起来，这个说法站不住脚，而且如果真这样处理才不公平呢！文海作弊是在魏雨萱作弊之后，而且又是班长，如果这么大一个错误都不给处分，怎么向同学们交代？至于唐西龙他们搞打击报复，我同样可以批评他们——实际上已经批评过了，两件事不应该扯到一起。

第二节课，我把文海请到了办公室，我看了他写的文字，寥寥数语，无非是说明了他作弊的时间地点，然后说了对自己的处理办法：第一，停止参加业余党校学习；第二，撤销班长职务；第三，在班上公开批评。里面没有一点对自己错误的认识，相反，有一句是这样写的：“我因为一时冲动才犯了这样的错误……”

我看了以后非常生气，便批评道：“什么叫‘一时冲动’？魏雨萱作弊，我就在班上对大家进行了教育，不应该作弊的道理你应该知道，这叫‘一时冲动’？你当初也在无人监督考试申请书上签了名的，这叫‘一时冲动’？我想你在翻书之前，一定也是战战兢兢生怕被发现，说不定也做过激烈的思想斗争，然后再作弊，这叫‘一时冲动’？什么叫‘一时冲动’？如果你和同学发生冲突时，气急败坏中把同学打了，这叫‘一时冲动’。可是，你作弊，能说是‘一时冲动’吗？”

文海一言不发，满脸惭愧，低着头。

因为办公室里只有我和他，所以我说话便毫无顾忌：“即使我永远不知道你作弊的事，但同学们知道了，你在大家心目中的形象已经受到损害了，你已经丢脸了！你还是班长，还要申请入党，竟然犯这样的错误，难道不脸红？哼，像你现在这种思想境界，如果你入了党，当了官，我真不敢保证你不搞腐败！”

我越说越激动：“你居然没提出给自己处分！难道你不应该受处分吗？如果你不受处分，还有什么公平可言？你好好想想，开学之初，你当临时班长时，同学们对你那么拥护；军训期间，你的威望达到了最高峰。靠什么？靠你的正派，靠你对大家的服务精神！而那期间，恰恰是你严格管理大家甚至还得罪了一些同学的时候。后来正式选班委，你赢得了 37 张选票！可现在，同学们已经对你失去了信任，这是什么原因？你想过吗？完全怪你自己！从开学到现在，许多同学都在进步，而你却在堕落——思想的堕落！”

文海依然一言不发，但已经泪流满面。

“你必须面对处分！这没有什么可以商量的，是男子汉就要勇于承受自己的行为所带来的任何后果，除非你不是男子汉！”我继续说。

他很痛苦地点了点头，把头埋了下去。

看着文海无地自容的神情，我一点不后悔给他如此严厉的批评。作为一个班长，他犯了这样的错误，应该感到一种心灵的震撼。这也是一种必需的精神磨炼。但是，我也理智地想到，不管我如何严厉地批评他，都是为了帮助他，所以不能让他感觉老师抛弃他了，更不能让他绝望，相反，应该让他在心灵受到震撼之后仍然充满希望。

于是，我说：“李老师今天这样批评你，并不是放弃你了，而是仍然对你寄予希望，不然，我何苦要这样批评你呢？给你个处分不就完了？‘天将降大任于是人也’，学过没有？”

他点点头。

“孟子认为，一个人要成大器，必须受磨炼。但对于‘磨炼’，一般人的理解是片面的，以为只是受苦受累，或者生活遭受打击，事业遇到挫折。我认为，这些都是，但更重要的磨炼还包括对自己心灵的惩罚，包括面对自己犯了错误之后所遭遇的蔑视和冷眼，这也是一种磨炼！你如果能勇敢地承受这一切，面对处分，面对同学对你的看不起而发奋努力，用自己的行为来挽回声誉，这就是一种自我战胜和自我超越！是男子汉，就应该勇敢地迎接这种磨炼！你毕竟还是学生，还是十五六岁的孩子，犯错误是正常的，不犯错误倒不正常。任何人，包括李老师，都是在错误中成长的。人之所以能在错误中成长，关键是看他如何对待错误，如何在错误中吸取教训，如何把错误变成人生的财富。是的，你受了处分，公告一贴，全校都知道你的错误了，面子上肯定过不去；高一（3）班因此而蒙受耻辱，同学们对你肯定非常气愤。但是，你应该把个人的面子抛开，而着重想想今后怎么办。”停了一会儿，我用比较缓和的语气说，“其实，李老师在你这个年龄，也是在高一，我也犯过一个错误，而且也是弄虚作假的错误……”

我给他讲了一段我高中时的经历——

那是 1975 年，我在离家几百里的一所乡村中学读高一。我从小到大都是老师眼中的乖孩子，成绩好，也不调皮，因此一直深受老师的喜欢。当时的高中生常常参加一些生产劳动。

有一次，老师要求我们为学校养猪场割猪草，还规定了任务，每个学生上交10斤猪草。那是严冬时节，我的手上长满了冻疮，肿得像个馒头，而且我在城里长大，也不知道什么是猪草。所以，对其他农村同学来说，割10斤猪草是很容易完成的任务，但对我来说，却比登天还难。

但我也不能不去割呀！于是，我拿着一个竹篼和镰刀走出学校来到田野，四处游逛，却很难找到什么猪草。我听说猪要吃油菜叶，于是在油菜地里摘了一些发黄的油菜叶往竹篼里扔，但摘到的油菜叶离10斤的任务还远得很！手越来越痛，我实在受不了了，便灵机一动，捡了两块砖头，放在竹篼里，然后将油菜叶覆盖在砖头上，这样，我的任务便“完成”了！回到学校，我把我割的“猪草”拿去过秤，居然蒙混过了关！

然后，我只高兴了几个小时，下午，我的作弊便败露了，养猪的大伯在切猪草时发现了我的砖头（我用的竹篼很特别，它出卖了我）。一时间，我的行为被当作笑话传遍了全校：“那个城里来的娃儿居然连猪草都不认识！”“他以为猪要吃砖头呀！”……不仅仅是被人取笑，更让我难受的是，我遭到了班主任的严厉批评：“想不到一向老实的你居然一点也不老实！看上去你很听话，原来你会搞欺骗！”校长专门找到我，同样给我严厉的批评。校长是我父亲的同学，也是我父亲的入党介绍人，记得他当时说了一句在我看来很重的话：“李镇西，做人第一！我不指望你将来长大后成为多么有出息的人，只希望你成为不给你父亲丢脸的人！”我父亲是一个非常正直的人，在我九岁时便因病去世了。校长这话让我无地自容，觉得自己真是对不起父亲，同时在心里暗暗发誓：这一辈子一定要为父亲争光！可以说，近三十年过去了，校长这句话到现在都还一直在我耳边响着，时时激励着我。

“猪草事件”让我全校闻名，更受到班上同学的鄙夷。以后很长一段时间，我在班上备受冷落，我孤独到了极点。但是，我把一切都憋在心里，决心用行动来洗刷自己给自己带来的耻辱。一年后，我要转学回家了，离开时我没有想到，同学们都对我依依不舍，许多同学送给我笔记本作为纪念。三十年过去了，这些笔记本我至今还保留着！

我给文海讲完了我的故事，说：“现在回想起来，那次错误成了我以后人生的一笔财富。从那以后，我也犯过许多错误，但再也没有犯过弄虚作假欺骗别人的错误。李老师为什么要给你讲这段经历，想来你应该明白。我真希望你也以这次错误为契机，对自己的灵魂来一个拷问，来一次清理！如果能够这样，今天的你将超越昨天的你！再过五年、十年、三十年、五十年，当你回忆起自己的高中生活时，说不定你会感到，对这次错误的反思是你人生的一个新的起点、一个崭新的分水岭！"

文海听得很认真，不时点点头，脸上的表情渐渐庄重起来。

"我不打算马上处理这事，我想给你点时间好好反思反思。这样吧，下周一之前，你在充分思考的基础上，写一个反思汇报给我。我希望你一定不要说违心的话，要说心里话。不要写成一般的检讨，而要真正面对自己的心灵，对自己这一学期来的思想历程进行一番回顾与梳理。好吗？"他点点头，我继续说，"可以想象，最近一段时间，你在班上的日子是不好过的，同学们也许会冷落你。怎么办？难道就此消沉？不，你最应该选择的是，用自己的行动重塑形象！重新赢得同学们的信任！这当然需要时间，但如果你付出真诚的努力，同学们肯定会原谅你的！要相信我们这个集体是很公正的，同学们不是原谅了魏雨萱吗？不是原谅了陈鑫吗？我想，最终也一定会原谅你的！"

我看还有五分钟第二堂课就下课了，于是便说："你就不必回去上课了，就在这里坐坐，我们聊聊班委改选的事。"我征求他的意见，这次是只选班长然后由班长"组阁"好呢，还是由同学们同时选所有班干部好？他认为，两种方法都不太好，最好是先选班长，然后由班长组织对班干部的评选，在尊重同学意见的基础上"组阁"。我说这个主意好。

他又说："这次竞选班干部肯定没有上次热闹，报名的人也不会像上次那么多。"

我说："这是好事！第一次竞选时，我绝对相信所有参加竞选的同学都是真诚的，但多少也有些盲目。这次，经过一学期对集体的感受，同学们多了一些理智，我想参加竞选的人不会太多，但肯定比前次更加稳重和成熟。"

他点头表示同意。

中午读报课，我跟同学们说："李老师已经决定，我的教育日记里写到的所有同学，一律用化名！"

同学们纷纷表示不同意。

我说："这是我的著作，呵呵！我有权决定。希望同学们自己给自己取一个别名，如果没有取，我将给你们取。"

后来李应生专门问我："李老师，你为什么一定要用别名，而不用真名呢？我希望用我的真名。"

我说："因为你们还未成年呀，你看现在的新闻报道凡是涉及未成年人的姓名，一律用化名。还有你看电视画面，凡是涉及未成年人的镜头，都把相关的镜头模糊化。"

下午，学生的体育锻炼课，我来到操场，看到男生们在足球场上龙腾虎跃，心里便痒痒了，很想上去踢一踢，但想到肯定跑不过学生，而且可能也坚持不下来，便走到篮球场旁边和一群女生——杨心、杨南希、林柔倩、唐朵、魏雨萱、任沐之、何思婷等同学聊天。

我征求她们对改选班委的意见，她们都说可以让班长"组阁"，但"组阁"前应该充分了解民意。我问："如果让你们选班长，你们会选谁呢？"她们异口同声地说："凌飞！"我问为什么，她们说凌飞人好，显得很成熟。

吃了晚饭，我又把凌飞请到办公室，我跟他讲了今天我和文海谈心的经过，借此告诉他应该怎样做思想工作，同时也征求他的意见，看我这样做有没有什么不妥。他认为很好。

我又问他对竞选班长的想法，他说他有信心获胜。我说，你也要有思想准备，你能否当上班长，我是无法保证的，只能由同学投票来决定。我想可能还会有同学参与竞争的，不过，即使你失败了，竞选的过程也是一次锻炼。他点头表示同意。

我说："我只能建议你参加竞选，我之所以对你寄予希望，不是因为看中了你的能力，说实话，我现在并没有发现你有什么特别强的能力，我看重的是你那种上进心和你追求高尚正直的心！我是把你当作我以前教过的杨嵩、程桦那样的优秀学生来培养、来雕琢的！"

他说："李老师，如果我当上班长，我有信心做好！其实，我觉得我很有组织才能的。"

"好！祝你成功！"我说。

晚自习前，我来到教室里，征求同学们对班委改选方式的意见，结果有的赞成只选班长然后由班长"组阁"，有的认为选了班长以后应该再选其他班干部，于是我们投票表决。结果赞成只选班长然后由班长"组阁"的有二十六名同学，显然是大多数。

"好，就这么定了！下周二我们正式投票选班长。从现在起，凡是有意竞选班长的同学直接到我这里报名。"我说。

1月7日　　星期五　　晴

将不被信任的班干部撤职

“全班之最”的评选结果出来了，但我今天不打算宣布这个结果，我想在明天的家长会上宣布。

文海把全班为灾区灾民捐的款交给我了，总共五百零三元。在小组长交来的登记名单上，我看到大多数同学捐了十元，唯独陈鑫捐了两元钱。我有些不安。我当然不是觉得学生捐钱越多越表明他们有爱心，我绝对不会以金钱来衡量学生的爱心。我认为，不论多少，只要尽力就可以了，决不能在这一点上搞攀比。实际上，学生捐的钱还是来自家长。所以，我没有在班上公布或变相公布任何一个学生的捐款数目。但是，问题在于学生是否真的“尽力”了呢?

我想到陈鑫不久前写过一篇随笔，说他绝对不可能去爱素不相识的人，我也没有批评他，毕竟“思想认识”或者说“爱心”这东西是不能勉强更不能强迫的。这次他捐两元钱，我估计他不太想捐，只是大家都在捐，他不得不表示一下。可我这是不是又冤枉了他呢?我还是私下问了问他，他显得很不高兴，不耐烦地说了一句：“没带钱!”看他那表情，我真想把两元钱退他算了——如果是迫于舆论压力而违心捐款，还不如不捐!

但我还是忍住了。心里想，他还没有自愿捐款的认识，我怎么能强迫他呢?学生需要爱心教育，但不能搞道德强制，那样会使学生变得虚伪。因此，我最终没有再说什么。

中午，我在读报课表扬了同学们的捐款行为：“钱虽然不多，但这是一片真诚的心意!在我看来，爱心的大小不能用金钱的多少来衡量。同样是给灾民捐款，亿万富翁的一千元是很少很少的，而乞丐的一元钱是很多很多的。前者吝啬而后者慷慨!同学们大多捐了十元，李老师捐了一百元，但我有经济收入，你们捐的十元和我捐的一百元是等值的!因此，虽然同学们捐款不多，但这份情意同样厚重!”

我今天设计制作并印发了一张《班干部信任度调查表》，让同学们对班干部再次投信任票。表格分为这样一些栏目：“班干部姓名”“是否信任”“简述理由”“可否留任”。

统计结果表明，各名班干部获得的信任票数如下：文海 13 票（上次获 17 票），有 12 人同意他留任；杨扬 28 票（上次获 22 票），有 30 人同意她留任；凌飞 33 票（上次获 29 票），有 36 人同意他留任；强劲 34 票（上次获 23 票），有 31 人同意他留任；欧阳震宇 13 票（上次获 15 票），有 15 人同意他留任；唐西龙 12 票（上次 21 票），有 18 人同意他留任；宋飞 11 票（上次获 7 票），有 9 人同意他留任。

在对班干部投信任票的同时，大家还对是否同意撤销三名因吸烟而受处分的同学的处分进行了投票，结果凌飞和谢舒云得以通过，陈鑫则没有能够通过，不少同学在简述理由时，说虽然他有进步，但行为习惯和大多数同学相比还有距离。

这个结果，让我再次感受到班上同学的公正：陈鑫有进步，大家都充分肯定，但对他存在的问题，也看得很清楚。我把这个结果告诉了陈鑫，他感到有点意外。我要他清醒地意识到自己仍然存在的问题，不要因一点进步而沾沾自喜，并鼓励了他几句。

下午，我草拟了一个明天家长会的发言提纲。

晚上吃了饭，文海来到办公室找到我，他说明天他妈妈要来开家长会，希望我不要对他妈妈说他考试作弊并被处分的事。他说："我妈妈身体不好，初中时我有一次犯了错误，妈妈气得生了病。这次，我不想让妈妈为我生气。"

我说："我可以暂时不告诉你妈妈。但是我要说，你如果真的心疼你妈妈，就不应该犯这些错误。我希望你在适当的时候，自己对妈妈说这件事情。"

晚上，我开了一个班委会，我说这是本学期最后一次班委会，也是本届班委最后一次开会。我把信任票的统计结果告诉了大家。文海、宋飞、唐西龙和欧阳震宇的表情非常难看，我知道他们心情很沉重。我说："同学们是非常公正的，你们是大家选出来的，大家就应该监督并随时评价你们。刚开学，你们以自己的行动赢得了大家的拥护，因此入选首届班委。后来，有的班干部因为工作不努力，表率作用发挥得不好，第一次投信任票时，同学们对这些同学表示了不满。从那以后，有的班干部改进工作，重新赢得了同学们的信任，信任度大大提升，比如杨扬、强劲和凌飞；但有的同学呢，信任度反而下降了。当然，你们每个人的情况不太一样，同学们在简述理由的时候也对你们进行了评价。文海工作做得不算差，但带头作用几乎没有，这样怎么去管理大家呢？唐西龙不但工作没有做好，而且同学们说你心肠不好，老想着去整别人，说脏话，大家怎么信任你呢？宋飞也是，简直忘记了自己是班干部！虽然欧阳震宇没有得到大多数同学的信任，但是很多同学认为你最近的工作有很大改进。你看，同学们也看到了你的进步。杨扬表现很好，同学们很满意，主要问题是工作还不够主动，我想这和你的职务有关，已经有了文海这个班长，你就显得比较空，没事儿做。你看你课代表就当得很好！凌飞不错，获得的信任票比上次多了不少，同学们只给你提了一个意见，觉得你对同学不够热情。强劲干得很不错，同学们对你评价很高！保持！”

我在说这些的时候，班干部们都看着我，不时地点点头。

我说：“我还是感到遗憾，有的班干部本学期的威望大起大落，先以自己的行为树立了良好的形象，当选班干部，然后又一点一点地把自己的形象给破坏了！教训深刻呀！同学们不信任怎么办？根据班规有关要求，当然只能撤职了！没办法的事！因此，文海、宋飞和唐西龙只好被撤职了。欧阳震宇是在进步中，因此，不做撤职处理，而是劝其主动离职。最后两周的工作怎么办？这样吧，杨扬本来也是班长，现在你还代行原来欧阳震宇的学习委员职责，凌飞代行体育委员和纪律委员的职责，强劲的工作不变。”

最后，我说：“希望被撤职和主动离职的同学正确对待此事，不能以为不当班干部了就可以放松对自己的要求，甚至肆无忌惮地违反纪律，这是不行的。我建议你们为班上长期做一件好事，以此重塑自己的形象。好吗？”

他们几个同学点了点头。

回到教室，我公布了今天的信任票统计结果，然后宣布了对几名班干部的处理结果。我说：“李老师和同学们对这届班委总体上是不满意的，但责任主要在同学们，因为这届班委是你们自己选出来的呀！你们当然要为此承担责任。因此，你们以后千万要注意，一定要珍视手中的选票，它会决定我们班的兴衰！不过，班干部是你们选上去的，不满意也可以选下来，今天你们就是这样做的。这就是民主管理！在我们班上，就是要做到同学们的意志可以决定班干部的上或下！因此，尽管我们这届班委的工作不是太理想，但本学期我们每一个同学都切身体验了什么是民主！由同学们选举班干部，然后时时加以监督，这就是民主！”

凌飞正在准备班长竞选，我觉得还应该给他添一名竞争对手，于是我找到杨扬：“你想过竞选班长吗？”她说没有想过。我说：“我建议——注意只是建议，你勇敢地站出来竞争，为女同学争口气！呵呵！你现在的优势还是很明显的，同学们都很喜欢你。当然，既然是竞选，就有可能失败，你要把这次竞选当成一次锻炼，即使失败了，也虽败犹荣！”

听了我的话，她恢复了自信：“好！”

1月8日　　星期六　　晴

一次与众不同的家长会

上午9点40分，学生们和他们的爸爸妈妈来到了多媒体教室并坐下，我看了看，绝大多数家长来了。

我首先向家长们表示感谢：“我要向所有准时到会的家长表示感谢。我知道我们的家长在来的路上有许多困难，但我希望以后我们开家长会大家也都能准时！”

这时我听到下面有手机响，我便拿出我的手机：“现在从我开始，把手机关掉或调整到振动状态，何晓蕊同学，平时上语文课都是你帮我保管手机，今天我还是把手机给你保管吧！她是我的课代表，也是我的秘书，呵呵！”

我继续说：“本来学校统一安排各班下学期开学才开家长会，但我考虑到两点：一是12月没开，如果这次再不开，就留到下学期了；二是最近家长反映了一些情况，谈到和孩子之间不好沟通，孩子们也反映爸爸妈妈不理解自己，不尊重自己。因此，我感到有必要开这个家长会，谈谈亲子沟通。今天的班会有两个话题，一是总结班上的工作，二是两代人的沟通。先说第一个话题。我请王老师简单地总结一下，谈一谈你这学期对咱们班的感受。不好意思，事先没有跟你说要你发言，随便说说吧。”

王老师站了起来，说：“这学期高一（3）班的学习氛围非常好，非常团结。我在班上感觉到的应该是李老师所说的对人格的培养，许多家长只要求成绩、名次，但是人格的培养被忽略了。所以本学期的总结首先应该说是人格思想方面的培养。”

我说：“我要特别对家长们说的是，王老师做事非常细致，很认真，也很低调。王老师为这个班做了许多幕后工作。因为她是年轻老师，所以被许多人忽视了。人们谈到这个班首先是想到我，其实，还应该看到默默无闻的王老师。

下面我想请同学们一起来总结。昨天我讲了，今天的家长会同时又是班会课，形式也十分独特，同学们要踊跃参与，家长们可以看到你的孩子是否发言。当然，家长也要参与，我们也要看一下家长是否也爱发言。呵呵！下面请同学们就我们班突出的优点和突出的缺点发言。我说突出就是不要全面地讲。我们先说最突出的优点，再说最突出的缺点。”

同学们渐渐举起了手。

唐朵说：“我觉得是团结。”

我请她举个例子：“比如——”

“比如说军训的时候，发生了许多事，我们展现出了团结的力量。”

魏乐庭说：“我觉得我们班最突出的优点是非常民主。班上的大事老师都是和同学们商量着办。还有班委选举等。”

欧阳震宇说：“我们班同学集体荣誉感很强。比如每次检查卫生时，如果没有得 10 分，大家都很关心为什么没有得 10 分。”

我表扬说：“刚才三个同学谈得都很好，思路清晰，我要特别表扬欧阳震宇，他平时发言不是很踊跃，但今天很大方。我感到欧阳震宇关注的是细节，他说同学们有集体荣誉感，并没有说运动会怎么样，而是说平时的细节，同学们关心清洁卫生的分数。我还想到一个细节，就是每次中午做眼保健操时，同学们一边做一边偷偷睁开眼看学生会的同学在黑板上写分数。呵呵！那时候，我就觉得同学们特别可爱！”

刘骞雯说：“我觉得我们班很有正气。”

“对，这是李老师最满意的。”我说，“一个班没有正气就完了。在我们班，同学犯了错误，有了缺点，我们就帮助他，有了进步，就给予肯定。”

杨心说：“我觉得我们班同学在李老师的带领下非常有爱心。比如捐助贫困儿童上学。”

我说：“对，同学们很有爱心。而且这爱心不仅是在大的方面，还体现在细节方面，比如同学之间的互相帮助。不过，我要更正一下杨心的一个说法，同学们有爱心，不只是‘在李老师的带领下’，也是‘在爸爸妈妈的教育下’，还有就是在‘王老师和其他老师的带领下’，哈哈！”

宋飞说：“我觉得我们班学习氛围非常浓。比如虽然数学作业很多，但大家非常喜欢吕老师，非常喜欢上数学课。”

“对，有同学刚开始学习可能不太努力，但大家对学习的态度比过去端正多了。”我肯定道。

杜翱也发言了：“同学之间互相关心，这是我们班的突出优点。”

“嗯，这点我们每一个同学都有体会。”我说。

杨南希说：“刚才刘骞雯说到了正气，我就想到我们班一方面有正气，另一方面同学们还有包容的心，对犯了错误的同学没有放弃。”

我说：“杨南希说得对！我们班不放弃任何一个犯错误的同学，要让每个同学都感到温暖。”

何晓蕊说：“我觉得班风很重要，这个班风也包括同学们的衣着，我们班的仪容都很整齐。我记得运动会时，参加比赛的其他班的同学都穿便服，只有我们班四个去比赛的女生规矩地穿着校服。”

我说：“何晓蕊说得对！穿着也体现了班风。一个人的道德都是通过一些外在的细节体现出来的。好了，同学们说了我们班这么多的优点，下面我们说突出的缺点吧！”

杨海峰说：“我觉得有时候打闹成风。”

我说：“这的确是个问题，主要是男生打闹。不过最近有所收敛。”

杨扬说：“我觉得我们班的课堂纪律不是很稳定，有时候好，有时候就不太好。”

“嗯，是不够稳定，有起伏，是不是和天气变化有关呀？呵呵！”我这么一说，同学们都笑了。“昨天九点半，我来到教室，想看看同学们的自习纪律，结果只看到了女同学，男同学没了。一问，原来学校安排男生先回寝室。不过，我想问问凌飞同学，昨天晚上自习课怎么样？”

凌飞说：“还不错。大家都很认真。”

我说：“那就好！同学们想想，我们班还有什么突出的缺点？”

周杰说：“我觉得班上有些同学不爱卫生，有时候丢垃圾，没丢进垃圾桶，就不管了。”

我补充说：“我们有的同学不讲卫生不光体现在环境卫生上，还有个人卫生。”

舒霈：“我觉得我们班有的同学有偏科现象。”

我说：“是的，很少重视历史和地理。”

魏乐庭说：“我觉得我们班一些男同学表达不太得体，当着女同学说一些……”

我说："魏乐庭说得比较委婉，不过，我懂你的意思，你是想说一些男同学说脏话。"

魏乐庭说："是的，我觉得这在我们班不应该发生。"

钟晓说："我们班历史课纪律不好。"

我说："能不能具体谈一谈，怎么不好？"

钟晓说："讲话。还有做其他科的作业的。"

任沐之说："我们班同学有时候比较浮躁，自控能力不强。"

没有人举手了，我问："还有吗？嗯，没有了。下面我想请两位照顾大家起居的生活老师从寝室的角度来说说。先请管理女生寝室的曾老师说说。"

曾老师说："我管的高一(3)班这些女生总的来说非常好，但是有一个缺点，内务整理差一点。有时候要我提醒。学习方面比较好，晚上十一点半要关灯，但她们不愿意关。她们学习抓得很紧，但就是爱串寝室，有些是问学习上的问题，我也就没多说她们。"

我问："曾老师，前段时间你说有同学很晚都还在唱歌，呵呵，真是夜半歌声啊！我关心的是，最近这些同学还在开个人演唱会呀？"

同学们都笑了起来，曾老师摇头说："不开了，改正了！"

"很好，改正了就该表扬。"我说，"请管理男生宿舍的耿老师也说说吧！"

耿老师说："高一(3)班的男同学其他方面都不错，就是有一点不好，爱打闹。有时候一回到寝室就打闹，有时有的同学揪另一个同学的耳朵，哎呀，我确实比较恼火。这多危险呀！出了事怎么办？不过，同学们的学习风气比过去好多了。特别是611寝室，学习风气比较浓。"

我插话："请611寝室的同学举手！"

凌飞、谢舒云、蒋鸣和陈鑫很自豪地把手举了起来。

"该表扬！"我大声说，"其他寝室要向611寝室学习！"

耿老师继续说："进步最大的是唐西龙，时间抓得比较紧，也不乱串其他寝室了。每天晚上把所有作业做完了还要背三个单词。我就说这些。"

我说："谢谢！从耿老师刚才的发言中，我们可以感到，耿老师不是从纪律的角度，而是从安全的角度谈同学们存在的问题，耿老师首先是在为我们男同学的安全着想，这就是爱心。现在国家非常重视校园安全，教育部多次发文，要求杜绝校园安全事故，可是我们有的男生还在制造着安全隐患。以后如果继续这样，我们就取消他的住校资格，我希望下学期不要有一个同学因为打闹被要求回家住。好，下面请吕老师也说几句。吕老师，你来得比较晚，你简单地总结一下。”

数学吕老师说：“眼看期末就到了，不到二十天就要放假了。经过将近一学期的相处，我的感触还是比较多。第一，就是大家学习劲头比较足，但是学习方法不对，光有热情没有方法是不行的。第二，最近一些同学惰性思想又出现了，怕困难。大家翻过了函数那道坎，到了数理这一块，又遇到麻烦了。不像初中那样顺手，一到高中总感觉非常别扭。我们说数学在新课标当中特别强调考查意志品质，这其实在我们平时的训练中能够体现出来。这段时间有部分同学反应数学学习没有开始好。有一些问题，许多同学总是先问老师再解决。从我这个角度讲，是培养了学生的惰性。有些同学更多的是某一个点的问题，就像窗户纸，一捅就破了，但大家处理这些事的时候总是问吕老师怎么做，让老师一道一道全部讲完，这是不对的。这方面同学们要加强对自己意志的磨炼。尤其是到了深冬季节，很冷的时候，更应该考验自己的品质。第三，就是刚才老师们都谈到的打闹。我前天在班上发了一通火，我说我们的教室是学习的地方，不是娱乐的地方，要进行体育锻炼，去操场，操场很大很宽。这是我们班比较大的一个缺点，主要是男生，也主要集中在那几名男同学身上。男生要具有绅士风度，这需要内在与外在的结合，在这一方面还是要加强。第四，我只谈数学。这学期基本上算结束了，后面复习的时候难度肯定会更大，在后阶段以及今后的学习当中要有一种精神。后面不是轻松就能够过的，现在的训练比较苦，这方面同学与家长都有一种认识。关键是在苦的过程中还要苦出效果，这不是想提高就能够提高的，关键在于多总结，许多同学学得很累，就是总结的东西少了。第五，感谢大家对我工作的支持！希望你们继续保持这种斗志，能够在以后的学习当中多积累，多寻找一些更好的方法。谢谢！”

吕老师发言结束后，我开始了我的总结：“我作为班主任同时也作为语文老师，经常想这样一个问题——其实，作为同样是教育者的家长，也应该经常这样想一想——我把什么样的公民奉献给未来的中国？这个问题好像比较大，一下子扯到了国家。其实这是很自然的，因为我们是为未来培养人，而这种培养，必然应该体现在今天我们教育的每一个细节上。我们应该站在这样一个高度来思考和实践我们的教育。刚才王老师谈到了人格培养的重要性，我也经常这样对家长朋友们说，教育从根本上讲是培养人格。我常对同学们说，你们以后成为科学家或者其他什么杰出人才，就知识传授而言，恐怕与老师关系不大，知识可以自学呀，还有如果你们考上了清华、北大等名牌大学，首先是因为你们的家庭教育好，同时你们的天资不错。那么，学校教育的作用在什么地方？是人格的影响。这当然不是说我们做教师的人格就有多伟大，不，我们教师也要和学生共同成长，一起攀登人格的高峰。我们要在这个认识背景下看待这学期我们所做的一些工作。”

我拿出前天班上搞的“全班之最”评选结果：“我公布我们前天的一个评比结果。前几天我们搞了一个全班之最的评选，这次评选全班之最没有设名额，没有预定项目，侮辱性的不选，批评的不选，搞笑的不选。昨天统计出了结果，但我一直没有在班上公布结果，我对同学们说等今天家长会上再公布。下面开始读结果……”

我开始读评选结果，同学们和他们的爸爸妈妈都很认真地听着。我一边读一边评论几句，比如读到“最乐于助人的同学”时，同学们便纷纷说：“卓翼！”我说：“的确是卓翼！我们要向卓翼同学表示敬意！”

全班同学都热烈鼓掌。

最后我说：“我把提名最多的七名同学提出来，这七名同学就成了最值得我们敬佩的同学——杨扬、凌飞、钟晓、罗天、卓翼、杨南希、何晓蕊！”

掌声再一次响起……

我说：“我认为，这种评比比单纯地选‘三好生’要好得多，注重个性，而且让尽可能多的同学都能体验到荣誉感。这是同学们选的，我一点都没介入投票。我经常给同学们讲，任何一个同学都要注意自己在同学们心中的形象，不要只想着表现给老师看，而应该表现给同学们看，要知道同学们都关注着你的一言一行，这个评比结果就是同学们对你的印象。另外我还想从班级特色的角度总结我们班。开学之初，班干部们和我一起提出我们班要有三个方面的特色。哪三个方面的特色，有同学还记得吗？”

同学们纷纷说：“爱心班级、书香班级、自治班级。”

“对，就是这三个方面。”我说，“下面我来看看这些特色做得怎么样。先说‘书香班级’，同学们可以打多少分？”

有的打 80 分，有的打 60 分。我说：“我打 70 分！我们班每个同学每个星期都有几堂固定的阅读课，这个时间是有保证的，而且好多同学养成了课余读书的习惯。但是只能打 70 分，因为有些同学是被动阅读。这学期应该说初步形成了读书的氛围。这点要保持！再说‘爱心班级’，同学们认为能打多少分？”

同学们说："95 分！"

"好，就打 95 分！"我说，"我觉得咱们班爱心非常突出，刚才同学们也说了。我们捐助贫困儿童读书的钱不是直接向家长要，而是用自己的零花钱来捐助，这很好。还有给灾区受灾的人捐款，同学们也做得很好。我看重的不只是这些大的善举，更主要的是，爱心还体现在同学之间的关系上，尤其是对人的尊重，还有对普通劳动者的尊重。元旦时，大家给我们学校的员工送了贺卡，包括医务室的医生、车队的师傅还有门卫保安等，这些都体现了同学们的爱心，应该保持。我希望我们班同学以后无论做了多大的官，都不要忘记普通劳动者。我还要提醒的是，我希望春节前我们每一个同学回家也能给住家附近的劳动者送上祝福！"

我谈到第三个特色："'自治班级'，就是同学们对集体的自我管理，恐怕就只能打 60 分了。因为同学们自我管理的能力不稳定。当然也有很好的时候，比如，我注意到，我们的自习课大多数时候是不错的，我们的课间操做得挺好的。但有时就不行，还需要努力。关于自治班级我要强调，有一点是我们班的一个特点，那就是民主管理。这个过程是一个民主启蒙的过程。这学期我们的班干部没有得到同学的高度认可，责任在我吗？作为班主任，我当然有责任，但责任首先在全班同学，因为班干部是你们自己选的呀！民主不能保证每一次选举都是正确的，但民主有纠错的功能，同学们可以把你选上来，也可以把你选下去！班干部选上来我们定期投信任票，多次未获信任，就撤职。昨天我们就根据这次同学们投信任票的结果，对几名班干部做了处理。当然，我也要接受同学们的监督，我把自己也放进民主机制中去，这不是做姿态。因此，我觉得本学期我们班在民主启蒙这一点上做得比较好，大家都切身感受到了什么是真正的民主，民主不是走走过场，走走形式，而是来真格的。还有班规，虽然不太完善，但是有比没有好。"

"作为语文教师，我再简单谈谈语文教学的问题。"我进行最后一点的总结，"那天开班会的时候有同学给我提了问题，说我布置作业比较少。其实，李老师的作业就是读和写，这样一看，作业比哪一科都多。我一直给大家讲，高一、高二就是要把视野打开，但是有同学不太注意。除了读和写，还有说。而且我还强调的是期末考试成绩我们要把平时的对读写听说的考查评定加进去，这是新课程标准所提倡的。这次期末我已经给教导处说好了，平时的成绩要算进去，这不是空洞的，我都有记载的。比如写字，我会拿你们的随笔本来打分。还有写，写随笔，我将选一篇我认为最差的随笔，然后你选一篇自己认为最好的，二者分数相加再除以二，这就算平时的分数。还有阅读，我抽个时间要搞一个突然袭击。比如请你就本学期所读的名著写一篇评论，然后折算成分数，算在期末成绩里。这样做的目的是引导你们平时注意语文素养的积累。”

我继续说：“上面是我所谈的咱们班好的方面，下面，咱们班的不足我也要说，欢迎对号入座。我觉得，我们班存在的不足有：第一个不足是许多同学还不太成熟。这表现在许多方面，比如自控能力比较弱、学习缺乏主动性，都是不成熟的表现。我们的同学都是高中生，应该思考一下自己的人生了，不要老把自己当小孩子。我多次说过，我最反感现在的年轻人动辄就说自己是‘男孩子’‘女孩子’，给人感觉是永远长不大，永远要依赖别人。成熟的一个标志就是立志。我们的同学要问问自己，我有没有理想？我这一辈子打算怎样度过？我曾对一个同学说，历史上所有杰出的人物都有一个共同特点，就是在少年时代，当同龄人还迷迷糊糊地过日子时，他们已经很清醒地意识到自己这辈子是要干大事的！邓小平 16 岁就远涉重洋去法国了，马克思 17 岁就写下《青年人在选择职业时的考虑》，这就是成熟。我真希望我们的同学尽可能早点成熟起来。第二个不足，就是男生打闹厉害。这点刚才生活老师和一些同学都有提到，我就不多说了。第三个不足，就是一些男生说脏话，甚至是下流话。这点我非常惊讶，也非常不舒服。我就想不通，看上去那么纯真的男生，怎么能够说出那么肮脏的语言！而且旁边还有女同学坐着！难道这些同学没有羞耻心吗？我们一些男同学在两种情况下，往往脏话会脱口而出，一种是在极度兴奋或高兴的时候，一种是在极度愤怒的时候，而说的脏话往往都是把别人母亲挂在嘴上！我就不懂了，你高兴或气愤，关别人母亲什么事？”

听了我这话，同学们大笑。

我继续说：“要知道，成都是一座历史文化名城，这里曾经生活过许许多多的大诗人，比如李白、杜甫，从文化传承的角度说，我们在座的人都是李白、杜甫的子孙，可是我请爱说脏话的同学问问自己，你们像李白、杜甫的子孙吗？第四个不足，我感到有些同学心灵还有污点，比如把自己的欢乐建立在别人的痛苦之上，不尊重别人，取笑别人，还喜欢整人，还有考试作弊，等等。我希望同学们应该追求做人第一！诚信第一！元旦前我们的主题班会获‘特等奖’的问题，我及时要求取消，就是想给同学们一个提醒，我们要在任何一个细节方面都体现出真实！第五个不足，我感到一些同学心胸不够宽广，可以说是心胸狭隘，同学之间斤斤计较，也就是刚才有同学提到的不够宽容，缺乏包容之心。希望大家能够大气一些！上面就是我对本学期班上情况的总结。”

我开始聊今天家长会的第二个话题：亲子沟通。

我先请同学们说说他们在与父母交往中的苦恼或者给爸爸妈妈提意见。同学们可能没有思想准备，沉默了一会儿，想了想，然后有同学举手了。

唐西龙说：“我每次出去玩，妈妈都要问我到哪里去，和谁去。这让我感到不自由。”

欧阳震宇说：“我妈妈喜欢翻我的书包，看我的随笔，监视我打电话。”

周杰说：“我觉得我爸爸很专制。无论什么事，他都不与我商量，自作主张，这样我们两人常常吵架。”

我看周杰的爸爸就坐在他的身旁，便问周杰：“你觉得你今天当着你爸爸面说他专制，一会儿回家后爸爸会不会打你？”

周杰说：“不会的。”

我笑了：“那说明你爸爸并不专制，他能够宽容你当着众人的面说他专制，应该说你爸爸很民主呀！”

同学们也笑了。然后我请家长们也谈谈他们教育孩子的苦恼。相比起孩子们，家长们则不是太爱发言。

过了一会儿，杜翱的爸爸说：“我孩子不太爱锻炼身体，我希望他以后多加强体育锻炼。”宋飞的妈妈说：“每次我要儿子把头发理短一些，他总是不愿意，说我和他有代沟！”

我笑了：“有没有代沟咱们先不管，反正学校的纪律是不许男生留长发的，以后我来跟他说。他肯定要听的，哈哈！”

我开始谈我的观点：“孩子们提了一些意见，尽管有些片面，但很值得我们家长重视。如何处理好与孩子的关系，我还得再次说说前次家长会谈到的一个观点：引领与尊重。我特别要说的是，这个观点同学们也可以听一听，想一想，因为你们也是未来的父母。好，我先说引领。所谓‘引领’至少包括两个方面：一是对孩子提出合理、严格而明确的要求，这体现了我们的教育责任，如果一味地迁就孩子，纵容孩子，溺爱孩子，这是家长的失职！而在对孩子提的所有要求中，最重要的是做人的要求。比如开学第一次家长会我就提出，请家长督促孩子周末回家做到饭后洗碗——当然是洗全家人的碗，这里我顺便做个调查，请做到周末洗碗并坚持到现在的同学举手！”

只有周杰和唐西龙举起了手。

“你们的爸爸妈妈该表扬!”我说，“其他同学为什么不洗碗呢？这首先要批评家长们。不要以为做不做家务事无关紧要，其实很重要。做人就是通过日常生活的一些细节体现出来的。又比如接电话，我们是否提醒孩子打电话应该注意礼貌等。引领还有一个方面，就是家长身体力行的影响。教育实际上是一种感染。我们怎么对待他人，都是在感染孩子。我们的语言是否文明，直接影响着孩子。包括学习，首先不是请家教，而是营造一种学习型家庭的氛围。再说‘尊重’，我理解的尊重包括这些方面：尊重孩子的人格，不伤孩子的自尊心，绝对不能打孩子。尊重孩子的隐私。不要翻书包、日记，不要在孩子打电话时守在电话旁，而且还不放心地问是男同学打来的还是女同学打来的，应该让孩子有自己的私人空间。尊重孩子的爱好，一代人有一代人的兴趣爱好，比如唱歌，孩子有他们喜欢的歌，我们不要总是看不惯。还有孩子追星，只要不过分，也没有必要担心和限制。我们少年时代也追星，我中学时代就喜欢听李双江的《我爱五指山，我爱万泉河》，后来读大学又喜欢蒋大为、朱逢博、李谷一等人，不一样在追吗？还有上网，应该允许孩子上网，不要把上网想得那么可怕，而且要争取和孩子成为网友，只有这样才能引导孩子。我们班的网站即将建成，以后放了寒假，有条件上网的同学可以和我在网上聚会，我们除夕之夜还可以在网上吃年夜饭！当然，上网的确应把握好分寸，有所克制，还要注意屏蔽不良信息。另外，我坚决反对孩子去网吧，网吧往往藏污纳垢，最好别去。”

略停顿了一下，我又说：“可能有的家长会说，李老师你只是一味地要求我们尊重孩子，把我们的手脚都束缚起来了，但是，我们又如何走进孩子的心灵呢？呵呵，我的建议很简单：和孩子交朋友！多和孩子聊天，和孩子一起讨论，多和孩子一起玩！自然就走进孩子的心灵了。要善于倾听，不要一味指责。孩子如果在饭桌上和爸爸妈妈聊天，这是做父母最幸福的时候了。千万不要说‘好好吃饭，哪有那么多的废话！’当然，我也对同学们说，你们回家应该多和爸爸妈妈聊天。家长应该平等地和孩子对话，包括你们有什么苦恼也可以给孩子说说。有一首歌唱道，‘工作的烦恼跟爸爸说说’，其实，工作的烦恼也可以给孩子说说。我就常常跟女儿谈我工作中的事。”

本来这个话题还可以展开讲，但我看时间已经过去一个多小时了，便赶紧打住：“总之，当我们把孩子当朋友的时候，孩子一定也会把我们当朋友，向我们诉说。我们每一个家长都来做善于走进孩子心灵的教育者，做孩子的朋友！好了，今天的家长会拖得有点长，耽误大家时间了。最后，我还要说两句真心话——真诚感谢各位家长一学期来对我工作的理解和支持！提前祝大家春节快乐！”

家长们和学生们用掌声回答我的感谢和祝福。

家长会结束后，唐西龙的妈妈带着唐西龙来到我的面前，我简单地介绍并分析了唐西龙的近期表现，强调道：“虽然唐西龙因为辜负了同学们的信任而被撤了职，但我希望你能为班上长期做一件事，以此表达对同学们的歉意。同时，我还希望你在今后的某一天，再次申请当班干部，哪里跌倒哪里爬起，这才是堂堂男子汉！”

然后我又和陈鑫的妈妈交换了意见，我特意叫陈鑫一起听：“陈鑫的进步是非常显著的，同学们都给予了充分的肯定；但同时问题还不少，同学们也看到了，这点从昨天你未被通过撤销处分可以看到。所以我希望陈鑫继续进步。”

很自然地谈到陈鑫“捐款”两元的事，我说：“思想认识是不能强迫的，但我确实希望陈鑫要相信这个世界上有超越亲情的爱。”

陈鑫说：“我的确是亲眼看到一些事，街上有人遇到困难了，过路的人冷漠得很！比如老大爷突然摔倒了，没有人会管的！”

我说：“但更多的时候，许多素不相识的人却能互相关爱。你陈鑫敢保证今后没有需要人帮你的时候？我以前有一个学生，最初也不相信陌生人之间会有什么善良的帮助，后来一次骑车上学，他被别人的车撞伤了，过路人把他送进了医院。这以后他相信了世界上的确有超越亲情的爱。但愿以后，陈鑫也能认识到这一点。”

1月11日　　星期二　　阴雨

班长竞选

今天，我们班正式开始选新班长。下午第三节自习课我走进教室，看见已经坐着几位老师，他们是特意来看我们班的班长竞选的。

我先对大家说：“今天开学校行政会的时候，有一位校长谈到昨天晚上有些班自习纪律糟糕，有的班有老师也打打闹闹，但提到我们班时却说，高一（3）班当时没有老师，但纪律挺好的。我就在想，他来的时候可能刚好是我们班最安静的时候，是不是呀?”

同学们却说：“不对，昨天晚上自习课，我们一直都很安静的!”

我说：“我就希望能够保持。我们班要成为‘自治班级’，这就是表现。好，现在说今天的主题。李老师一开始就希望我们这个班能够让同学受到民主的启蒙。民主，对一个国家来讲，就是人民当家做主；对一个班来讲，就是同学们‘当班做主’。有的同学就在随笔里说上周给班干部投信任票很开心，从小学到现在，班干部的人选都是老师说了算，现在我们说话也算数。这一学期我们大家都体会到了什么叫民主，李老师喜欢的人选同学们不喜欢，我也没有办法，李老师不喜欢的人选同学们喜欢，我也没办法。哈哈！今天我们班的班长竞选，是继巴基斯坦大选之后又一次大选。哈哈！开个玩笑。我们的程序是这样的，先由两位候选人发表竞选演讲，然后同学们要提一些问题，候选人回答完了再下去。最后投票。如果两人得票势均力敌，还要辩论。刚才有同学问我能不能弃权，我说当然可以。但是我们要通过自己的选票为班级尽一份力，所以我希望大家都不要弃权。说实话，两位候选人都很优秀，真是不好选，如果让我选，也是很残酷的，不是对他们残酷，是对我残酷，不好选呀！但是，我们还是要选。哪一位先开始?”

同学们有的说杨扬先，有的说凌飞先，还有的建议通过划拳决定顺序。这时候，杨扬说：“我先!”

我说：“好！下面掌声有请杨扬!”

杨扬精神抖擞地走上了讲台：“同学们，老师们，大家好！这是我第二次站在这里。我失败过，但我要再试试。这次如果选我的话，我会比较有经验。这是我的优势。做过班长的工作我会知道怎样去解决问题。而且以前我做班长的经验是比较多的。我从幼儿园小班开始做班长，一年级到初三我都做班长，应该说是比较称职，还被评为优秀班干部，不好意思。（同学大笑）我的经验应该比较丰富。前段时间的工作有失误，可能是情绪还没有酝酿好，现在差不多了。请同学们相信我!”

杨扬的演讲不长，但获得了掌声。同学们开始提问。

黄尼莫问：“我们班上最大的缺陷是什么？你要采取什么样的措施?”

杨扬说：“我觉得纪律存在问题。我觉得纪律不仅是纪律委员的事情，也是小组长的事情。所以说组长要协助纪律委员做好，其他班干部同样也有责任管理。还有一个是最近班上的卫生工作做得不好，很多同学不知道讲卫生。如果我当了班长，会在这些方面加以督促。”

杨南希问：“你当班长以来，觉得处理得最不好的一次事件是什么？”

杨扬回答：“最不好的是上晚自习的时候，有时纪律不太好，我经常不太管。我觉得在以后的晚自习中我要发挥自己的作用。”

我说：“我理解杨南希是想问你做过的一件具体的事情，而你说的是没有做的事情。”

杨扬说：“这个应该没有吧！”

我笑了：“你没有做过事，所以就没有做过不好的事！”

同学们也笑了。

任沐之问：“我想问你今后的一些具体措施。有没有一些基本的承诺？”

杨扬说：“我觉得班长应该是负责全班的全盘工作。在管理的同时应该监督其他的班干部做好。总之是每个部门都管一下。”

我看提问的都是女同学，便提醒男生：“男同学也要提问啊！”

周杰站了起来：“在你管理其他同学的时候，假如许多同学不听从你的管理，但是你的观点是正确的，你怎么做？”

杨扬说：“我就大叫一声，安静！我想我的声音分贝会比较高。”

同学们又笑了。

周杰说：“我说的不服从管理，不只是纪律问题。”

杨扬说：“我想你说的情况不会出现。”

周杰坚持说：“假如呢？”

杨扬说：“没有假如！”

我看同学们没有什么问题了，便说：“下面李镇西同学提问！呵呵！前次在评选‘全班之最’的时候，何晓蕊把我评为‘班上年纪最大的同学’，所以我也是同学。我问一个问题，处理班级事务的时候，会不会因为男同学或女同学的性别不同，使你在处理的时候有些偏向？”

杨扬说：“我可能对男生要强硬一些，对女同学可能要温柔一些，毕竟是女同学嘛，自尊心比较强。如果我做班长，希望男生理解我对你们的强硬，男生要大事化小，要包容一些。”

同学们没有什么问题了，我便说：“没有了？好，没有就欢迎凌飞。”

掌声中，凌飞拿着演讲提纲走上讲台：“首先我先反驳杨扬的一个观点，就是纪律问题。这几天我们纪律有了很大的变化，男生打闹的问题也大有好转，现在大家的兴奋点都转到了五子棋上来了。昨天我以为第三节自习课会纪律不好，还想这是我发挥作用的时候，但是第三节课纪律很好，很感谢大家对我的支持。好，现在我开始我的演讲。如果我当上班长，我有三个基本思想。第一，要保证每一个同学的利益和权利，无论男同学还是女同学。同学之间利益冲突，我都应该调节、平衡，公正处理，还有同学与老师之间的事情，我都要协调好，这样有利于班级的发展。第二，班干部的本职是提供服务，要为同学提供最好的服务，让同学在班级有更好的发展，创造更有利于学习的环境。第三，对于生活委员，如果我当上了班长，我一定要选好生活委员，不能让一个同学在最后时期生病，生活委员要关心到这一点。我希望大家认可，但是无论大家是否认可，我都希望大家在最后两周鼓起勇气度过黎明前的黑暗——期末考试!”

同学们以热烈的掌声对他的演讲做了很好的评价。

魏乐庭第一个提问：“如果你当上了班长，但我们班还是有打闹现象，他们不给你面子，你还敢不敢阻止?”

凌飞说：“这一点我很有信心，我相信男同学会支持我的!”

李应生：“你会不会使用暴力?”

凌飞说：“不会!”

我说：“非暴力。呵呵!”

魏雨萱问：“在你当班长期间，你会采取哪些措施让我们在学习生活方面更丰富?”

凌飞说：“我想下学期在班级内部组织一些小的社团，比如五子棋社、跆拳道社等。”

杨南希问：“大家都知道你不爱说话，和同学沟通比较少。如果当上班长怎么办?”

凌飞说：“我这几天已经在改变，如果我当上了班长，一定努力去改。请大家相信我!”

黄尼莫问：“大家对上届班委都不太满意，在你没有竞选之前，你为什么不给前任班干部提意见呢?”

凌飞坦然说道：“我向大家承认错误，我以前对班级没有很大的热情，但是对我的宣传委员工作，比如办黑板报，我做得蛮好的。”

同学们都笑了。

我问了一个问题：“假如遇到这种情况，同学们强烈要求做某件事，但李老师不同意，也就是说发生了冲突，你站在哪一边？”

凌飞说：“这个要看具体情况。如果是伤害到了同学的权利，我一定会维护同学的利益，一定会向你发难。”

魏雨萱又问：“已经临近期末了，你会采取什么样的措施来让同学们提高积极性和紧迫感？”

凌飞说：“我觉得咱们班同学都很努力，不用我采取什么措施了。”

吕老师也提了一个问题：“如果你当班长，我们班的活动与你的学习发生冲突，你怎么处理？还有，你将如何通过管理使男生更具有绅士风度？”

凌飞说：“首先我回答第一个问题，如果我为同学服务而影响了自己的学习，我肯定要维护同学的利益，牺牲自己的利益，继续为同学服务。作为班长，这是很正常的。”

吕老师说：“但是你的学习成绩下降了，老师不答应呀！”

凌飞说：“虽然说有可能会影响我的学习，但是我会努力的，让自己的学习成绩不会因工作而下降。说到男生的绅士风度，我想为男生申辩一下，同学们学习都很累，没有什么娱乐，休息的时候打闹一下，也没什么的，只是有时候太过火了。我想我会去制止。合情合理的打闹，我希望李老师理解。”

我看同学们问题也提得差不多了，便对两位候选人说：“最后我问你们两个问题。第一，你们预测一下结果会如何？第二，假如说你们失败了，会有什么态度？”

凌飞说：“预测结果我不敢说，我确实没有什么底。但我知道大家都非常支持我。如果说真的失败了，我一定会站在杨扬这边，支持她的工作。”

杨扬的回答是：“无论谁做班长，作为班级的一员，我会为班级负责！”

我问她：“你对投票结果有没有预测？”

杨扬说：“这个我真的说不准。”

我正准备宣布开始投票，何晓蕊说：“我还有个问题！你们俩无论谁做了班长都会‘组阁’，我想问问你们对‘组阁’方面有什么想法？”

杨扬说：“强劲继续做生活委员……其他的没想好，因为李老师从同学们的调查中得到了一些候选人。哦，我还希望钟晓进入班委。因为他平时不太爱说话，可以锻炼一下。我觉得文海也很负责，虽然他犯了错误，但是我想他会改正的。其他的……还有凌飞嘛！”

同学们大笑。

我说："好的！凌飞的'组阁'想法呢？"

凌飞说："如果是我选的话，我一定会基于上次同学们评选的可推荐的人推举。我想让黄尼莫和张颢君来负责板报。魏雨萱文艺方面的特长还是很强的，让她做文艺委员。强劲的确是生活委员的最佳人选。其他的人选还没有考虑好，我想让大家多给一些意见，我考虑考虑。"

两位候选人的演讲和问答结束了，我说："现在大家拿出纸，开始选班长。注意，只能写一个名字。刚才咱班著名歌星张自强要求唱票，我们请他用美声来唱票，呵呵！魏雨萱和陈鑫也要求监票，好的，就请他们来监票。在场的'国际观察员'负责监督。"我指了指后面坐着的老师。

同学们都笑了，同时开始填写选票。不一会儿，选票就收上来了。

"好，现在数一下总的张数，把废票统计出来。有多少有效选票，要统计出来。"

魏雨萱、张自强、陈鑫紧张地统计选票。最后，魏雨萱说："没有废票，选票全部有效！"

我说："好！现在由张自强唱票！"

张自强严肃地说："我宣布，现在唱票开始！凌飞！杨扬！凌飞！凌飞！杨扬！……"

教室里异常安静，只有张自强响亮的声音在回荡。终于，在大家的掌声中，投票结果出来了。凌飞获得 28 票，杨扬获得 10 票。

我说："我们首先要向杨扬同学的参与表示敬意！同时，我们向凌飞同学表示热烈的祝贺！"

大家再次鼓掌。

我说："凌飞，你应该说几句呀！"

凌飞站了起来："我，我很激动！我很感谢大家的支持，我想以后的工作有大家的支持，我们一定会做好！"

我说："我想强调的是，凌飞是大家选出来的，这个班长不再是凌飞个人，而是我们班集体意志的象征和代表。李老师都不敢得罪了他，因为得罪了他，就是得罪全班同学。当然，我不是说如果凌飞犯了错误我不敢批评他，该批评还得批评，而是说他如果代表全班向我提意见或建议，我肯定不敢小视，因为我会感到我是面对着 38 个同学！同样地，同学们也要服从凌飞的管理，如果你不服从凌飞的管理，就是违背了全班同学的意志。我希望同学们不要以为是在服从凌飞，不，不是服从凌飞一个人，而是服从全班同学的意志！”

下课后，凌飞来到我的办公室，我把上次同学们推荐的班委候选人给他，供他‘组阁’时参考。我再次祝贺他，他腼腆地笑了。

我问他：“你感觉今天的演讲和问答怎么样？”

他说：“我感觉我是超常发挥！”

我说：“我也觉得你今天表现特别棒！”然后我说：“这两次选举很‘奇怪’，评选全班之最，杨扬的票数远在你之上，但今天的班长选举你又超过了她。其实不奇怪，今天的选举不是人品选举，而是能力选举。也就是说，虽然杨扬落选了，但并不意味着同学们就不尊重她，只是和你比较，同学们认为你能力更强些。杨扬仍然是很好的同学，她肯定会支持你的工作。”

凌飞说：“我知道。我会让她加入班委的。”

我又说：“本学期只有两个星期了，你不用有大的动作，主要是把自习纪律、卫生等常规做好。大的动作下学期再开始吧！如果在‘组阁’时有什么需要我帮忙的，尽管说！”

“好的。谢谢李老师！”他说。

1月13日　　星期四　　雨转晴

新班长上任

刚走上四楼，还没有进教室，便远远地从打开的教室门看到里面的同学正在认真地早读。辉煌的灯光下，他们的眼睛都看着桌子上的书，他们的嘴唇不停地一张一翕。琅琅书声，成为可爱的同学们献给寒冷冬日最动听的晨曲。

快下课时，凌飞走了上来：“李老师，我把昨天的工作给你汇报一下。”

我有些诧异，但还是说：“好的。”

“昨天晚自习同学们非常服从管理，纪律很好。”他说，“晚自习下课后，我到每一个男生寝室去打了招呼，请他们今天早晨都别迟到，结果今天早晨果真没有迟到的。还有，刚才你还没来的时候，语文课代表就主动组织大家早读。”

“太好了！”我拍拍他的肩膀。“祝贺你！干得不错！”

早读课下课时，我对全班同学说："刚才凌飞跟我说了，昨天同学们的自习课纪律很好。我很高兴，我首先要表扬的不是凌飞，而是全班同学，因为你们有集体荣誉感，而且自觉服从大家选的班长的指挥。保持！"

早晨一来，就听到这个好消息，这一天我都会很高兴！

中午的时候，我和王晓丹老师还有徐主任坐在一起吃饭。王老师跟我夸昨天凌飞的工作做得好，徐主任说他看到今天早晨早读课前，凌飞就站在教学楼前执勤。他不停地赞叹："不简单！不简单！"

谈到凌飞还没有撤销的处分，我说："班上都已经通过了对他处分的撤销，但他希望下学期再撤销，这样自己在寒假就有一个约束。"

徐主任说："不，还是应该本学期期末撤销，因为如果不撤销，他就没有资格获得奖学金。"

在整个吃饭过程中，我们都在谈论凌飞，说他是一个好苗子。

下午课间，我找了何晓蕊、杨扬、刘骞雯、张颢君、钟晓等人，调查昨天凌飞的工作情况，我想从同学们那里了解一下，凌飞昨天是不是真的工作很好。结果他们都说："凌飞真的很负责！"

我请凌飞把他本周写的随笔给我看看，越看我心里越感动，因为他忠实记录了我们班同学的进步——

> 今天进行了班长的大选，竞选者是我和杨扬。先是杨扬的竞选演讲，在听完她的演讲后，我又紧张了一些。她的败笔在于回答同学们提问的时候，没有掌握好尺度。在我走上讲台时，紧张的心情缓和了许多，而且后面越讲越顺，连我自己都不敢相信是我在讲台上演讲，哈哈……后面回答问题时我就更不紧张了。不过我还是相当注意分寸的，在面对个别同学和吕老师的尖锐问题时，我也坦诚地说出了自己的想法。
>
> 最后的投票结果是我以 28∶10 胜出。胜出当然是挺高兴的，但之前李老师说杨扬曾经想弃权。我感到很不是滋味。我向我的对手致敬！
>
> 成为班长后，我的第一个想法还不是关于班级的，而是对自己的自省自律。我反复地告诫自己，不能因为当了班长而对任何一个同学发火，绝对不能。我认为要是我在对待同学的态度上发生不良的变化，就意味着我在不久之后又会被否决的。水能载舟，亦能覆舟。我会牢记在心的。而且在自己的言行上，我将更加严格地要求自己。有三十七双雪亮的眼睛看着我啊！在此恳请李老师以后更加尖锐地指出我的缺点和不足，这样我会有更大的进步，对班长一职我

也会有更大的热情。

今天是我真实意义上担任班长的第一天，我真是完完全全地被同学们的热情与支持所感动了。很爱讲话的同学在经过我的提醒后都尽了最大的努力控制自己，尽管还是有管不住的时候，但我对他充满了信心。最令我感动的还是在最后一节晚自习，因为作业，我的情绪特别差。但当我坐在讲桌前，看着大家埋头苦干，听着小小的讨论声时，我的心被大家感动了。最后两分钟我做了很简短的总结："大家在晚自习上表现得非常好，谢谢大家对我的支持！希望大家继续保持！"我的小结居然还博得了掌声，令我无比喜悦。真的，我的情绪会被大家的表现所牵动。

回到寝室，我还逐个提醒各个寝室的室长，要求明天早上不能有一个迟到。室长们都坚定地向我保证，绝对不会有一个人迟到的。我就更高兴了。现在在台灯下的我，要怀着一颗美滋滋的心睡觉了。

下午第三节自习课，没有老师，我也有意没有去守。我相信，凌飞能够管理好的。果然下课后，我在校园碰到凌飞，他很兴奋地对我说："刚才的自习课纪律非常好！我都不用坐在讲台上了。"

我听了当然也很高兴，说："这对你也是个鼓励！我想你肯定更有信心了！"

对文海的处分校告贴出来了。晚自习前，我来到教室把文海叫到了外面走廊尽头的窗边，和他聊了起来。

我问："最近感觉怎么样？"

他说："不好，没有进入状态。"

我问没有进入什么状态，他说是没有进入学习状态。

我对他说："我担心你因这次犯错误，背思想包袱。李老师向你说三点：第一，我不可能因为你犯了错误，就把你看得很坏。我教了多年书，曾看到许多学生犯了错误又改正错误。成长是一个过程，这个过程就充满错误。我对我的任何一个学生，都充满信心，对你也充满信心。你一定要相信我。第二，最近同学们肯定对你有看法，你可能也觉得很扫面子，这是很自然的。但是你要相信，班上绝大多数同学会对你持宽容态度的，只要你改正了缺点，你一定会重新赢得大家的信任。你看凌飞，也因多次吸烟挨了处分，但他一旦改正了，同学们还选他当班长。还有陈鑫，改正了缺点，同学们就充分肯定他的进步。所以，你对同学们也要有信心。第三，你自己要拿出勇气和行动，一点一点地改变自己的形象。这当然不是一天两天能够完成的，但只要你有决心，就一定会重塑自己的形象的！”

他说他现在最大的问题是不能进入学习状态，心很浮躁。我问他有没有静心学习的时候，他说有，就是上周星期天，从中午 12 点 30 分一直学到下午 5 点多。我说：“说明你还是能够做到嘛！当然，你可能比较难坚持，但这没有人能够帮助你，还是只有你自己战胜自己！你想想，因为你不能控制自己，因为你没有毅力刻苦学习，你的学习成绩已经不太好了，但现在改正还来得及，毕竟不是明天就要高考；可是如果你继续这样，时间一晃就过去了，真到了高考前，你后悔也来不及了。总之，一定要战胜自己！什么时候文海战胜了自己，就真正成熟了！”

和文海谈完了心，我又找到程媛，我们靠窗聊了起来：“最近学习有什么困难没有？”

她说：“没有什么困难。我觉得我最近的时间比以前抓得紧了。”

“这就好！”我表扬她。“程媛是个好同学，各方面表现都很好。那天我明确在班上讲了，李老师不会因任何一个同学学习成绩差而看不起谁，你放心了吧？”

她笑了：“嗯。”

我话锋一转：“但是你学习上的钻研精神还不够，比起班上学习成绩优秀的同学，你的差距就在于钻研精神不够。希望你在这方面努力。”

我结合她的学习给她稍微具体分析了一下，她点头表示同意，并愿意改进自己的学习。

我又问：“你是第一次住校吗？”

“是的。”她说。

“想爸爸妈妈了吗？”

“想。”

“还有两个星期就可以回去看爸爸妈妈了。”我又问，“去德育处预订火车票了吗？”

她说：“今年春节我不回老家，爸爸妈妈到成都来过年。”

我说：“好呀！最后两周好好复习，争取考好，这样过年更高兴！”

我又找来项柳依：“平时我把主要精力放在违纪的同学身上，把你们这些听话的同学忽略了，很是抱歉！今天李老师主要想和你聊聊学习的事。”

她说：“没什么的。我最近学习还可以，时间也抓得紧了。”

我和她分析起来，特别指出：“你的问题主要是学习上还不够努力。学习肯定会有困难的，没有哪个同学没有遇到过学习上的困难。你肯定也遇到过困难，但你不应该害怕困难，应该迎难而上。这也是对自己的磨炼。另外，你学习上有时还是不认真，有应付的时候，比如你的随笔，我觉得你不太认真。其实，你很有写作能力，文字基础也不错，但就是不认真。上周居然才写了207个字，这不好吧？以后改正，好吗？”

她很真诚地说：“好。”

最后我说：“以后有什么困难，尽管找李老师。可以通过随笔给我谈你的困难，也可以和我预约时间谈心。”

1月14日　　星期五　　大雾转晴

每一刻都不放松对学生的鼓励

俗话说：“送人玫瑰，手有余香。”陈鑫那天送谢舒云去看病的事，谢舒云至今心存感激，并把这种感激之情写进了随笔。今天我把这篇随笔打印出来给了陈鑫，让他感受一下助人的余香。

语文课前，凌飞找到我：“这几天天气实在太冷，早晨能不能推迟5分钟到教室？”

“可以！”我想都没想就答应了。我应该支持凌飞，让同学们知道，凌飞首先是代表他们的利益的。语文课上，我对同学们说了凌飞这个请求，但我同时说：“希望推迟五分钟，就没有同学迟到了。”

今天的语文课是学习罗曼·罗兰的《名人传》的序言，作者谈了他的英雄观。我也借此给学生谈了我对英雄的理解。我从罗曼·罗兰的代表作《约翰·克利斯朵夫》谈起，给同学们推荐了翻译家傅雷的译者献辞——

> 真正的光明绝不是永没有黑暗的时间，只是永不被黑暗所掩蔽罢了。真正的英雄绝不是永没有卑下的情操，只是永不被卑下的情操所屈服罢了。
>
> 所以在你要战胜外来的敌人之前，先得战胜你内在的敌人；你不必害怕沉沦堕落，只消你能不断的（地）自拔与更新。
>
> 《约翰·克利斯朵夫》不是一部小说——应当说：不只是一部小说，而是人

类一部伟大的史诗。它所描绘歌咏的不是人类在物质方面而是在精神方面所经历的艰险，不是征服外界而是征服内心的战绩。它是千万生灵的一面镜子，是古今中外英雄圣哲的一部历险记，是贝多芬式的一阕大交响乐。愿读者以虔敬的心情来打开这部宝典罢！

战士啊，当你知道世界上受苦的不止你一个时，你定会减少痛楚，而你的希望也将永远在绛望中再生了罢！

我让全班同学都把这段话抄下来，然后说："这一段话非常好。我要讲两个同学，一个是凌飞，本学期开学，他迷惘过，彷徨过，同时他向往正直，追求崇高，经历了很艰难的心灵搏斗，用我的话来说，就是有两个自我在搏斗，但凌飞没有被打倒，最后战胜了自己，这次当上班长，在我看来，是他升华自我的一次机会。另一个是文海，我想告诉他，真正的英雄不是没有卑微的时候，而是能够战胜自己。所以，在你战胜外在的敌人之前，先得战胜内在的自己。我昨天对文海说，什么时候文海战胜了自己，文海就成熟了。人有时候可能会犯糊涂，会做错事，那不要紧，你只要自己战胜自己，就是了不起的人！"

我还给学生读了一段话，也是出自傅雷的译作《贝多芬传》中的译者序——

唯有真实的苦难，才能驱除浪漫底克的幻想的痛苦；唯有看到克服苦难的壮烈的悲剧，才能帮助我们担受残酷的命运；唯有抱着"我不入地狱谁入地狱"的精神，才能挽救一个萎靡而自私的民族：这是我十五年前初次读到本书时所得的教训。

不经过战斗的舍弃是虚伪的，不经劫难磨炼的超脱是轻佻的，逃避现实的明哲是卑怯的；中庸，苟且，小智小慧，是我们的致命伤：这是我十五年来与日俱增的信念。而这一切都由于贝多芬的启示。

我和学生谈到英雄："我写过一篇文章，谈英雄观。在中国古代，一提到英雄，就是李逵、武松。这个标准至少不适合现在。还有人认为那些为别人做好事的善良的人也是英雄。我个人觉得那些都是好人，非常令我敬佩，但一下子让我把他们当作英雄来看待，我觉得很勉强。比如一个医务人员对病人尽责，一个老师对工作敬业，这不是英雄的概念。我心目中的英雄是什么？就是罗曼·罗兰说的'靠心灵而伟大的人'，面对厄运，面对挫折，面对自己的弱点，能够战胜自己并最终超越自己的人。也就是说，我理解的真正的英雄，不是和别人作战，而是和自己作战！"

凌飞当班长感觉不错，这几天精神状态很好。中午在去食堂的路上，他对我说："同学们简直太好了！太支持我的工作了！虽然昨天的自习课纪律略有些'回潮'，但他们都能听我的招呼。"我为他高兴，同时提醒他说："最近你工作顺利，至少有两个原因：一是新班长上任，同学们都有新鲜感，所以比较听你的招呼；二是现在是期末考试前夕，客观上学习任务重，大家也容易抓紧时间学习。你要做好思想准备，以后你的工作还会遇到困难。但是，不管下学期你遇到怎样的困难，都不要灰心。而且你应该盼着工作上遇到困难，因为这才能真正锻炼你。"

我问及新班委名单，他说他正在考虑，他给我说了一下初步的人选，然后提到文海："我想让文海当体育委员，其实他工作还是很不错的。虽然犯了错误，也应该让他有机会为同学服务。"

我说："好啊！如果你能邀请他'入阁'，这对他的鼓励胜过李老师找他谈十次心！"

"但是，"他说出了他的顾虑。"我怕同学们不同意。"

"那你就给同学们做做工作，让他们理解你。"我说，"这对你又是一次锻炼的机会！"

他点点头，表示愿意努力。

我说："为了祝贺你这几天的成绩，我今天中午请你吃饭！"

他说："好呀！"

旁边的杨南希、杨心、魏雨萱、唐西龙、宋飞、杜翱等同学也直叫好，我说："一起去，今天我请客！"

我们来到二楼食堂，同学们纷纷去买菜，不一会儿，桌上便有些丰盛了。我们围桌坐着，一边吃一边聊，宛如一家人。

我表扬宋飞："这几天宋飞进步不小呀！呵呵！"

他不好意思地问我："哪些地方有进步？"

我说："你学习越来越自觉了呀！还有，你纪律也比以前好多了。是不是呀？"

他笑着点点头。

我又对唐西龙说："你也有进步呢！李老师很高兴！"

我对大家说："到了春天，我们组织到都江堰去玩！去'吃'凌飞！"

大家说："好！"

我又说："如果路上有同学受了伤，就去找凌飞的爸爸，他爸爸是医生，呵呵！"

杨南希有些不满："怎么不到我们西昌去玩呢？"

我说："可以呀！以后我们全班去吃你！"

闲聊中，凌飞问我是哪一年出生的，我说是 1958 年。孩子们又问我生日是哪一天，我说忘记了。他们都不相信，硬要我说。

这时杨心说："《爱心与教育》里好像提到过。"

同学们说："对对，我们去翻书就知道了。"

我说："那是假的！"

杨南希说："李老师告诉我们吧！"

我说："我真的不知道。我是爸爸妈妈捡来的，呵呵！"

大家都笑了起来……

今天因为早晨大雾，所以雾散了之后，阳光特别灿烂，我的心情也很愉快。刚才在教室里，杨南希跑过来向我替病了的杨心请迟到假，她怕影响其他同学学习，便跑到我跟前对着我耳朵说悄悄话，那一刻，我真感到好像是我的女儿在我耳朵边说话呢！此刻，看着眼前的一群学生，感到他们真像我的儿女一样纯真可爱！

下午，和魏智渊老师聊到本学期的班主任工作，他说："我现在真是从心里喜欢我们班上的每一名学生！"这话让我怦然心动。因为他刚到成都，我一直担心他不适应学生，如果不能感受到来自工作的成功感，他会很沮丧，我也会很着急。他自己多次说："唯一能够把我留在这里的，只有学生！"

现在他说他从心里喜欢他的学生，我真是高兴极了！

我们交流着各自的班主任工作体会，我说："这学期，在转化学生方面，我真正感到有成就感的，还不是陈鑫，而是凌飞。刚开学时，他精神状态很不好，但我感到他是有上进心的，因此一次次和他聊天，鼓励他。后来他多次吸烟，挨了处分，但我也没有对他失去信心。现在，他的进步真是太大了，不但当了班长，而且精神面貌也大变！"

我对魏老师详细谈了他当班长的经过。提到陈鑫，我说："陈鑫现在在行为上变化很大，我很高兴。但思想深处是否开始转变，我不敢保证。一个人的坏行为好纠正，但不好的思想认识要改变则很难，我也没有希望一下子就能改变谁的思想，只能慢慢来。当然，一个人的思想能否转变取决于多种因素，我也不敢保证陈鑫最终就一定能成为优秀学生，他也可能反复，甚至堕落，但我会尽到我的努力。"

我说我这学期最大的成就，是建立了充满爱心和正气的班集体："同学们渐渐形成了集体荣誉感，班上有了凝聚力。这几天凌飞的工作之所以比较顺利，这和同学们心中已经建立的集体情感分不开。可以这样说，我做了一学期的工作，同学们的凝聚力在这几天充分体现出来了。"

我还说："班上几个同学之所以能够有比较大的进步，最重要的原因，是我把他们交给集体！也就是说，无论是他们犯了错误受到的批评，还是取得了进步获得的表扬，都不是来自我一个人的，而是全班同学的！因此，我特别信奉这样一点：班主任要善于把对某一个学生的褒贬，变成整个集体对他的褒贬。这也就是我20世纪80年代末提出的一个观点：要把教师的权威转化为集体的权威！"

1月17日　　星期一　　阴

陈鑫又犯事了

今天，学校广播里正式宣布，撤销对凌飞和谢舒云的纪律处分。同学们都给他俩鼓掌，表示祝贺！

上周的班长选举和新任班长凌飞的表现受到了同学们的普遍好评。在交来的随笔中，刘骞雯说——

> 我们班因这场公正而民主的(选举)较量，有了新的起色。语文早自习老师还没来，何晓蕊已在凌飞的提醒下带领同学们早读，门口不时有别班的老师向我们班的教室张望，偶有一些老师还拉着一两个同学感受我们班的学习氛围。这些细节都让我感到作为高一(3)班的一员是多么自豪！星期四早上，我去拿做清洁的工具，返回时，看到凌飞已在教室门口手持一个本子和一支笔在记什么。又看到几个男生匆匆跑进教室，我想他大概是在记录迟到的男生吧！(后经证实确实如此)看来他的确是说到做到。星期五的晚自习王老师让凌飞坐到讲台上帮助管理纪律。在老师不在的情况下，班上的同学仍旧安静地上晚自习。鸦雀无声的教室，真的很难令人相信仅是由一名班长在管理。当然，这也不能说是凌飞一个人的功劳，这更是全班同学对民主选举结果的支持与信服。大选之后的新气象，让我更加感受到民主的氛围，由民主选出的班长才是属于

同学的。

王嫣然这样写道——

凌飞一上任，就让我刮目相看，我很高兴，没有白投他一票。我觉得凌飞很细心，很关注同学们的细节，工作也很主动，做事也很有责任感，和以前完全不一样了。这说明他在使自己更优秀，走向成熟。这几天的自习课，凌飞都会坐在讲台上监督大家自习，顺便管着我们班的纪律，毕竟是民主选举的班长，同学们配合得也很好，都安安静静地学习。所以这两天我们的自习课上得都很好。我也很高兴，因为过去我们班上自习课的纪律一直都不太好，希望我们一直都能有这样的学习环境。

魏乐庭这样写道——

新班长将各项工作都处理得很到位，充分表现了他的管理能力，姑且不说他的管理方式正确与否，单看他的工作态度就十分认真，在我看来，他实施的是人性化管理，他更希望班上同学是自己管理自己，而不是被动地被别人管，他的这种做法打破了中国人很多年以前形成的“官念”，正如李老师说的那样，我们班的班干部与往常不同，不仅不做“官”，没有“官念”，而且还要很好地为同学们服务。既然我们是民主班级，当然每个人有不同的意见是很正常的事，所以，班长就会用自己认为对的方式进行处理，而不是完全服从班主任的意见，决不可以做老师手或脑的延伸。

课间我问凌飞班委名单弄好没有，他说有一个初步的方案，但还没有征求相关同学的意见。我问有哪些，他说：“我想让强劲任纪律委员，杨扬任卫生委员，黄尼莫任宣传委员，魏雨萱任文娱委员，文海任体育委员，魏乐庭任学习委员。”

我问：“你找文海谈过了吗?”

他说还没有，我问需不需要我找他谈谈，他想了想：“还是我找他谈吧!”

我说那好，我帮你找强劲和杨扬谈谈。我分别找到强劲和杨扬，他们都很爽快地答应了。

我今天从部分男生那里了解到一件非常令人生气的事：昨晚因为停电，陈鑫便准备在寝室里点蜡烛，结果被生活老师耿老师发现了，耿老师说学校规定不能在寝室里点蜡烛，于是便把蜡烛没收了。陈鑫便和耿老师大吵大闹，还用极为肮脏下流的语言骂耿老师。我听说这件事之后，便去男生宿舍找耿老师核实情况，结果事实的确如此。

对陈鑫犯错误，我一点都不感到意外——我从来就没有想过他以后就不犯错误了，我随时准备迎接他的错误。但是，如此辱骂生活老师，仍然让我非常生气。晚上，我把陈鑫请进了办公室。我问："知道我为什么找你吗？"

他说知道。

我说："昨天晚上是怎么回事？你说说，好吗？"

他用简单的语言把事情说了一下："昨晚没电，我就点蜡烛，结果生活老师把蜡烛没收了，我就和她吵起来了。"

"你觉得在这件事情上，你错在什么地方？"我问，但马上觉得我的话太绝对了——万一他根本就不认为自己有错呢？于是，我改口问："你觉得你有错吗？"

他不假思索地回答："没有错！"

这倒让我吃惊了，难道他真的不知道自己错了吗？但我还是耐心地对他说："好，那我帮你分析分析。我认为，在昨天的事情上，你至少有两点错，第一个错，你不应该在寝室里用蜡烛，这违反了学校的规定，学校为了安全，严禁学生私自用蜡烛……"

他把我的话打断："以前也有人点蜡烛的……"

我也把他的话打断："请你让我把话说完，好吗？以前有人点蜡烛，并不等于他们就是对的，只能说明他们也违反了规定。法律规定不能杀人，可照样有人杀人，你能说杀人合法吗？好，我继续分析。你用蜡烛，这是不对的。但是我要说，这个错可以理解，可以原谅，因为我可以理解成你不知道学校的规定，是无意中犯的错。但是，第二个错就很难让人理解和原谅了——当耿老师指出你的错并把蜡烛没收的时候，你不应该辱骂耿老师……"

"她不还我蜡烛嘛！"他说，"她不还我，我当然要找她啦！"

我提高了声音："那你就该破口大骂吗？"

他说："她的声音也很大，如果我不这样，就压不倒她！"

我一下火了，站了起来，厉声斥责道："她的声音大？她严厉批评你是她的责任！如果出现了火灾，谁负责？你要压倒她，你有什么资格压倒她？你有什么资格辱骂她？老师制止你点蜡烛，你就破口大骂，你这简直就是社会上的流氓行径！在我们班，在我们学校，决不允许有这种行径！"

他被我镇住了，一言不发。

我说："你居然还说自己没错！连幼儿园的小朋友都知道骂人是不对的，你居然不知道？陈鑫呀陈鑫，你好不容易有了一点进步，我和同学们都为你高兴，可你又退步了！我很难过。当然，我也想过，要让你一下子改变一些思想认识是不可能的，但至少在行动上必须和大家一样遵纪守法！”

他依然一言不发。

我说：“有一名同学说过这样的话：‘有错就要认，这也是男子汉必备的条件！’”我有意把他曾经写在随笔里的话说给他听。“你想想，你还是男子汉吗？这样，你回去想一想，给你 24 小时，想好了我们再谈。不过，我要说说我的处理意见：必须写书面的道歉书，然后公开给耿老师赔礼道歉——因为你是当众辱骂耿老师，所以必须当众赔礼道歉！”我说到这里，停了一下，又说：“耿老师是长辈，你怎么能如此恶毒地骂人家？如果你不愿意给耿老师认错，那么，你就别住校了，你回家去住，每天由你妈妈送你上学！”

他不说话，也不走。

我说：“今天我是从同学口中知道这件事的，大家都很气愤！这说明同学们是有正义感的。我和同学们最见不惯的，就是对普通劳动者的看不起！你不仅仅是看不起，而且是辱骂了！我要提醒你：你有了进步，同学们给你鼓励；你有了错误，同学们仍然帮助你。这就是我们的集体！如果你改正缺点，大家都会欢迎你；如果你不改正过去的恶习，这个班就没有你的位置！对你，我从来就没有保证过一定有把握让你彻底改正所有缺点，变成一个优秀学生，不，这要取决于你。如果你执意不改正恶习，我也没有办法。如果你哪一天因此而被学校开除，我也问心无愧。但我会尽到我最大的努力帮你！我愿意重复一遍过去说过多次的话——只要你不放弃你自己，我就不放弃你！但是我还要说的是，如果你的一些思想认识和坏习惯不改正，以后早晚要跌大跟头！不信我们走着瞧！——就这样吧，我不和你多说了！”

他说：“那我给耿老师认个错吧！”

“可以！但必须当众认错！”我斩钉截铁地说，“因为你是当众辱骂耿老师的！”

说到这里，我又心痛地说：“陈鑫呀，其实我刚听说这事的时候，已经在心里为你‘开脱’了许多，比如，我想你可能当时也是一时冲动。而且，刚才你进来的时候，我还在想，陈鑫一定很后悔，觉得自己是做错了，不该骂人。哪知道你根本就不认错，还觉得自己有理！唉！你有再大的困难，都不能成为不认错的理由！好了，你去吧！抽空想想，明天再谈！”

他离开办公室前问我：“一定要写道歉书吗？”

“一定！必须有书面道歉！”我不容置疑地说。

1月18日　星期二　阴

新一届班委成立

又快到期末考试了，昨天晚上我在班上强调了考试纪律，谈到无人监督考试时说："很遗憾，本学期我们有个别同学做得不够好，犯了错误。这次就不参加无人监督考试了。以后用行动改正了，再重新加入无人监督考试的行列。"

谁知这话让魏雨萱很受打击，今天我一到教室，她就特意把她昨天写的随笔给我看："李老师，今晚考物理前，您讲到这次期末考试，提到诚信考试，刚开始，我挺高兴，但您又说曾经犯过错误的同学这次不参加诚信考试。我当时听后，心里十分难过，看着物理题开始发呆。李老师，您可知道这句话的分量？我真的感到有些不知所措，您不是说过让时间冲淡一切，让行动来解释一切吗？我不是当着全班检讨过了，并且说以后不会再犯吗？您不是多次讲信任我吗？难道你让一个考验我的好机会就这样和我擦肩而过吗？听了您的话，我本想与您当面谈谈这个问题，可惜我们要赶着考试，考试的过程中，脑子里一直都浮现着期末考试的情景，三十多名3班的同学光荣地踏进无人监考教室，而我呢？只能眼睁睁地站在一旁，那时的我会让外班的人认为我不存在。我不知道别人问我，我该怎么回答，为什么前次参加诚信考试而这次就不参加了呢？对于这次考试，虽然我没有足够的信心考得很好，但我有100%的承诺不会作弊。我希望李老师相信我，让我参加无人监督考试。这是一次用行动证明的好机会！恳请李老师考虑考虑，我是很坦诚的！"

在读这篇随笔时，我被魏雨萱的真诚打动了。我的感觉是，魏雨萱好像鲁迅笔下不停捐门槛的祥林嫂，满以为已经赎了罪，到头来却不算数！但她这篇随笔让我很为难。第一，我相信她的真诚，但前次无人监考之后，还没有经历过无人监督考试，如果让她参加无人监督考试，是难以说服大家的。第二，这不只涉及她一个人，还有文海。如果让她参加这次无人监督考试，那么文海怎么办？刚刚挨了处分的文海显然是不能参加无人监督考试的。

课间我找到魏雨萱，我把我的为难之处告诉了她，并说："我绝对相信你的真诚，但这种真诚应该表现在行动上。而前次你犯了错误之后，你还没有经历过大的考试。你应该在这次考试中表现出诚信，那么下次一定会重返无人监督考试的教室。”

她表示理解，并愿意把随笔给我，让我写进我的日记。

凌飞对我说，昨天在给同学们谈让文海重新做班干部时，有的同学不同意。他问我怎么办，我说：“那当然还得服从同学们的意愿。我现在也在想，应该让文海歇歇，毕竟刚刚撤了职，这么快就重新当上班干部是不太妥当，应该给他一定的时间重塑形象。而且，新班委里面如果老面孔太多也不好，应该多用一些新人！”

他说那就让张自强担任体育委员。然后他又说本来设想让强劲担任纪律委员，但最近强劲的纪律表现太让他失望了，因此还是打算让他继续担任生活委员。我说：“我建议增加一个生活委员，让杨扬和强劲同时任生活委员，因为每天的教室卫生工作量很大。”

他说可以。

随后我又找到文海，说了这次考试他暂不参加无人监督考试，他表示理解。我同时告诫他，这段时间各个方面都是对他的考验，希望他能够经受住考验。他点点头表示会的。

中午，凌飞在班上宣布了他提出的班委名单——

学习委员：魏乐庭

生活委员：强　劲　杨　扬

宣传委员：黄尼莫

体育委员：张自强

文娱委员：魏雨萱

凌飞还对为什么要提名这些同学担任班干部说明了理由，然后他请大家拿出一张纸来，对提名人员进行投票表决。表决结果表明，这个班委名单得到了绝大多数同学的赞成。

读报课时，陈鑫把他写的道歉书给我看了，说实话，我不是太满意，但我想，思想认识有个过程，得慢慢来，至少他现在表示自己错了并愿意向耿老师赔礼道歉，就应该给他一个台阶下。于是我说：“晚自习时，我把耿老师请到班上，你当众给他道歉吧！”

前次没有在无人监督考试申请书上签名的宋飞今天特意写了一份申请交给我，我看上面不但有他的签名，而且还有毕明方、刘陵、陈霜蝉等前次未签名的同学的签名，我说：“很好！这次你们就参加无人监督考试吧！”

我去跟黄校长说我们班这次也打算搞无人监督考试，他说：“哎呀，你不早说！这次期末考试的考场都已经编好了。只好下次了！”

我说：“的确怪我没有早告诉你，好吧，就下次再搞吧！”

但他又说了一句：“这次期末考试的成绩关系到学生的奖学金评定，对成绩的真实性要求更高，还是监考严格一些好。”

我从中听出了一些弦外之音，当即便问：“难道我们班搞无人监考的成绩就不真实？”

他笑了：“不是这个意思，不是这个意思！”

我也笑了：“我懂你的意思，理解理解，呵呵！”

晚自习前，我参加了由凌飞主持的班委会。凌飞首先发言：“我希望我们新班委一定要严格要求自己！我们新班委有七个同学，约占班上同学总数的五分之一，只要我们以身作则，我们一定会很不错。张自强，我对你还是很有信心的！”我笑了，他之所以点张自强并说“我对你很有信心”，其实就说明他对张自强还是不太放心。

然后凌飞又说：“下学期一来，我们就要有一个新的气象。我在想，下学期我们每个班干部负责一面红旗，争取开学初就把七面红旗拿完！”说实话，我并不以是否拿红旗来衡量班委工作是否做得好，但凌飞这句话还是让我特别特别感动，那一刻，我甚至觉得凌飞特别特别可爱！我甚至有点不认识他了——这就是那个开学之初精神面貌很消沉的男生吗？

轮到我说的时候，我把开学之初对第一届班委说的话重新说了一遍：“班干部们一定要树立三个意识：第一是感染意识，不要老想去发号施令，而应该在人格、学习等方面成为同学的表率，不知不觉地感染同学们。第二是服务意识，要明确我们是为同学服务的，而不是管同学的。第三是主动意识，要主动工作，不要被动完成老师或班长交给的任务，要富于创造性地工作，要在自己的本职工作中体现出自己与众不同的智慧。还有，我希望班干部们要团结，工作中要互相配合。要吸取上届班委的教训，既要严于律己，又要大胆工作，二者缺一不可，这样才能树立威信，才能赢得同学的信任！”

最后凌飞说：“还有最后一个星期，我们班干部要想方设法为同学们营造浓烈的学习气氛，我们自己也要抓紧复习，最后祝大家期末考试取得好成绩！”

晚自习开始时，耿老师来到我们班上，同学们以热烈的掌声欢迎她。陈鑫上台读了他的道歉信。读完后，同学们给了他不太热烈的掌声。然后我请耿老师说几句话，耿老师说：“我其实已经原谅陈鑫了！那天我的态度也不是很好，也要向陈鑫表示歉意!”

同学们以最热烈的掌声向耿老师表达敬意! 我说:“耿老师严格要求同学们是没有错的,但耿老师还向陈鑫道歉,我很感动! 我注意到刚才同学们给陈鑫的掌声并不太热烈,我想这可能是大家还没有完全信任陈鑫吧。 那就让我们继续关注陈鑫的行动。 最后,我提议,我们提前祝耿老师春节愉快!”

更热烈的掌声再次响起来……

耿老师走了以后,我说:“陈鑫这是第二次骂老师了,我希望不要有第三次! 我也相信陈鑫不会有第三次!”然后,我特别提到这次不能无人监考的原因,我说都怪我给学校说迟了。 我有意把我与那位校长的对话给同学们说了一遍,然后我说:“我从这位校长的口气中,听出了我们还没有完全赢得信任,我想,我们应该在以后的考试中,以我们的诚实行为真正赢得所有人的信任! 无论是这次陈鑫骂老师,还是以前个别同学考试作弊,这都不是哪一个同学的耻辱,别人不会说是某某同学犯了错误,而是说‘是 3 班的人’怎么怎么样,所以这是全班同学的耻辱,是我们整个集体的耻辱! 希望我们每一个同学格外注重自己的一言一行!”

1 月 21 日　　星期五　　阴雨

学生的思想工作不能放松

这几天女儿参加高考模拟诊断性考试,我觉得作为父亲还是应该关心一下,尽管不可能帮她做具体辅导,但至少尽可能和她在一起,对她总还会有些鼓舞。因此,昨天我回家比较早。

但想到这几天学生们晚上要考政治、历史、地理,又常常停电,我心里老放心不下,所以一回到家里就不停地给王晓丹老师打电话,可老打不通,最后终于打通了,原来她刚才在监考,不方便接听电话。 我在电话里对她说:“今天晚上停电,天又冷,我怕同学们心里急躁,影响纪律。 你可一定要格外细心,严格要求学生们!”她说:“放心,李老师!”

今天早晨来到学校,碰见王老师,我问起昨天的情况,她说:“昨天同学们表现非常好! 中途突然停电,其他班的同学都闹了起来,可是我们班的同学却很镇定，没有乱。凌飞还对大家说，我们班要展现出我们的班风！”

我听了之后与其说是感动，不如说是惭愧：昨天我还那么不相信同学们。

讲台上供老师坐的椅子已经坏了好久了，每次看到这摇摇晃晃的椅子，我就很生气，也在班上说过多次：“这椅子总不是自己坏的吧？肯定是我们一些男生打闹的时候弄坏的！”今天，我扛着这椅子来到学校木工房，请师傅修理。师傅看了看说：“是榫子松了！”我问榫子松是什么原因，师傅说：“是天气的原因。这种木质不好，天气一冷，就要松。”师傅很快重新上了榫子，椅子就完好如初了。

我扛着椅子往回走，心里觉得很不是滋味：原来这椅子并不是人为损坏的！我冤枉同学们了，特别是冤枉男生了！

下午到教室里，我表扬了同学们昨天晚上的纪律性：“你们表现出了我们 3 班的风采！李老师真为你们骄傲！”同时，就椅子的事情向男生们道歉：“李老师错怪了男生们！请同学们原谅我！”

中午吃饭时，我偶然知道许多同学的饭卡上所余金额都不多了，其他同学我不太担心，反正周末回家可以向父母要钱，但几名家庭经济情况不太好的同学则让我不放心。我找到这几名同学询问情况，结果他们的饭卡上只有十来元钱了，可是离放假还有四五天呀！我分别给了他们每人五十元钱，叫他们拿去给饭卡充值。

他们走了之后，我一直在想，我们可以捐助贫困地区孩子上学，可以给印度洋海啸的受灾国捐款，可身边的贫困学生怎么办？靠我一个人零星的帮助显然是不现实的，应该在班上建立一种困难帮助机制，并筹集一笔基金。我初步打算下学期在家长会上讲讲这个事情，让家长们自愿捐点钱作为爱心基金，帮助班上困难的同学。当然，这笔钱由家长保管。我相信，班上一定会有家长愿意捐款的。

今天我还看了看同学们写的读书笔记。本学期我倡导读书，虽然还没有达到我十分满意的程度，但毕竟开了一个好头。我统计了一下三十八名同学的读书笔记所评论的书，总的来说，同学们读的书还是积极健康而且多元化的。寒假里面我的语文作业也是以读书为主。

今天我又了解到，部分男生在寝室表现不太好，主要体现在把大量时间花在打手机上，不抓紧时间学习，还有就是仍然说脏话。其中比较严重的有唐西龙等同学。

一听说又有唐西龙，我非常生气，因为本学期以来我不知找他谈过多少次话，可就是收效不大。当时我的第一反应是下学期把所有男生的手机收了交给家长，让家长拿回去，不许男生带手机。整整一堂课的时间，“唐西龙”三个字在我脑海中挥之不去。我在办公室给他母亲打了电话，希望她能够在周末找儿子谈谈。

下午最后一堂是自习课，我朝教室走去，准备批评男同学，同时宣布下学期不能再把手机带到学校。可是快到教室时，我突然问自己，这样当众批评男生管用吗？为什么一遇到问题就想到批评呢？因为我本身有情绪，这种批评多半会让我控制不住自己的语言而变成大发雷霆。还是冷静一点好。

于是，我站在讲台上，先表扬同学们——特别是男同学最近的进步，比如教室里已经很少有打闹现象了，同学们最近的学习风气很浓，等等。然后我很有分寸地说：“当然，男生在进步的过程中，有些缺点还没有来得及完全改正，比如说脏话的阵地转移到寝室里了……”

同学们都笑了起来，虽然男生笑得有些不好意思，但教室里气氛还是比较轻松的。

我又说：“还有，我们有同学还不能很好地克制自己，花在电话聊天上的时间太多，这可不好呀！”

我这么淡淡地说了几句，已经有同学面露愧色了。然后我收住了话题：“好了，响鼓不用重槌敲。你们复习吧！”

我把唐西龙叫出了教室，他稍微有些紧张，我说：“没事儿，不是因为你犯了错误我才找你，是因为我想给你的期末复习鼓鼓劲！”

他松了一口气。

我问：“最近怎么样，你的各方面？”

他说：“还可以吧！我在认真复习。”

我又问：“你觉得你哪些地方有进步，哪些地方还有不足？”

他说：“我没有打闹了，学习也比过去抓得紧。”

我补充了一句：“你现在也不整同学了，不捉弄同学了，不把自己的快乐建立在别人的痛苦之上了。是不是？”

他说：“是的！还有，我在教室里不说脏话了……”“教室里不说脏话，”我插了他的话，“是不是意味着你在其他地方说了脏话？”

他点点头，说：“我在寝室里还说。”

那一刻，我觉得唐西龙很可爱，因为诚实。

“唐西龙呀，我一直觉得你是一个很可爱的男孩子，可说脏话多影响你的形象呀！”我说，“是不是你控制不住自己呀？”

他说是的，然后我问他还有哪些同学爱说脏话，他有点不好意思说，我笑了：“是不是有你的好朋友宋飞呀？”

他笑着点点头。

我说：“那你们就比赛嘛！看谁能够克服说脏话的缺点。好吗？”

他仍然点点头。

我又问：“你是不是爱打电话聊天？”

他说：“是的。”

我说：“这多浪费时间呀！哎，你没有电话呀！”

他说：“我借同学的电话打。”

“那就更不对了！”我说，“无端地耗费别人的话费！希望你自己克制自己，好吗？”

他表示愿意改正。

我又问他在班上敬佩哪些同学，他说：“凌飞、杨海峰等同学，我都很敬佩。”

“那就向他们学习嘛！”我说，“你本身就和杨海峰一个寝室，你看他是怎么学习的，就照着他去做。”

他又说了他的另一个缺点：“我不太重视政治、历史、地理这些学科的学习。”

我说：“凡是知识都很重要。千万不要自己以为什么重要就学什么，反之就不学！”

最后我对他说：“我始终把唐西龙视为完全可以成为优秀学生的同学！因为你有潜力，完全可以学得非常棒！而且我也相信你能够改正说脏话的坏习惯，成为一个非常有教养的同学！”

他高兴地回到了教室。我心里也很高兴。

晚上我在班上读了凌飞本周写的随笔，在这些文字里，凌飞剖析了自己的精神成长，也谈了他当班长的感受，特别提到感谢同学们对他的支持。我读完后，同学们鼓起了热烈的掌声，感谢凌飞为集体所做的一切！

1月22日 星期六 晴

不断进步的凌飞

凌飞主动把他本周写的随笔给我看。我看了之后，感叹于在如此紧张的复习之际，他仍然操心着班务工作，并不断自我反思。他的进步也折射着我们集体的进步。昨晚，我请魏智渊老师帮我输入电脑——

我越来越累了。可能是临近期末,作业和测验都空前多！这个星期还要考政史地。有较多地方我还不熟悉,恼火。有时真的好想堕落,太累了。因为学业,因为班上的大大小小的事务。幸好当上班长以来,班上每名同学都尽了最大的努力支持我,鼓励我,我才能够坚持。

今天利用第四节课的时间,把座位调了。当时的情况有些混乱,吵的吵,吼的吼,恼火。于是我便开始反思,为什么会出现乱的局面呢?主要是刚开始太混乱,大家都不知道该坐在哪里。不过一调完大家很快便安静下来,于是我便提前了3分钟下课。大家都很乐意。当同学走出教室门时我也一一提醒,下楼时一定要安静。

…………

当上班长也有五六天了。自己总结一下,也怡然自得地表扬自己做得还行！最好的是我在平时处理事务上没有一点班长的架子,我相信同学们是讨厌那种人的。谁也不想看着一个成天表情严肃的人嘛！可能是因为自己的表现和对同学的态度,我得到了大家的支持。

还有最后一个星期了,大家还有些浮躁,有的同学仍然在浪费时间。我想这次期末考试的失败会给那些对学习麻木的同学以刺激。这样最好,同样对我也是,现在的我又斗志昂扬了！

今天停电了,我现在正和蒋鸣坐在厕所里,借着烛光复习。他手里捧着政治书,而我把随笔本放在腿上,书写着现在的心情。

烛光很微弱,幸好厕所里的墙砖是白色的,反光又增强了一丝光亮。不好的是烛光会不停地闪,像接触不良的日光灯。和蒋鸣讨论了一下,认为是烛芯太长了,阻碍了蜡烛的正常燃烧。其实在蜡烛光下阅读与写作蛮有情调的。昏黄的光线,照在雪白的纸上,与黑色的字体相映,视觉效果很好,有一种朦胧感。

但在学习上就不能有这种感觉了。而且，在学习中，每一个小小的知识点都很重要，就像烛光。如果四面墙壁都是黑色的，烛光就会被损耗，而只能提供热能。如果你有很多小知识点没学好，那一个大的章节就辉煌不起来了。

中午的时候，我在全班给大家汇报了下届班委的人选。生活委员强劲和杨扬，学习委员魏乐庭，文娱委员魏雨萱，宣传委员黄尼莫，体育委员张自强。这些人选都是我反复推敲与斟酌后才确定的，我想我有很大的信心在下学期的工作中干得出色！

晚饭后班干部们开了个小会，时间大约有三分钟。我着重强调了自律的问题，并且给大家说明了并不是没有纪律委员，也不仅仅是我这个班长管纪律，而是每一个班干部都是纪律委员，真的，我觉得要是这七名班干部都严格自律，起好带头作用，还有什么难管的呢？李老师也做了很精辟的讲话，内容我记不清了。不过过后我还是发现，即兴发言的能力，我确实提高了不少。

今天班上的纪律不好不坏。晚自习有些闹，而下午最后一节自习课，××因为唱歌而被吕老师撕了一本书。我当时挺气愤的，但同时也觉得吕老那样做有些过火。何必撕书呢？就算撕了，如果××不听教育照样上课说话，难道用胶布封他的嘴吗？我想强制的措施应该在最适用的时候才用。在以后的班级管理上我也要注意这点。反思这几天，有时因心情不好，还会对大家和上课讲话的同学生气，我硬是控制不住的。

所以，心里默念：以德服人，以德服人，以德服人，以德服人……

…………

在下课前十分钟，李老师给我们讲了一些有关我们阅读的问题。我是真的受益匪浅，李老师在看我们的作文《读×××有感》，提到我们现在阅读的东西，太多太多的是垃圾文学。虽然没有坏处，但也没有好处，不能给我们的精神以升华。然后，李老师说出一个我未曾听过的名词：精神贵族。同样让我感触很深。李老师给我的影响总是巨大的，'精神贵族'这四个字，让我再一次开始反省自己。我在思考着我的思想、我的精神，以及我的行为。我的精神世界才刚刚站起来，进退两难，不过李老师的讲话让我更加执着地下决心，一定要继续朝最后的精神殿堂迈进。而且李老师的讲话更让我明白了，通往精神殿堂的捷径便是书籍。

我已下决心，在这个寒假里多读些课外书，多去感悟生活，让自己真正地成为一个精神贵族。（贵族似乎都挺孤单的，因为贵族太少，精神贵族就更少了，但多了也就没有贵族这一词。我要做一个孤独的勇者。)

对于寒假,我非常期待。我还从来没有像现在这样期待放假。实在是太累了,我真的想在寒假好好休息。我经常想到假期里狂耍一通,但一想到在本学期的学习过程中遇到的困难,我就又好想利用这个长假去弥补一些过失。

昨天我在班上给同学们读了凌飞的这些文字,并说了两句话:“凌飞值得我学习!我应该像凌飞当班长那样当班主任!”

这是我的心里话。

1月24日　　星期一　　晴

期末感悟

今天,学生开始期末考试。虽然因为我的关系,这次考试同学们没有能如愿进行无人监督考试,但大家对此都还是抱着一颗平常心。吃早饭时,我碰到黄尼莫、卓翼、何晓蕊等同学,对她们说:“和其他班的同学在一起考试,我们更要表现好一些,要展现我们班的风采!”

昨天,李应生在网上给我写了一封信——

李老师:

这是我写的一篇期末感悟。

马上就要期末了,认真地反省了一下,认为自己的确做得不够好。这个学期玩的时间过多,分配在学习上的时间不足。打闹现象比较严重,现在虽有所克制,但依旧存在。学生的任务是学习,而我本末倒置,是可笑的。虽然成绩差了点,但我还是相当有信心的,没有人会永远差的,没有人会甘心永远差的!一个学期不能说明什么,初三以前,我的成绩不是也很差吗?一个学年我就能赶到重点线,现在只过了半年——一个学期,今后有什么事情不可能发生?

对我自己,我是比较不满意的。时间抓得不够紧,上课效率不够高,时间分配不够合理,这些都是我存在的问题。对于这些,我有改正的决心,虽然这绝非易事,但我相信我会克制自己,至少有所好转我还是能做到的。还有三天就考完了,在这期间,我知道不会有什么太大的提高,但我不会说从下学期再开始改变，我就要从现在开始改变！三天的时间虽然不能说明什么，但对我来说，却是一个决心！如果说这三天不够的话，虽然我不愿意说，但我还是要说，我会从寒假开始有所改变！寒假是一个机会，是我缩小成绩差距的一个机会。虽然我不喜欢说把什么都堆到寒假，但在这里似乎已经是不得已而为之了。寒假我要练字、复习、预习，妈妈也提醒我，别什么事都说得那么好听，实际上却说一套做一套。我听了挺尴尬，倒不是让我觉得很没有面子，而是说，我也觉得自己定力不够。但这次是一个机会吧，希望在此期间能够再磨炼一下我的意志。说实话，我的承受力是很不够的。因此，有必要锻炼一下，虽然说感觉要完全达到目标是不大现实的，可是人总是在进步嘛。没有最好，只有更好，只要不断进步就好了，没有人可以一蹴而就的！我当然也不例外！这不代表我就不会努力，不会有所改变，所以我决定要开始努力，开始奋斗了！

……

这里再骂一下自己，这个学期还有不少问题。我还是会生气，不像张自强那样“雷打不动”。有时候别人对我做出一些“霸道”的行为，我会生气，虽然说不会吵起来，但心里还是很不愉快。有人说中国人不能一再忍让，但我觉得我该多忍一忍，大家都是同学，性格有差异，应该互相体谅。举个例子来说，某日晚上我老睡不着觉，毕明方感冒，打的呼噜可谓是惊天地泣鬼神，到了一点多我还睡不着觉，心里烦闷透了，耳边又是那震天撼地的“雷声”，心情糟透了，最后终于忍不住了，一下子蹦下床去，推了他好几把才把他推醒，气愤地骂了几句，上了个厕所，才气呼呼地回到床上。事后我也比较后悔，当时实在是在气头上，没控制住自己的情绪，人家又不是故意的，我这样是不是过分了？过了两天后，我才决定向他道歉。他也挺生气的，后来我凭着三寸不烂之舌和一只鸡腿，才把事情摆平……我的性格还是太暴躁了，事后又后悔，真是个大大的缺点，我需要改进！以后我要多忍啊！忍字头上一把刀，我算终于领悟到了……

读了这封信，不禁联想起开学第一天李应生挥汗如雨帮着班上搬运教科书的情形，想到一学期来他的调皮和可爱，也想到元旦前夕他和我的顶撞，我感慨万千，明显感觉到他日趋成熟和进步，觉得这孩子实在太可爱了！

我给他写了一封回信——

李应生：

你好！

读了你的期末感悟，我真是有太多的“感悟”，读到后面你说“下个学期一完，李老师你也教不了我了，我要珍惜和你在一起的时间”，我恍然大悟之中有了一些伤感（这是真的），读到结尾“虽然说您宝刀未老，正值壮年，但还是要保重自己的身体，高强度的工作是不行的”，我已经非常感动了。我知道你是不说违心话的，这些真话让我觉得很实在，不虚伪。

同样让我感到不虚伪的话，是你对班上一些同学的评价。主要有两点：第一，你说一些同学开始钩心斗角；第二，你说一些同学除了学习还是学习，生活没有了其他乐趣。你说的这两点的确在我们班存在。作为有二十多年班主任工作经验的我，也察觉到了这些令人遗憾的地方。但是和你不一样的是，面对这些，我比你从容。还记得我在班上说的话吗——“未来三年，我们班将在错误中成长。我们会遇到一个又一个的困难，会出现一个又一个问题，但我们会在解决问题和克服困难的过程中前进。每经历一次错误，我们班和我们每一个人都进步了一个台阶。没有问题和困难，就不会有我们的进步！”因此，你说的这些，从长远看，我不认为是多么了不起的问题。比如，关于个别同学之间钩心斗角（用那天在家长会上的说法，叫作“心灵有毒瘤”），除了你说的原因，还有一个背景，就是“应试教育”的恶性竞争。我想，我们要做的是，在班上倡导一种正气，一种君子坦荡荡的浩然正气！而不是专门地去批评某一个人。所幸的是，目前班上正气还是占上风的，这对抑制不良风气起了关键作用。其实，对“心灵的毒瘤”，我感受到的比你还严重，不仅仅是有同学曾经考试作弊，还有同学当面一套背后一套，还有同学喜欢整人，等等。这些都是我深恶痛绝的。但是，我想，我们对这些同学……第一，应该宽容；第二，应该有一种期待。所谓“宽容”不是说就任其发展，而是说不要因为他们有这样的问题，就厌恶他们，不与他们接触，都是同学，还是应该和睦相处。所谓“期待”，就是要相信他们会改正，至少有的同学在未来的两年半中，在优秀同学的感染下，会有所进步的。至于个别人，也许一直都“本性难移”，那我相信，今后的人生会给他教训的。昨天晚上听收音机，我听到某教育专家提到“人的核心竞争力”的问题，说人的核心竞争力由两部分组成：人格和特长。尤其以人格为首要内容。这就是说，无论你有多大的所谓“本事”，但人格低下，那你无论如何都不可能在事业上走多远！那些从小耍小心眼儿，爱盘算别人甚至暗算别人的同学，长大后不可能成才的。

对于部分同学死钻学习，我觉得更应该宽容和理解。只抓学习，当然是不全面的，今后的社会不需要书呆子。但是抓紧学习，努力钻研，这本身是没有错的。只是我们应该提倡扩大学习的内涵：不仅仅是考试内容的学习，还包括更丰富的知识；不仅仅是学知识，还要培养能力；等等。对李应生来说，你文史知识相对比较丰富，同学们都很佩服你，但你严重偏科，这也是需要注意的。

作为老师，我没有必要对学生夸大其词地说些违心的赞美话，和你一样，我说的都是我内心的真话。对李应生，如果说开学刚接触时没有什么感觉的话，那么现在，我真是从心里喜欢你！以前曾听说你初中表现不好，你自己也说初中读过三所学校，但我的确感觉不到你是什么“后进生”。我特别欣赏你的纯真！虽然你老是说你也有点“心眼儿”，呵呵，这很正常呀！虽然我知道并领教过你的“坏脾气”，但这是性格问题，不是品质问题。何况就性格而言，我们俩非常相似，我年轻时比你还直率，比你还暴躁呢！我说你纯真，是因为你本性善良，而且疾恶如仇（当然也比较有涵养，哈哈），你特别肯帮忙，无论是对我，还是对同学，都热情大方；还有，我从今天你的这份“感悟”中，读到的就是“纯真”二字。你很有个性，这也是我非常欣赏的。中学生当然应该有教养，讲文明，但中学生不应该成为毫无个性的人。你不迷信权威，包括对老师也不轻易崇拜，对老师讲的知识也爱动脑子自己想想；还有，你为人直爽，心里包不住话，不愿意圆滑世故（当然，说话注意分寸和方式，对人有礼貌不应该是“圆滑世故”），这都是我欣赏的。另外，你很幽默，常常给同学们带来欢乐（虽然有时有点过分，因而影响课堂纪律）！这都是很有个性的表现。好了，说了好话，还得“但是”几句。呵呵！但是，我对你也有遗憾的，主要是……不说了，因为你的感悟中已经自己说了——“这个学期玩的时间过多，分配在学习上的时间不足。打闹现象比较严重，现在虽有所克制，但依旧存在。时间抓得不够紧，上课效率不够高，时间分配不够合理……”你对自己的认识相当准确呀！

今天，你的感悟让我对你多了一份欣赏——原来，你除了“纯真”，还有一种男子汉的自信和勇毅。你已经有了这份决心，我还说什么呢？我只是提醒你一点：持之以恒！

你说你和我在一起只有半年了，我知道你的意思是说你高二将读文科，不得不离开这个班，离开李老师。其实，一切都还没有定呢，我以后究竟带文科班还是带理科班，也还没有定。不过，即使我教理科班，我仍然会把你当作我的朋友，会一如既往地帮助你，当然，我有了需要你帮助的地方，也会不客气地“使唤”你，呵呵！反正都在一个学校一个年级，哪能不相往来呢？不过，话虽这样说，写到这里，其实我都有点伤感了，真是舍不得你呀！这学期，你为我做了那么多事，真是“高级苦工”！你说你想要一支钢笔，我答应了你，还没有给你，一直很抱歉。更让我感到抱歉的，是我有时候和你开玩笑可能有点过分，伤了你的自尊心吧？比如那次，你说你不知道高中也要评三好生，我就开玩笑说："呵呵！李应生连这都不懂，还'知识面广'呢！"过后我很后悔，这等于是在讽刺你。这里向你真诚道歉！

你最后一句说："请李老师看我的行动！我会证明给你看的！"我百分之百地相信你的决心，我当然会关注你。同时，我也请李应生看我的行动，我也会逐步改进我的工作。李老师每天都在教育同学们，其实，我每天也都在接受你们的教育。比如读你今天的感悟，我就很受教育。我们都在成长，而成长的过程是没有止境的，一直到生命的终点。对自己，对别人，对集体，我们都应该多一份期待——相信在未来的日子里，我们都会在不断改正错误的过程中走向成熟！

紧紧握住你的手，然后拥抱！哈哈！

你的朋友：李镇西

1月23日

上午考试结束后，我把李应生叫到办公室："你在网上发给我的信我看了，我也给你回了一封信。可惜你昨天回学校没有上网。这里我打印了一份。"我把信递给他，然后拍拍他的肩膀说："非常感谢你对李老师的信任，我也把你当朋友，坦率地跟你说了些心里话。你慢慢看吧！"

当时我要去人民南路电脑维修点取我修好的笔记本电脑，我就问他现在有没有什么事，他说没有什么事，我说："那干脆你陪我进城办事，一路上我们还可以聊聊。"

他说好呀，于是便和我下楼坐进了我的车。

在来回的路途中，我一边开车一边和李应生聊，我们都敞开了心扉。我对李应生谈成长是一个不断犯错误和改正错误的过程，谈我年轻时的性格也很急躁，谈班上的发展，当然，也谈李应生的进步。我发自内心地说："李应生，你现在真是懂事了，我很高兴！"

李应生也跟我谈了很多很多，谈他的家庭，谈他的初中生活，谈他亲爱的母亲，谈他曾经特别敬佩的阎老师……有些话，我听了都很感动，比如，谈到他母亲，他说："我妈妈对我太好了！我现在想到如果以后我考上大学，妈妈一定很孤独！"谈到他初中的阎老师，他说："阎老师真是对学生太好了！我和同学们都很喜欢阎老师！"谈到初三刚刚转学到盐道街中学外语学校时犯的错误，他给我举了一个例子，一次上课他用 MP3（音乐播放器）听音乐，结果被德育处徐主任发现，徐主任走进教室叫他把 MP3 取下来，他居然很冷静地对徐主任说："咱们出去说吧！"然后到德育处便与徐主任大吵大闹。李应生说到这里，很真诚地说："现在想想，那件事真是我的错！我不应该那样！"这事我以前也听徐主任对我说过。我就问李应生现在和徐主任关系如何，他说挺好的，"我和徐主任现在是哥们儿！"

我对李应生说："李老师有时脾气也不好，批评人很急躁，你以后要多包涵！当然这并不是说以后我就不会批评你了，你错了我还得批评。只是如果你发现李老师有什么不对的地方，一定要直率地提出来。好吗？"

李应生说："可以的，这点你放心。不过我也要说，以后如果我对你有什么冒犯的地方，你也要多包涵。其实，有时我知道自己错了，但嘴上还是硬顶，你要理解我的性格。"

"没问题！"我说。

1 月 25 日　　星期二　　晴

下学期见

早晨来到学校打开电脑，登录"教育在线"论坛，很吃惊地看到在帖子目录上，我的班主任日记后面有一个跟帖者叫"李应生"！难道有一个和李应生同名同姓的人也注册了，或者是李应生有分身术？

我赶紧点开这个跟帖，看到只有一句话："李老师，我是李应生的妈妈。我发了信到你的信箱。"

原来如此！

我赶紧打开信箱，果然，李应生的母亲给我写了一封信，信里有很多感慨、感激，同时还转发了李应生在 12 月初写的随笔。其中有这么一篇——

最开始留意"李镇西"三个字，是在校车上。开车的师傅说，又来了个名师。和我们一起走的一位生活老师说，是啊，好像是什么特级老师，叫"李镇西"。师傅笑着说，又来了一个分钱的。再次留意"李镇西"，是阎老师对我说，李老师是个好老师,你在这里读的话,能到他的班,是相当好的。我没指望过进他的班,最后阴差阳错还是进了他的班。

我尊敬李老师。他教育我们的方法是我不曾接触过的,我承认我曾经对他抱很大的怀疑,怀疑他是为了什么来这个学校,也怀疑他那轰轰雷声之后,是否会有真正的甘霖呢?

接触了这么几个月,我开始相信了。他的确很有能力,也很勤奋。每天5000字的随笔不是盖的。我最欣赏的是他对我们的教育,"对心灵的教育",他教育我们要把视线从文娱上移开,从歌舞升平中转开,多关注真实生活,关注底层的劳动人民,关心时事政治,开阔我们的视野……他给我们以正直的教育。我知道,社会上有很多人说一套做一套,但我可以感到,他是一个真正充满正气的人:他说的话,是别人所不敢说的;他所做的,是别人所不愿做的。从这一点,我是非常钦佩他的。他将自己的思想传递给我们,我们倾听,我们思考。先要成人,再是成绩。一个人最重要的是思想的崇高、正直。他的思想与我不谋而合,我开始喜欢听他讲话了。有时候我觉得我和他很像,一样不怕被别人骂,一样看不惯社会上的丑恶,一样敢于直言,一样不愿欺骗自己。但他可以以他的行动影响到他人,一个有能力的好人可以造福一方,而有能力的坏人则祸害一方,他是个好人,从这一点来说,我就自叹不如了。

他的口才好。我这人口才不好,一说话像机枪似的,而且会忘词。他说的话娓娓动听而充满激情,诚恳而又不失严肃。他软硬兼用,以自己的真诚换取同学的信任,从这一点来说,他的确相当有能力。他的话使你不能拒绝,这是一种魅力?我不明白原因,但我乐意和他说话。

我佩服他的敬业精神,每天忙得不可开交,头上的头发也少了不少,显得苍老了许多,每天还坚持写5000字的随笔,换作我的话,肯定坚持不下来。有人评价他是"铁人",可我不这样认为。他之所以如此敬业,是因为他热爱这份工作,这是他的兴趣,他乐意这么做,而这种热爱是令人钦佩的,因为,他是以自己的身体健康来交换的啊!满足的不仅仅是他的兴趣,而是学校和无数学生的心灵!

李老师的确是个好老师,他像慈父一般爱着我们,以父亲的方式教育我们。他相信我们长大了,明白事理,给我们尊重,给我们权利,使我们感到自己有责任,需要负责,需要认真思考自己做的每一件事,并为所做的一切负责。他带给我最大的触动是对底层劳动人民疾苦的同情。我们生活在这里,不愁吃穿,只关心娱乐与歌舞升平，而忘了最广大的劳动群众，我们是否给予了他们足够的尊重呢？对丑恶的现象，我们是视而不见，当作笑柄，还是为其悲哀呢？我感谢李老师，因为他成了我的班主任，并且给了我不少新的启迪。我相信，在接下来的日子里，他会给予我更多、更好的精神食粮！

最后说一句话：李老师，注意点身体。天凉了，多加点衣服，别太累了。

我是很容易被感动的，尽管我这种年龄似乎不应该那么容易动情，但我很自豪在这个物欲横流人心冷漠的时代，我的心灵深处的感情湖水还算清澈。我知道李应生的性格决定了他很少甚至不太愿意当面对老师说哪怕是真诚的赞美之词，他恨某个老师可能会表现在脸上，但爱哪个老师则不一定表现在脸上或口头上。一学期来，虽然我明显感到他在感情上和我很亲近，但我除了前天那封信，从来没有听到过他表露出对我的“敬仰”。凭我可能不太正确的感觉，他好像也不太喜欢其他同学对老师说一些“肉麻”的话。正因为如此，他背着我写的而且没有给我看的文字，让我特别感动！

没有哪个老师不为学生的真诚爱戴所感动！

感动中，我马上拨通了李应生妈妈的电话。电话里，我对李应生妈妈说，我收到了她的信，看到了李应生写的文章。我又说李应生本学期的进步非常明显，虽然他有个性，有时候还和我顶撞，比较逆反，但我喜欢他的个性，喜欢他的纯真。我感谢她和我的配合，我说没有家长的配合，孩子不可能进步。我还把昨天李应生对我说的关于他妈妈的话转述给她听，我说：“你有一个懂事孝顺的孩子！”我说李应生的进步，首先是因为他有上进心，其次是家长的教育，再次才是学校的作用。

李应生妈妈在电话里说，李应生本学期真的进步很大；她还说她每天都在网上看我的班主任日记，也在反思并改进自己的教育方式；她说感谢我对李应生的教育。

最后我说，下次开家长会，请她给其他家长谈谈家庭教育的体会。

放下电话，我感到一种无限的舒畅。

我为一种巧合而感到舒畅：我带这个班写的第一篇日记写到了李应生；今天是本学期的最后一篇班主任日记，又出现了李应生。无论是我和他的感情，还是他自己的精神世界，一前一后两个“李应生”已经发生了积极的变化。而他一个人的变化，正是我们班集体变化的缩影！从李应生身上，我看到了自己教育的轨迹，我将沿着这条轨迹继续前行。

今天，我最后一次批阅本学期的学生随笔，这是他们上周写的。因为是期末了，所以同学们不约而同总结本学期的收获，同时还有假期的打算。谢舒云说——

这次放假，我不会再像从前一样把我的生命虚度，我要阅读，我要更亲近文字，更亲近作者。目标：看完剩下的《林则徐传》《杨振宁传》《家》，如果时间还宽裕再一气看完巴金的《春》《秋》。虽然作业会很多，但我不会因为它们而停止我的阅读，也不会让它们成为我放下书籍的借口。我要追求精神上的多姿多彩。我不愿麻木，不愿浑浑噩噩地过日子！

读到这样的文字，我有说不出的高兴，因为学生开始喜欢阅读经典书籍了，这是他们精神成长的必经之路。尽管包括谢舒云在内的许多同学，本学期读的书并不多，但他们有了这个认识，我也很满足了。毕竟才一个学期嘛，精神之旅刚刚开始。

任沐之同学说——

每次听李老师读凌飞的随笔，我都会有一种震撼。正如今天，我又一次被惊醒了。一直以来，总以为生活就是那么一回事，安静地听课，安静地写作业。日子就在安静的忙碌中逝去了，未曾回头，也未曾思考。而当李老师告诉我们别的同学的心路历程时，我才终于清醒了，我感到莫名的失落，悔恨之中带着几分难过。

总觉得凌飞是一个很有思想的人，他总能积极地思考，然后再改进，他的人生也因而是向上的。而我呢？我总感觉自己过于幼稚，说实在的，我迷迷糊糊地就到了十五岁，从未思考过我该做什么，也没有想过未来的路该怎样走，只是想，随缘吧，随缘吧，随缘吧！

我该这样吗？我能这样吗？此刻，我反复地问自己。不，我应该是积极的、向上的，不能相信天意，命运在自己手中！

…………

我一直都记得李老师第一次在我随笔本中给我的评语："让我们一起用生命写诗！"我想，我会努力的，我要写出同李老师媲美的诗！

对教师来说，教育就是他生命的体现方式；而生命的最高境界就是与事业同行。我越来越感到，真正的教育，就是教师用自己的心灵在学生的心灵上写出心灵的诗篇！和学生一起用生命写诗，很美！每一篇随笔，都让我感到很温馨，我在每一篇随笔后面都写道："祝你春节快乐！"

本来明天学生才考完，午后离校。可是我明天要去市内一所小学做报告，就不能送同学们了。于是，我决定今晚上给同学们上一堂班会课，这也是本学期我给学生们上的最后一堂班会课。但这堂班会课我不打算多讲，而是选几篇同学写的随笔作为我本学期的“告别演讲”。

下午4点，我看到一群女生——何晓蕊、项柳依、刘骞雯、何思婷、任沐之、程媛、魏乐庭、唐朵、黄尼莫等人在宿舍楼前打羽毛球，她们看到我来了，便叽叽喳喳地招呼我和她们一起打，我当然很乐意，便和何晓蕊组成搭档参与了双打。虽然我很久没有打羽毛球了，但一挥拍，还是很有“杀伤力”的，小姑娘们纷纷败在我和何晓蕊的手下。当然，我俩偶尔也会马失前蹄败走麦城，但总的说来，我和何晓蕊“坐江山”的时候多。呵呵！

我不停地“抱怨”：“唉，现在的学生真不懂事，一点不体谅老师！你们怎么不把我打败嘛，明明看到我累得不行，还要输给我，这不成心累死我吗！”

同学们哈哈大笑。旁边的女生在看《成都晚报》，我说：“明天晚报的头版头条，应该是‘国际著名羽毛球宿将李镇西重现赛场’！”笑声再次回荡在校园里。

该吃饭了，女生们又开始“敲诈”我了：“李老师，今晚你要请客哟！”

我说：“我根本不想请客！但是，你们人多，我怕！不敢不请。”

她们笑了：“你不是自愿的吗？”

我说：“被迫自愿！被迫自愿！”

欢声笑语中，我们朝食堂走去……

还有一件事必须完成，就是我曾在班上说过准备成立两个社团——文学社和自励社，报名的同学也不少，可是因为忙这事竟然就拖下来了。我思考了一下，决定把两个社团合二为一，这样我的精力才能照顾得过来。于是，吃了晚饭，我把十几个同学叫到办公室开了一个会。这个会很简单，只是说了我们成立这个社的目的和我的一些设想，并说明主要的活动我们将在下学期开展。我要大家在寒假里多读点课外书。

晚上，我来到教室，发表“告别演讲”。我先给同学们布置了语文寒假作业——

1. 继续背诵本学期发的背诵表上的诗文。

2. 继续阅读《语文读本》（要求：列出生难字词，勾画精彩语句，写出简要分析）。

3. 阅读一至两部经典著作。

4. 随笔写作：平均每天500字，内容可以写读书体会，写自己的故事，写自己的思考，写周围的人和事……

另外，提倡练习钢笔字，提倡把写的随笔和读书评论发到班级网站上。

接下来，我宣读了学校表彰的同学名单。这个名单是根据前次同学们评选“全班之最”的结果确定的，但前段时间出了一个小插曲——当初陈鑫被评为“进步最大的同学”，本应获得进步奖，可是因为后来他辱骂生活老师，便被我取消了，我让同学们再选一个进步大的同学，大家选的是舒霈。但今天舒霈的随笔对此提出了不同看法——

> 本周评选了学校表彰的同学，陈鑫本来是被评为“进步最大的同学”的，可是后来因为他犯了一些原则性的错误而被取消了，同学们就把这个仅有的名额给了我。其实，我觉得我有些愧对这个评选，因为在我看来我的进步并不是很大，至少是不显著，况且我还有太多太多的不足需要去改进。再说陈鑫的事，或许李老师对这件事做了周全的考虑后才做出这样的决定。但我认为陈鑫的奖是不应该被取消的。首先我们必须肯定他的进步，其实犯错误是在决定之后的事，我们不能因为他犯了一个错误而否定他的进步，毕竟取得进步是比犯错误难许多的。其次，或许进步奖不仅是对他的进步的一种肯定，在很大程度上还可能成为他向更好方面发展获得更大进步的一种动力。而霎时间这种动力就因为自己的一个错而烟消云散，心里难免有一种失落感。
>
> 其实我坚信陈鑫的本性是单纯善良的，他毕竟还只是个孩子。以前的环境多少对他有些影响，但改变自己是需要时间的，或许有些难，但只要他不妥协，不屈从于过去的“他”，进步和超越是再容易不过的事了！
>
> 所以我希望李老师能够将“进步最大的同学”的荣誉还给陈鑫。我要申明的是，这不是我的同情或退让，而是我切切实实的感言。

上午读到舒霈这篇随笔时，我就感到脸红，觉得自己的宽容之心有时还不如学生。当时，我便动了还是把进步奖授予陈鑫的念头。但我转念又一想，还是让同学们来决定吧！于是，晚上我在宣布学校表彰名单前，特意把舒霈的随笔给大家读了。然后我说：“李老师觉得自己在相信同学这一点上远不如舒霈！我要向舒霈学习！这样吧，究竟是不是让陈鑫得进步奖，还是让大家来决定。——陈鑫，你出去回避一下好吗？”

陈鑫正想站起来走出教室，同学们纷纷说：“没有必要！我们同意舒霈的意见！”说着，大家便鼓起了掌。这掌声既是给陈鑫的，也是给舒霈的。

于是，校级表彰名单表最终确定了。我把奖品——一套《中国文化地图》或《西方文化地图》发给了获奖的同学。发完了奖品，我说："时间过得真快！一晃高中第一学期就结束了，每个同学问问自己：'我'有什么进步？其实，我们班许多同学都有进步，比如李应生同学……"我读了李应生同学写的《期末感悟》，然后说："我相信，许多同学都会像李应生一样，会在假期里反思自己的，并且在下学期取得更大的进步！"然后，我把我的一些藏书借给了同学们，供他们假期阅读。

最后我说："因为明天李老师要去外校做报告，就不能送大家了。明天我委托王老师送大家。但是，我们在寒假里可以每天在网上见面！我们现在就约好，大年三十，我们在我们班的网站论坛上'吃年夜饭'！"

同学们都兴奋起来，他们问我发不发压岁钱，我说："当然要发啦——在网上发电子货币！哈哈！"

大家也笑了起来。

我拿起何思婷同学的随笔说："让我用何思婷一篇学期最后的随笔，作为我们对过去的回顾和对未来的展望。"

教室里一下安静下来，同学们都静静地听我朗读——

已经临近期末了，在这一学期中，我有过困难，有过苦闷，有过努力，有过快乐……我很庆幸有这么多好老师在我身边，他们对工作的热爱，对学生的爱，让我感到很温暖，所以，我首先向老师们说声"谢谢"！

在这一学期中，我也和您一样，收获了很多朋友，他们热情、开朗、团结，给我留下了深刻的印象，展示出了高中生所应该具有的朝气蓬勃！我自己，肯定做错了很多事，给老师们带来了麻烦，在此深鞠一个躬！

这周，我又做错了一件事，而且错得糊涂！昨天下午，吕老师牺牲休息时间来给我们上课，我们却把他气走了，我也是其中的一分子，我为我的行为感到后悔，我那么爱吕老师，怎么可以这样做？还算一个有良知的人吗？后来，我去办公室找吕老师道歉，他不在，他可能已经回家了，也不知道吕老师是多难过地走的！我害怕吕老师生我的气，以后不理我怎么办？很想跟他说对不起，对不起，对不起……

班上的男生还是那么疯狂，有时我正在做作业，会有一个饮料瓶飞到我的脸上，让我又气又急。这样的事不止一次了，我为他们的幼稚、不懂得尊重人而感到遗憾！李老师，接下来您会怎么教育呢？我期待着，希望这不会成为您教育的败笔！（读到这里，我对大家说："这些问题，我们留待下学期解决，我相信，我们的班集体不会有败笔的！"）

春天的气息已经离大地很近了，所有的静谧都将被花开的声音打破。幸福，美好！鞭炮声声辞旧岁，在这一年的最后几天，我们会迎接期末考试，检验一学期的成果。我们也许成功，也许不如意，但是，只要付出了就是成功，好比五个手指不会一样长，有缺欠的东西尽力补上，这就是完美了！

春节，意味着春的到来。我常常想，为什么一年一度的大节日会在春天开始，不在夏、秋或冬呢？这大概是因为地球也喜欢春天吧！万物复苏，一片新绿，繁花盛开，我们会和花一起绽放，一起聆听花开的声音！

祝大家新年快乐！

随笔读完了，热烈的掌声再次响起，掌声中，我对大家说："再次祝大家春节愉快！同学们，再见了！"

同学们对我说——

"李老师再见！"

"李老师春节愉快！"

"李老师，下学期见！"

2~3 月

新学期新气象，新学期也有新问题。

无论是教师还是学生，最重要的是善于自省。没有人能够不犯错误，但犯了错误要能够提醒自己。

2 月 27 日　　星期日　　雨转晴

新学期　新起点

今天是新学期报到的日子，我们班却少了两名同学。

上学期期末最后一天向同学们致以新年祝福并憧憬着新学期的何思婷转学了。

现在我的手机上还保存着她昨天晚上给我发的十多条短信："因为我们家在××市买了房子，马上就可以搬了，爸爸给我找了一个数学老师补课，在成都住在别人家总有些不方便，所以才把我转走的。"她还在短信中提出："李老师，我觉得您人好，真的舍不得。干脆，您做我干爸爸，我也可以常和您聊天儿，好吧?这可是我想了好久的，那就这么说定了，以后有时间我会常来看您。"

我给她发短信说："我会永远关注你的成长。以后你有什么需要我帮助的，尽管说!"

欧阳震宇也转学了，他妈妈是金堂县一所中学的数学老师，非常优秀，对儿子要求也很严。上学期期中考试后，他妈妈周末来学校，发现欧阳震宇不在学校，一直到下午 5 点后才回来，一问，原来是去校外打电子游戏了。当时他妈妈就给我打电话说不放心孩子，要将欧阳震宇转回她任教的学校。

无论是何思婷还是欧阳震宇，我都很舍不得，但我尊重他们的选择。我会继续以各种方式关心他们。

今天很早来到学校，就像上学期开学第一天一样，我、王晓丹老师和赵志老师在教室里接待报到的同学。

第一个来报到的是项柳依同学。我检查了她的作业，做得非常认真。我一页页翻看她写的随笔，每一篇都是用心写的。我在心里告诉自己，我一定要认真读同学们寒假写的随笔，否则对不起他们。

同学们陆陆续续地来了，我和每个同学握手。我惊讶地发现，好多同学长胖了，只有杨扬还是那么瘦。我握着她的手"批评"她："怎么还不长胖?太不像话了嘛!"

陈霜蝉是在妈妈的陪伴下来报到的。我一检查作业，发现陈霜蝉的随笔没有完成，有点生气，便对他说："新学期第一天你就缺作业，这让我怎么说呢？"他马上表示一定补上，而且今天就补。

我和陈霜蝉的母亲聊了起来。他母亲说，上学期期末开家长会时，我提到有同学给灾民捐款只捐两元的事，陈霜蝉便以为是在批评他，因此一直有思想包袱。我听了感到很惊讶，因为我当时的确不是批评陈霜蝉，何况他也并不是只捐了两元呀！我对他母亲说："我找陈霜蝉解释一下，让他放下思想包袱。"他母亲说："其实陈霜蝉对你是很崇拜的。那天我想送一本《爱心与教育》给朋友，便叫陈霜蝉把他的那本给我，他不愿意，说这是李老师送他的，还签了名。而且，我觉得陈霜蝉也很有爱心和正义感。"她给我举了好几个例子。

唐西龙也来了，嘴里衔着棒棒糖。隔了一个寒假，再见到唐西龙，我感觉很亲切。他交了作业，我嘱咐他："新的学期新的开头，你想没想过新学期最应该改正哪些缺点呀？"他想了想说："不说脏话，不打闹。"我说："太好了！李老师也想提醒你这两点，我们想到一块儿了！相信你会做到的。"

文海也是在妈妈的陪伴下进教室的。看到文海，我感觉格外亲切，因为寒假里我们一起玩了一天。那是正月初三，我开车带着他到了峨眉山市，然后约上峨眉山市的任沐之，去参观了峨眉山博物馆。离开峨眉山市后，我们还游览了苏稽古镇。

我简单嘱咐了他几句："过去的错误不再提了，一切重新开始！"

中午吃饭，在食堂碰见钟晓和杨海峰，他们两人都是独自坐了很长时间的火车赶到学校的。特别是钟晓，昨天晚上从冕宁上车时，根本买不到票，硬挤上火车后，在两节车厢的衔接处站了整整九小时，一夜未睡！看到他，我有说不出的感动和心疼。再想想其他同学都是父母送到学校，我心里更是感慨万千。

宋飞也来了，一副天真可爱的样子。我随便和他聊了会儿。说到新学期的打算，他说他在路上已经和妈妈说好了，要改正上学期的缺点。我问最应该改正哪些，他有些不好意思地笑了："说脏话和打闹。"

陈鑫来得比较晚，我估计他会缺作业，谁知一看他的随笔我就感动了——厚厚的一本，每一页都写得非常认真。我忍不住表扬他，同时说："寒假里我也反思我的教育，感觉可能上学期有时候批评你有些过分了。不要紧，新学期我们都各自改正自己的缺点，好吗？"然后我问他有什么打算，他说："这学期我要争取拿奖学金！"我说："如果就成绩而言，你上学期完全可以拿奖学金，但因为你的处分没有撤销，所以便失去了资格。这学期，你一定要争取撤销处分，我想一定会的！只要你表现好，同学们也会同意撤销你的处分。”

他点头表示同意。

凌飞也来了。我要他晚饭后召集班干部们开一次会，研究一下本学期的工作和打算。

吃了晚饭，我和杨扬、杨南希、林柔倩、唐朵、魏雨萱、杨心等同学走出校门散步，一路上大家各自谈寒假见闻，欢声笑语不断。

来自西昌的杨南希说这次回去看她以前的老师：“老师问我现在的班主任是谁，我说是李镇西，他非常惊讶，说：‘你的老师怎么会是李镇西呢？想不通！想不通！’”我们都笑了。

我对杨南希说：“下次放假回去，我给你几本我的书，你代我送给你的老师。”

杨南希问为什么，我说：“感谢你以前的老师培养了你这么好的学生，然后又送给我呀！”大家又都笑了起来。

好久没有这么放松和开心了，我对同学们说：“也就今天有这么一个机会这么放松地散步了。明天，你们的作业就会多起来的，哈哈！”

晚上，班干部开会，他们快结束的时候请我去讲几句，我说：“我要讲的以前都讲过很多遍了，不过今天我还是要强调几点。第一，一定要用行动证明你们的服务意识，多留心班上的事，要随时提醒自己：我与过去不一样了，现在我是班干部了。第二，每个同学想想自己有哪些缺点需要改正，那就在本学期开始尽可能改正。要以自己的人格力量去感染同学，也就是凌飞所说的‘以德服人’。第三，要关心周围的每一名同学，特别要细心发现周围哪些同学最需要自己帮助。需要帮助的同学，我想主要是这两类：一是生活有困难的同学，我们应该主动给予温暖；二是感到孤独的同学，我们要及时送上温馨。”

最后，我说：“班委还有一个任务，就是代表同学们给李老师提意见，随时帮助我改正缺点。”说到这里，我特意问同学们：“你们觉不觉得李老师爱唠叨？”他们都摇头，说不觉得。我说：“因为我女儿有一天说我真唠叨，我就想我会不会在班上也是这样。不是就好。反正以后你们一定要随时给我提意见，好吗？”

他们都点头表示同意。

晚上，凌飞和几个男生到图书室来领新教材发给大家。我请凌飞代表班干部们给大家说几句。

凌飞站起来说："新学期新气象，我们班干部一定好好为大家服务。我们的目标是争取在第一个月之内，就把所有的红旗拿完！这样，李老师就可以带我们出去玩了。当然，我们拿红旗的目的也不仅仅是出去玩，我们还要通过夺红旗来使我们的班风更好！"

我对同学们说："一个寒假过去了，我们高中三年的又一个六分之一开始了。时间过得就是这么快！我今天在这里说这话，等高中毕业的时候，也许我会对大家说：'还记得下学期开学报到那天我对你们说的时间过得很快的话吗？'同学们，时间就是这么无情！所以，我们一定要有紧迫感。刚才凌飞说了，争取开学不久我们就把红旗夺完。我同意凌飞的观点，夺红旗不是目的，如果是目的，那我们花点班费去制作七面红旗算了，这样红旗就可以永远挂在我们班。我们的目的是让班风更好！这是我们每一名同学的责任。同学们在上学期有许多遗憾，犯了许多错误，不要紧，一切都翻开了新的一页！我假期里也反思了自己上学期的工作，也有许多遗憾，但我告诉自己，弥补这些遗憾还来得及，因为新学期开始了！"

剩下的时间，我请同学们讲寒假见闻。唐西龙给大家讲了他去香港的感受，杨海峰讲了他去上海看爸爸妈妈时在火车上的一些见闻，凌飞给大家讲了寒假里他陪爸爸在医院值班的经过，我还请钟晓讲了他在火车上度过的一夜……

最后，我还给大家讲了我寒假自驾游的经历。

3 月 2 日　　星期三　　阴

老话重谈——整顿男生宿舍

早晨下了小雨，学生没有出操，这样一来他们就比平时多睡了一会儿，最后的结果便是没有时间吃早饭，只能随便买点面包、饮料之类的便朝教室跑。但学校规定不能将食品带进教学区，所以，好多学生都被拦在教学楼前，其中就包括陈鑫、张自强、文海等人。

当陈鑫听说不能将面包带进教室的时候，很着急："我要迟到了，我要迟到了。我带进去不吃可以吗？"

“不行，不管吃不吃都不能将食品带进教室。”徐主任说。

陈鑫当即要把面包往垃圾桶里扔。我赶快制止：“唉，你居然要扔，多可惜！这不是浪费吗？”

徐主任请他们几个到办公室吃完再去教室。我说：“去吃吧，今天不算你们迟到。”

虽然，陈鑫想扔面包是不对的，但他怕迟到，这是一个进步。

上学期男生寝室一直存在许多问题，假期里我有考虑如何整顿男生寝室。今天晚上，我召集全体男生在图书馆阅览室开了一个会。我请王老师和吕老师也一起参加。

我要求同学们以寝室为单位坐在一起，然后开门见山地说：“我们班的男生上学期存在一个很大的问题，主要集中在寝室里面，所以寒假里我就在思考这个问题，开学后怎么把男生寝室好好整顿一下。实话实说，单独地看在座的每一个同学，个个都是那么纯真可爱，而且都很有上进心，但是几个人同住在一个房间里，问题就出来了。那天吕老师也说了，我们班同学从下晚自习到入睡之前这段时间问题较多，今天我们就研究如何克服这些问题。我记得上学期也在这儿开过一个会，大家还记得吗？”

同学们都点头表示记得。

“当时同学们给我表态，要做一个自律的人，要遵守纪律，有的同学做到了，有的同学却没有做到。”我继续说，“我们今天要达成一个共识，就是今天我们在这里开会研究寝室纪律，不是要剥夺大家的自由或者束缚大家，而是为了大家的成长。真正能够体现出自律的地方，还是寝室。我认为，男生寝室主要存在三个方面的问题，一是打闹。这段时间怎么样？实话实说。哪些寝室这三天来没有打闹？举手。”

大部分同学都举起了手。

我笑了：“看见你们举手，我特别开心。我尤其注意到李应生也举起了手！李应生，真的没有打闹吗？”

李应生说：“基本上没有，没有那么严重。”

同学们都笑了。我说：“那就是说你实际上还是打闹了，只是不如过去严重。是吗？哈哈！不过，至少你有进步。也许同学们举手的标准不一样。比如，原来打闹把同学打得骨折，现在没有骨折。哈哈！（同学们也笑了起来）总之，我们开学这几天打闹的少了，有改进，这要肯定。”

我又说第二点：“还有说脏话，这也是个老问题。有的男同学‘出口成脏’。宋飞，比上学期，这三天你觉得怎么样？”

宋飞有些不好意思地说：“好一点点。”

“唐西龙呢？”我问，“你怎么样？”

唐西龙小声地说：“有点进步了。”

“有进步就好！”我说，“一定要克服这个毛病，不说脏话。第三个问题，怎么让寝室里充满浓厚的学习氛围？这是我和王老师非常关心的问题。男同学怎么在寝室里养成良好的习惯，我想就这三个方面。如果这三个方面能够有所进步，就很好了。我上学期跟有的同学提出要展开评比，我还提出一个概念，叫‘放心寝室’，让老师放心，让家长放心。我们要创建‘放心寝室’，所以今天召集大家来一起研究如何努力。好了，我不想讲太多，就先说这些。同学们，我们3班在各个方面都要起表率作用。上学期我们班拿奖学金的同学不少，这很好！我们还要保持。开学这几天，从教室里的表现看还可以。凌飞，你觉得怎么样？”

凌飞说：“还不错！”

我又问：“今天下午没有老师的时候，同学们自习课怎么样？”

凌飞说：“还可以，有同学小声讨论学习问题。”

“小声讨论是可以的，只要不影响其他同学。”我说，“下面，吕老师说几句吧！”

吕老师分析了男生存在的问题，强调了抓紧时间的重要性，鼓励大家一定要争分夺秒。

我请王老师也说说。王老师说：“我想问，你们现在的目标是什么？我给大家说四个字：蓄势待发。如果我们把一块石头推向山顶，要花多大的力量？但是，如果石头滑下来会怎么样？今天我与唐西龙谈心时也这样说过。如果你不付出努力，你肯定不能把这块巨石推上山顶。对我们大家来说，到底是推上去，还是任由它落下来呢？如果你是天才，你花少量时间可能就会取得效果，但我们都是普通人。现在大家的目标有没有明确，你们自己最清楚。我就提醒这一点。”

王老师话不多，但说到点子上去了。所以我接着她的话说：“王老师说到一个定位的问题。我在想，三年后你们都要考大学，如果你们的学习成绩很好，有足够的分数作为资本，那么是你们选学校而不是学校选你们。”

吕老师纠正道："是两年后，不是三年后。三年后大家已经读大学了。"

我说："对，我说错了，应该是两年后。同学们要有更高的追求。上学期我觉得我们班进步最大的是凌飞，我对他说了一句话，我觉得他听进去了。我在这里也给大家说说这句话，我说'我是把你当李老师原来班上的杨嵩、程桦来培养的'。还有陈鑫，进步也不小。他上学期犯了那么多错误，但现在看，他改正了错误，还是很纯真的。你们谁能说陈鑫二三十年以后不会是一个杰出的人才？还有宋飞。开学报到那天，我问宋飞这学期有什么打算，他说在车上已经跟母亲说好了，要改正缺点。我听了非常高兴。还有一些同学，进步也很大，但是不习惯听我的表扬，我就不说了。"我笑着看了一眼李应生，继续说，"什么叫'蓄势待发'？这两年是'蓄势'，两年以后的高考就是'发'！"

我又确认了一下各寝室的寝室长，分别是张自强、谢舒云、钟晓、张颢君和周杰。"我希望你们都负起责任来！"我对寝室长们说。

3月4日　　星期五　　晴

女生宿舍的故事同样精彩

男生寝室都把各自拟的创建"放心寝室"的措施交上来了。我看了看，应该说制订得都还可以。我说："关键是要落实在行动上。试试再说吧！"

刚开学几天，我感觉唐西龙并没有完全进入状态，显得比较散漫，包括今天做课间操，他和张自强都不太认真。课间操结束后，我对他俩说："你们刚好是前后两任体育委员，课间操不认真做说不过去吧？"我又特别对唐西龙说："可得振作起来，进入状态呀！"我没有多说，最后我解释了一句："今天不是批评，只是提醒。"

中午，收到何思婷的一条手机短信："干爸，我遇到困难了。晚上想和你通电话，可以吗？"

我回了两个字："可以！"

学校要我们班推举一位成都市优秀学生干部，午后读报课上，我让同学们无记名投票选举。从选票来看，主要集中在凌飞和杨扬两人身上。结果，凌飞以超过杨扬 5 票的优势当选。我宣布结果后说：“从选票看，同学们对凌飞和杨扬都很认可，但遗憾的是，只有一个名额。唉，我也感到十分惋惜！不过，我们要向这两名同学表示敬意！”

同学们鼓掌。

我看豁达开朗的杨扬脸上依然充满阳光，便忍不住开了个玩笑：“哎呀，我们的杨扬又经历了一次人生的挫折！”

同学们都笑了，杨扬也笑了。

说心里话，凌飞和杨扬都很优秀，但我这次真希望杨扬当选，这样可以鼓励鼓励她。想到这里，我脑海中突然闪过一个念头：能不能跟凌飞说一下，把这个名额让给杨扬呢？但我马上否定了自己的这个想法。我绝对相信凌飞愿意让出这个名额，但这是同学们无记名投票选出的，怎么能够私下出让呢？绝对不能。

前天给男生开了一个会议，今天我通知女生晚上六点半也开个会，地点同样是在图书馆。

吃了晚饭，我在办公室看同学们的假期作业，突然手机响了，我接听，是一个女孩的声音：“李老师，我是何思婷呀！”

“是何思婷呀！你好你好！”我高兴地说，“怎么样？到了新学校还习惯吧？”

“哎呀，我正要给您说这个呢！不好不好，一点都不好。”她说。

我问：“怎么不好？”

她说：“老师讲得不好，每一科的老师根本不能和原来的老师相比。现在上语文课我只想睡觉！李老师，我想回来呢，我真的想回来！”

我说：“我和同学们非常欢迎你回来！回来吧！”

“我还得同家里人商量一下，如果决定了，我会尽快告诉您的！”她说。

我看时间已经快到六点半了，赶紧说：“好了，我马上要去给女生开会了。就说到这里吧！再说一遍，我们欢迎你回来！”

我到图书馆时，看到女生们都到得差不多了，王晓丹老师和女生公寓的管理员曾老师也来了。

我看到杨扬正好坐在我旁边，便笑着说：“我们要抚慰一下杨扬受伤的心灵。”

大家都笑了。

“但是杨扬这次得了一等奖学金，这也是一个了不起的荣誉呀！大家鼓掌。”我号召道。于是大家都热烈鼓掌。我看到杨扬也在鼓掌，更乐了：“杨扬，你怎么也给自己鼓掌啊？”

“哈哈哈……”大家又笑了起来。

我做了个手势让大家安静，说：“每个寝室看看人到齐了没有？哦，都到齐了，很好！今天跟大家一起开个会。我先说一下，我刚刚接了一个电话，这个电话将给我们在座的同学带来一种激动，特别是任沐之！知道是什么事了吗？”

坐在我旁边的任沐之说：“肯定是关于何思婷的。”

“对，是何思婷打来的，她打电话说想转回来。”我话音刚落，同学们就鼓起了掌。

我说：“你们鼓掌她也听不见的，哈哈！”

同学们说：“这是我们的心意嘛！”

我接着说：“我问她为什么想回来，她说那儿的老师不好，她还说她上课就想睡觉，我说随时欢迎她回来。其实她那个学校还是个国家级重点学校。你们看，这样一来就真的是比较出了我们学校的师资力量还是相当不错的。同学们，我为什么要先说这件事呢？就是要告诉大家两个字——珍惜。常言说，只有失去了，才懂得珍贵。何思婷正是离开了我们班，才感受到我们班的可爱。而大家现在天天都生活在我们班，更要珍惜呀！”

女同学们都没有说话，大家的心灵好像都受到了某种触动。

我稍微停顿了一下，又说：“好了，我现在谈谈我们今天开会的主题，就是讨论一下如何在新学期有更大的进步，包括寝室的情况，但也不限于寝室。我经常给王老师讲，我们班上的女生都非常好，虽然有这样那样的缺点。我感觉在座的每一名同学都非常纯真，尤其是心灵很美。当然我也说了，难免有这样那样的缺点。现在，我就不说大家的优点了，同学们讨论一下，我们寝室——不局限于寝室——还有什么要克服的问题。针对这些问题，我们再研究怎么办。好，大家说说吧！”

唐朵第一个发言：“我觉得我们寝室熄了灯之后还有人说话，但是讲不了多久。”

我问：“大概有多久？一个小时？半个小时？”

她说：“没有没有，可能就 20 分钟左右吧！”

好几个同学说：“是的，我们寝室也有这种情况，有时候声音还比较大。”

我问："还有什么问题呢？"

舒霈说："我觉得我们在寝室里，学习时间抓得不是特别紧。"

我说："对，这个问题你上学期也跟我讲过。嗯，刚才同学们说主要问题有两点，一是说话，二是时间抓得不紧。还有什么呀？我想，我们女同学肯定不会吸烟，也不会打闹的，更不会说脏话的……"

我还没说完，同学们已经爆笑。

曾老师说："我觉得，还有一个问题，就是有时候卫生比较差。"

我心里一惊，女同学怎么还存在卫生问题？

王老师问："卫生哪一个寝室好，哪一个差？"

曾老师说："107 室好一些。106 室有时候差一些。105 室现在也比较好了。"

我恍然大悟："你们说的卫生原来是寝室卫生呀，我还以为是个人卫生呢！"

大家又笑起来了。

王老师说："有的同学说时间抓得不是很紧，那时间到哪里去了呢？大家想过没有？"

任沐之说："我觉得时间抓得不紧，有时候是自制力的问题，有时候想问题，想着想着就不知想到哪里去了。"

我说："女同学比较讲究，有时候动作可能也比较慢。比如洗漱的时候花了太多时间，还有——我们说得文雅一些，就是沐浴的时候，可能也耗去了不少时间。"

大家又一阵爆笑。

曾老师说："就是，同学们晚自习回寝室后浪费了不少时间，不如上学期时间抓得紧。上学期十一点半以后在学习，这学期十一点半以后还在洗漱。"

我说："好，针对同学们说的问题，我想说几点。第一，说话的问题。上了床还要说话，这是个老问题了，上学期就提出过。当时还有一个问题，就是躺在床上唱歌。我不知道现在还唱不唱歌……"

我身边的杨扬笑了，同学们也不约而同看着她，我明白了："哦，杨扬还开演唱会。你是'夜半鸡叫'！哈哈！（大家又笑）我跟大家讲，我也是从学生时代过来的，也住过学生寝室，睡觉前一句话也不说不容易做到，但是说话时间不要过长，更不能唱歌，唱歌会越唱越兴奋。我相信我们的女同学是'响鼓不用重槌敲'，这点我就不多说了。"

"第二，关于不抓紧时间的问题，我觉得问题还是出在没有紧迫感。时间的流逝总是不知不觉的，我们要有一种紧迫感。你们把每天的时间规划一下，什么时候做什么。在寝室里容易相互干扰，同学之间就要互相提醒。总之，时间观念要强，一定要有紧迫感。这点我在班上说了许多次，但我还要反复讲。今天是 3 月 4 日。你们想，明年 3 月 4 日，我可能还会在这里召集大家开会。然后说大家再想一想，去年 3 月 4 日我们也在这里开会，当时李老师说时间很紧迫，这一晃就过去一年了，可去年的会好像昨天才开过。你们别笑，现在你们觉得我说得很幽默，但其实并不幽默，时间就是这么无情，这么残酷！再往后推，后年的 3 月 4 日，我也许又会在这里和大家开会，那时我就要说，还有三个月就要进考场了。然后我会说，两年前的今天我就说过要抓紧时间，现在你们感觉时间不够了吧？（大家笑了）是的，现在你们觉得李老师像是在开玩笑，到时候就觉得残酷了。时间的问题，是一个生命的问题，因为生命由时间构成。我希望接下来每个同学给自己制订一个计划，怎么利用时间。我讲过，李老师原来班上有一个标语，记不记得？‘向每一秒挑战！’我希望大家要向每一秒钟挑战。

“第三，关于卫生。我现在看你们真的像看我的女儿一样，这次寒假，有几个同学在随笔里写道：我们班像一个大家庭，李老师像父亲，王老师像大姐姐。所以，现在我看到你们就像看到我的女儿一样。在卫生方面，我承认我不太讲究，大家不要学我，但是我女儿很爱干净，我爱人也很爱干净。我说这话是什么意思呢？就是希望你们从小养成讲卫生的好习惯，女孩子尤其应该讲卫生。当然，我们也不要走到另一个极端，比如拿个镜子照半个小时，看看脸上有没有灰尘。（同学大笑）要有一个分寸。说到这儿还有一个问题，我们班有没有女同学做了发型，或者涂脂抹粉呀？没有！很好。这是学校不允许的，咱们 3 班更不允许。学生就要像学生，朴实大方最好。

“第四，我希望女同学一定要有坚强的意志。女同学大多经不起打击，真正像杨扬这样坚强的同学毕竟是少数，哈哈！大家要向她学习。马克思的夫人叫燕妮，有人曾经问过她的座右铭是什么，她说是‘永不绝望’。人生的风浪很多，咱们从学生时代起就要培养坚忍不拔的精神。

“第五，女同学之间要团结，要大度，要大气。我又要说杨扬了，这点她很突出，她很豁达，很大度。当然，总的来说，我们班的女同学都很大度。千万不要小家子气，不要心胸狭隘，更不要热衷于叽叽咕咕背后说人闲话，不要养成这些习惯，豁达一些行不行？遇到什么困难，淡淡一笑。我希望我们女同学有宽广的胸襟。这方面王老师也值得你们学习，她在学校里与同事相处也有宽广的胸襟。我原来讲过的，希望我们班同学是最优秀的。最后还要补充一点，不要分心。我是说感情上的分心。虽然现在没有这个情况，但是李老师作为你们的长辈，还是要提醒。如果以后遇上这些麻烦，比如哪个男生给你们递纸条，或者邀请你们看电影，你们一定不要轻易动摇自己的精神防线，一定要固守自己感情的堤坝，让他绝望，让他想都不要想。我们就盯着一点，我们要考大学，我们有自己的追求！”

我请王老师也说说，王老师说：“我就讲一句话，李老师和我都鼓励大家主动学习，而且要把自己培养成积极向上的现代中学生。”

我问曾老师：“曾老师还有什么要说吗？”

曾老师说：“我希望这次没有拿到奖学金的同学下次都能拿到奖学金！”

“对，我也希望以后大家都能拿到奖学金！”我最后说，“我想借这个机会，也听听同学们对我的意见。大家想一想，李老师还有没有什么要改进的。”

曾老师说：“对，你们对我有什么意见，也可以提出来。”

同学们可能一时没有思想准备，想了想还是摇头：“想不到还有什么意见。”

我笑了：“看来李老师很完美呀！哈哈！曾老师也很完美啊！”

王老师说：“我再讲一点，你们自己做作业的时候，要真正投入。我发现有些同学做一点就讲几句话，在学习上不是特别投入。你们做作业的时候要忘掉周围的一切。”

我接着补充道：“这一点你们一定要向晴雁姐姐学习。小时候我觉得她动作很慢，后来长大了，她动作很利索，学习效率很高，而且注意力集中，她可以几个小时不动地坐在那儿学习。还有，我们有的女同学学习有一个特点，有时候动手不动脑。这不好，做习题一定要把脑筋动起来，不然花了不少时间，收获却不多。一是要不受干扰，二是脑筋要动起来。养成习惯以后，你们的成绩一定会上去。我相信下学期我们班得奖学金的一定会更多！我最后说一句，有时候女同学有些不方便找李老师的可以找王老师，而且王老师比我细心。好了，散会！”

晚上，欧阳震宇来电话了：“李老师，我收到您的信了。您对我太好了，谢谢您！”

我说：“现在怎么样？”

他说：“在爸爸妈妈身边，他们管我可严格了！”

“还是我信中说的，你一定要养成自律的习惯。”我说，“如果老是依赖家长的监管，那么以后你上大学怎么办？只有自己能控制自己，才是真正的成熟。”

他说：“知道了。李老师，明天我想到学校来看看同学们！”

“好呀！欢迎欢迎！”我说，“而且，以后你什么时候想回班上来，我们随时都欢迎！”

3 月 7 日　　星期一　　晴

缤纷心事

今天早晨我赶在学校出操前就到了学校操场，学生们来得很整齐，精神面貌不错。

碰到吕老师，他告诉我昨天晚上张颢君、陈霜蝉、宋飞、刘陵那个寝室表现不是太好，没有进入学习状态。于是，升旗仪式前，我找到这四名同学简单聊了聊。我问他们昨晚是不是表现不好，他们都承认是。我又问他们是否觉得错了，他们都说错了。

我说：“既然知道错了，而且昨天吕老师已经批评了你们，我今天就不批评了，只是提醒你们，以后不要再犯类似的错误了，好吗？”

他们都点头表示同意。

然后我又单独与陈霜蝉说了几句。我抚着他的肩膀在操场上一边转一边说：“陈霜蝉，这学期李老师想帮助你。你上学期缺点不少，其实我知道你从内心深处来说是很有上进心的，但长期养成的坏习惯使你控制不了自己。”

他直说：“是的，是的。”

“那么，李老师就来帮你，好不好？”我问。

他说：“好。”

我就说：“这样，我给你写信，好吗？”

他说：“好！”

升旗仪式上，学校为上学期评出的校级三好学生和优秀学生干部颁发了证书，其中有我们班的杨扬和凌飞。

读凌飞上周的随笔，看到他给我写的一段话——

> 李老师啊，我现在整天都感到很迷茫……也不能说是迷茫，那种感觉太难描述了，就像我脑子的最深处有一个区域，是很阴暗的。我想去探索，去挣脱，试了多种办法，都没有效果。所以，最后要向您求助了。
>
> 我知道您会帮助我。我，快要满十七周岁了，现在担任班长，性格特别复杂，思想不稳定，很容易受其他思想的影响。我是一个很感性的人，说得难听点就是有点神经过敏，一些小事都容易影响我的情绪，当上班长以来更甚。我经常思考，总想着自己能干大事，看了许多讲述人生与生活的文章，没有一篇让我觉得在理。我生性喜欢安静，喜欢一个人去都江堰逛，觉得一个人走很自在，但更多时候会觉得寂寞。我还看了许多心理学方面的书，想当心理医生，结果自己的心理都有毛病……
>
> 大概就这些了……

读罗天的随笔，他也谈到对上学期学习成绩的不满，进而对自己也有点失去信心了。

我决定晚上找凌飞和罗天谈谈。

下午第四节课是阅读课。我在教室外面看了看，里面很安静，只有个别同学在小声说笑，其中有杨扬，她不停地转过头和后面的同学说笑。另外，我注意到强劲居然戴着随身听上课——这是不允许的，我在班上讲过多次。

于是，我走进了教室，强劲赶紧把随身听取下来往桌子抽屉里塞。我走到他身边，请他把随身听给我，他只好给了我。然后，我把杨扬叫出了教室。

“你刚才上课在做什么？我非常生气。”我开门见山地说，“只是我为了照顾你的自尊心，同时也为了不影响其他同学学习，所以没有公开批评你。但我现在必须批评你！”

杨扬不说话了，很惭愧的样子。

我继续说：“对优秀学生，我的要求是很严格的，甚至有些苛刻。你上午才领了三好学生证书，是学习成绩很好的学生，同时又是班干部，你的一言一行客观上影响很大。那么，你应该如何发挥积极的影响呢？班上大多数同学在认真学习，你却在说话，同学们会怎么想？怎么看？我问你，你在说什么？”

“我在说看的书。”她说。

“这是阅读课，就是要求大家各自静静地看书，不是讨论课。如果大家都讨论，这课堂不就乱套了吗？”我说，“你读过李老师的《爱心与教育》，里面提到了优秀学生杨嵩和程桦，你看李老师是怎么‘雕琢’他们的？我也是把你当作优秀人才来‘雕琢’的。我不希望以后还因为这个批评你。”

她说她知道错了。

在聊天的过程中，她说她不喜欢班上某个女同学，看不惯她。我说：“这不对，一个杰出的人或者说一个人格高尚的人，同时应该是一个宽容的人。你以后要干一番事业，就必须善于与各种人合作，包括看不惯的人。每个人都有自己的个性，人与人之间要互相包容，包括包容那些对我们不好的人。人和人相处有三种境界：一是别人对我不好，我也对他不好；二是别人对我不好，我不去计较；三是别人对我不好，我宽容他，对他好，最后感化他。你应该追求最后一种境界。你认为李老师说得对吗？”

她点了点头。

晚上吃了饭，罗天应约来到办公室。

我问他是不是对上学期的学习成绩不太满意，他点头说：“是的。”我拿出上学期期末的成绩册，看了看他的分数，上学期他是年级第十五名，应该说不算差，但他对自己要求很高，而且他对英语成绩不太满意。他英语考试得了 91 分，满分 150 分，这个分数当然不高，但我对他说：“你有进步呀！你想想你刚上高中时，英语成绩更差，这个分数不高，但进步是明显的呀！”

他点头，也说感觉有进步。

“这就好呀，高中三年里，不可能每次考试都非常好，总有成绩不太理想的时候。你要沉得住气，不要因为一次考试不理想就失去信心。”我说。

“好的。”他答应道。

最后我又说：“关于英语，你应该多找赵老师。”

他说：“我找了赵老师的，现在每周三下午放了学，我和杜翱都在赵老师办公室里，她给我们补习。”

“好呀！”我说，“只要努力，多读、多背、多记，不可能学不好！李老师上中学时，最初英语也不好，后来我发奋努力，随时都在读、在背，甚至把单词写在手背上，连走路都在读。后来我的英语学得很好，老师都很吃惊。我相信，你的英语一定会继续进步的！”

这时，凌飞走进了办公室。

我便对罗天说："这次就这样，以后有什么困难随时找我，好吗?"

罗天说："好的。"然后走了。 我请凌飞坐下，然后问他究竟有什么苦闷。

他说："我真的说不清楚，总之情绪很不好。"

"那是什么原因造成的呢?"我问。

他说："我也说不清。"

我说："那我们用排除法来分析分析。 是不是你对自己的学习成绩不满意造成的?"

"不是主要的，当然也有一点。"

"哦，你看到老超不过杨扬，是不是很郁闷?"

"不是，反正我觉得我没有进入状态，我说的是理想的学习状态，很恨自己。"他说。

我说："我懂了，你对自己的学习要求很高，但总达不到，于是就很不舒服。"

"是的。"他点了点头。

"还有什么呢?"我问，"是不是当班长不顺心?"

他连忙说："不不不！但我还是觉得自己没有进入状态。"

我说："我也觉得不是因为当班长不顺心，因为你现在当得很好，同学们都很认可你。 你看那天选优秀学生干部，同学们都选你呢!"

"李老师，我觉得……"他停顿了一下，好像在思考用什么语言来表达要说的意思。 "我喜欢想一些诸如人生的意义之类的问题，但又想不通。 我是不是太爱思考了，或者说我有点神经过敏?"

"比如……"我提示他说得具体些。

"比如，我寒假回到家里，爱一个人到河边去，有时看到流水就很伤感。"

我笑了："这很好呀，这很正常。 你的意思是说你多愁善感。 李老师也是这样呢！面对大自然，我们有时触景生情，这是正常的情感。"

我又问："这些苦闷，你跟不跟爸爸妈妈说呢?"

"不，从不。"他说，"我和他们很难沟通。"

我站了起来："凌飞，你今天的话题我们不可能谈一次就谈出结论，也可能永远没有结论。 但不要紧，聊聊也好，至少可以倾诉了。"

他点了点头。

我继续说："我认为，你这些苦闷都是很正常的。一个人只要思考就会有苦闷，才能成熟。关于人生的意义，想想是没有错的。但你不要指望一次就想通，事实上，这些问题会伴随我们一生，也就是说需要我们用一生去思考。我认为，更重要的不是思考人为什么活着，而是思考人怎样活着，或者说怎样好好活着。再说得具体些，就是把握好每一天，让每一天更加充实，比凭空思考人生的意义更有意义！"

我看时间已经到 7 点了，便和他离开办公室往教室走，同时继续说："其实，李老师也经常有想不通的时候，但我把这种想不通视为一种常态。我的确非常欣赏你，原因之一就是你比一般同学更成熟些。到教室了，以后再接着聊吧！"

我捧着一束鲜花走进了教室，王老师和同学们已经在里面坐着了。大家看到我手里的花都有些惊讶。

我说："今天我要把这束鲜花献给我们班的一个人。大家猜猜，我要送给谁呢？"

同学们猜不出来。

我笑着说："我要把这束鲜花送给我们敬爱的王老师！预祝王老师三八妇女节快乐！"

全班同学热烈鼓掌。

王晓丹老师走上讲台，从我手中接过鲜花，说："谢谢！"

我说："我和同学们要谢谢王老师！半年来，王老师为我们付出了许多许多！刚才的花，不是我一个人献的，是我代表全班同学献给王老师的。祝王老师永远像这鲜花一样漂亮！"

同学们再次热烈鼓掌。

3 月 14 日　　星期一　　阴

和赵老师顶嘴事件

上周六上午，在自贡解放路中学上公开课，讲苏霍姆林斯基的《给女儿的信》，我不止一次讲这篇课文了。因为听课的老师比较多，室内无法容纳所有听课老师，于是学校在操场上搭了一个台子，我就露天上课。但天公不作美，下起了雨，于是学校又临时搭起了棚子。然而在上课过程中，雨水还是不停地从天而降，学生们的课桌和教材都淋湿了。让我感动的是，无论是上课的学生还是听课的老师，都精神饱满，情绪高昂。

自贡市解放路中学的教导室主任在评课发言中对我的课予以很高的评价，但我想这是他对我的客气。我对这堂课很不满意，好多细节都处理得不好。我再次感到上课是一门遗憾的艺术。

下午给老师们做报告，谈我对语文课程改革的理解，我的报告题目是《尊重与引领》，主要讲的是师生关系的问题。

从自贡讲学回来，得知上周末班上发生了一些不愉快的事情——

课间，陈鑫、宋飞、陈霜蝉、唐西龙等人在教室里猜拳，输了的就去摸李应生的耳朵。李应生当然很生气。当时是陈霜蝉输了，结果李应生差点就把陈霜蝉打一顿，最后他把气撒向了电视柜。

还有一次晚自习的时候，快要上课了，李应生和另外两名同学出了教室，后来他们晚了五六分钟才进来。赵老师批评了几句，没想到李应生便和赵老师顶了起来，最后赵老师叫李应生到她的办公室去，李应生却说他有权利坐在教室里。

星期天早上英语课上，陈鑫吃东西，赵老师课后找陈鑫谈话，陈鑫的态度极其不端正，极不尊重老师。

开学两周来，班上情况都很好，但我从来就没有想过永远不出问题。学生在成长过程中怎么能不出点问题呢？不出问题，还要我们教师干什么呢？所以，我不是特别生气，只是想着事情该怎么处理。

今天早晨升旗仪式前，我来到我们班队列前，看到李应生和陈鑫，我并没有想过要找他俩。但李应生向我走来，说："李老师，我昨天晚上离家时太粗心，把教材忘在家里了，我得马上回去拿。"

我同意了，并且把他送出校门。在路上，我和他聊的时候自然说起了上周发生的事，他承认是他的错："都怪我最近心情不好，所以当时赵老师批评我，我就很不服气，就顶撞她了。"

我问他心情不好的原因是什么。他说："说不清楚。也许我想改变自己的性格，但又改不了。还有，最近有同学跟我开玩笑，他们打赌谁输了就来摸我耳朵，我很不高兴。”

我说：“我知道你是冲动，但无论怎么样，也不能不尊重老师，更不能顶撞老师。你一定要给赵老师道歉!”

他说：“可以，等我情绪稍微好一些再去找赵老师。”

学生在做课间操时，王老师和我在一旁看。王老师问我是否已经知道李应生和陈鑫的事，我说我知道了。她说她已经找李应生谈了，但还没有找陈鑫。我说：“你先找陈鑫谈，如果他知道错了并且愿意给赵老师认错，我就不批评他了。等他给赵老师道了歉，我再表扬他知错能改的行动。”

王老师说：“好！另外，何晓蕊那组上周的卫生基本上是她和刘骞雯在打扫，陈霜蝉和宋飞没有做。这一周他们组重新打扫，陈霜蝉和宋飞也没有做。”

我说：“那这个星期就只让他们两个做。”

王老师说：“我也是这样想的，就让陈霜蝉和宋飞打扫卫生。”

我说：“还是你去跟他们俩说，我装作不知道这件事。等他们在班上打扫卫生的时候，我再表扬他们。”

虽然我暂时不打算找陈鑫谈，但我想先为王老师找他谈话做点铺垫，同时，应该在班上进行一番教育。但从什么地方入手呢?

下午第一节课是阅读课，我就以去自贡讲学的事情作为开头。我说：“我那天去自贡还遇到了让我特别感动的听众，就是听课的老师。那是我第一次在操场上上公开课。那天下雨了，他们搭了雨棚，但是遮雨棚上面有缝隙，有些漏雨，许多同学复印的课文都被雨水打湿了。当时我很感动，因为同学们坐得很端正。我刚一上去，风一吹，雨就下来了。在我讲的过程中，不时有水漏下来。下面听课的老师也很受苦，要挨雨淋，风也很大，挺冷的。那天下午我做报告，本来我比较累，但我对老师们说我非常感动，为了表示我的敬意，我就站着做报告，老师们给我热烈地鼓掌。这就是互相尊重！而这种尊重应该无处不在，无时不在，对同学的尊重，对父母的尊重，对老师的尊重，更重要的是这种尊重应该体现在细节上……”

我突然停住了，沉默了片刻，同学们也沉默着，似乎也在思考。

“我……有很多话要讲，我相信，我们的同学在听我的讲话时会有所思考。我今天看随笔，有同学写道，星期天和父母上街，看到有的人有文化便有豪华车，有的人没文化只能去干苦力活，因此要好好学习云云。我在后面批道：‘恐怕不这么简单！一个人幸福与否恐怕与文化水平的高低没有这么直接的关系。’由于种种原因，有人可能没有读太多的书，但他有能力，吃苦耐劳，开朗大方，尊重人，与人的合作能力强，特别是有一颗善良的心，他同样可以生活得很幸福；反过来，有人即使博士毕业，然后还当了官，却是贪官，最后的下场一定非常悲惨，子女也会为有这样的长辈而感到羞耻。因此，人格是第一位的！我们班上的有些同学，如果只是调皮，也无所谓，不是品质问题；如果是品质问题，就非常严重了，如果高中时都还没有改，将来改起来就很难。在一个人的内心深处，有些东西是根深蒂固的。一个人，最重要的是善于自省。没有人能够不犯错误，但犯了错误要能够提醒自己。最近，有没有同学犯了什么错误呢？如果你发现自己错了并且能够发自内心地改正，我会非常高兴，我也随时欢迎你来找我聊。人与人之间就是应该互相尊重。我还是主张与人为善。相信同学们是能够理解李老师的！”

放学后，我碰到王老师，她说她晚上找陈鑫，我说好。

晚自习前，我走进教室。看到同学们都到齐了，我拿出一本《花开的声音》，说：“今天是周杰的生日，我们祝贺他又长大了一岁！”

同学们都热烈鼓掌。

今天公布上周各班所得红旗，我们班只得了四面红旗，离拿完七面红旗还差得远。同学们都感到很惋惜，我对同学们说：“大家要多总结，看看我们什么地方还有漏洞，重新开始努力！”

晚上8点多，我在办公室备课，王老师走进来了，她说今天找陈鑫谈了，还不错，陈鑫表示愿意给赵老师写一封道歉信。我非常高兴，说：“你很会和学生沟通呀！今天下午最后一节课，我在班上专门讲了对人的尊重，可能对他已经有所触动。这样，等陈鑫给赵老师道了歉，我再找他，表扬他，这样对他的进步更加有利。”

然后，她又谈到唐西龙最近问题比较多，上课睡觉，在寝室里老打电话。我说：“这样，还是你先找唐西龙谈，好吗？”

她说：“好。我先了解了解情况，明天再找他。”

今天事情非常多，特别累，但很愉快。

3月16日　　星期三　　晴

关于春游活动的谈判

早晨，我把钢笔送给了李应生："不好意思，上学期就该做的事，拖到现在。"

他接过钢笔说："谢谢李老师！"

我问："什么时候去给赵老师道歉？"

他说："过几天吧！"

我说："为什么要过几天呢？既然认识到自己错了，就应该认错。"

他说："我先写一个书面的认错书吧！"

我说："可以。"

早读课时，我把凌飞叫出来说："我们缺的三面红旗是仪容仪表、出勤和清洁卫生，你去德育处问问，是什么原因导致我们丢了这三面红旗。这样以后我们同学可以更加注意。"

后来他跟我说："丢清洁卫生红旗是因为扣过一次分，丢仪容仪表红旗是上周六有几个同学没有按要求穿校服，丢出勤红旗是上周日晚上返校时，有个别同学迟到了。"

王老师对我说，陈鑫妈妈打电话来说陈鑫最近手臂受了伤，有点疼。课间我问陈鑫怎么回事，他说是上周打篮球扭伤的，我叫他去看看医生，并说："最近早操和课间操你就别做了。"

今天天气特别好，阳光灿烂，真是春游的好日子。同学们没有如愿拿到七面红旗，可是仍然希望我带他们出去玩。中午他们便向我提出这个要求，我心里也很犹豫，便说："晚上我们谈判一下吧，哈哈！"

下午，我给学校生活老师做报告，谈学生的管理和教育。散会后，我专门向两位生活老师了解学生在寝室的表现。曾老师说："女生总的说来不错，就是前段时间杨扬那个寝室爱说话，不过最近好了。"耿老师说："有些男生爱在寝室开一些庸俗无聊的玩笑，而且不太讲究个人卫生。"

我表示一定教育学生，并向两位老师表示感谢。

晚饭后，李应生和张自强来到我办公室。李应生把他写给赵老师的检讨书给我看。我看后说：“你的态度是端正的，但你的语言充满调侃，虽然这是你的性格，可是很容易引起赵老师的误会呀！这样吧，一会儿你还是当面给赵老师认错吧！”

我又批评了张自强不太讲究个人卫生，希望他改正。他说：“我接受，一定改正。”

然后我和他们俩聊学习，我说：“虽然你们以后都要学文科，但数学仍然很重要。你们的数学都不好，这可不行。”

快上晚自习了，我们朝教室走去，经过赵老师的办公室，李应生便进去了，不好意思地给赵老师认错。我继续朝教室走去。

晚自习前照例是同学们听写英语单词，听写结束后，我开了一个小班会。

我走到黑板旁，指着墙上我上学期贴的改正缺点进度表，说：“大家帮李老师评议一下，看哪些缺点李老师已经改正了，改正了就画掉。我文言文满堂灌的缺点改正了没有？”

同学们说：“改正了，但是……”

我说：“但是什么？究竟改没改呢？”

同学们说：“改是改了，但你现在又讲得太少了，一点都不灌了。”

“哈哈！”我笑了，“现在不灌了是吧？那好，我继续改进。你们的意思就是说，还是希望我稍微多讲一点？”

大家说：“是的。”

“那好，遵命！”我继续指着表说，“还有，‘给教室里放一个水盆’，这个改正了。我们班教室里现在不就有水盆嘛。”

我本来还想逐条让同学们评论，但考虑到时间关系，我说：“这样，班长凌飞代表同学看一下这个表，如果我还有其他改正了的缺点，就画掉，没改的或者有什么意见再写在上面。”

凌飞点了点头。

我说：“上午同学们提出希望我带大家去春游，我说过今天晚上要谈判。你们发表一下意见。”

同学们一致说：“去！”

“但是，”我说，“我们还没有实现拿七面红旗的目标，这怎么办？”

杨心说：“我们虽然丢了红旗，但是要全拿到确实不容易，两周的相隔时间太长了。我们第一周的表现是很好的，如果一周评一次红旗，我们肯定能够全拿到。所以，这样做是不公平的。”

我说：“难道我们的目标就白定了吗？”

同学们说：“我们先去玩儿，回来再继续争取。”

我说：“那我们去了，回来以后你们就不会争取红旗了。”

同学们说：“不会的，总有一天会实现这个目标！”

我笑了：“哈哈！总有一天？无限期延长可不行。”

凌飞举手发言：“我觉得我们是完全有资格去郊游的。红旗评比的方式有一些盲目性，不太公平。不能因为这不公平的评比而影响你对我们的表现的评价。这样，可以让各位任课老师给我们做评定，如果每一位老师都认为我们表现好，不拿红旗也应该去！”

同学们鼓掌。

宋飞说：“我觉得我们班虽然没有拿完七面红旗，但是纵向比，也就是说和过去比，是有进步的，所以应该去。”

杨心说：“我也觉得流动红旗评比不是很客观。比如，他们看到地上有一点纸屑就扣分，太苛刻了。另外，不应该以拿红旗来评定我们。我们有进步就可以了。我们最近的确有很大进步！”

同学们更加热烈地鼓掌，表示同意她的说法。

我问：“最近同学们表现如何呀？”

同学们大声地说：“好！”“好得很！”

我说：“好得很？哈哈，有这么完美啊！哪些同学影响了我们班上得红旗？”

宋飞、陈霜蝉、魏雨萱、陈鑫等同学把手举了起来。

我问：“同学们说，如果要去的话，允不允许他们一起去？”

同学们说：“当然要去，我们是一个集体嘛！”

我又说：“还有同学至今仍说脏话，这点没有进步。我们可不能把脏话带到野外去。”我一边说一边走到唐西龙身边：“你今天说了几句脏话？”

唐西龙说：“七八句。”

我说：“哎哟，比昨天还厉害！我真希望你们都有进步啊！如果同学们真要求去，我就只好降低标准。原来说一天时间，现在我们用半天时间，而且活动的内容也比原来想象的要少得多。这也算你们没有拿到七面红旗所受到的损失。”

唐朵说："我觉得我们都努力了，李老师不应该这样。谁也不是有意犯错误的嘛！"

我说："你是够努力了，但不是所有同学都努力了。当然，犯错误的同学的确也不是有意犯错误，谁都会犯错误。春游，我肯定要安排。我希望这次活动能够促进同学们各方面的表现，如果搞得好，还有下一次活动。特别要说的是，我们不要出去玩了回来便把魂儿都丢在外面了。至于什么时间，不要问我，我还要看情况。你们要安心学习，如果各方面时机成熟了，我会安排的。"

晚自习下课后，许多同学跟我反映今天化学和物理的作业特别多，任沐之说："今天至少得熬夜到 2 点以后。"宋飞也说："今晚别睡觉了！"

我很无奈，毕竟现在学习压力很大，老师们也不得不加强教学训练，只是苦了孩子们。明天本来我还要考《过秦论》的默写，但现在打算明天放孩子们一马。

今天生活老师反映张颢君、刘陵、陈霜蝉、宋飞他们在寝室开庸俗而幼稚的玩笑，我刚提醒他们以后要改正，他们赶紧不好意思地说："知道了，我们不会了。"寝室长张颢君说："李老师不要说了，我脸都红了。"

晚上 10 点后，我来到男生宿舍，果然看到除了洗漱的同学，其他人都在紧张地学习。

我真是心疼，但也没有办法。

3 月 18 日　　星期五　　晴

油菜花盛开的语文课

去年我第一次到学校那天，就看见校门对面一片金黄色的油菜花。当时我就想，明年春天，一定要带学生到这金黄色的油菜花地里上语文课。

今天这个愿望终于实现了！

早晨一出门，满天彩霞就告诉我，这是一个难得的艳阳天。如果今天带学生出去玩该多好！但这是不行的，因为我下午便要乘飞机去济南讲学。到了学校，校园里的玉兰花、海棠花、桃花、月季等都在阳光下展示自己的娇艳，不能不让我动心，我拿出相机拍了好几张“作品”。同时，想到今天不能带学生出去，真是遗憾！成都的艳阳天很少，错过了今天，以后即使带学生出去玩，也不一定有今天这样的好天气。

我突然闪过一个念头：干脆把今天上午第三节、第四节的语文课搬到油菜地里去上！虽然就在学校对面，走不了多远，但毕竟能让孩子们感受一下春天的气息呀！对，就这样定了！

第一节课，我专门到学校对面的油菜地里走了一圈，勘探地形，寻找上课的地方。我沿着田埂，在油菜花之间穿行，找到一片稍微大一些的空地，觉得这里挺好，可以做露天“教室”。学校门口外面是一条高速公路的高架桥，桥下也通车，而且车流量很大，所有过往的车都开得飞快。回到学校门口，我又仔细看了看能够确保学生安全穿过马路的最佳路口，心里才有了底。

课间操前，我对学生们说：“一会儿做完操就拿着语文书和笔到学校门口集合，我们到对面油菜地里去上课！”

没有我想象中的欢呼，同学们反而问我：“难道这就算春游？就在学校对面？”

我笑了：“这是语文课，不是春游。过几天我还要组织春游活动！”

“哇！”全班的欢呼声简直要把房顶冲破！

课间操一结束，全班三十六名同学便和王晓丹老师在校门口集合。其实，油菜花地就在校门口对面，同学们通过铁栅栏就可以看到对面的金黄。但平时学校不许学生出校门，所以，那不过几十米远的油菜花对大家来说简直就是一种诱惑！现在，马上就可以踏进那片金黄了，大家兴奋极了！

“出发！”我一声令下，好像我们要远征一样，哈哈！同学们刚出校门便遇上如潮的车流，我和王晓丹老师站在马路中间，扬起手来示意来往的车辆暂停。在我们的保护下，孩子们的队列顺利穿过马路。

过了马路，跳下路基，我们便沉入了金黄色的海洋。一望无际的油菜花一直铺到天边，同学们穿梭其中，我只能看到他们的头。微风吹过，油菜花微微晃动，远远望去宛如金黄色的海浪在起伏，而孩子们的身影隐隐约约，如同在无边的大海中畅游。同学们不停地说笑着，金黄色的风把欢声笑语吹到很远很远的地方……

我们在两块油菜花地之间的空地上停下来，这块空地不大，上面长满了杂草，还堆了一些干草，虽然凹凸不平，但也可以算作我们的“教室”，而且是最美丽的“教室”。我请同学们以我为圆心，或坐，或蹲，或站，围成一个圈，于是便开始上课了：“请同学们打开书第104页，今天我们学习陶渊明的《归去来兮辞》。先听我把课文读一读——归去来兮辞，陶渊明。归去来兮，田园将芜胡不归？……”

田野静悄悄的，同学们都看着课文听我朗读。“木欣欣以向荣，泉涓涓而始流……”因为特定的时间和空间，陶渊明一千多年前的文字让今天的我们感到格外亲切。我读完了，同学们开始朗读：“归去来兮，田园将芜胡不归？……”耀眼的金黄之上是碧蓝的天空，淡淡的白云正默默地掠过天空，“云无心以出岫”。然后，我和学生一起分析研讨，大自然让我们渐渐走进了陶渊明的心境。

没有什么比蓝天下的语文课更美丽了！

在春光的抚摸下，我们上完了一节课，讲完了《归去来兮辞》。然后，我又给学生读了一篇散文，是屠格涅夫的《村》。这是一篇描写俄罗斯乡村风景的文章，朴素而简洁——

> 这是六月的最后一天。在周围一千俄里之内，便是俄罗斯——我的故乡。
>
> 均匀的蓝色染满了整个天空；天上只有一片云彩——不知是在飘浮呢，还是在消散。没有风，天气晴和……空气像新鲜牛奶那样清净！
>
> 云雀在高声鸣叫；鼓胸鸽在咕咕低语；燕子在静悄悄地飞翔；马儿有的在打着响鼻，有的在嚼草；狗儿没有发出吠声，站在一旁温驯地摇着尾巴。
>
> …………
>
> 一条深深的斜谷，两边种着成排的杨树，枝叶婆娑，下面的树干却已龟裂了。一条小溪沿着山谷流去，透过碧清的涟漪，溪底的小石仿佛在颤动。远处，在天和地的交界线上，出现了一条大河的碧流。
>
> …………

听着这样的文字，置身于春天的原野，我们觉得19世纪的屠格涅夫的文字写的就是眼前的景物。

回学校之前，我特意带同学们又在田野上曲曲折折地绕了好几圈，尽情享受春光的抚摸。同学们都说：“干脆不回去了吧！”杨南希说：“只要在外面，我就感觉很舒服！”何晓蕊说：“李老师，我们什么时候去青城山呀？”

我对同学们说：“回去还是要回去的。等同学们表现得更好了，我还会组织大家出来的!”

看着孩子们对田野依依不舍的神情，听着他们可怜的请求，我再次对脱离大自然的“教育”表示遗憾！我们很少让孩子们走进大自然，理由似乎都很充分，为了学生的安全，为了不影响学生的学习。我当然无力改变这种状况，但在我的班上，我可以让孩子们尽可能多地接触大自然，而且不必寻找什么“教育理由”。让孩子们用双脚丈量开始松软的土地，让孩子们用耳朵倾听油菜花绽放的声音，让孩子们用纯净的目光追寻在湖水一般明净的蓝天上飞翔的鸟儿……一句话：让孩子成为热爱自然、热爱生命的人。这就是目的！

下午上课前我到教室，看到黑板上的清洁卫生分是10分，而且同学们把这个“10”写得很大很粗，我笑了：“天天如此就好了。”

3月21日　　星期一　　晴

校外的语文课有感与农家调查

李应生一夜未归。

昨天晚上将近11点钟，王晓丹老师打电话来说：“李应生还没有到学校。他母亲说他是离开了家的，但一直没有按学校规定在晚上8点前返校。我给他打了一次手机，他说他在朋友处，要迟点回来，后来便把手机关了。现在还没有到校。”

我很为李应生着急，怕他有什么意外，但时间已晚，也没有办法。我整整一夜都没有睡好，老惦记着李应生。所以，现在我特别希望看到他。我问与李应生同寝室的张自强：“李应生昨晚回来了吗?”

他回答：“没有。”

这时，徐主任走过来说：“李应生回来了，现在在王晓丹老师办公室。”

升旗仪式结束，我把李应生叫到办公室：“昨晚上哪儿去了?”

“我一个朋友要去深圳，以后很难再见面，我便去他家玩。后来太晚了，便没有回来。”他说。

我狠狠地批评他："你太自私了！你有没有想过，因为你一个人不按时回校，有多少人为你担心？你爸爸妈妈、王老师、徐主任，还有我！实际上，就责任而言，即使昨天晚上你出了什么事，也与学校没有任何关系。我们都关心你，所以才为你担心。你这种行为不是一般的违纪，而是一种事故！"

他态度很诚恳地说："我知道我错了，我愿意接受任何处分。"

说着说着，他眼泪已经在眼眶里打转了，甚至用拳头砸了一下自己的额头。

"给不给处分，学校有规定。但关键不在于处分，而是以后不能再犯这样的错误。"我说，"你先去上课吧！中午或下午德育处还会找你的。"

学生们今天在交来的随笔本中，一致为上周五野外上的那堂语文课叫好——

期待着下一次的好天气

唐　朵

星期五的早晨阳光明媚，走出寝室就知道今天是个艳阳天，天上一片乌云也没有，只有蓝天和几丝白云。成都很少有这样蓝的天空，这样好的天气，心情也不知不觉好了很多，预感今天将会过得很有意义。果真不出我所料，第二节课下课铃一响，李老师就出现在我预期的视线内了，我们都知道接下来将会发生什么事，都欢呼起来。

做完操，我们就出发了，每一个人的脸上都充满喜悦。阳光是明媚的，心情是美好的，哈哈！前途是光明的！真是心情无限好呀！

也不知是什么时候，学校对面的那块田地已成了油菜花的天下，一片片金黄，一见就有一种说不出的喜悦，更别说穿梭其中，与其融为一体了。哦，路很窄，只容得下一个人走，因此我们的队伍便曲曲折折变得很长。我们有说有笑，偶尔俯身闻下路边的油菜花。深吸一口气，淡淡的香，浓浓的乡土气息，让人回味无穷！没走多久，我们就到了李老师早已看好的一片空地。说是空地，倒不如说是杂草地，因为地面上铺着厚厚的干草，踩上去软软的。那地是凹凸不平的，有的地方看起来很高，结果你一脚踩下去，发现很低，看起来高只是因为上面那层厚厚的草。这个坝子没有多大，但足以容下我们，坝子中间还长着几棵油菜花，仿佛要为我们的课堂点缀一番。

同学们各自找好了位置，有的站着，有的蹲着，更有甚者直接一屁股坐下。我们就那样在太阳底下学习《归去来兮辞》。或许这节课太特别了吧！每个同学都非常认真地听李老师讲课，没有一个人打岔。课上到中途的时候，一架飞机从我们头顶上飞过，那画面确实壮观，连李老师也被吸引住了，还拍了一张照片。一篇课文很快就讲完了，只用了不到一节课的时间。我们照了一张集体照，男女生又分开合照了一张。时间还早，于是我们跟随李老师向更远的地方逛去。途中我们有多高兴，自然不用说，我只知道我满身都是同学们撒的油菜花，有的甚至撒到衣服里面去了。头发弄得乱七八糟的，油菜花秆儿里的浆汁把我的头发都黏到了一起，还有些白色胶状物留在那儿，头上感觉不舒服，但心里怡然自得。

没逛多久，便看到了民房，李老师说该回去了。我们虽不想回去，但"师命难违"，又从安全的角度考虑，只好悻悻地掉了头，按原路返回。回去时感觉路特别短，一会儿就到了学校。太阳一直温暖着我们，我们个个走得满脸通红。

我期待着下一次的好天气，下一次出行。

见·闻·感

任沐之

要用什么来形容这平凡的一周呢？是一幅浓墨重彩的画卷，一曲震撼人心的交响乐，或者是一碗酸甜苦辣汤？

浓墨重彩是那艳阳高照的语文课，那是一个把五官叫醒的时刻。

我们一行三十八人带着别人惊奇与羡慕的目光，浩浩荡荡地穿过马路，来到了无垠的油菜地前。轻轻跳一下，便融进了花的世界……

我小心地走在田间小路上，很久没来过田野，走着有些不习惯，地上软软的，总怕会踩不实。我总是盯着小路，避开坑坑洼洼的路面。

无意间一抬头，我对前面走的那些路有了悔恨——真该早些抬起头啊！

油菜花开得正盛，花瓣儿片片舒展，拼凑起来很是可爱，带着几分天真的味道。这片油菜花长得很好，都快齐肩高了。下面的一抹绿和上头的一丁点儿嫩黄搭配，看起来很和谐，朴素得很。我把手臂张开，一路从油菜花上抚过去，我感觉自己像是要融进去了。我快乐得一路小跑，像是又回到了充满童真的时光，直到有人提到"花粉过敏"，我才猛地一下把手收回来，我为花粉过敏吃的苦可不少啊！我留恋地看着身旁的油菜花，默默地与她对视。细细看来，一棵棵油菜花像是一群高挑的女孩，戴着小草帽，在风中摇曳……

这是一堂以天为顶、以地为席的语文课。阳光微微有些刺眼，但这堂课上得出奇地好。油菜花环绕着，嗅着田野的味道，《归去来兮辞》不就是这个意境吗？

回到学校，美美地睡上一觉，梦中都是油菜花的味道！

绵延至今！

今天的阳光依然诱人。我决定下午再带学生出去活动活动。我一直想带学生去调查农家生活，既培养学生的能力，又开阔他们的视野。但中午，我得知今天早晨唐西龙、宋飞、谢舒云、蒋鸣、陈鑫、周杰等六名同学早操迟到，这使我们班得早操红旗的愿望泡汤了。想到其中有几个人已经不止一次犯错误，同学们已经多次原谅，因此这次我决定给他们一个惩罚，今天不让他们参加下午的活动。

整整一个中午，我都在为这个决定而犹豫，一会儿觉得应该惩罚他们，一会儿又觉得应该原谅他们，让他们一起去。最后，我还是决定不让他们去。因为我觉得，对多次犯错误的同学，有时候必要的惩罚也是需要的。如果每次都是“宽容”，那教育就失去了原则性。

读报课前，我碰到王老师，我说了我下午的安排，希望她一起去，她很高兴，说马上去把下午的一堂课调换一下。我问她上周陈鑫给赵老师道歉没有，她说她问过陈鑫，陈鑫说已经找赵老师道歉了。

读报时音乐响了，表示同学们该做眼保健操了。做完眼保健操后，我向同学们宣布了下午要出去活动的安排，同时说不许今天犯错误的几名同学参加活动。大家在高兴的同时，都对我的惩罚决定表示反对，说“要去就应该一起去”。

我很严肃地说：“今天李老师要固执一次，或者说‘专制’一次。有时候，惩罚也是一种教育。宽容是基于对犯错误的同学能够改正错误的一种信任和期待，但犯了错误也应该受到惩戒。所以，我今天必须来真格的。”

大家不说什么了，按我的要求去集合。

我对几个留下的同学（包括李应生）说了几句，希望他们不要把这看成我对他们的惩罚，而是自己对自己的惩罚，在教室里上好自习课。他们都表示接受惩罚。

然后我下楼去追同学们，刚走到一楼，凌飞和魏乐庭来找我了：“李老师，我们还是认为应该让他们几个同学一起去。”

我说：“不，今天我要坚持我的决定，理由我已经说过了。”

平时少言寡语的魏乐庭此刻却异常雄辩：“我们是一个集体，而且他们犯的错误与参加活动不应该联系在一起，根本就是两回事嘛！”

我说："你们关心同学，我很感动。但我要说，正因为是一个集体，所以凡是做出损害集体荣誉的事的同学都应该为此付出一定的代价。我不认为这是两件事，早操迟到，已经使我们班本周不可能得到早操红旗了。"

也许是我说服了他们，也许是他们心里不服但知道再说也没有用了，总之，他们不再说了。

其实，我在和他们说话的时候，我的心已经有点软了，甚至想干脆去把那几个同学叫下来一起去，但最终我没有。我在心里告诫自己，就硬一回心肠吧！如果次次都"原谅"，有的同学很难真正吸取教训。让犯了错误的同学感受一下难过，体验一下离开集体的孤独，这也是一种教育。

出了校门，我们又扑进了金黄色的海洋。我们在耀眼的油菜花地里沿着曲曲折折的田埂朝西蜿蜒而行。一路上，大家说说笑笑，阳光温柔地照耀在我们的脸上。每一道深深的沟坎都让孩子们惊叹，而每一次越过沟坎都让孩子们欢呼；每一条窄窄的小路都让孩子们的脚步摇晃，而每一次走过小路都让孩子们手舞足蹈。

我在最前面带路，不时回头看看长长的队伍。油菜的秆挺拔而修长，孩子们的头在夺目的花海中时隐时现。看着学生们阳光一般灿烂的笑脸，我的心里有说不出的轻盈和舒展。

走了大概一个半小时，我们前面出现了一大片竹林，竹林掩映着座座农舍。我对同学们说："同学们以小组为单位，深入农家去做调查采访。你们可以设计一些具体的问题，在采访过程中一定要尊重别人。"

不一会儿，孩子们便走进了各家各户。

我看到竹林下，杜翱、钟晓、罗天围着一个老婆婆在攀谈；凌飞、文海、魏雨萱、杨南希、杨心在采访一位大娘；在一片菜地旁，任沐之、王嫣然、项柳依、黎涵、卓翼正与劳动的农夫交谈。不一会儿，来了一位老婆婆，项柳依说："婆婆，我们可以到您家里看看吗？"老婆婆爽快地答应了，于是她们簇拥着这位老婆婆走进了她的家。我也跟着进去了。

在这位老婆婆家里，项柳依等人非常仔细地询问了他们的生活现状，甚至还了解了他们地里的生产情况。有趣的是，交谈中项柳依甚至问老婆婆会不会买到假种子。老婆婆说不会的，说着还拿出种子给项柳依她们看。项柳依居然很认真地拿着种子仔细鉴别，仿佛她是种子专家。我在一旁看着忍不住笑了，觉得她们实在是可爱极了。

我提前从那老婆婆家里走了出来，看到王晓丹老师坐在竹林下等同学们。我走过去和她聊了起来。我们谈到最近班上的情况，王老师认为现在班上的学习风气很浓，她说："自从调整了座位，班上的秩序明显好转，有些爱说话的同学也有了很大的进步。"我表示同意。我们都认为，现在班上最突出的一点，就是几乎每一个同学都有上进心。我们谈到刘陵、陈霜蝉、宋飞、陈鑫、张颢君等同学，认为这些同学虽然现在还不时犯错误，但他们从内心深处都愿意上进，而且都已经在行动上有了很大的转变。

我由衷地对王老师说："你现在越来越善于转化学生了，越来越善于和学生谈心了。"

她谦虚地说："哪里哪里！我是你的学生。我经常想：为什么李老师的教育总能从一些细小的地方入手，并取得很好的效果呢？"

我说："这可能是我做班主任的时间比较长，多少有些经验吧！"

各路同学陆陆续续完成了采访，从各农户家出来了。我看时间不早了，便带大家沿着来时的路往回走，一路上我们又照了许多相。

回到学校，最后一节课还没有结束，我请同学们回到教室，给他们指导了下如何写今天的调查报告。讲完后，我看大家都很疲倦，便叫大家趴在桌上休息一会儿。在同学们休息的时候，我把没参加活动的几名同学叫出来谈心，问他们自习课的情况，并再次勉励他们争取下次能够和大家一起出去活动。

放学后，我和李应生一起朝食堂走去，边走边聊。我问他："找徐主任了吗？"

他说："找了。徐主任说要给处分。我没有意见，只要不开除就行。"

我一下子有点不高兴了："不开除就行？你仅仅满足于不开除？这要求也太低了吧！"然后我又说："听说你今天早晨还在电话里对你妈妈发火？"

他承认："是的。当时我心情不好。"

"那也没有理由对你妈妈发火！"我批评道，"你知道昨晚有多少人为你担心吗？而最为你担心的就是你妈妈。你必须给你妈妈认错道歉。"

他说："我已经给妈妈打电话道歉了。"

我说："这就好。既然学校按规定要给你处分，那就只能接受。不过，我希望你不仅仅是被动地接受处分，还能主动地从心灵深处意识到自己的不对。不管你昨天晚上是否意识到了，反正客观结果表明，你昨天的做法是相当自私的。只图自己一时高兴，全然不管其他人的担心。我心里仍然很喜欢你，但我不会因此迁就你的错误，你犯了错误我一样狠狠批评。希望你以后不要再犯这样的错误了，这样的错误是不许犯第二次的！”

魏乐庭把她给我写的信给了我——

李老师：

其实我一直都想找您谈谈，但是，我觉得很难启齿，所以用笔谈最适合不过了。做孩子的有烦恼，当然要找父母谈，但是我有时无法理解他们的做法，同样，他们也无法理解我，所以造成了相当大的困难。

事情非常简单，一周下来，我很疲劳，于是上车时抱怨了一声，说："又要去补课了，不想去啊！"平时我也抱怨过，母亲也只是笑一下，当我开玩笑。没想到，她这次会这么生气，说我只会让她操心，我没有多说。到家后，我让母亲给周记签字，她看过我的周记后，说我写的字她不认识，不给签字。我有点生气了，但还是压抑住了心里的怨气。母亲仍然像火上浇油似的，不断地说我。我一下子火气就上升了，跟她吵了起来，我连嗓子都喊哑了。在吵的过程中，我们都知道冤枉了对方，所以我们很快又平静下来了。都说血浓于水，我和母亲最后和好了，但是心中不免有些过意不去，所以我非常自责，这些天的学习都不在状态。我本想跟母亲说说，但是这样做可能会加重我们两个人的心理压力，母亲最近工作又非常忙，我不想给她多余的心理负担，所以请您帮忙。但是，您不要跟母亲说这件事，千万不要，这是我们之间的小秘密，好吗？

李老师，我有个请求，您要答应我，就是希望您能够经常听我们说说心里话，我们都非常喜欢您，就像爱自己的父亲一样。您也许不是特别理解我们的想法，但是我们真的很需要您。

最后，我想跟您谈谈我们班干部的工作情况。调了座位后，大家的课堂纪律好转了。因为宋飞在我们组，所以我比较清楚他的情况，他进步很大，连他自己都能感觉出来。一开始，我们采用强制的方法让他不说脏话，上课也不要说话影响他人。过了一段时间，他就自觉了不少，不用别人提醒也可以遵守纪律。我真的很高兴他能有这些进步，当然他还有其他不足之处，但总的来说是有进步的。

好了，李老师，我就想说这些，感谢您的倾听。跟您诉说了自己的烦恼，我很高兴，心里真是舒坦多了。

祝：天天快乐，事事顺心！

您的学生朋友：魏乐庭
3 月 21 日

吃过晚饭，我对王老师说："我注意到最近强劲和魏乐庭的交往不太正常。这样，我们分分工，你找强劲，我找魏乐庭，分别做工作。"

王老师说："我也注意到了这个问题，也正准备找强劲。我感觉强劲最近心思没有完全用在学习上，特别注意自己的外在形象。"

"那好，我们就分头行动。"我说。

晚上 6 点 20 分，陈鑫应约来到我办公室，我对他说："先考你三道智力测验题。哈哈！第一道题，李老师为什么很久没有找你谈心了？"

他不假思索地回答："因为我进步很大，很少犯错误了。"

"完全正确。恭喜你答对了！"我说，"这道题证明你的智商为 150 分！好，我继续对你进行智力测验。第二道题，今天李老师为什么要找你呢？"

他说："是因为今天早晨做早操迟到的事。"

"错了！"我说，"这道题证明你的智商为 0 分！哈哈！"

他也不好意思地笑了。

"今天早晨你迟到当然不对，但我已经惩罚了，所以我不会再为此批评你。再说，迟到虽然不对，但比起不尊重人、作弊等缺点，还是可以原谅的。"我说，"今天李老师找你，是要表扬你！"我说出了第二道题的答案。

他看着我，很吃惊。

我得意地说："好，咱们继续进行智力测验！第三道题，也就是最后一道题，你说说李老师为什么要表扬你。"

他想了想，说不出来，只好摇摇头。

"哈哈，这道题你没有做，交了白卷。"我说，"因为你去给赵老师道了歉，认了错，我很高兴。这说明你知错认错，而且愿意改正错误，这当然应该表扬。其实，你顶撞赵老师后不久我就知道了，但我请王老师跟你谈。我对王老师说，如果陈鑫知道错了并且给赵老师道了歉，我就不批评他了，而是表扬他。"

我再次跟他强调了尊重人的重要性："你这是第二次顶撞赵老师了，希望不要有第三次。"

我又说："你的进步是非常显著的。但恕我直言，你还有一些认识比较模糊，不过我不会强迫你马上就改变，慢慢来吧！我总觉得你有的认识很幼稚，比如，你感觉在这个班不习惯，是因为自己年龄大而别人年龄小。其实，这不是关键。你之所以感觉在这个班没有朋友，是因为你原来的朋友圈子和我们班的同学在思想和行为习惯上相差太大，而你又已经习惯了过去的朋友。我们假设一下。如果现在把你送到高二或高三的一个优秀班级，年龄差距不存在了，但你仍然会感觉不适应的。另外，如果把你送到同样是高一年级但班风不好的一个班，说不定你会找到朋友的。关键还是你的一些观念要变，要真正意识到什么是高尚的，什么是庸俗的，要追求崇高，慢慢地同过去告别。你现在最大的优点就是有上进心，而且很想把学习成绩搞好，这是让我和王老师最欣慰的一点。你一定要保持你的进步！我希望你高中毕业后，能够考上重点大学。我想你一定还是想考重点大学的，是不是？”

他说：“是的。”

“你想考什么大学？”我问。

“电子科大。”他说。

我说：“为什么不考到北京、上海等地去呢？”

“我不想离开成都。”他说。

我说：“嗯，电子科大也不错。好好努力，你一定能够实现自己的理想的。”

然后我请他也给我提点意见，他想了想说：“我觉得李老师有时候批评同学不点名，但其实大家都知道你批评的是谁，所以不如直接点名好。”

我说：“也有其他同学给我提了这个意见。其实，我本来是想尊重被批评的同学，所以才不点名的。”

他说：“如果大家不知道是谁犯的错误，你可以不点名；如果大家都知道是谁了，你完全可以直接点名批评。”

“好，这个意见我接受。”我说，“那你以后犯了错误，我可就不客气了，哈哈！不过，有一句话我要说，这句话我曾对陈霜蝉、宋飞等同学说过——不管以后你犯了多么严重的错误，也不管李老师如何严厉地批评你，我都不会把你当作坏学生！”

下班回家，我特意在文具店买了一支钢笔，准备明天送给陈鑫，作为对他知错认错的奖励。

3 月 22 日　　　　星期二　　　　阴

我被陈鑫骗了

我被陈鑫欺骗了。

不只是我，王老师也被他欺骗了。

昨天晚上，因为陈鑫终于向赵老师道了歉，我专门把他请到办公室表扬他。今天中午我碰到赵老师，问起陈鑫向她道歉的事，赵老师说："他根本没有来找我。"

当时我特别气愤，陈鑫不止一次顶撞老师，有时甚至还骂老师，这次他顶撞赵老师，我和王老师都很冷静，很有耐心，期待他能够给赵老师赔礼道歉。等了一个多星期，他不但没有道歉，反而对王老师撒谎说已经道歉，我们居然就相信了。

教育，有时真是很复杂；学生，有时真是不简单。

我多次说过一句话："宁愿被学生暂时欺骗，也不冤枉学生。"这次，我真的被陈鑫欺骗了。

我把陈鑫叫出教室，质问他："你真的给赵老师道歉了吗？"

他不说话。

我毫不客气地狠狠批评他："你这样欺骗李老师，欺骗王老师，对得起谁？本来你这是第二次不尊重赵老师，我们仍然耐心地帮助你，你却至今没有去认错道歉。不但没去，还说谎！你的确把李老师和王老师欺骗了。昨天王老师告诉我你已经给赵老师道了歉，我当时真高兴呀，专门把你叫到办公室表扬你。你居然一点也不脸红，居然就心安理得地接受我的表扬！我为你感到害臊！"

我在班上点名批评了陈鑫："陈鑫多次不尊敬老师，多次顶撞老师，还欺骗老师，这是不能容忍的！"

我把陈鑫再次叫到办公室，让他坐下后说："我一般很少请家长，但这次我必须把你家长请来。既然你不尊重老师，不愿意道歉，还欺骗老师，那还在学校做什么呢？让你妈妈把你领回去吧，回去反省反省，认识到自己的错误并愿意改正之后再到学校来！"

我当即叫他打电话通知他妈妈来学校，他拨通了电话，和妈妈说了几句话，然后挂上电话对我说："妈妈很忙。"

然后他说："我不想我妈妈来，她为我操心太多了。"

我说："是我在麻烦你妈妈吗？不，是你在麻烦你妈妈。你如果真的爱你的妈妈，就不应该这样做！"

因为我还有一堆作文要批改，我便让他在边上自习，我继续改作文。但我拿着作文，根本看不进去，心里不平静。我稍微冷静了一下，站在他的角度想了想：也许他本来是想给赵老师道歉的，只是还没有来得及，但不能说谎呀！不过，他说谎也许是因为王老师不断催促他，他就想干脆先说已经道了歉，然后再去给赵老师道歉……

这样想，我心里有点原谅他了。我放下手中的作文本，又开始与他聊起来。我跟他说："你这次是连犯三个错误。第一个错误是上课吃东西；第二个错误是不接受老师的批评，还顶撞老师；第三个错误是欺骗老师。你现在是怎么想的？"

他说："我确实不对。我愿意去给赵老师道歉。"

听到这话，我原谅他了。我便想给他妈妈打电话，叫她别来了。可电话打不通，过了一会儿，他妈妈来了。我知道她很忙，因此对于她的到来，我很感动。

我把事情的经过告诉了陈鑫妈妈，我特别强调："陈鑫的进步还是很大的，这点我不会否认。但今天先不说进步。他最大的问题是对人不尊重，这里的'人'包括老师和同学。如果陈鑫不改正这个缺点，我很担心他的将来，他将来是要与人打交道的呀！"

我又对陈鑫说："今天我的确非常生气。这是我第三次严厉批评你了。当然，我批评你不止三次，但非常严厉的只有三次，一次是欺负周杰，一次是骂耿老师，再就是这次。没道歉已经不对，却还要对王老师说道歉了。如果昨天我找你谈心时表扬你，你能够说明情况，我会原谅你的，但是你一错再错。尽管如此，我还是没有对你失去信心。你犯的错误，有的属于认识问题，也就是说没有认识到是错的，比如上课吃东西；有的属于习惯问题，就是说明明知道是错误，但习惯养成了便忍不住，比如说脏话；有的属于性格原因，比如和同学发生冲突；有的属于品质问题，比如欺骗老师。但不管哪一种情况，我们都相信你能够改正。"

他再次说愿意给赵老师道歉。

我说："既然如此，我就原谅你了。希望你能够从心里认识到自己不对，进而真诚地给赵老师道歉。你最好过两天再去找赵老师，先真正把这个问题想通。好不好？"

他点了点头。

我说："我重复一下昨天的话。你应该争取早日撤销处分。不管以后李老师如何严厉批评你，我都不会认为你是坏学生。"

陈鑫和他妈妈离开办公室后，我又想了想，觉得自己刚才也不够冷静，急躁了些。这是我的老毛病了。

今天，学校把处分李应生和唐西龙的公告贴出来了。李应生的处分是记大过，唐西龙的处分是严重警告。

3月23日　　星期三　　雨

开导魏乐庭

今天，我给魏乐庭写了一封信——

乐庭：

你好！

那天突然接到你的"求救"电话，既感动又内疚。感动的是你信任我——作为一个老师，最幸福的莫过于被学生信任。如果学生有了困难首先想到的是我，我的确会非常感动。我之所以又很内疚，是因为当时我正忙，没能及时解决你的难题。后来，我在济南一直惦记着这件事，我怕事情很急，所以晚上给你打了个电话，听你说事情不是特别急，我才稍微放心了。

前天读到你的信，我知道了事情的原委。我和我女儿有时也会发生这样的事，因此我既理解你母亲，也理解你。好在你毕竟是一个懂事、孝顺的女儿，最终也理解了妈妈。对这件事，我也不打算多评论谁是谁非，我只想说，做儿女的有时要学会从父母的角度想想。即使有时父母的确错了，我们也忍一忍，等父母情绪平静了再进行沟通，这样会好一些。在自己爸爸妈妈面前“软”一点，没什么，不丢面子的。

我要说点你可能不爱听的话了！既然是朋友，我肯定要直言。我觉得你和强劲走得太近，我这话当然是有特定含义的。那天我听到个别同学在议论，我还批评他们庸俗无聊。但面对你们，我就要说你们了。我至今没有认为你们在“早恋”，但至少没有做到我上学期开讲座时提出的男女同学“等距交往”。你们有时实在是太明显了，再迟钝的人都会有所联想。你说你妈妈担心你分心，如果你不正确处理好这个问题，我也担心你会分心。所有的道理我上学期都和你谈了，我也曾很高兴你能够把握住自己。我想，也许是他过于热情，让你很为难。但我说过，只要我们坚守住自己的精神防线，不卑不亢，任何人都无法让我们在感情上“就范”。那天我找过强劲，把他当作男子汉，所以我很直接地要他和你保持距离，他当时很敏感地申辩：“我们是同学关系！”我一下就火了：“我否认你们是同学关系了吗？难道我和同学们都傻吗？凌飞和女同学交往，为什么没有人议论？李应生和女同学交往，为什么没有人议论？”我的意思是，从他本能的申辩中，我恰恰感受到了他的心虚。如果他能给我谈谈他的真实想法和苦恼，我会很感动，会体谅他。当然，也许他对我还没有达到你对我这样的信任程度。因此，我决定不再找他，只找你。我仍然坚信，只要你能够“坚守阵地”，任何人都无法攻破。而你“坚守阵地”的主要武器，就是你的高远追求，你的理想。特别要说明的是，我没有说你们在谈情说爱，但我感觉你们有时候走得太近，让我和同学们不得不怀疑。在这里，说“走自己的路，让人说去”是无济于事的。我们应该给自己营造一个和谐的学习环境。为了避嫌，你也应该暂时有意地回避一些和他的接触。也许你对他真有“想法”，那就需要战胜自己，甚至进行“灵魂的搏斗”，想想自己目前最需要的是什么。也许你对他根本没有“想法”，只是碍于情面，那你就不应该在言语和行动上给他发出“错误信号”，使他误解，而应该断然保持一定的距离。也许你二者兼有，这就更需要你把握好自己，认定自己的人生目标，进而做出理智的选择。

今天，李老师给你写信，可一点都没有因为你是女同学而拐弯抹角地说话。我刚才说了，我是把你当作真正的朋友，推心置腹地和你谈心。李老师说得对不对另当别论，但我相信你能够理解李老师。

本学期你的学习委员工作做得不错，目前我很满意。保持！

还有，我想什么时候跟你妈妈说说，叫她别给你太大的压力，行吗？如果你觉得不必，我就不说。还有一个办法，下次家长会我就说这种现象，不提具体的事，引导家长们正确对待孩子的学习成绩。好吗？

祝你天天都有成长的快乐！

（好好把这封信藏起来，别让其他同学和你父母看到。哈哈！）

你的老师朋友：李镇西

3月23日

3月24日　　星期四　　晴

灵魂的搏斗

今天天气特别好，我挎着相机走进教室，为课间休息的学生们照了许多很自然、很生动的照片：有李应生等同学倚窗远眺的，有魏乐庭趴在桌上睡觉的，有何晓蕊和陈霜蝉说笑的……最后一节课是体育课，我又给学生照了不少打羽毛球的照片。

最近班上没有什么大问题，但也没有什么明显的进步，感觉处于停滞状态。我觉得需要给这个集体来一点新的“刺激”。

吃完晚饭，我召集班干部们开了个会：“今天我们开个短会。就说两件事情：一是我建议下周我们班进行自治周试验，就是我和王老师都不管班上的事务，完全让同学们自己管理自己，当然这里面班干部的重要性便体现出来了，这对你们也是个锻炼。二是我感觉我们的班规需要修订了。哪些条款已经过时，哪些新问题班规没有涉及，哪些问题现在班上已经不存在，等等，这些都需要你们开会研究，然后拿出新的班规。”

我问大家对自治周有没有信心，绝大多数同学有信心，但凌飞说信心不足。我笑着说：“有一点一定要明确，并不是因为我们班的同学已经达到了自治的程度才搞自治周，而是想通过自治周来培养同学们的自控能力。这只是一种手段。”

凌飞点头表示理解。

自习课前，我在班上开了一个小班会。我对同学们说：“开学一个月来，我们班的进步非常明显，主要表现在这几个方面：一是课间打闹几乎没有了；二是班上的学习风气越来越浓厚；三是男生寝室的纪律也大有好转。因此，我和其他班干部刚才开了一个会，决定下个星期搞自治周，就是下周我和王老师都不管班上的事。原来我教的学生做得到，我想你们也做得到。有同学就要问了，难道李老师和王老师就不到班上来了吗？李老师当然要来，但我只上课。同学们可能又要问，老师看见我们违反纪律怎么办？我只管语文课，只要不是在语文课上违纪，我不管，因为我不是班主任嘛！比如，陈鑫早晨迟到了，我不会批评，我将视若无睹；有同学没交作业，我也不会管。下个星期是没有班主任的。大家预测一下会怎么样。”

何晓蕊说：“秩序井然。”

杨南希：“和平时一样。”

我说：“那么，有没有同学认为会比平时糟糕呢？请举手。”

唐朵和杨扬举起了手。

唐朵说：“我觉得迟到的人会更多。”

杨扬说：“我觉得我们班的同学可能还不够自觉。”

我说：“哦？我是这样想的，并不是因为我们班同学达到了不需要老师的程度才搞自治周，而是通过这种方式来培养同学们的自觉意识，正如无人监考一样。我希望同学们思考一下，自己在自治周应该怎样做。”

宋飞不住地点头。

我便说：“宋飞认真想想好吗？我相信你！”

他说：“好的。”

我又对大家说：“我们每一个人都要尽可能在各个方面做得更好，比如打扫卫生要认真，要注意仪容仪表，等等。下个星期开始，班干部们写值日日记，忠实记录每一天班上的情况，写得越细越好，最后进行总结。我们先搞自治周，成功以后，我们再继续搞自治月、自治学期、自治年。哈哈！你们想，同学们最不希望老师管，那我们就自己管自己，能够自律那该多好。孔夫子说，七十而不逾矩。你们想，如果你们做到了，该多好！咱们还是要有信心！”

然后我谈到即将到来的月考：“月考本周星期天晚上开始……”

何晓蕊忍不住叫了起来：“哎呀，正是我生日！这样我连过生日都过不好！”

同学们都笑了，我也笑了：“是呀，你‘生不逢日’。不过，你可以过一个有意义的生日！哈哈!”

我继续对同学们说：“我们要继续保持我们的诚实，同学之间要互相帮助，互相监督。争取我们班在学习和品质方面都取得好成绩!”

晚上，批改学生作文。我布置的作文题目是《灵魂的搏斗——记一次战胜自己（或者“没战胜自己”）的经历》，我试图通过这样的作文，让学生们回顾一下战胜自己的喜悦或没战胜自己的苦恼，进而激励他们不断战胜自己。

我注意到文海的作文专门写的是最近一次的考试——

灵魂的搏斗

——记一次战胜自己的经历

就在高一的上学期，自己曾经多次犯下无法挽回的错误……

在两次考试中，自己心中卑微的灵魂战胜了高尚的灵魂，违反了考试纪律，失去了做人最基本的东西——诚信。若要人不知，除非己莫为。最终事情还是被人知道了。在李老师的教育下，我深刻地认识到了自己的错误，并认真反省，接下来的惩罚、处分，我都会接受。那段时间，也许是我迄今为止最失落的一段时间了。过了很长一段时间，我终于重新振作了起来，准备迎接新的挑战，直到又一次的考试——

那是开学的第一次数学考试，也是我第一次如此期待考试的来临，因为吕老师答应我，如果这次我的考试成绩达到平均分，我就可以拿回被没收的随身听。试卷发下来了，我心里想：一定要好好做！一是可以拿回自己的随身听，二是可以检验一下自己认真学习的效果。试卷一发下来，我一看，晕，原来是黄冈密卷，我抽屉里就有一套一模一样的试卷和答案。这时，脑中那个卑微的灵魂不断地对我说：“把答案拿出来抄，就可以拿回随身听了，快啊!”另一边，高尚的灵魂告诫我：“文海，你不能这样做，你忘记了你对李老师的承诺吗？你忘记了自己因此事而承受的严重后果吗？做人，诚信第一。”“没事的，就这一次就行了。”“不行，有了一次，就会有下一次，你不能这样做!”最终，高尚的我胜了，我独立完成了试卷。考完试，感觉真好！无论我考得怎么样，都是我独立完成的。无论好坏，我问心无愧。尽管我后来得知考得很差，但我依然很高兴，并不气馁，因为我相信自己一定可以。

原来，战胜自己的感觉真好。

我在他的作文后面写道——

祝贺你战胜了自己！

本来考试不作弊是最基本的要求，对诚信的同学而言，这不需要什么毅力就可以做到，但对曾经犯过错误的你，要做到这一点，还真称得上“灵魂的搏斗”。但愿以后你不再有这样的“灵魂的搏斗”。

从写作上看，文章写得很细致，尤其是心理描写很细腻，这可能与你的真切感受有关。

请继续战胜自己！

3月28日　　星期一　　晴

自治周——用行动证明一切

今天是我们班试行自治周的第一天，因此升旗仪式的时候，我没有像以前那样站在我们班队列的后面，而是站到了教职工的队列里。

升旗仪式结束后，我到处找凌飞，想给他一些提醒。我看到他和王老师在操场跑道上，便走了过去，对他说：“这个星期我们班就交给你了！我想给你的建议是：第一，多提醒；第二，多鼓励。其实绝大多数，不，应该说每一名同学都有上进心，只是有的同学控制不住自己，所以你就要及时提醒，比如课间操、自习课前等，你可以先给同学们提个醒，让大家注意。另外，建议你每天晚上都做一个小结，及时表扬当天班级好的方面，这对同学们也是鼓励。总之，本周是最考验你和其他班干部工作能力的一周，你要把各个环节抓细抓好。除了重大的突发事件要及时向我和王老师汇报之外，其他的问题你一律不要找老师，自己解决！”

他说好，并告诉我：“今天早晨出操时没有老师在，我们班也到得很整齐，表现很好。”

回到办公室看学生交来的上周的随笔，同学们普遍对搞自治周表示赞成。

王嫣然写道：“我想，在自治周，我们的表现应该不会让老师失望，因为我们每一个都很不错，都是很热爱这个班集体的。我相信，有我们的努力，再加上班委的管理，我们的自治周会有很好的结果。”

项柳依写道：“下周对我们来说既可能自由轻松一些，也可能极富有挑战性。因为下周我们将独立自主，在没有老师的情况下由班干部们组织处理班级的大小事务，而且还要争取比老师在的时候更出色。作为班上的一个‘平民百姓’，我对这次的巨大挑战充满信心。我坚信在班干部们的带领下，我们班能在原有的水平之上更上一层楼。”

魏雨萱写道：“下周，我们将第一次尝试自治周的酸甜苦辣，两位班主任都会放下他们的管理担子，让我们自己来挑。我们班的三十六名同学都是明事理的人，大家都想为自己争口气，为班级增添光彩。”

杨南希写道：“李老师忽然宣布下一周为自治周，我觉得挺新奇的。原来，不只物理、化学有实验，一切都可以做试验，我们都在期待试验的成功。今天才星期五，但我觉得已经有了自治周的迹象。晚自习第一节是化学，老师有事没来，我们上自习，王老师来了一趟就走了，之后学习委员魏乐庭坐在讲台上监督我们上自习。整整一节晚自习，全班同学都特别守纪律，教室里很安静，就算有同学讨论问题也都把声音压到了最低，无形之间，营造了一种浓郁的学习氛围，这种感觉真的很好。由此我也就想到了下周的自治周，我想没有老师在，不会让同学们形成一种依赖，什么事都只能靠自己，集体荣誉感也就会更强，所以我坚信下周的自治周会有意想不到的效果。我唯一想说的就是，希望班干部们能详细地记录班上同学一周的表现，以及各方面的情况，我想下一周的班级日记将会是最有意义的。”

作为班干部的魏乐庭写道：“这次的自治周，无疑是对我们这批刚刚走马上任的新班干部的一大考验。当然，自治周不仅是对班干部工作能力的考验，也是对班上同学自觉性的检查，所以下一周是很重要的一周。在我看来，我们班的问题出在出勤、仪容仪表和清洁卫生，尤其是出勤和仪容仪表。前段时间清洁卫生扣了不少分，但现在已经能够拿到满分了，所以出勤和仪容仪表是现阶段的大问题。我们应该在这些方面特别留心。我相信，我们一定会在各方面表现得很出色的。”

刘骞雯写道：“做好班上的每一件事，不仅是一种义务，更是一种责任。上个星期就是因为我们第二小组的清洁卫生有一次没有做好，让全班同学争夺红旗的努力毁于一旦。自从这件事以后，我深深地体会到了每个人在集体中的位置都是至关重要的。不论你在集体中是默默无闻还是耀眼夺目，都肩负着责任。千里之堤也可能毁于蚁穴。正是因为这一点，我想很多同学会表现得比平常好。”

但有不少同学在支持搞自治周的同时，也表现出担心。唐朵写道：“对于自治周，我对班上某些同学确实没有底，我想迟到恐怕是难免的吧！但也不排除另一种可能性，就是同学们比平时更加严格要求自己，做得超乎寻常的好。”

黄尼莫写道：“我觉得，在自治周，班上的纪律不会比老师在的时候还好；但是也有一种可能，这种可能性是非常小的，就是我们自治周会做得更好。”

我在这些随笔后面写的批语大多是：“用行动来证明一切！”

我注意到陈鑫的随笔，他写得非常认真——

下周是自治周，听起来很新奇。所谓“自治”，就是指自己管理自己，提高我们的自觉性。我认为我是一个自觉性极差的人，所以下周对我是一个考验。

我认为，比起班上其他几个同学，我的问题要严重得多。他们只是小错不断，我是不断的小错中夹杂着大错，所以我更应尽力管住自己。

我最应该解决的是迟到问题，所以我决定带一个闹钟来学校，每天6点30分起床（除去因故不跑早操时），尽量上课不睡觉或者少睡觉，在不睡觉的情况下尽量不说闲话或者少说闲话。下课打闹的毛病虽然已经基本改正，但还要注意防止复发。还有就是说脏话的问题，要尽量少说，特别是要避免在女同学面前说。还有就是晚上回寝室之后，要抓紧每一分钟，不把时间浪费在说闲话上。我还要坚持每天在晚上11点前睡觉，为第二天有充沛的精力做准备。

我不敢保证每一条都能做到，但我会努力的。

下午上语文课前，我问凌飞：“今天感觉班上怎样？”

他说：“很好。”

我说：“你要做好出现问题的思想准备。如果这个星期出现了纪律不好的情况，这是很正常的。你要淡定从容，并且想办法解决，这是锻炼你的机会。”

上周我把杨心反映作业负担重的一段文字印发给了各任课老师，同学们明显感觉作业减少了。杨心同学在周记中写道——

我实在没想到我的一篇文章竟然有如此大的影响力，我真的是倍感荣幸。首先，我很感谢老师们对我们的支持和理解。我也为能在这样一个民主的班集体而感到幸运。我想，一个学生最大的幸运莫过于有一位能理解自己的好老师，互相理解无论对谁都是重要的，理解万岁嘛！作业量和老师利用晚自习讲课的情况比起上周都好了很多，我再次感谢老师们。也正如李老师所说，我们的成绩首先应该归功于各位老师！也希望老师们不要过于介意我的文章，因为我始终相信，你们永远是为学生好的！

我一方面很感谢各位老师能够理解学生并听取学生的建议，另一方面觉得这是老师们应该做的。我们的一切工作都是为了学生，所以听取学生的合理建议并改进工作，这是再正常不过的了。“尊重学生，服务学生”正是通过这些地方体现出来的。

我的课代表何晓蕊天真纯朴，聪明伶俐，言谈举止率真得不得了，常常逗得大家哈哈大笑。她还喜欢对我做各种恶作剧，比如冬天喜欢把冰凉的手伸进我的脖子里，说要请我吃冰棍，有时高兴起来还跑到我身后用双手揉我的肩，说要帮我按摩。每次看到她，就仿佛看到了我的女儿。我从心里喜欢这个可爱的小机灵！

今天是何晓蕊十五岁生日，我送她一本《怦然心动》作为礼物，并对她说中午请她吃饭，可她居然不好意思，反而说要请我吃饭。晚上，我、王老师和林柔倩、凌飞、唐朵、程媛、黄尼莫等十多名同学坐在小食堂里，参加这次生日聚会。何晓蕊忙个不停，点了一桌子的菜，我们便不客气地大吃起来。大家一边吃饭一边说笑，气氛很是热烈欢快。

3 月 30 日　　星期三　　晴

自治周纪实

读任沐之的随笔，有一篇《铿锵四人行》引起了我的注意和兴趣——

写下这个题目时感觉非常好，似乎掷地有声，但其实，我只是想写写我们小组的四名成员。

自从座位调整后，老实忠厚的钟晓就离开了我们组，而换来了一个在大家眼中都不怎么安分的人——陈鑫。所以现在，王嫣然、强劲、陈鑫和我，铿锵四人行。

王嫣然总是乖乖的样子，不怎么喜欢与人交往，也不太爱说话，其实，她的内心的的确确是一个疯丫头。她安静的时候，做事慢得要死，但有条不紊。遇到什么小麻烦，找她准没错，倒倒水呀什么的，她还是非常乐于助人的。她还是一个非常自恋的人，特别是有人叫她丑鬼的时候，她会把头一摆一摆地说："我长得不丑，我长得可乖呢！"最令人恐惧的就是她的尖叫，我都快被震得耳鸣了。就这样一个疯丫头，我还挺喜欢她的。

然而，强劲却变了。现在的他与过去的他截然不同。他没有过去那么爱帮助人了，最让我难以忍受的是他现在的说话方式。无论是对同学还是对老师，他总是有一连串的脏话。当然，对老师只能在背后说，这就害苦了坐在他前面的我。我和王嫣然不知多少次向他提出这个问题，他却似乎更加有理了——"关你什么事嘛！"我真是不懂，李老师那些对别人都行之有效的方法为什么到他那里却失效了，真是三句话不离脏字。我真不懂，常常把别人的母亲挂在嘴边的感觉难道就这么好吗？

对于陈鑫，我想很多人都错了。曾经，我也像一些同学一样，因为陈鑫的一些错误，而认为他是一个不怎么讨人喜欢的人。但是，自从他调换到我们组后，我对他有了一个全新的认识。刚开始，我们相互很陌生，几乎不怎么说话。后来渐渐熟悉了，我觉得他是一个很随和的人，而且他很幽默，说起话来很有意思。现在，都不怎么听得到他说脏话。有一次有同学说脏话，他还很和气地对那个同学说不要讲脏话。还有很多细节，都让我对他的看法有了很大的改变。有一些同学至今还对陈鑫持否定观点，这对他很不公平。人不可能不犯错误，只要他改正了，我们就应该肯定他，这样，大家才能更好地进步。

还有一个成员，当然就是我了。我嘛，什么都平平凡凡的，只是相信，一分耕耘，一分收获，所以我会更加努力，期待收获。

虽然现在我们小组还有很多不足的地方，比如不是特别团结，但是我相信，总有一天，我们的每一步都会走得铿锵有力。

我打算把她对强劲的批评转达给强劲，同时把对陈鑫的表扬也转达给陈鑫。

中午，我去征求同学们对我语文教学的意见时，凌飞对我说："李老师，这几天总的说来都不错，但昨晚第三节晚自习纪律不太好。"

我说："不要紧，你们班干部正好可以给同学们讲讲道理嘛！"

他说："好的。"

我看到黑板上的清洁卫生分数是9.9分，便对凌飞说："估计同学们会因此而泄气，你要给大家鼓劲，扣一次分不要紧，我们要在其他方面表现好一些。我的意思是，千万不要让大家因为卫生分数被扣了而失去努力的信心。"

他点了点头："我会跟同学们说的。"然后，他拿出一个笔记本给我："这是我们记的星期一和星期二的班级日记，您看看吧！"

回到办公室，我认真看了起来——

班级日记

2005年3月28日　星期一　值周干部：张自强

偶发事件：无　天气：晴　心情：平静　分数：100分

今天早上出勤情况良好，绝大多数同学在第三道铃声响完之前赶到，有两名同学在铃声响完之后赶到，但很快入列。晨跑情况不错，基本无人讲话，步伐比较整齐，口号声洪亮。跑完集合较迅速。升旗仪式无人迟到。在整个升旗仪式中，同学们表现得很好。仪式结束后迅速回教室。上午的课程同学们表现都不错，无人讲话，绝大多数同学认真做了课堂笔记。另外，早晨清洁检查未被扣分。（注：上午最后一节课是体育课，因此无人检查眼保健操）

中午读报课无人迟到。在整个读报课中，同学们都在做作业或看书，纪律不错。另外，眼保健操、清洁卫生及仪容仪表均未被扣分。

下午的几堂课，同学们表现得比较好，但有个别人在中途打瞌睡或者看课外书。课下同学们都表现不错，大部分同学在休息，一部分人在聊天儿，另一部分人在窗台看风景，但无人打闹、喧哗。

晚自习无人迟到。7点30分之前，同学们都在背英语和听写。第一节晚自习和第二节晚自习大家都表现不错，但第三节晚自习有些同学讨论的声音有些大，应改正。第三节晚自习尽量不要讨论，若要讨论声音应该尽量小些。

班级日记

2005年3月29日　星期二　值周干部：魏乐庭

偶发事件：无　天气：阴　分数：99分

今天早上出勤情况很好，所有同学都准时到了操场，站好了队。个别同学来得较晚，是在铃声响完那一刻到的，但是很快就入列了。晨跑情况不错，但还是有人讲话，值得表扬的是，晨跑的口号声很洪亮，希望坚持下去。

上午的四节课中，微机课的纪律不好，有的同学随便离开座位，而且也没有完成老师布置的任务。以后微机课不要打游戏，一旦发现就会被停课，希望大家以后注意一下。

中午读报课无人迟到，大家表现得很好，都很安静，无打闹、喧哗等现象。

下午最后两节课是在音乐厅听冉云飞老师的报告，有不少同学写作业或是打瞌睡，也有同学看课外书，希望大家以后改正。

晚自习虽然无人迟到，但课堂纪律不佳，令人不满意。特别是第二、三节晚自习，大家讨论的声音很大，影响了其他同学的学习，而且有些同学并非讨论问题，而是打着讨论问题的旗号在说闲话，应该改正。我觉得第三节晚自习尽量不要讨论，如果一定要讨论，那声音也应该小些。

本周是自治周。搞自治周是检验同学们自觉性的一种形式，所以请同学们以后尽量不要喧哗，更不能打闹，保持一个平稳的状态，创造一个安静的学习环境。月考从明天开始，希望大家抓紧时间复习。

4~7 月

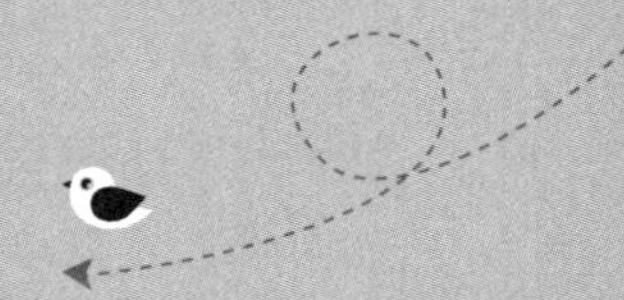

欲转变差生，除了加强深入细致的思想教育和科学严格的行为规范外，还应帮助他们获得学习上的成就感，并由此树立一种健康而稳定的精神追求。

4月4日　　星期一　　晴

自治周情况总结

上周是自治周，在今天第一节语文课上，我用了半节课和同学们一起总结上周的情况。

我先对同学们说："上个星期，我一直没有以班主任的身份到班上进行相关的管理，也没有对同学们进行评价，今天我们来做个总结。我也不忙着做评价，先让同学们发言总结，然后班干部们做总结，最后我再说我的看法。同学们现在回顾一下上个星期的情况，先说最突出的优点，再说哪个方面做得不好。哪个同学先讲？每个同学说一点就行了。"

文海第一个发言："我觉得上周各个方面都不错，但是有些方面还不行。"

我说："你不要笼统地说'不错'或'不行'，要具体指出来。"

文海说："好的如卫生进步很大，差的如第三节晚自习不太满意。"

刘陵举手说："我觉得最好的是出勤情况，几乎没人迟到。"

钟晓说："我觉得大家虽然来得挺早，但时间没抓紧。"

谢舒云说："我觉得我们班早晨跑步跑得也好。"

我看发言的都是男生，便说："我觉得有一个奇怪的现象，怎么今天男同学很踊跃，而女同学……"

项柳依举手说："我觉得最大的进步是卫生非常好。"

周杰说："我觉得班委的工作不错，比如早操的时候，班委组织得比较好。"

我说："哦，对班委评价比较好？"

黎涵说："我也觉得班委比以前更出色。"

我问："你觉得哪些同学比以前更出色？"

她说："凌飞、魏乐庭。"

唐西龙发言说："我觉得课间操比以前好多了。"

我笑了："难道以前的课间操就不好吗？应该说以前本来就很好，我们保持了良好的状况。唐西龙，你上一周有没有进步？"

唐西龙说："我觉得比较好。"

我特意问他："语言文明怎么样？上个星期说脏话的情况怎么样？"

唐西龙说："没有继续加重，每天不超过十句。"

我说："就是说与上周差不多。"

陈鑫举手说："我觉得班干部里面，张自强的表现比较好。比如说晚自习的时候，他不仅自己表现得好，还要求其他同学不要说话。"

我问："你自己上个星期表现怎么样？"

陈鑫说："还可以。"

我问同学们："陈鑫是不是'还可以'？"

同学们纷纷点头说："是。"

我又说："我请凌飞转一张纸条给你，你看了吗？"我指的是那天我请凌飞转给他看的任沐之对他的表扬。

陈鑫说："看了。"

我说："你以前说同学们爱在随笔里打你的小报告，其实现在同学们在随笔里大多说你有进步。我也为陈鑫的进步而高兴。"

杨南希说："我觉得班上总体情况与上周差不多，根本没有想象中乱。"

杨心说："我觉得杨扬表现比较突出，对同学比较公正。"

陈霜蝉说："我觉得上个星期做课间操的时候没有老师在，做得比较好。"

"那么，"我问，"除了这些进步，还有什么突出的不足呢？"

罗天说："我觉得交作业的情况不是很好。"

刘骞雯："我觉得第三节晚自习不是很好。"

我说："很多同学都提到我们的晚自习纪律较差，除了这一点，还有什么啊？"

我看没有同学发言了，便说："刚才是我们同学的总结，下面有请班长凌飞做全面总结。"

凌飞走上讲台，他先读了魏雨萱上周五写的班级日记，然后说："上周在没有老师的情况下，高一（3）班能够表现出正常的水平，这是很好的。有的地方，我们表现非常好，比如像谢舒云说的早操，做得非常好。除了第一天有人晚了五六秒，其他时间没有一个人迟到。我们集合迅速，其他老师向我们投来了赞赏的眼神，这让我想起了上一次拔河。集体的力量真的非常强大，大家都要有集体的凝聚力。但是上周也有不足，在第三节晚自习，有同学说话声比较大，虽然是在讨论问题，但影响到了别人。我希望同学们都能克制自己。全班那么多人，如果你们不听话，我们也没办法。我们班的团结一定要表现在好的方面。今天已经是新的一周了，李老师说过，这周争取再搞一周自治周，看能得多少面红旗。我觉得无论得多少面红旗，我们都应该得到表扬，因为我们在没有班主任的情况下都能表现很好。”

我问其他班干部：“还有什么要补充的吗？”

张自强说：“我觉得这一周同学们的表现与上一周差不多，男同学基本上没有迟到。来了很听安排，我说站好，他们就很听话地站好，大家喊口号也非常响亮。”

我说：“喊口号非常响亮，这体现了我们班高昂的士气。我希望张自强说的这一点能够保持住，其他班干部还有没有要补充的？我谈谈我的感想。我和同学们的感受是一样的，我觉得有的方面做得比原先还好，比如早操、卫生。当然，也不是十全十美的。上次刘陵提到的一点很有道理，他说如果能做到没老师时和有老师时一样就是进步。我们能够做到有老师和没老师都一样。另外，有点遗憾。一个遗憾是周二下午冉老师做报告的时候王老师不该来。我觉得这正是锻炼班干部的时候。没有老师，应该怎么办？因为有王老师，同学们失去了一次很好的机会。另外，在听报告的时候，我觉得有的同学表现不好。表现好的，我印象最深的是钟晓，他几乎目不转睛地盯着冉老师。还有就是自习课的问题，刚才大家已经说了，纪律不令人满意。这个星期我们主攻的方向就是自习课纪律。我希望我们的班干部以后要特别留意自习课，每个同学都要随时提醒自己。我还要说说交作业的情况。我今天早晨来，看到有的同学没交随笔，我就很不高兴。为什么有的同学总是不按时完成作业呢？李老师原谅过你们好多次了。有的同学以前就是临近开学赶作业，开学第一天来报到还在寝室里抄作业，包括那天的农家调查报告，有的同学也是临时赶的，但李老师没有批评这些同学。我比较心软，所以这之前没有批评他们。从本周开始不行了，以后星期天晚自习上课之前就把作业交了，不能到晚自习下课还在赶作业。关于清洁卫生的问题，我就想提一点，清洁卫生要想得满分，决不是卫生委员个人的事，全班每一名同学都有责任。刚才凌飞讲的时候，我也很激动，他说我们要想到拔河时的那种精神，那种集体的凝聚力。我这两天在看一本书，书名叫《中国人比韩国人少什么》，里面写到韩国青少年对国家的热爱，那种民族凝聚力让我感动。我们也应该这样，对民族、对集体都应该有一种凝聚力。”

我又说：“同学们都希望李老师带你们出去玩，去青城山玩。我必须坚持我的条件，就是拿完七面红旗才能出去玩！我看到有的人脸上露出绝望的表情。哈哈！不要绝望，我们这个星期一定会做得很好！”

中午，我召集班干部们开了一个短会：“首先我要表扬你们，上周你们的工作做得不错，得到了同学们的肯定。这周还需要从这几个方面改进：一是加强晚自习纪律的管理，可以采用王老师的建议，自习课时同学们把座位隔开，减少干扰。二是督促同学们白天抓紧时间，晚上不要熬夜，以免上课时睡觉。可以这样，以后凡是上课打瞌睡的同学，实在太疲倦了就站一站，这样也可以强迫同学们白天争分夺秒，晚上按时就寝。现在的问题是，许多同学白天浪费时间，晚上熬夜，上课就睡觉，这是不行的。三是你们要把班规修订一下。我的想法是，同学们不容易犯的一些条款可以取消了，现在有什么新的问题则可以增加一些条款。还有，我希望本周对班级的管理要加大力度，对于不守纪律的同学，一定要找他们谈话。不要笼统批评，要落实到个人。我相信你们本周一定会做得比上周更好！”

4月5日　　星期二　　晴

学习的烦恼和进步的快乐

最近班上的情况不太令我满意，不是说纪律不好，实际上正如同学们所说，自治周期间他们在纪律上总体来说还是不错的。我之所以不满意，是因为感觉同学们普遍比较浮躁，学习氛围不如刚开学那段时间浓厚。

班委也觉察到了这个问题，因此凌飞今天中午召集班干部们在我办公室开了一个会，专门研究班规的修订。

下午读报课前，我把学生的随笔抱到教室里发下去，路过4班教室，发现绝大多数4班的同学已经坐在教室里学习了，再走进我们班教室，却发现来的人并不太多，而且早到的同学几乎都没有学习，而是在那里闲聊。我对凌飞说：“你现在去 4 班教室看看，一会儿回来对同学们说说你看后的感想。”他说好，便走出了教室。

读报课上，凌飞在班上宣布了班规的修订内容，主要是加强了对学习纪律的要求，包括自习课的规范，并明确了对违反班规者的处罚。凌飞对大家说：“我们班干部一定会严格执行这个班规。同学们一定要有紧迫感，不要以为我们 3 班永远最优秀。如果稍不注意，就会被其他班超过。刚才上课前我到 4 班教室看了看，深受震动。人家都整整齐齐地坐在座位上学习，但回到我们教室里，却看到许多同学很悠闲的样子。大家千万要有危机感啊！”

昨天我叫凌飞在班上做个调查，看哪些同学愿意让李老师和王老师回到班上管理大家，也就是说停止搞自治周。今天凌飞对我说：“我虽然没有在班上公开地全面调查，但课间问了许多同学，结果大家都说继续搞自治周。”

我对大家说：“那好，我继续让同学们自己管理自己，那么每一个同学都要更加严格地要求自己，班干部们也应该严格要求大家。这里我想提醒大家几句，关于学习方面的。刚才凌飞说他看到 4 班同学的课前表现，是我叫他去看的。我现在明显感觉到，我们的学习风气远不如 4 班。正如凌飞所说，我们应该有危机感和紧迫感。一个班要有凝聚力，一个人要有上进心。如果对什么都无所谓，那就完了。我们要向 4 班同学学习！几乎没有同学认为自己没有上进心，但这个上进心必须体现在对时间的重视上，每一刻都应该在我们的学习计划之内，这个‘每一刻’包括课前十分钟的准备时间。还有自习课，本来小声讨论也不是不可以，甚至有时是有必要的，问题是现在一些同学讨论问题时会影响别人，还有一些同学趁机说闲话。因此，我们不得不要求大家自习课绝对不能说话，要讨论就在课间讨论。另外，王老师的建议很好，自习课的时候把桌子拉开，互相隔开，避免互相影响。这对大家都有好处。我相信，这个星期同学们在自我管理方面会有进步的！”

李应生在周记里责备自己。我感觉李应生最近心情很不好，有时显得很烦躁，经常在课堂上睡觉。于是，今天下午我叫他来办公室谈心。

我问他：“我发现你最近心情不太好，是不是？”

他说：“是的，主要是因为学习成绩。我实在不想学数理化了！花那么多的精力，却几乎没有收效！而对语文、历史、地理等，我很少复习，却能考得比较好。”

我说："我理解你的心情。如果我们的考试制度能够改革，对一些有特殊才能的学生采取特殊的考试方式，比如对你，不考数学，那么更有利于优秀人才的培养。但问题是，现在中国的考试制度还没办法改，你以后就算学文科也得考数学。因此，无论多么痛苦你都得学，而且要学好。"

他同意我的说法。

我说："无论现在的高考制度有多么不合理，但毕竟是目前相对比较公正的一种选拔方式。所以，你虽然不喜欢数学，但为了你的将来，还得争取把它学好。我知道你喜欢历史，希望以后能从事考古工作，但如果你考不上大学，这一切都不可能。"

他点头说："我也知道这些。我想，如果我能够考上四川大学历史系，就很好了。"

"四川大学的历史系是不错，我初中的历史老师就是四川大学历史系毕业的。"我说，"但四川大学也是我国著名的重点大学，录取分数也不低呢！所以，你要努力！"

黄尼莫和程媛是好朋友，她们的学习一直抓得不紧，比较松懈。吃了晚饭，我把她俩请到了办公室。

"今天，我主要想找你们聊一聊学习。"我说，"你们能不能先谈一谈自己在学习方面的感受？"

黄尼莫说："我觉得我比上学期努力。"

"具体一些。"我说。

她说："比如在数学上，我就比原来努力，而且也比过去有进步。"

程媛说："我也比上学期用功一些。物理前段时间讲万有引力，我开始也不懂，学起来很吃力，但现在我找到感觉了。"

"那么，除了上课，其余的时间是不是抓得很紧呢？"我问。

她们说抓得不太紧，不过回到寝室也要看一会儿书。

我说："其实，我看到你们就想到我的女儿，我也不希望我的女儿任何时候都在学习，希望她能够有更多的休息时间，但是高考是严酷的，因此有时也不得不看着她熬夜。我说这话是什么意思呢？就是说，我希望你们能多将课余的时间花在学习上，这对你们来说可能比较痛苦，但我很无奈。和上学期比，你们在学习上都要更刻苦些，但和其他同学比，显然还有差距。其他同学的时间可比你们抓得紧呀！你们说呢？”

她们点头，并说舒霈的时间抓得紧。我说：“还有林柔倩、杨心等同学，时间也抓得非常紧。”

我特别对黄尼莫说：“你有时给我的感觉是学习上比较敷衍，比如写作，无论随笔还是作文，常常不认真。其实你的文字表达能力很强，写的文章有感情，有时还有思想，这很难得。遗憾的是，这种时候太少，更多的时候我看到的是你的敷衍之作。”

我又对程媛说：“程媛的学习，我感觉钻研精神差一些，思考不够。当然，你们两个人都有这个问题。比如课堂发言，你们很不积极，这说明你们课堂思维不活跃。”

她们点头，表示接受我的批评。

我说：“其实，我真的很欣赏你们，为什么呢？因为你们单纯、善良、热爱我们的集体，而且乐于助人，这都非常好。我希望你们能够在学习上加大时间的投入和思维的投入，争取上一个新台阶，好吗？”

她们点头说：“好！”

过了一会儿，陈鑫来了。

我请他坐下，然后把一支崭新的钢笔放在他面前的茶几上，说：“这是我送你的！”

他很惊讶。

我笑着问他：“考考你，李老师为什么要送你钢笔？”

他不假思索地回答：“因为我去给赵老师认错了。”

“不对。”我说，“如果那样，我应该前几天就送你。再想想！”

他开始思考，想了一会儿，有些不好意思地笑了：“我想不出来，我不知道。”

我笑着说：“你没有答上来，我很得意，因为我把你考住了！哈哈！”

然后我郑重地说：“因为你最近有很大进步，这是我给你的奖励！”

他没有思想准备，从表情上看他有些迷惑。

我说：“最近，我从不少同学的随笔里，看到了你的进步。我又在同学们那里做了一些了解，绝大多数同学说你有进步。因此，李老师很高兴，要奖励你！”

我又说：“说起来，这支钢笔我买了很久了。第一次你说你找赵老师道了歉，我便很高兴，那天下班回家我专门去商店给你买了这支钢笔，准备第二天送给你。但第二天我去问赵老师，才知道你并没有认错，还对我撒了谎。我当时特别气愤，当然也就不可能把这支钢笔送给你了。后来，你给赵老师道了歉，但我决定再等一等，等你有了更大的进步再奖励你。现在，你有了很大的进步，自然这钢笔就应该送你了。”

他也笑了。

“注意，说你有进步的是同学们。”我继续说，“你看同学们多公正呀！以前你犯了错误，大家批评你，现在你有了进步，大家又鼓励你。同学们多好！因此，你说同学们只会在随笔里告你的状，显然不公正。你的进步，首先是同学们的功劳，是我们这个集体的功劳！当然，也靠你自己的努力。我问你，你觉得这些进步是你有意提醒自己的结果呢，还是自然而然就进步了呢？”

他说：“是我有意提醒自己的。”

“你是怎样提醒自己的？”我问。

他说：“比如，我上课要睡觉的时候，就反复提醒自己要认真听课，不要睡觉。包括地理课等我不喜欢听的课，我也提醒自己不能睡觉。我还提醒自己不要说脏话，等等。”

“好！太好了！”我大声说，“陈鑫呀，李老师原来就说过，你有了进步，最高兴的就是李老师！我想，你以后可能还会犯错误，李老师还会狠狠地批评你，但我相信，你会继续进步的。另外，我要提醒你，不要同过去的坏朋友交往，不然，你很容易反复，很容易又回到过去。你现在周末还找他们玩吗？”

他说：“没有了。周末我都是待在家里。”

“好！这就好！”我说，“还有，我希望你以后一定不要打架，无论什么情况，都不能出手打人，不能和外班的同学打架，当然也不能和我们班同学打架。”

他说：“不会的。”

我又说：“上周的随笔，你写了你爸爸因车祸受伤，他现在怎么样了？”

他说：“听妈妈说好多了。下个星期就可以乘飞机回成都。”

我问：“他在外地？”

“是的，爸爸在内蒙古工作。”他说。

我又说：“我知道你对你爸爸有意见，甚至恨你爸爸，我想可能是因为你爸爸以前教育你的方式不太好。但是，我要说，爸爸毕竟是爸爸，哪个爸爸会不爱孩子？因此，你一定要理解、包容你爸爸。以后你也要做父亲的，到那时候你就会理解父亲对儿女的一片心！你爸爸回成都后，你一定要好好安慰他。”

他点了点头。

最后，我从茶几上拿起那支钢笔送到他的手上，说：“你的进步真让我高兴，你知道最近我对班上并不太满意，但你一个人的进步就足以让我高兴。希望你继续进步！”

他接过钢笔说：“谢谢！”

“不用谢！”我又表扬他说，“哈哈，你看你终于学会说谢谢了，这又是一个进步！”

第一节晚自习下课后，我来到教室，看到大多数男生都趴在课桌上休息，没有任何人打闹，我很高兴，但又觉得他们有些可怜，浑身精力无处释放。

我看到张自强和李应生正在掰手腕，便走过去说：“我不敢和李应生掰，但我可以和张自强试一试。”我伸出手臂向张自强发起挑战。

但他不接招，说：“我去把唐西龙叫来，他最厉害，您和他掰！”

唐西龙来了，他伸出左手，同学们也渐渐围拢过来。

我说：“左手？你果真厉害！但我左手没劲儿，还是掰右手。”

于是，我们开始掰。一开始我就感觉唐西龙臂力惊人，我顽强地僵持了一会儿，最终还是败在他的手下。周围的同学一片欢呼。

何晓蕊居然也走了过来：“李老师，我们来掰！”

我笑了，伸出手去，她连挣扎都没有挣扎一下，便被我战胜了。

陈鑫一下子跑过来：“我来！”

我们的手紧紧握在一起，都拼命地掰，僵持了很久，最后我实在扛不住，败了下来。

文海也要与我掰，也是以我的失败而告终。

连续作战，我的手实在是有点疼了，但张自强向我发起挑战了，我说：“我已经一点劲儿也没有了，不过，我决定让你享受一下胜利的快乐！”

于是，几乎没有抵抗，我就把胜利献给了他。

同学们再次欢呼起来。

想当年，我和我的学生掰手腕，从来没有失败过，可现在……看来，不服老不行。但我很自豪的是，我至今仍有和学生掰手腕的激情。

离开学校前，我给陈鑫妈妈打了一个电话，结果居然是陈鑫爸爸接的，他的声音很虚弱："李老师，你好……"

我很吃惊："你回成都了？"

他说："我现在在内蒙古，陈鑫妈妈来了。她出去了，马上就回来。"

难怪，原来陈鑫妈妈去内蒙古了，我一不小心竟打了个长途。我问他："伤情怎么样？"

他说："正在治疗。"

我说："我给陈鑫妈妈打电话没有什么事，就是跟她说陈鑫进步了。你好好养伤，别为陈鑫担心，他很好的。请你转告陈鑫妈妈，让她也不要惦记陈鑫。"

他说："好，谢谢！陈鑫妈妈过来了，你跟她说几句吧！"

"喂，李老师好！"是陈鑫妈妈的声音。

我说："没想到你去内蒙古了。我今天刚刚找陈鑫谈了心，因为他最近进步很大，我鼓励了他。我给你打电话就是说这事。你放心吧，好好照顾陈鑫的爸爸，别为陈鑫担心，有我呢。"

4月7日　　星期四　　晴

打架事件

昨晚11点后，电话响了，是男生宿舍的耿老师打来的："李老师，张颢君、宋飞和周杰打架。"

我一惊，问："怎么回事？"

她简单说了一下原委：下午体育课时周杰打羽毛球发脾气，把羽毛球拍扔了，不小心伤着黎涵了。晚上，张颢君要求周杰给黎涵道歉，周杰不答应，于是两人便抓扯起来，后来宋飞也来帮张颢君的忙。

我说："好的，知道了，我明天来处理。"

今天早晨我有事没有去学校，下午一到学校，吕老师便跟我说这事，我说我知道了。他又说："最让我生气的是一群围观者，不但不劝阻，还幸灾乐祸。"

我问有哪些人在场，他说有文海、陈霜蝉、刘陵、杜翱等人。

我当即便打电话，请王老师通知周杰、张颢君、宋飞、文海、陈霜蝉、刘陵、杜翱到我办公室里来。

不一会儿，七个男生都来了，我请他们坐下后，便让他们说说事情的经过。

我请周杰先说，他说的和昨晚耿老师说的差不多。然后我请张颢君说，他说："跟周杰说的经过差不多，我只补充一点：我刚进寝室的时候，态度是很好的，并不凶。"

我又请宋飞说，他也简单地做了一点补充："我打周杰，是因为我看到张颢君被周杰打流血了。我就警告周杰，如果你再动手我就不客气了，但周杰还在动手，于是我才打他的。"

三个同学说完后，我说："看来你们对事情经过的描述大体一致，情况我也就清楚了。那么，文海，你们四个同学呢？你们有什么要说的？"我问另外四个男生。

文海说："我们一直在旁边看，没有参与打架。"

我问："你有没有劝呢？"

文海摇头："没有。"

我一下火了，啪的一声拍了一下桌子，喝道："文海，你忘记了你曾经是班长呀！你忘记了你现在还是学生会干部！"

他们都惊呆了，似乎不明白我为什么要发火。

我说："可耻的看客！刚刚学了《祝福》，面对祥林嫂，没有一个具体的凶手，但人人都是凶手，那些围着祥林嫂的看客也是凶手。昨天你们四个人没有动手，难道就没有责任吗？你们充当了看客！如果你们劝一劝，拦一拦，就不会有后面的冲突。"

陈霜蝉、刘陵和杜翱都表示自己也有错，没有及时劝阻。

我这样评论周杰、张颢君和宋飞三人的打架事件："周杰不小心伤害了黎涵，哪怕是不小心的，也应该道歉，说声对不起就那么难吗？这是你的不对。晚上，张颢君请周杰向黎涵道歉，这个举动本身没有错，而且是有正义感的表现。问题在于方法不对、语气不对，本来是好心，结果却造成了打架事件。当然，周杰先动手，这无论如何是不对的。正是因为你先动手，才激化了矛盾。宋飞的介入更是火上浇油，你本来应该劝阻，你不但没有这样做，反而参与打架，实在是大错特错!”

然后，我从集体荣誉的角度谈了谈这件事的消极影响：“别人听说3班的学生居然打架，都很奇怪。你们这样做，真是让集体丢脸了!”

张颢君很诚恳地说：“是我不对，因为他们几个都是我怂恿去的，我是这次事件的导火线。还有，我说话伤了周杰的自尊心。”

周杰说：“主要是因为我的性格太怪，我很爱发脾气，自尊心太强，有时在家里对父亲也是这样，受不了一点委屈。如果我昨天冷静一些，及时给黎涵道歉，也就不会发生后面的事了。”

宋飞也说：“我对周杰说话带有威胁的口吻，他的自尊心当然受不了，不会听我的，于是我就打了他。我有很大的责任。”

我说：“我非常高兴，你们现在没有互相指责，而是说自己的不对。这样，你们回去都写一个检查，要把你们现在的想法写出来。晚上在班上做检讨。周杰还要当面向黎涵道歉。”

我又问昨天围观的还有哪些同学，他们说还有强劲、唐西龙，同时他们强调：“杨海峰劝了我们的。”

下午最后一节课是教师大会，文海等人突然跑到会议厅叫我。原来在上体育课的时候，杨海峰打羽毛球不小心把唐朵的眼睛打伤了。我和王老师赶紧跑到操场，看到同学们已经把唐朵送到医务室了。同学们看到我过来，纷纷说：“别着急，没有伤着眼球。”

我走到医务室，看到杨海峰很紧张地站在门口，我忍不住责怪了他一句：“怎么不小心些?”

进了医务室，一大群同学围着唐朵，她的右眼角受了伤。校医已对伤口做了简单处理，然后对我说：“李老师，还是要送医院，得缝针。”

我拨开人群看唐朵，她哭起来了。我说：“别哭，不要紧的，没有伤着眼球。缝几针也不要紧，以后就是三眼皮了！哈哈!”

同学们都说我不该开这种玩笑，我赶紧不说了。

但唐朵说话了：“李老师，你不要怪杨海峰，他不是有意的。”

这句话让我特别感动。

很快校车就来了，我因为还要主持教师大会，便请王晓丹老师和校医陪唐朵去医院。

等教师大会结束，已经是 6 点 10 分，我想到和强劲、唐西龙约的时间到了，便赶紧跑到办公室，一看他们也来了。

我首先问了问昨天的事情经过，他们说的与张颢君他们说的基本一致，然后我批评了他们昨天的态度：“你们为什么袖手旁观呢？一个班就是一个整体，任何一件事都和自己有关。何况强劲还是班干部！”

我又说到他们俩最近有一个共同的毛病：“据耿老师说，你们花在个人打扮上的时间太多，每天中午都要用许多时间来弄头发，又是吹呀又是夹的，男子汉有这个必要吗？你们应该想想还有比这个更重要的事，就是你们的学习。”

我对唐西龙说：“应该说本学期唐西龙还是有进步的，今天李老师批评的是你进步中的缺点，我希望你能够有大的进步！老师看着你呢！”

然后我请唐西龙先走，把强劲单独留下来。

“强劲，如果说唐西龙是在进步，那么你是在退步。”我单刀直入。“你知道吗？最近李老师有百分之八十的心思都在为你操心！那天才找你谈了话的。老师们纷纷反映你过分追求外表，上课心神不定，联系到你的精神状态，我不得不为你担心呀！”

他用手抱着头，哭了起来。

本来我还想跟他说更多的话，但看时间，已经是 6 点 29 分，我跟全班学生约定的是六点半开班会。于是，我对他说：“不行，我们得走了，不然要迟到了。这样，你把你的一些想法给我写一写吧！”

赶到教室，刚好六点半。同学们已经整整齐齐地坐好了。

我对大家说：“我们今天开一个班会，谈谈昨天发生的打架事件。虽然只发生在几个同学身上，但这损害了我们班的荣誉，因此和我们每一个同学都有关。”

我简单叙述了一下事情的经过，强调了两点：第一，打架当然不对，但没有参与打架而充当“看客”的同学也不对，从某种意义上说，这些“看客”所产生的影响更为恶劣。第二，人与人之间应该如何相处？我特别谈了对人基本的尊重。你要别人尊重你，你首先得尊重别人。这种尊重，体现在“对不起”“谢谢”“你好”这些语言中，而这些语言应该成为同学们生活中的日常用语。

然后，我请文海代表围观的同学上台做检讨。文海走了上来，说：“我最大的错误就是充当了一回鲁迅先生笔下的那种麻木不仁的看客。当时在场的所有人中，我最有责任也最应该站出来，将这件事平息。因为我曾经是班长，现在又是学生会干部。哪怕是作为一个普通的同学，我也不应该对其他同学持一种冷漠、事不关己的态度。我感到深深的愧疚！”

文海之后，是张颢君上台做检讨：“打架斗殴，破坏了学校秩序，影响了学校声誉，在同学和老师中造成了极为恶劣的影响，将班级的名誉玷污得一塌糊涂！既然是我玷污了班级荣誉，我就应主动承担自己该承担的责任，用行动改正错误！”

宋飞也做了诚恳的检讨，除了检讨自己的错误，他特别说道：“我没有认识到班集体的任何一件事都是我的事，身为高一（3）班的学生，不应该对班上的事麻木不仁。我向周杰同学道歉，我会好好改正错误，不再让班级丢脸！”

最后一个上来的是周杰，他着重分析了自己的性格弱点：“从初中到高中，一直以来我都有一个极坏的性格缺点。我这个人，一旦生起气来，会不顾一切后果地去做伤害别人的事，也包括伤害我自己。我脾气怪，易怒，听不进别人的劝告，总是认为自己是对的，别人是错的，慢慢养成了这种极坏的性格。我没有一个男子汉应有的气度，心胸狭隘，容不下别人的半点意见，同时对自己的缺点总是想搪塞过去，不能勇敢地去承认错误。我很难过。我不想让自己变成一个孤独的人，一个不受同学欢迎的人，我愿意改变我的性格。在这里，我向黎涵同学表示真诚的歉意！”

他对着坐在前排的黎涵鞠了一躬。

同学们用掌声向这些同学表示了谅解。

最后，我总结道：“还是那句老话，没有不犯错误的人，也没有不犯错误的学生。今天李老师批评得比较重，相信有关同学能够理解。李老师读中学时也犯过错误，也被我的老师批评哭过，但我现在非常感谢我的老师。人，就是在错误中成长的。另外，同学之间要学会宽容，包括宽容别人的不同性格。刚才宋飞在做检讨时说了一句话，我觉得特别好，他说‘班集体的任何一件事都是我的事，身为高一（3）班的学生，不应该对班上的事麻木不仁’。我希望以后在我们班，不要再发生打架的事了。”

4 月 12 日　　星期二　　阴

师说心语——理解万岁

早晨赶到学校，走进教室，吕老师看到我便说：“强劲骨折，在医院里。”

我一惊：“怎么骨折的?”

他说：“周末去练跆拳道，结果不小心骨折了。”

其实，我身体也不舒服，头昏。学生看我气色不好，便劝我别上课了。唐朵说：“李老师，您去休息吧!”我确实难以上课，便临时决定今天不上课，布置学生预习。

让学生预习前，我简单问了问这几天班上的情况，同学们都说还不错，尤其是自习课，进步很大。我表扬了大家。

课间碰见王老师，她说最近同学们的确表现不错，课堂纪律，包括自习纪律，都不错。我对她说：“中午我要在班上做个总结，你也来吧!”

杨海峰在随笔中谈到那天对唐朵的伤害——

> 唐朵和王老师一起到医院去了，我一直担心会不会出事，心里总是很忐忑，直到王老师回来后，我心里的石头才放下来。王老师对我说：“唐朵没有什么！她还担心你呢！事情过去了，不要想太多，以后多注意就行了。”我真的很感动。唐朵虽是女同学，但她的宽容之心强于许多男同学。从这件事可以看出，我们班真是一个充满爱和宽容的集体。

中午，我和魏智渊老师、文永振老师一起吃饭时，聊到班上一些同学的进步，特别提到陈鑫。我说：“陈鑫让我很有成就感。他的进步有三个原因：一是我和王老师的转化工作，二是我们班集体的良好班风，三是他个人的努力，特别是他在学习上的努力，让他的成绩有了进步，这便使他有了成就感。”

魏智渊老师同意我的说法，特别是第三点。他说：“我们有时认为，学生成绩不好是因为不想学，其实有时候学生不想学，恰恰是因为他不能够在学习上体会到成功。”

人们常常把行为习惯不好、学习成绩欠佳的学生称为“差生”。一般的教师往往认为，“差生”的学习之所以欠佳，是因为其行为习惯不好。这种认识当然没错，但并不全面。根据我多年对“差生”的观察与研究，发现相当一部分“差生”的行为习惯不好，其实是其学习成绩欠佳造成的，尤其是小学生和初中生。由于家庭文化背景、个体智力状况以及性格差异等因素的影响，某些学生在学习上落下一大截：知识欠缺、能力低下、成绩总是不及格……试着为这些学生设身处地地想一想，面对老师讲授的知识他们一窍不通，面对老师布置的作业他们束手无策，他们能不胡思乱想、调皮捣蛋吗？因为学生首先是人，都需要一种精神寄托。既然无法在学习中体会到乐趣，这些所谓的“差生”必然会通过其他令教育者头疼的不良行为来体现自己的存在。

由此看来，欲转变“差生”，除了加强深入细致的思想教育和科学严格的行为规范外，还应帮助他们获得学习上的成就感，并由此树立一种健康而稳定的精神追求。

读报课时，我对同学们说：“大家都知道，我们班的强劲同学在周末训练跆拳道的时候骨折了。我和王老师下午要去看他，请同学们拿出纸来，每个人给强劲写几句话，让他感受到集体的温暖。”

同学们纷纷拿出纸和笔，开始写了起来。

同时我又说：“现在我简单总结一下上周的情况。上个星期咱们只得了两面红旗，我们每个同学都觉得非常遗憾。但是我要这样说，我觉得这只是因为个别同学的表现让我们没有得到红旗，并不代表大多数同学没有努力向上的精神风貌。我希望我们班的同学要以本周为新的开头，继续努力，这样就一定能达到我们的目标。虽然只有两面红旗，我和王老师对我们班同学上个星期的表现应该说是很满意的，尽管上个星期出现了打架事件。就算有个别同学打架了，咱们第二个自治周的课堂纪律、自习纪律还是很好的。你们有信心，我有耐心，我们总会达到我们的目标。我要提醒每一个同学，你的每一个失误，比如不穿校服、不认真做眼保健操等，都有可能影响到全班。”

我又说：“我在这儿还要强调理解班干部。我读一读凌飞的随笔片段。他的随笔写得很长，我看了以后，很感动。凌飞说自治周期间，因为要管理班级，他心里也有不痛快的时候。大家想一想，假如让你来管，班主任也不在，你恼火不恼火？凌飞甚至想提出辞职。我在这儿读一读他的随笔。”

我开始读——

最近心情老是有些浮躁，平静不下来，就是不能达到理想的状态。而且最近两周的自治周真的很令我头疼，大家的状态及表现令我非常担忧。我已考虑过多次，准备提交辞职信了，但是一种强烈的责任感让我打消了这个念头。班级的管理肯定会遇上许多麻烦事，否则便不需要班干部来进行管理，这是一种锻炼。

最近我吸收了许许多多的思想，大多是关于学习与能力、个人的志趣和快乐的取舍。今天有人对我说，分数第一，其他什么都不重要，各种好的观念及思想都可以等到你进入了一所好大学后再培养。我现在感到特别迷茫。我真的会放弃一切与学习无关的事来好好学习吗？我知道其实这并不矛盾，只是我自己还没有认识清楚。比如当班干部，的的确确是极其锻炼一个人的人际交往能力、合作能力及管理能力，这些对以后参加工作会有很大的帮助，但也的的确确会损失不少用来学习的时间。但我又会想，如果我将一切心思都投入学习，成绩肯定会有很大的改善。这其中有一个学会安排好自己的时间的问题。

…………

我最近在看一本书，叫《第一修炼》，对我产生了很大的影响。书中说，不管做什么，勇气第一，你都需要极大的勇气来克服你内心对某些事物的恐惧。书中还说，在会议上做报告是让管理人员异常头痛的一件事。每个上去做报告的管理人员都需要勇气，而能够成功走下来，他的勇气便会得到一次升华。的确，人如果能战胜自己，那么战胜其他任何事物都只是时间问题了。

又想到了自己。在做作业、听课、复习功课的过程中，难免会有松懈的时候，这是对自己的一种宽恕。我还记得初中班主任，他也姓李，是个挺有风度的小伙子，他就对我说过："对别人的原谅是宽容，对自己的原谅是堕落！"我对这句话的印象特别深，因为他对我说这句话的背景是我考试没考好，而原因是我对自己降低了要求。一想起他，便勾起了我许多初中时的记忆，这些都很令我难忘。而等我到了大学，高中生活的每一个细节都将会给我留下深刻的印象。

…………

我还想到过提出辞职。当时真的不是冲动，因为做班长实在是有太多的压力，而且学习特别累。但有两个原因让我最终打消了这个念头。第一便是对李老师和王老师的理解。这两周，我真的感觉当班主任太辛苦了。两位老师都很忙，如果现在我不干了，或做得三心二意，真是太对不起这两位老师了。当然，我绝对不是说没有人做得比我更好，但我和老师、同学都有约定，我不能不负责任啊！第二才是基于对自己的考虑。我深知管理是对人的能力的磨砺，这种磨砺，对人的发展真的会起到很大的作用。我希望我会是一个非常成功的人，所以，我义不容辞！我有信心成为一名好班长。

读到这里，我非常感动地说："同学们，我们给凌飞鼓个掌吧！"

同学们热烈鼓掌。

其实，在凌飞的随笔的后面，我还写了几句真诚的话，这几句我没有读——

凌飞，我非常认真地读了你的随笔，感慨万千……

不多说——朋友之间何须更多的话语！

紧紧拥抱你，亲爱的朋友！

我对同学们说："请同学们一定要理解凌飞。李老师和王老师做班主任每个月还有工资，凌飞和其他班干部那么辛苦地为大家服务，图的是什么呢？当然，这里我也要替同学们跟凌飞说一句话：许多同学是管不住自己，不是存心和你过不去。今天我和魏老师吃饭时，还提到陈鑫的进步，陈霜蝉和宋飞等同学也都是有上进心的。他们以前也不是存心想捣蛋，只是管不住自己罢了。我今天读凌飞的随笔，就是想加深同学们和班干部们之间的理解。最后，我要说一句话：从现在起，每个同学都要争取在各个方面一分都不要扣。我坚信，同学们在下一个星期，一定能够把自己管好，让班上各个方面都有新的进步！"

读报课结束后，我把同学们写给强劲的纸条收了上来，一句句真诚热情的话，让我很感动。

5点后，我、王老师、吕老师和文海一起到医院看望强劲。

当我们走进病房，强劲父母很是惊喜。强劲躺在床上，右手上着夹板，看到我们来了也很高兴。我们简单聊了聊，安慰了他一下。因为还要赶回学校，所以我们没待多久。临别时，我请强劲的父母和文海回避一下，然后对强劲说："你伤成这样，我似乎不应该说这些话，但我还是要说。前段时间你状态不是太好，各方面都有退步。这次你住在医院里，不能学习，我想你不妨好好反思一下自己，认真总结一下自己各方面的情况。好吗？"

他说："好！"

4月20日　　星期三　　晴

凌飞的进步

早读课前十分钟走进教室，里面已经是一派浓浓的学习景象。阳光投进教室，窗内窗外都生机勃勃。

凌飞是进高中以来思想上变化最大的一个学生，他的许多随笔都真实记录了他的心路历程。今天的随笔也不例外——

> 上个星期我的确写了许多随笔，但我从来没有想过去显示自己写得多好，让老师重视这个学生。我写自己的成长过程只是一种纯粹的精神享受。翻看自己写下的文字，还是有一定的成就感的，初中时是怎么也找不到这种感觉的。
>
> 看着李老师激情飞扬的文字，我也是感慨万千。再一次回想起进校时，李老师背着相机的样子。他说话的气势，从口中迸发出的激情，足以震撼我的心灵。从那时起我就知道自己将会有很多的新思想，而不再是以前那个思想还不成熟的我了。从进入高中到现在，我的思想真的是两个样。当初，我思想消极，没有明确的目标，从没想过自己的前程；而现在的我，却已有了自己的一套思考问题的方法，虽然还不够成熟，但有巨大的进步。这些进步起码有一半来自李老师对我的人格教育。
>
> 有很多人对李老师的教育思想提出过疑问，关键一点就是太注重人格塑造而忽略了成绩。现在我才清楚地感觉到，人格的完善与提升，不仅会对你的成绩起到积极的影响，而且会渗透到你的思想、你的行为、你的态度中去。这比单纯地抓成绩高明多了。我渴望几年后，自己能以成功人士的身份回答记者的提问，我会肯定地对他们说："我现在的成就，有一半归功于我的高中班主任。"我真是这样想的！我相信这一定会实现的。在以后的学习生涯中，我更渴望李老师对我严格要求，锤炼我的思想，完善我的人格，让我储存更多进入社会后所需要的东西。
>
> 今天是我的生日。
>
> 我十七岁了。我已在这个世上存在十七年了。细细想了想，我感觉特别奇怪，时间过得真是太快了，居然就过了十七年了。这十七年来，我到底做了些什

么？有什么成就？我不禁这样质问自己。我这个存在了十七年的生命有多少价值呢？这并不是对自己的不自信，而是对自己的反思。我在思考：我在追求什么？我拥有了什么？我的价值该如何去评估？这些问题让我深思良久。

今天我收到了数份礼物，都令我很感动。其中最珍贵、最有价值的便是李老师送给我的一本书，书上还有李老师的亲笔签名。

读这样的文字，让人很难想象，就是这个凌飞，在刚进高中时，完全是一副颓废的样子，军训时更是唉声叹气，嚷嚷着要回家。从他进步的轨迹中，我看到了自己教育的成功。这样的成功，在陈鑫、宋飞、张颢君、李应生等同学的身上，我都不同程度地感受到了。我很自豪。

但是，同样的教育，为什么在另外一些学生身上所获得的成功就要少一些呢？比如文海、唐西龙、强劲等同学，现在的表现与刚进高中时相比，不但没有进步，反而退步了。这是我教育的失败，至少是遗憾。

仔细想想，这些失败除了我个人的教育失误，还有一个很重要的原因，就是学生本人没有进行有效的自我教育。其实，凌飞的进步主要是靠他自己，我不过是进行了一些引导而已。教育，是很复杂的。离开了学生的自我教育，教育不可能真正成功。

下午，主持新教育实验小组的座谈会，许霓文等老师纷纷谈了他们结合自己的工作进行新教育实验的体会。我强调了新德育和新课堂的研究："新德育，我理解的核心是民主的德育，尽可能调动学生内在的情感和上进的愿望，自己教育自己。一定要相信学生，他们所蕴含的自我教育能力是无限的，同时应该给他们创造一种自我教育的情景，让他们在体验中成长。关于新课堂，我理解的核心仍然是民主的教学，具体说就是我们教学的所有设计都应该尊重学生的需要，以学生的心灵为起点，一切服务于学生的学习。在这个前提下，我们要思考如何培养学生的自学能力，如何在同一课堂上兼顾不同层次学生的基础和需要，如何将课堂延伸到学生的生活中，如何让更多的学生参与课堂教学活动，等等。"

4 月 22 日　　星期五　　晴

集体迟到事件

早晨 7 点 35 分，我从食堂往教学楼快步走去，突然听到背后一声："李老师好！"等我反应过来，谢舒云已经从我身边跑过去了。

我来到班上，看到只有一半左右的同学到了。我很奇怪，今天怎么会这样呢？我看时间快到 7 点 40 分了，仍然缺十多名同学。这时王老师跟我说："今天早晨出操时，有十多位男生迟到了，我按班规罚他们多跑了两圈。"

我明白了，可能是因为这样，有的学生回来晚了。

但听说谢舒云也被罚跑了，他能够做到不迟到，其他同学为什么做不到呢？

一直到 7 点 45 分，那十几名同学依然没有到教室。我走到楼梯口等他们。

刚走到楼梯口，便看到陈鑫气喘吁吁地跑上来，我指了指过道窗口说："先到那里等一等。"今天这么多男生迟到，我必须集中教育一下。陈鑫走到窗边，拿出书读了起来。

又过了几分钟，李应生、宋飞、陈霜蝉、杜翱、毕明方、唐西龙、张颢君、刘陵、文海等才走上楼，他们慢吞吞的，好像根本没有想到已经迟到了一样，毫无紧迫感。

我非常生气，对他们说："你们到那边去和陈鑫一起等。"他们过去了。

我看到凌飞和张自强还没有来，便继续站在楼道口等他们。

但是，那十几名男生站在那里大多数没有读书的意识，只有陈鑫和张颢君拿出书在读。唐西龙不但不读书，还在陈鑫旁边不停地说笑。

我提醒唐西龙："唐西龙，请不要影响陈鑫读书。"

其他同学听懂了我这句提醒的话，便纷纷拿出书来读。

正式上早读课的音乐响了，我怕我们班这十多名学生影响其他班的早读，便叫他们到下面的年级办公室去。在下楼的过程中，碰到了正往上走的凌飞和张自强，我便叫他们一起到年级办公室。

尽管我非常生气，但我还是想先问问他们迟到的原因："大家能说说为什么迟到了吗？"

唐西龙说："早晨被罚跑了两圈，耽误了时间，所以迟到了。"

我问："为什么罚跑？"

"早操迟到。"

"为什么迟到？"

唐西龙无法回答。

其他同学一言不发，但从表情上看，他们很有情绪，好像不服。

我想：学生上课就不该迟到，有什么不服的？于是问："你们觉得迟到对不对呢？有什么不服的吗？"

大家仍然不说话，但显然不是惭愧的沉默，而是无声的对抗。至少我是这样感觉的。

我一下子火了："难道学生迟到是对的吗？这样，到我办公室去说吧！"

因为年级办公室不断有人进进出出，我怕这些男生的自尊心受不了，便叫他们到我办公室。

当十二名男生在我办公室里坐定，王老师也来了。

我说："常言道，法不责众。但对我来说，这话不灵。12 名同学集体迟到，这是一场事故！没有人能不犯错误，但犯了错误应该有所认识，对吧？"

陈霜蝉说："我们早操迟到了，罚跑也应该。但应该另外安排时间罚跑，因为早晨时间太宝贵了，有那么多事情要做。如果不是因为罚跑，我们就不会迟到。"

张自强等其他同学也纷纷表示同意陈霜蝉的话。

我火了："看起来你们很重视时间。但是，第一，如此重视时间，为什么去教室早读的路上居然慢悠悠地走？哪看得出你们有紧迫感？第二，同样被罚跑的同学，有没有没坐在这里的？"

他们说有，比如谢舒云、杨海峰、蒋鸣、罗天等。

"对了！"我说，"同样是被罚跑，他们能够抓紧时间不迟到，你们为什么不能呢？"

他们不说话了，但态度仍然很抵触。尤其是看到李应生那满不在乎的样子，我一时忍不住拍了一下桌子："男子汉要有责任感，要敢作敢当！要敢于对自己负责！犯了错误，就要勇敢地承认。"

说完这话，我觉得我有些冲动。我想，如果继续这样对峙下去，一来无助于学生认识自己的错误，二来也耽误他们上课。不如先缓一缓，先让他们去上课，另外找时间再教育他们。暂时搁置一下这件事，等他们冷静后，可能他们的认识会有一些积极的变化。

我便说："这样，你们先去上课。我们今天另外再找时间沟通。晚上6点20分，我们再在这里集合。"

学生一下闹了起来："我们晚上7点就要考地理，那我们什么时候复习呢?"

我说："那就下午第三节阅读课来吧!"

同学们纷纷离去，但张自强留下来了："李老师，我觉得谢舒云没有迟到，不能说我们就不能迟到，因为也许他平时许多该做的事今天没有做。另外，还是应该服从大多数，大多数同学都迟到了，总是有原因的。"

我说："我不接受你这个观点。你们今天因罚跑而耽误了时间，那么吃饭也好，做其他事也好，就更应该抓紧时间。谢舒云就是这样的。我看见他今天是从食堂跑到教室的，而你们呢？什么叫'服从大多数'？错的就是错的，对的就是对的，难道还要以多数少数来定是非吗?"

课间我问谢舒云为什么今天早读没有迟到，他说因为知道时间已经很紧了，所以他做事特别快。我又问："你是不是为了保证不迟到，平时在寝室需要做的一些事也就省略了?"

"没有呀!"他说，"只是动作要快一些。"

中午吃饭时，我听刘书记说今天早晨看到王晓丹老师哭了。徐主任还说王晓丹老师向他提出辞去副班主任。

我一听就知道是因为今天早晨的事。我决定下午和王老师沟通一下。

在闲聊中，杨校长、刘书记、徐主任等人都对王晓丹予以高度评价，说她人好，工作主动踏实，我补充了一句："而且为人朴实，一点都不张扬，很爱学生!"

考虑到今天晚上学生要考试，无论是占用他们的阅读课，还是晚上6点以后的时间，都不太合适。于是，午后读报课我再次把这十二名同学请到了办公室。

"怎么样?"我笑着问，"李老师现在情绪平静多了，你们的情绪呢?"

他们没有说话，但从表情上看显然不再抵触。

我说："时间依然很紧，读报课只有二十分钟的时间。我不打算多说，还是听你们说。我想听听你们的想法，无论是对迟到的认识，还是其他的想法，都可以说。"

这次同学们表现得很踊跃，他们争先恐后地发言。在发言中，他们都承认今天早操和早读迟到是不对的，而且他们还坦率地承认，今天第二次迟到，也就是早读课迟到是故意的，因为心里面对王老师罚他们跑步不高兴。

张颢君很诚恳地说："这事我要负主要责任。因为我叫大家走慢一点，想向王老师发泄一下不满。"

我和善地说："我很高兴，张颢君很诚实。但我还是要说，你这样搞煽动是不对的。"

他不好意思地笑了。

唐西龙说："我现在的确认识到是自己不对。迟到不只是个人的事，还会影响到集体的荣誉。"

我感慨地说："唐西龙这句话有点像套话，但他说得很真诚，而且这句话是真理。平时你们可能感觉不到集体的存在，但你们的一言一行真的关系到我们班的荣誉，而这份荣誉是属于3班每一名同学的！要珍惜呀！"

每一个同学都发了言，除了表示诚恳认错之外，他们也对早晨迟到的原因做了一些解释，说是因为昨天晚上背书背到太晚，今天早晨睡过了头，生活老师又没有叫他们，所以迟到了。

我说："这当然可以理解。但早读课就更不应该迟到了呀！"

他们还对王老师的做法保留了不同意见，他们的意思仍然是，王老师可以罚他们跑，但不应该用早晨那么宝贵的时间来罚跑。毕明方还说："我觉得王老师和我们的沟通不够。"但他的话马上遭到了其他同学的反驳，唐西龙说："不对。王老师还是爱找同学们谈心的。"

我说："说实话，如果今天早操的时候我看到你们迟到，我也会按班规当即罚你们跑的。时间宝贵，不是老师耽误的，是你们自己耽误的呀！你们要理解王老师！王老师为你们付出了太多太多！王老师真是把所有的心思都花在了你们身上！我们班的成绩，应该说凝聚着王老师的心血。可能因为我是所谓'名师'，人们就把功劳全算在我身上，这不公平。王老师不图名，不图利，可她也希望你们理解她呀！"

同学们都表示要尊敬王老师。

最后我说："你们今天犯一个这样大的错误，给集体抹了黑，总得有点弥补吧？"

他们说："我们分组为集体做教室卫生吧！"

"好的。"我说，"现在李老师心情很愉快！"

凌飞早读迟到是因为生病去医务室。当时我就估计他迟到肯定是有原因的，但我依然让他与其他迟到的同学一起挨批评。

我对凌飞说："我知道你是因病迟到，但在当时，如果我不批评你而让你进教室，其他迟到的同学肯定会误以为我袒护你。因此，就只能让你受委屈了。"

他说："我知道，没什么的。"

我很感动地说："谢谢你的理解！凌飞真是我的好朋友！"

下午，我请王老师到我办公室，和她沟通："听说你早晨哭了，还向徐主任提出辞去副班主任？你想把我丢下，把3班的同学丢下吗？"

她有些不好意思地笑了："那是早晨，我有点生气，说的是气话。现在没有什么了。刚才我还碰见了那群男生，和他们聊了几句。我现在也提醒自己，只要自己不倒，无论什么都不能把我打倒！"

我说："很好！面对困难要从容，不要怕挫折。这算什么呢？你才工作一年多，以后遇到的困难也许还很多很多。"

"我知道。"她说。

我给她讲了我刚参加工作时的一些经历，说："不光是遇到来自学生的困难，还有与人相处，等等。有数不清的困难在前方等着我们，你一定要有足够的思想准备！只要我们真心爱学生，无论来自哪个方面的打击都不能击垮我们！"

然后我又鼓励她拿起笔，把自己的教育故事和感悟写下来："我知道你淡泊名利，但记录下自己的教育经历是一件很有意思的事，何况这也是一个反思的过程。"

她说她也在写，只是写得不太多。

下个月我要去参加培训班学习，整个班就要交给王老师了。我问她有没有信心独自带好这个班，她想了想说："应该说，你在学生心目中的神圣地位是我无法替代的，我的威信显然不如你。"

我说："学生也很爱你的，你要有信心。"

她点了点头，说："反正有班干部配合，我想也没有什么大的问题。"

我说："放心，我也不会完全不管。如果有机会，我还要经常回来的嘛！"

本来说今天给陈霜蝉回信，因为忙，一直没有写。但是，下午我对陈霜蝉说了一句话："明天我要给你回信，狠狠地骂你！"

4月23日　　星期六　　阴雨

关爱弱小

接到教育局通知，我从下个月开始要去成都市教育学院参加培训。因此，今天我给学生上了一堂班会课。

我先给学生解释了我去学习的原因，然后说："时间是一个半月，回来以后就接近期末考试了。关于班主任工作，我昨天也和王老师做了沟通，王老师很有信心，信心基于两点：一是同学们的上进心，二是对班干部们有信心。王老师可以说把所有的精力都花在你们身上了，她和你们在一起的时间比我和你们在一起的时间还要多，她一个星期就回家一次，第二天又赶回来。我们拿什么回报王老师？自己把自己管好。什么叫爱国？每一个人做一个好公民，就是爱国。同样，什么叫热爱班集体？把自己管好，就是爱班集体。本来我想走之前让你们写一个东西表表决心，后来我想算了，我不要你们写保证书，我要你们用行动回答。"

然后我说到第二件事情："咱们28号要去金堂县看望我们捐助的同学。昨天金堂县妇联发了一份传真给我们，介绍了我们捐助的同学的学习情况。"

我一边读传真一边评论："你们要珍惜现在的条件呀！我看到有的同学精神状态不好，我心里为他着急。你靠父母能靠多久？"

读完之后，我说："我们下个星期四去看望她们。当然，这五个孩子分布得比较散，我们不可能五个孩子都看到，我们就去孪生姐妹邹乐菊、邹乐梅那里。我们不仅要看她们，还要看她们的班级。这里要特别说明一下，首先，我们千万不要认为我们资助她们是在怜悯她们，有一种居高临下的优越感。如果抱着这样的心态去，是不好的。我相信我们班的同学不会这样的。其次，我们要带些礼物去，比如书。但如果我们只是带些旧书去，似乎不太好，好像是我们不看了才给别人。我希望我们每个人买一个小礼物。当然不是只买给邹乐菊、邹乐梅，而是她们所在班的全体同学。嗯，可我不知道她们班上有多少学生。"

杨扬说："现在农村学校一般都是六十多人一个班。"

任沐之说："建议拿班费统一买礼物，我们自己也另外准备礼物。"

我说："好，那我们自己用班费统一买一些，其他的大家自己买一点小礼品。另外，我要说的是我们中午要在那里吃一顿饭，不要给别人增加经济负担。如果是在镇上吃的话，我们花钱与他们一起吃一顿饭。还有，我们上午到了那里之后，两个班要一起搞一个活动，相当于联谊活动，要策划一下。这个事情就先说到这儿，具体细节后面再说。"

4 月 25 日　　星期一　　阴雨

珍惜

早晨在食堂吃饭，谢舒云过来对我说："李老师，我要求换个寝室。"

我问为什么，他说："同寝室的同学晚上聊天儿聊到凌晨两点，我实在睡不好。"

我问具体是谁，他犹豫了一下说是宋飞和陈鑫。

我说："寝室调动必然会涉及其他同学。你给我点时间考虑一下，好吗？"

他走了之后，我就想该怎么办。如果是换个寝室，宋飞和陈鑫并不一定能够改正这个缺点，只是不影响谢舒云了，但还是会影响同寝室的其他同学。如果我找他们两个人谈，他们便会知道是谢舒云告的状，可能因此而记恨谢舒云。

但我最终决定还是找他们两人谈谈，凭我对他们的了解，他们不会记恨谢舒云的。

我到操场找到他们两个："你们昨晚是不是聊天儿聊到很晚？"

他们点头承认。

我说："我不是批评过你们吗？白天时间不抓紧，晚上熬夜，这是不对的。但是，如果晚上熬夜学习还稍微好点，可你们熬夜聊天儿！这既伤害你们的身体，也影响别人的睡眠。你们说，怎么办？"

他们都表示要改正。

我说："我就不瞒你们了，是谢舒云跟我说的。你们别说他告状，凡事都应该将心比心，如果你们晚上睡觉时有人影响你们，你们做何感想？你们愿意改正，我很高兴，但我还是会请谢舒云监督你们。”

我把谢舒云叫来：“谢舒云，我已经跟他们两个说了，他们表示要改正。希望你原谅他们，给他们一个机会，好吗？”

谢舒云点头表示同意。

读学生的随笔，我被好几名学生的文字所感动。吃晚饭的时候，我和魏智渊老师、徐涛老师聊起学生自我教育的话题。我说：“我在这方面体会比较深，自认为做得还不错。学生自我教育的方式，至少有三种：一是引导单个的学生不断反思自己的成长过程，自己提醒自己，自己批评自己，自己表扬自己，自己鼓励自己，等等；二是营造良好的班风，并用这种班风去感染每一个集体成员；三是用集体中某些成员的积极因素去教育影响另一部分成员，比如，我爱给学生读一些优秀随笔，就属于这种情况。”

晚上，我给学生上了一节班会课，就是利用今天让我感动的几篇随笔去让同学们也感动或产生感触。课前，我征求了几位随笔作者的意见，他们都同意我读他们的随笔。

我对同学们说：“大家知道，李老师不久就要去学习了，我相信同学们会更加严格要求自己的。但是，实话实说，我也不掩饰我有些担心，担心有同学控制不住自己。今天我在看你们随笔的过程中有许多感想，我觉得有必要给大家读一读，征得有关同学同意后，我在这儿念几段随笔，并以此给大家一个提醒。主题无非就是两个字：‘珍惜！’珍惜和老师、同学在一起的日子。”

我先读唐朵的随笔片段——

下半学期，李老师将与我们分开一段时间。其实，这也是一个我们锻炼自己的好机会。李老师就放心地去学习吧！况且，我们还有王老师呢！我们会在各方面都更加努力，做得更好，不会让李老师失望的。成长的过程中确实会遇到各种各样、大大小小的问题与困难，但只要努力，就没有什么困难可以打倒我们。路是坎坷不平的，难免有摔跤的时候，但我们不可能倒下了就不再爬起来，任何一个人摔倒了，无论通过什么办法，最终还是会再次站起来的。所以，我们不怕困难，不怕摔倒，不怕任何的挫折。我们互相鼓励吧！祝李老师好好学习，天天向上，早日学成归来。这儿还有那么多扑通扑通跳动的心在等着你早日归来呢。

总之，就请李老师放心地去吧……（不对，表达不对！）总之，就请李老师放心去学习吧！（对了！）

读到最后一段，同学们哈哈大笑，我也笑了。但我更多的是感慨："是呀，她谈到咱们这个班一学期过去了，遇到过很多困难，但任何困难都不可能征服我们，这使我想到之前何晓蕊的一篇随笔的题目——《在风雨中成长》。"

我继续评论道："唐朵祝李老师好好学习，天天向上，早日学成归来。哈哈，把李老师当小学生了。不过，你的心意我明白。你说这儿还有许多扑通扑通跳动的心等着我归来。我很感动。但你们这颗心还要为王老师而跳动呀！部分男生上周还把王老师气哭了，李老师走了，王老师怕会以泪洗面吧！哈哈！下面，我再读程媛的随笔……"

程媛写道——

转眼之间，高一下学期已过去半个学期。这意味着，过不了多久，我们就要升入高二了。到时候，我们就要分文、理科班。这样说来，以后不论我是读文科还是读理科，都注定要和一部分同学分开。这是我不愿见到的。我相信，分班也是大多数同学所不愿见到的。

为什么一定要分班呢？让我们班全体同学都留在一起不好吗？回想刚刚开学的时候，我们互不相识，但如今的我们，只经过了短短的不到一年的时间，同学之间建立了真诚的友谊，才使得我们班变得如此团结。

一直以来，我都很喜欢这个班，喜欢这个班的每一个同学，觉得他们是如此可爱。能有机会和大家成为同学、成为朋友，真的是一件很幸福的事！

还有两个多月的时间，我就会向班上的部分同学说再见。说实话，我是真的很舍不得你们，真的很喜欢你们，那种喜欢，淡如清水，却又浓如醇酒。

同学们都为这段文字鼓掌。

读完后，我说："我想同学们在听我读的时候，一定会想起这一年来的风风雨雨。程媛的这段文字不长，我读得很感动，我看到大家听得也很认真。这个班有哪些值得留恋的？同学之间互相帮助。每个同学都可以回忆一下，自己享受过哪些同学的帮助？自己又给其他同学提供了哪些帮助？如果你只接受了别人的帮助，而没有给别人提供帮助，我希望你可以在后面的两个月里弥补。让我们感到自豪的是，有一些同学在这个班得到了锻炼，成长起来了。比如刘骞雯的随笔写的就是这方面的体会。"

我读刘骞雯的随笔——

这个星期六，姑姑搬家请全家吃饭。饭局中，哥哥问我最近的学习生活，我很得意地告诉他，我非常适应学校的生活。哥哥很欣喜地看着我，他可能是觉得我变得够坚强了，还不住地赞赏我："总算学会了去适应环境，没让环境适应自己。"

其实，并不是这样的。

是我周围的环境确确实实变好了，我在其中渐渐变得成熟了。我周围不再环绕着冰冷的空气，与同学的沟通也多了。最大的变化是我星期天来学校时总能保持一种很好的心态，而以前每每要离开温馨的家到学校，感觉如同从天堂到地狱般的痛苦(这真是毫不夸张的比喻)！当我告诉哥哥，从前的环境如同人间地狱一般，完全没有人性，同学只顾自己，麻木地为分数竞争，钩心斗角更是家常便饭。我还附了一句："你是体会不到的。"哥哥不屑地盯着我，说他已经是大学生了，让我不要用大人的口吻对他说话。我看他是真不能体会了。

刹那间，又想起李老师最近给大家讲的关于他女儿的故事。我真的很赞同也很欣赏晴雁姐姐的做法。当别的同学都只顾准备高考，漠然地对待那些需要帮助的同学时，她却能坚持自己做人的原则，为同学们讲题。高考竞争极为激烈，她那样做是很难得的。

从过去的环境到现在的环境，从晴雁姐姐想到自己，我觉得自己应该宽容而非世故，应该天真而非幼稚。

"我们的同学就是这样成长起来的！"我说，"同学之间应该互相鼓励，互相学习，学会以善良之心待人。这非常重要。"

教室里静静的，同学们若有所思。

停了一会儿，我说："下面，我想读李老师教你们以来看到的最感人的一篇随笔。这篇随笔是张自强写的，我在后面是这样批的：'感人肺腑，又一篇《背影》！'"

父爱如山

张自强

最近一段时间，我总是有些闷闷不乐和萎靡不振，除了学习上的压力和感情上的波折，还有一个更重要的原因：父亲病了。

4月初的一天，我按照惯例在晚上回寝室后给家里打电话，没想到接电话的并不是父亲，而是母亲。我问父亲怎么没有来接电话时，她告诉我一个惊人的消息:“爸爸病了!”

我当时非常吃惊。我父亲不年轻了,马上就五十了,身体有点什么小毛病并不奇怪。问题在于,他竟然站不起来了!我当即觉得问题严重了。我问母亲,父亲到底得了什么病,她说她也不清楚,因为检查结果还没有出来。母亲所知道的,只是父亲前一天上班时便觉得身体不太舒服。当下班时间到了,他想站起身回家时,却突然发现自己竟然站不起来了。放下电话,我沉默了很久。说实话,我极少把自己的情感当众表露出来,或者说表现在脸上。因此,我没有哭,只是觉得心里沉甸甸的,仿佛被什么重物压住了一般。那天晚上,我很早就上床了。不是我不想学习,而是实在看不进去书。那晚,我失眠了,真正失眠了。

第二天晚上,我给父亲打电话,询问他病情如何。他在电话里也没有多说什么,只是说现在也没有检查出什么病,他过两天要来成都做个全面检查。他让我好好学习,不要太惦记这件事。可是,我如何能够不惦记这件事呢?他是我父亲啊!

他是星期三到成都的,坐救护车来的,因为他现在只能平躺着,不能坐。于是,我只得又在学校里熬了两天。在那两天里,准确地说是两天半,我深切地体会到了度日如年是何种滋味。因为,它就发生在我身上。

周六下午,我在教室里做完作业就迫不及待地跨出了学校的大门。我要去看我的父亲。

终于,我见到了他。经过两天的治疗,他已经可以站起身来,并能以很慢的速度步行。但他背上安了一个夹板,用来固定腰椎间盘。那天晚上,我和他谈了很多,从我的学习谈到他的病情。他的一番话,实在让我感动。我没有想到,其实,我早应该想到,平日里外表严肃的父亲心思竟然如此细腻。他对我说:“儿子,我得病时,首先想到的就是你。我在想,假如我以后真的站不起来了,你怎么办呢?在我住院的时候,我想得最多的也是你。我不想让我的病影响你的学习。”说完,他抬起头,注视着我。

关于这个问题,我以前的确没想过。谁会去假设自己的父母多灾多难呢?那样是大逆不道的。我思考了一会儿,注视着他的眼睛说:“不会有这种情况的。你的病,医生也说了,没什么大不了的(顺便提一句,父亲得的是腰椎间盘突出症,还有一些并发症),你要相信你会好起来的。我永远是你的儿子,不论你怎么样了，你都是我的父亲，我是不会离开你的。你现在的首要任务是把病治好，其他的不要想那么多。”说完，我又认真看了他一眼。父亲的确有些老了，岁月已经在他的额头上刻下了条条细纹，一张饱经风霜的脸显得那么沧桑。父亲的工龄有32年了吧！我记得他是17岁参加工作的。他该好好休息一下了，他的确太累了。

写到这里，我的眼前又浮现出了父亲的形象，这时我不得不停下笔，沉思了一会儿。我想，父亲那么辛苦，花那么多的精力和金钱在我身上，为的是什么呢？还不是想让我好好读书，将来出人头地，谋份体面的工作吗？但我遂他的愿了吗？我思考了很久，得出了结论：没有。

一次次失败的月考，一张张不及格的试卷，一个个低得触目惊心的分数……这就是我给他的回报！这就是他用大量精力和金钱培养出来的儿子！本该读书的时间，我拿来看小说；本该休息的时间，我拿来听音乐……我不由得问自己：你做这一切的时候，想起父亲没有？我实在愧对他。

父亲已于半个月前回到老家了，现在每天做理疗。我只希望我下学期的努力能带给他一些精神上的慰藉。我在这里祝他早日康复。

父亲，你听见了吗？

教室里爆发出长时间的掌声。

掌声结束后，我说：“我在看这篇随笔的时候，不住地感叹张自强真是一个非常懂事的孩子！他每个字所透出的感情都是真的。不过，这里我要批评一下张自强，你为什么不早些跟李老师说你爸爸来成都治病了呢？我会去看看他。你从星期三熬到星期六，为什么不跟李老师说说？李老师虽然不是医生，但总可以帮你分担一些忧愁，也可以安慰安慰你。”

停了一会儿，我又说：“张自强说他现在感到愧对父亲，我想问，为什么只有现在才想到？我非常理解他父亲对儿子的心情，他怕自己的病影响儿子的学习。我也是一个父亲，也有这样的心情。下一次张自强给爸爸打电话的时候，一定要代我们说一句话：‘爸爸，李老师和全班同学祝你身体健康！’”

我又说：“我刚才在办公室读这篇随笔的时候，中途几次不由自主地停下来沉思，我想了很久。有一天，我和一名同学谈心，我说：‘你爸爸妈妈是工薪阶层，为什么花这么多钱送你来读书？如果他们知道你学习不努力，贪玩，上课睡觉、听音乐，会有什么感想？为什么一定要等爸爸妈妈病了，才想起对不起爸爸妈妈呢？ 还是两个字：珍惜。 我们要珍惜爸爸妈妈为我们创造的一切！’我们有些同学不是不懂这两个字，而是做不到。 说实话，有些爸爸妈妈经常不停地给我和王老师打电话，换个老师可能会觉得啰唆，但是我和王老师非常理解这些父母的心情。 那种对孩子的急切心情，那种担心，那种期待，就是爸爸妈妈们对孩子的爱。 我和王老师完全能够感受得到，并且能够理解，但你们是不是理解呢？ 比如，宋飞和陈鑫白天上课打哈欠，晚上聊天儿聊到很晚，既影响自己的身体，又妨碍别人休息。 当然，今天早上宋飞、陈鑫都对我说：‘李老师我错了，一定改正！’我很高兴。 每个同学都应该好好想一想，自己在学校的时间究竟应该用在什么地方。 我学习一个半月，还是要回来的。 有同学说分文、理科后，就听不到李老师的课了。 不要紧的，我以后还会给大家上课的。 总之，那些美好的东西在身边的时候，我们往往不懂得珍惜。 希望从现在起，大家学会懂得珍惜。”

我又拿起陈鑫的随笔：“真是巧合，这次陈鑫的随笔也写到他的父亲。 陈鑫跟他的父亲关系不太好，我想原因可能有两个：一是他不太懂事，二是他父亲处理问题太过简单粗暴了。 因此，他们父子俩有隔阂。 我觉得陈鑫的变化很大，不光是学习上的变化，包括对同学的关心、对他父亲的态度的转变。 他父亲最近遭遇了车祸。 大概一个月前，我给陈鑫母亲打电话，介绍陈鑫的进步，结果接电话的是他父亲。 后来我才知道他母亲去内蒙古了，因为陈鑫的父亲在内蒙古出车祸了。 坐在他父亲两边的人都死了，幸运的是他父亲活了下来，但受了重伤。我打电话的时候，他父亲在电话里的声音非常虚弱。 我对他说陈鑫有进步，请不要担心陈鑫。 我想这句话一定能够减轻他父亲的痛苦。 一个月过去了，我觉得陈鑫一直很自觉。”

我读陈鑫的随笔——

周六，我发现自己的手机上出现了两个未接来电，都是我妈妈打的。我随即打了过去。电话拨通的提示音响了几声，一个男的用浓重的四川话问：“喂，找哪个？”我一听便知道是父亲，经过这次车祸，他的身体必定虚弱了许多。我不禁想起姐姐告诉我的话：“医生说幸好老爸当过几年武警，身体好，换作一般人早死了。”我说：“喊一下我妈。”他一定一听就知道是我，这是十几年来不知不觉中形成的默契，是短时间内修炼不成的。他问：“你找她有啥子事？”我刚想说：“你不要管嘛！”想到他身体刚有好转，我就没有说出口。我问他：“现在是不是好点儿了？”他说：“是要好点儿了。今天精神最好，前些天都不想动。”我又问："你们多久后回来呢？"他说："应该是在五一左右。"我沉默了一会儿，不知该问什么，他却又开口了："你一个人在家要注意点，不要出去耍晚了，在学校要老实点，少去惹祸，学习上要抓紧……"这些话现在听来不知怎么的已经不再那样逆耳了，我"嗯"了一声。他又说："就这样吧！"说完他就挂了电话。

旁人一定很惊讶，我们两分钟的对话中竟没有出现"爸爸"或是"儿子"这类词。这样的关系，我想会慢慢变好的。

我提议："我们还是给陈鑫鼓个掌。第一，祝陈鑫的爸爸早日康复；第二，祝陈鑫和爸爸的关系越来越好！"

实际上，吃晚饭时我就找过陈鑫了："我看了你写的随笔，很高兴你开始关心你爸爸了。这也是一种进步。我理解你以前对你爸爸有意见，这可能和你爸爸简单粗暴的教育方式有关，但他毕竟是你爸爸呀！我希望你爸爸这次回来，你能够对他好一些，好吗？"

他点了点头。

现在，同学们的掌声一定更能让他有所触动。

我又把话题转到了王老师身上："我刚才说了，我不掩饰自己的担心，从五月份开始咱们这个班要交给王老师。上周王老师流泪了，这个泪是为什么而流的？我觉得老师流泪是对同学们的爱和责任的体现！王老师比你们大不了几岁，像你们的姐姐一样，但她扛起了教书育人的责任，开始为你们的未来操心。还好，我们不少同学能够理解王老师。这次魏雨萱的随笔有一段写到了王老师……"

魏雨萱写道——

昨天，王老师哭了，我有些难过，感觉到了一种无奈与失望。说心里话，王老师对我们绝对是一心一意的。这样的老师是很难得的。班级的事她从来没有忽视过，谁遇到了困难，谁郁闷了，她就去帮助。比如，当她听到有同学将脑袋磕破了，她的那种着急和紧张是一般人体会不到的；当她知道我们饭卡没钱了，那她一定会叫我们和她一起吃；当她看见我们吃方便面，她显得很生气，因为那玩意儿是没有营养的，对身体是不利的……这一切，我都看到了。看见她那晶莹的眼泪，我也好好反省了自己。虽然王老师对我也是尽心尽力，经常找我聊天儿，但我还是不怎么理解她。以前听她说大堆大堆的道理，我都觉得很烦。可是听完她的一番话后，我知道自己错了。她说："我经常叫你们抓紧时间，努力学习，都是希望你们能够考上好的大学，有个闪亮的未来。你们努力学习或者获得了什么殊荣，都是属于你们自己的。我不图名利，不图地位，我付出只是因为我爱你们，爱这个集体……”我的心很久都没有平静下来，她的用心良苦很多时候都不被我们理解，但她不在意。委屈的眼泪也就流了这么一次。我完全不怀疑她的话。我对她的不耐烦都已烟消云散。对于她的付出，我想我们应该给予回应，否则，这份爱是不完整的！相信严寒过后，梅花会更香、更艳丽！

我读完了，同学们都为王老师鼓掌，表达对王老师的敬意。

我说：“王老师无怨无悔地关怀着大家，正如魏雨萱所说，王老师不图名、不图利，为人低调、朴实、善良。结果人们往往只看到我，我们班好多成绩都归在我一个人身上，这不公平。你们要体谅王老师。我不希望回来以后看到王老师时说：‘王老师，你怎么有皱纹了？’或者说：‘王老师，你怎么老得像 30 多岁的人呀？’王老师说：‘唉，就是给陈鑫气的嘛！’（同学们大笑）陈鑫当然不会再气王老师了，我是开个玩笑，哈哈！”

我最后说：“我希望每个同学都能做一个高尚的人，但教育不是万能的。李老师的学生也不是个个都成功。我有两个学生……一个被判了刑。这个学生在班上很内向，我教他两年半，后来这个学生高考没有考上大学，就参与了盗窃，被判了一年。我觉得，他在我班上的时候，我是尽了最大努力帮助他的。但教育不是万能的，他被劳教了，是他自己的问题。还有一个学生，是高三时转到我班的，纪律方面没有任何问题，成绩也特别拔尖，后来考上了名牌大学。但我和同学们当时都感觉他比较自私，心胸狭隘，学习上只顾自己，对人不尊重，很冷漠。后来，我从同学那儿了解到，他研究生毕业后去了一家公司，却没有人愿意和他合作，最近的一个消息是他被那家公司炒鱿鱼了。所以我经常说，人品决定一个人的成功，与人相处也是一门学问。和同学相处，有两个方面很重要。一方面，永远不要妨碍别人。比如，你在这边喧哗，要想到别人在做作业。不要麻烦别人，自己能够做的事情要自己做。还有一个方面，要多给别人提供帮助。比如，张自强的父亲病了，张自强心情不好，那么同寝室的同学是否能给张自强一些温暖？这些都是在学做人。我以前说过一句话，这里我再重复一遍：你们高中三年，李老师和其他老师会教给你们许多知识，也会教你们做人，但高考只考知识，而且许多知识考过了就不会再用了；高考没办法考你们做人，然而，做人的素质——坚韧、善良、正直等，却关系着你们一辈子事业的成功和人生的幸福！”

我对这节班会课很满意。同样的道理以前给学生们说过很多遍，如果我今天只是重复一遍，学生们可能会不爱听，但通过一边读学生随笔一边评论的方式，他们就很容易接受。从刚才课堂的反应看，学生们的心灵的确受到了触动。

4 月 28 日　　　　星期四　　　　晴

感人五凤行

早晨，我们乘坐学校的大巴向金堂县进发。在成南高速路上行驶了近一个小时，又在山路上颠簸了一个小时，10 点后，我们来到了金堂县五凤镇。

刚一进镇，一位姓廖的老师已在镇口迎接我们了。在他的带领下，我们朝五凤镇中心小学走去。五凤镇因为经济落后，没有多少新房子，不过却因祸得福保留了一批老建筑，所以现在成了一座古镇。穿过小镇的街道，我发现这里的建筑的确很旧，房子的墙壁上到处可以看到“伟大的无产阶级专政万岁”之类的旧标语。但长期以来因为交通不便，这里并没有什么旅游业。最近，当地政府意识到这里有旅游价值，开始注意开发了。快到五一黄金周了，我们一进镇里便看到到处都在进行修缮。我们走过石板小路，走过青砖瓦房，走过破败的庙宇，走过古老的戏台……感觉就像穿越到了过去。

走出古镇，我们又沿着公路继续前行。这时太阳已经有点毒了，所有人都汗流如注，有同学开始唉声叹气，问还要走多远。我说：“我也不知道，但是你们要知道，乐菊、乐梅每天就是这样上学的。你们也体会体会吧！”

再走过一个缓坡，穿过一片树林，终于走到学校了——其实离镇上也不远，大概一两公里吧。刚刚看到学校门，金堂县妇联的王峰主席等当地领导便迎了上来，电视台的摄像机也对准了我们的队伍。我们进了学校，校园里都是平房，但小巧精致，绿树成荫，尤其是房顶的黑瓦，让看惯了高楼大厦的我们感受到了一点古朴的风味。

来不及休息，也来不及擦汗，我们便被引向一间教室，还没有走到教室门口，里面便响起了热烈的掌声。在掌声中，我们走进了教室。教室里面已经坐满了小朋友，这是乐菊、乐梅两姐妹所在的四年级（1）班的全体同学，小弟弟们、小妹妹们围成一圈坐得端端正正，一双双明亮的眼睛看着我们。黑板上方挂着横幅——“同在一片蓝天下城乡儿童手拉手爱心活动”。我们班同学很快分散开，挨着小弟弟们、小妹妹们坐好，有的同学还牵着身旁的小朋友的手。

联谊活动由王峰主席主持，她热情洋溢地表扬了我们班同学对乐菊、乐梅两姐妹的资助，并代表金堂县妇联向我们表示感谢。然后她请我发言，我一时没有准备，但看着在座的小朋友们，还有一位朴实的乡村教师，我有感而发地说了几句：“我没有发言的准备，但这个场面让我很感动，也有话要说。我不认为今天是我们来帮助这里的小朋友的，至少不完全是。准确地说，我们是互相帮助，互相学习。而且，这里值得我们学习的东西更多。对我来说，这里的老师值得我学习。和你们一比，我感到惭愧。你们的条件比我差，待遇比我低，但你们兢兢业业，在这里为孩子们奉献着一切，你们才是真正的有爱心！我要向你们学习，像你们一样爱孩子！对我的学生来说，他们更应该向在座的每一个小朋友学习。这些小朋友的勤劳、朴实、善良的品格以及坚韧不拔的精神，正是我们的同学所缺乏的。今天到这里来，我的学生将受到最好的教育。而且我坚信，在座的小弟弟、小妹妹，凭着你们的这种品格和精神，刻苦学习，你们长大后一定会有出息的！”

虽然我的发言不长，但我觉得我说的是心里话，而且我说得很动情。

我发言之后，是邹乐菊同学发言。她今天穿得特别漂亮，白色的连衣裙，鲜艳的红领巾，把她的小脸蛋儿映衬得红扑扑的。她微笑着大方地走到了教室中间，很郑重地敬了一个少先队队礼，然后拿出事先写好的发言稿，用清亮的声音开始了发言：“亲爱的大哥哥们、大姐姐们，你们好！我叫邹乐菊。我对你们的到来表示最热烈的欢迎！欢迎你们到我们这里进行手拉手活动。同时，对你们表示深深的谢意，谢谢你们对我们的关心和帮助。”

同学们热烈鼓掌。

她继续用悦耳的童声说：“你们的到来使五凤的树变得更绿了，使五凤的水变得更清了，也使我们这些孩子变得更加快乐。你们不仅给我们带来了知识，增长了我们的见识，增添了我们的快乐，更让我们懂得了如何去做人，像你们一样用一颗爱心去关爱我们身边每一个需要关爱的人。虽然我们的力量微不足道，但我们也会尽力而为。我们相信，我们行！”

掌声再一次响起……

"正是因为有许许多多像你们这样的人，正是因为有了你们的帮助与支持，才有了我今天在这读书的机会。"她的声音开始变得低缓起来。"我的家在五凤镇红字村 14 组，家里有疼我的爸爸妈妈，还有一个可爱的妹妹。这原本应该是一个幸福美满的家庭，但一场飞来横祸彻底地改变了它……"她开始哽咽了。"在我很小的时候，爸爸为了挣钱补贴家用，决定去外地打工，不幸的事就在这时……发生了。爸爸……爸爸，从汽车上摔了下来……"她哭了起来，读不下去了，但她用手臂把脸上的泪水揩了揩，继续读。"从汽车上摔了下来……"她又哭了起来……

在场的人无不为之动容，不少同学也开始流泪了。我心里特别难受，我感觉让这小女孩当着大家的面诉说她家的不幸，这对她是一种伤害！我真想让她别读了。这时候，我们班同学开始大声说："别读了，别读了！"

卓翼跑上前去，搂着乐菊，帮她擦拭脸上的眼泪，然后搂着她回到座位上。

我走到乐菊身边，说："别哭了，你看有这么多的人爱你！"

她满是泪痕的脸上终于露出了笑容。

我说："能把你的发言稿给我吗？"

她说："好！"便把发言稿递给我了。

我说："谢谢！我一定珍藏这份发言稿。"

这时，杨扬代表我们班同学发言了。事前，杨扬给我看了她的发言稿，我觉得还不错，主要内容是勉励小朋友们好好读书。但现在，杨扬甩开了发言稿，很随意、很轻松地走到了教室中间，向大家问了好后，便问在场的小朋友有没有常常看书的，结果很多小朋友都自信地举起了手。

杨扬走到一个小朋友面前，问他："小朋友，你喜欢看什么书啊？"他说喜欢看童话。杨扬又一连问了好几个同学，他们都说喜欢看童话。她又问："有没有喜欢看《十万个为什么》的啊？"一个可爱的小女生举起了手："我喜欢。"

杨扬又考了大家一个问题："夏天打雷时为什么先看见闪电后听见雷声？"

马上就有一个小朋友举手回答："因为光的速度比声音的速度快。"

杨扬笑了："真聪明！我还以为是因为眼睛长在前面，所以先看到闪电呢！"

大家都笑了。

杨扬像老师一样对小朋友们说："人的一生中要吃两种饭，一种是用来填饱肚子的饭，还有一种就是喂脑袋的，喂脑袋的饭就是有各种知识的书……”

接下来，她又问小朋友们长大后想干什么，很多男孩子想当警察保卫人民，而一些女孩子想当救死扶伤的医生。杨扬告诉他们，只要有理想、有信心，干什么都能成功。

在热烈的掌声中，杨扬结束了演讲。

杨扬发言完毕，我们班的同学把礼物送给小弟弟们、小妹妹们，虽然礼物不贵——每个小朋友一个笔记本，但这是我们同学的一片心意。凌飞、张自强、陈鑫等人代表同学们把笔记本发到了每一个小朋友的手里。

然后是向乐菊、乐梅赠送我们同学事先准备的助学金，杨扬和何晓蕊代表同学们把装有现金的信封分别给了姐妹俩。不少同学还送给两姐妹一些书和本子，还有其他文具。

全场再次爆发出热烈的掌声。王嶒主席说：“看，乐菊、乐梅两姐妹多幸福！有这么多关心她们的大哥哥、大姐姐！”那一刻，两姐妹脸上笑容灿烂，显得格外可爱！

联欢活动开始了。首先是张自强同学献歌了一首《大约在冬季》——

轻轻的，我将离开你，请将眼角的泪拭去
漫漫长夜里，未来日子里，亲爱的你别为我哭泣
前方的路虽然太凄迷，请在笑容里为我祝福
虽然迎着风，虽然下着雨，我在风雨之中念着你
没有你的日子里，我会更加珍惜自己
没有我的岁月里，你要保重你自己
你问我何时归故里，我也轻声地问自己
不是在此时，不知在何时
我想大约会是在冬季
不是在此时，不知在何时
我想大约会是在冬季
……

这本来是一首老的流行歌曲，但此情此景，让人感觉这首歌就是为我们创作的。张自强在唱的时候，不少同学情不自禁地一起哼——

虽然迎着风，虽然下着雨，我在风雨之中念着你

没有你的日子里，我会更加珍惜自己

没有我的岁月里，你要保重你自己……

张自强唱完了，一个小姑娘走了上来，给大家演唱《米兰》。她的嗓音非常甜美，歌声特别动听，我想如果是在城里，她一定是少年宫合唱团的成员。

最近我们班学生忙于期中考试，因此这次我们并没有准备任何节目，但现场的气氛感染了大家，凌飞、魏雨萱等班干部便临时在下面组织节目。于是，一个接一个地，我们班同学竟然有了出乎我意料的精彩表演：凌飞、何晓蕊的英文合唱，刘骞雯、何晓蕊、宋飞、陈霜蝉的合唱，舒霈的独唱（独唱时她还即兴邀请了一个小男孩和她一起唱，于是独唱变成了合唱），还有杨南希的独唱……

相比之下，小弟弟们、小妹妹们显然对这次联欢有着充分的准备，除了唱歌，还有舞蹈和小品。舞蹈是《北京的金山上》。当一群活泼可爱的小姑娘在音乐声中出场时，我们惊讶地发现，她们手中的哈达竟然是用卷筒卫生纸替代的，但我们没有一个人笑，而是非常感动。雪白的纸条在她们的小手中舞动着，真像是洁白的哈达。

一群小男孩表演的小品也很有意思。张颢君和张自强又出了一个别出心裁的节目，他们来了一个古诗竞答。他们说出一句古诗，让小朋友们说出这句诗出自哪位诗人的哪首诗。“床前明月光”“两个黄鹂鸣翠柳”“离离原上草”“孤帆远影碧空尽”“远上寒山石径斜”……这些诗在高中生看来当然是非常简单的，但对四年级的孩子，尤其是农村孩子来说，却不一定简单。然而，出乎意料的是，小朋友们答得非常正确，没一个能把他们难住。每答对一个，小家伙们便到魏雨萱那里去领奖品——一本作业本。

孩子们准备的最后一个节目是全班大合唱《爱的奉献》。这个班的五十八个孩子整整齐齐地站在了教室中间，用他们稚嫩的嗓音和真诚的感情唱出了他们的心声——

这是心的呼唤，这是爱的奉献……

这首歌我们再熟悉不过了，听过无数遍，但是今天听来特别感动，至少对我来说，从来没有像今天一样觉得这首歌如此感人。我给孩子们拍照，看到每一个孩子竭尽全力地唱着，表情认真而严肃，透出他们全部的真诚——

啊——只要人人都献出一点爱，世界将变成美好的人间！

啊——只要人人都献出一点爱，世界将变成美好的人间！

我注意到，在唱“啊”的时候，每一个孩子都在拼命地呐喊，最后一句真正是从他们心底迸发出来的声音。这些山里的孩子，只要感受到了一点点爱，就会格外珍惜，而且会以十倍的爱来回报。多么可爱而纯朴的孩子啊！

我的眼睛湿润了，而且我看到，我们班好多同学都流泪了，包括一些男同学。

最后我提议，我们班的同学和小弟弟们、小妹妹们一起唱一首《让我们荡起双桨》。我对大家说：“李老师和你们一起唱，让我们一起回到童年！”

让我们荡起双桨，小船儿推开波浪……

在歌声中，我们结束了这次难忘而感人的联谊活动。

走出教室，两个班的同学在教室前合影留念。我特别和乐菊、乐梅两姐妹一起合了一张影。

王峰主席过来对我说：“我以前教过的一个学生在镇上开了一家饭馆，他要表示一下心意，想请你们几位老师吃饭。”

我说：“谢谢了！我们就和同学们一起吃。”

我们来到学校厨房外面，那里已经摆满了盛有饭菜的餐盘。我和同学们便坐在屋檐下的地上吃了起来。

我身边坐着两个小男孩，我问他们叫什么名字，他们分别说：“蒋友。”“贺小麟。”

我对他们说，要好好学习，要争取读中学。

他们不住地点头。

我说：“如果爸爸妈妈不让你们上学，你们就说‘我一定要上学’。”

他们说：“好的。爸爸妈妈都很支持我们上学。”

我说：“你们要争取考上大学！”

他们说：“好的。”

贺小麟特别说：“我要考清华！”

他这一句话让我感动心酸。我不敢保证他真的能够考上清华，或者考上大学，因为未来对他来说充满艰辛，而他现在还不知道。

这时，文海走过来悄悄对我说：“李老师，刚才同学们听说邹乐菊和邹乐梅每个月的伙食费仅仅三元钱，每天才一毛钱！同学们都想给她们捐钱。”

我说：“可以，但一定要量力而行，而且绝对自愿。下午去她们家的时候，把钱直接给她们家里。”

平时在学校，一些同学吃饭很浪费，但今天我看到同学们都把饭菜吃得一干二净。

吃完饭，我执意要把饭钱给校长，但校长坚决不收：“你们是客人嘛，这是我们的一点心意。”

推了一阵，我只好作罢。

这时我看到同学们正围着吕老师，从自己身上掏出一元、两元、五元、十元……把捐款交给吕老师。同学们都没有准备，身上带的钱不多，吕老师统计了一下，共二百五十元。

吃完饭，同学们便兵分三路，开始深入小朋友的家里进行调查采访，其中有一个组是去乐菊、乐梅的家。

我没有和同学们一起去采访，因为王峰主席请我给五凤镇的全体教师做报告。午后 2 点，我来到五凤镇政府的会议室，面对一百多名朴实的教师，我实在不好意思做什么报告。我是这样开头的：“去年我给我的学生读过一篇小说，叫《凤凰琴》。这篇小说反映的是山区农村民办教师的生活，小说中老师们的高尚情怀，让我和我的学生感动得流泪。今天，我面对的老师朴实无华，但同样高尚。我是没有资格给你们做什么报告的！你们每一个人都值得我学习。我愿意向你们学习，并和你们交流。”然后，我就班主任工作谈了我的一些体会，就民主教育谈了我的一些想法。

4 点钟，我结束了发言，告别了那些朴实的老师。王峰主席和五凤镇中心小学的校长送我去五凤镇中学——我们的车停在那里，学生也在那里等我。路上，王峰主席给了我一个信封，说是一点心意，我知道她这是要给我讲课费。我当即拒绝了：“我怎么可能到这里来收讲课费？不是我高尚，而是我怎么忍心？”

王主席硬塞在我的手里，我只好收下，然后交给校长：“请你代我转交给乐菊、乐梅，算是我的一片心意！”

校长坚决不收，但这次我的执着终于让他不得不收下了。

“再见！”我和同学们向窗外的老师们挥手告别，汽车缓缓地开出小镇，又行驶在颠簸的山路上。

在车厢里，我和项柳依、卓翼坐在一起，谈起今天的活动，她们都觉得很感动，很有收获。

项柳依对我说："中午小朋友们说，今天是吃得最好的一顿！"

她还说："刚才我和小朋友们聊天儿，大家都说乐菊非常优秀，成绩好，对人好，乐梅是妹妹，成绩稍微差一些。"

卓翼补充说："乐梅非常善良，她常常把体弱的邻居老奶奶送到家里，很晚很晚才回到自己的家里。"

我也感觉，今天的活动搞得非常成功，一切是自然的、即兴的，都是真情流露。我们班的男生，平时在学校很调皮，会犯这样那样的错误，但今天到了现场，也被感染了，因此他们也表现得非常好。

晚上回到班上，我总结了今天的活动，高度评价了同学们的表现，强调了"珍惜"二字，并说我们以后还可以继续关注那个班的孩子们。

5 月 18 日　　星期三　　阴

"早恋"与"早念"

最近一直在成都教育学院学习。原以为这种培训"没多大意思"，可来了之后才感觉到，这次培训无论是课程设置还是教授们的授课，都非常好，我真是舍不得缺一节课。当然，培训班的管理也很严格，不允许随便请假，再加上我是班长，就更不好逃课了。

虽然一直没有去学校，但我还是时时惦记着班上。5 月 11 日，我到班上论坛看了看，人不多，但看到一篇名叫《我的感情经历》的帖子。发帖的这位同学谈到自己的苦恼，就是陷入了一种朦胧的情感中。经过一番思想斗争，这位同学决定放弃，把精力用于自己这个年龄段最应该追求的东西上。我一看就知道是谁写的。当时我非常感动，情不自禁在后面跟帖，写道——

> 读了这篇文字，我非常感动。
>
> 你的心湖曾掀起过一片青春的美丽涟漪，这是生命最美的风景，美在纯洁，美在朦胧。
>
> 但这不是唯一的风景。

你终于走过了这片风景，向着前面更美的风景进发。

就凭这一点，我就把你视为最让我骄傲的学生之一！

说是“之一”，是因为和你一样的同学不止一个。五一前，我也曾找同学谈心，很高兴所找的同学都能理解我。他或她都能理解我真诚的朋友般的忠告，最后终于战胜了自己。我向这几名同学致以真诚的谢意和敬意！

我想到了我的高中时代，进入青春期的心同样会为异性同学的一个微笑、一个眼神、一个不经意的动作而颤动。记得我转学的时候，一名我心仪的女同学鼓起勇气向我含蓄地表示了那个“意思”，我在紧张恐慌的同时，感到有一种微妙的幸福。虽然后来我并没有接受这份情感，但现在想起来，我仍然感到温馨。生命到了这个季节必然会萌发一种纯洁的憧憬或期盼。爱和被爱都没有错，因为这是青春的阳光抚摸心灵所感受到的温柔。

同学们，还记得我说过的一句话吗？“我们和他们不一样！”我们既然选择了读大学，就要把自己和他们区别开来，就意味着我们主动放弃了一些其他同龄人可以“享受”的“生活”。所谓“不一样”，不在于我们班的同学不会产生某种感情，而在于面对这种感情，我们能够以高远的志向和坚强的意志，表现出我们的与众不同，因为我们追求的是更长久的幸福，更有质量的生命，更持久芬芳的感情花朵！因为我们的确和他们不一样！

放弃，是为了更美好的追求。

祝贺你把握好了自己青春的航向！

这次你战胜了自己，也许未来两年你又会不经意地坠入“朦胧的情感”。不要紧，随时提醒自己，随时战胜自己，你就成了一个对自己负责也对别人负责的真正的人！

握手！

我会为你的一生祝福！

写完这篇文字，我心里格外舒畅。

过了几天，魏智渊老师给我发来另一篇随笔，也是谈个人情感经历——

前段时间很困惑，因为我喜欢上了一个女生，在放手去追求与把这份感觉保留在心中之间徘徊。摸着良心问自己，我确实动了真情，确实喜欢她，很自然地，脑袋开始胡思乱想。真正让我困惑的是放手去追求的结果和要担起的责任，所以畏缩，不敢前进，但我又确实喜欢她，内心的矛盾和痛苦混在一起，苦不堪言。

我很清楚现在自己的使命与任务，我是来完成高中学业的，中途真的不能被干扰。人都是有一定的毅力的，在这种看似美好又不美好的东西面前就该体现最大的价值了。我承认爱情是很好的，可我更清楚地知道目前自己还没有办法驾驭它，没有能力去很好地处理它，那我还能怎样？她，的确让我动心，可一点点的理性让我选择了冷静。我尚且这样不成熟，给出的爱也会是肤浅的，不会有深度。与其这样，不如把那份纯真的感情埋藏在心底。真正的爱情是我现在可望而不可即的，我现在所了解的爱情是肤浅的。

时间稍微长了，内心不再那么澎湃了，我更确定，我给她的爱会一直都很安静。

这次我什么都没有说，因为他已经把握住了自己，还需要我唠叨什么呢？青春的涟漪已经平息，没必要再去掀起。

对学生"早恋"，我早在 1986 年就开始思考研究了。关于这个问题，我一直有几个想法——

第一，不是"早恋"，而是"早念"。

教育者首先应对这类现象的出现有科学而清醒的认识。漫不经心、不以为意，甚至放任固然不对，主观臆测、危言耸听，甚至如临大敌更不足取。一些教育者之所以失策，往往是因为后者。

我只想提出这样一个看法：就绝大多数学生而言，他们那种朦朦胧胧的意念、感情，实在不是"早恋"——"过早恋爱"，而是"早念"——"过早的意念"。我不是在此玩弄文字游戏。真正的恋爱实在脱离绝大多数中学生的实际，而对异性产生一种倾慕、好奇、向往的意念，确实是少男少女们容易在不知不觉中产生的一种"感觉"。

"的确，我有一种朦朦胧胧的感觉。由于我的成绩不太好，她常帮助我，我很感激她，也很尊敬她。我也说不清，反正我对她有好感。"（摘自一位男生的来信）请看，这种"感激""尊敬""好感"是连学生自己也说不清的感情，却往往被教师"一针见血""明察秋毫"地断定为"早恋"。一旦如此，无论是对学生还是对教师，后果都是"不堪设想"的。如果说在教师看来，"悲剧将会发生"，那么，也是教师本人揭开了"悲剧"的序幕。

第二，不要把学生想得太坏。

中学生产生“朦胧情”，就绝大多数人来说，还是出于一种既幼稚又纯洁，既荒唐又美好，既感到羞涩又感到兴奋，既觉得不切实际又觉得庄严崇高的矛盾复杂心理。教师如果对此予以充分的理解和尊重，学生是会乐意接受引导的，甚至会充满信任地向教师吐露心曲。相反，教师如果把学生想得很坏，那么，学生会警惕地与教师拉开心理距离。这样，教师的任何“苦口婆心”都是徒劳的。

当然，由于一些过时的观念的影响，不少学生也会因有“朦胧情”而把自己想得很坏，这就更需要教师的抚慰了。“李老师，当我知道我有这种想法时，我感觉自己是一个卑鄙下流的小人，甚至有一种犯罪感。想压抑自己的情感，可是，我的努力是徒劳的。李老师，只要您肯帮助我，我一定听您的话！”（摘自一位女生的来信）我同这位学生谈了整整两个小时，主要是肯定她这种感情的纯洁和美好（这似乎有点“大逆不道”，但确实能减轻她的“负罪感”），然后再告诉她解决的办法。过了一段时间，我问她：“还想他吗？”她爽快地回答：“不想那些了！”如果当初我也认为她“坏”而居高临下地帮助她，说不定她至今还在“负罪感”中挣扎或干脆“堕入情网”。

这里我想引用苏霍姆林斯基在《爱情的教育》中的几段精辟论述：

> 尊重、关怀、细心、掌握分寸等原则在这里具有决定性意义。爱的情感的产生，犹如含苞待放的花朵，它是长成芳香的玫瑰还是带刺的飞蓬，这有赖于教师的爱护和培育。当然可以把它剪断或连根拔掉，但这样做就会严重伤害一颗敏感的心，一株新花的幼茎就会长成畸形。
>
> 对学生的精神生活和他们的隐秘角落采取粗暴态度，最容易从男女青年的相互关系中驱逐出一切高尚的、有道德的、明快的审美情感，并把爱情的生理本能的一面推到了首位，激起不健康的好奇心，使男女同学更加疏远，对交往产生一种难忍的恐惧症。
>
> 对待青年男女的爱情抱轻蔑乃至嘲讽的态度，恰恰说明教师的教养水平低。

第三，掌握引导的主动权。

当教师忙于找“早恋”者谈话时，他已经当了消防队员的角色了。当然，为了防止学生的感情泛滥而造成严重的后果，“灭火”措施是应该而且必需的。但是，教育的机智在于善于掌握主动权，随时走在学生思想发展、心理发育的前面。而要防止学生的“朦胧情”发展成真正的早恋，那么就必须在学生还不太懂这些、未产生这种感情的时候开始做工作。

我不同意这种观点："早恋"的原因主要是精神上的孤独。实际上，在精神充实的集体中，"朦胧情"往往更容易产生。"一个集体的生活越是丰富多彩，这类问题就越多。"但是，教师如果掌握了主动权，"朦胧情"就不一定会发展成"早恋"。

苏霍姆林斯基说过这样一些可能会让中国教师感到不可思议的话：

> 我坚信不疑的是，高尚的爱情种子需要在年轻人产生性欲之前好久的时候，即在他们的童年、少年时期播在他们的心田里……
>
> 我们所说的爱情种子，当然不是指关于爱情的说教，而是指培养道德尊严和人格的过程，指在每一行动中树立真正的人道主义观点，指培养对人道美的理解能力和创造（这一点尤其重要）人道美的能力。爱情的念头一旦在年轻人的思想和感情上撩拨和引起不安，教育者就应当给他们讲爱情是什么。这种讲解将会在年轻人的心灵中培养出高尚的思想和情感，首先是培养出能够给人以巨大幸福的对美的责任感。但是这种美对善于爱美的人才是幸福。

5 月 30 日　　星期一　　晴

走向成熟

今天请假回了一趟学校。

刚到办公室，杨校长就过来跟我谈最近班上发生的一些事。她说近期班上有些浮躁，并特别提到上周文海和宋飞差点儿和 2 班的学生打起来，虽然起因并不是我们班同学的错，是 2 班的同学欺负我们班的同学，但如果真的打起来，后果将不堪设想。"幸好经过劝说和引导，大家都冷静了下来，最终并没有打起来。"她说。然后，徐主任也过来对我说上周游泳课我们班有几名男生不守纪律。

尽管我对出现这样或那样的问题都有思想准备，但听了杨校长和徐主任的话，我还是有些生气。不过，我很快冷静了下来。我想，估计王晓丹老师已经进行了教育，我没有必要再搞秋后算账。

最后一节课是数学课，吕老师因公请假没来，我便进教室给同学们上了一堂班会课。

我说："培训班其他学员都去考察了，我事情比较多，就没有去。所以，今天回来看看。我感觉到我们同学有些变化，教室里有些变化，就是挂了六面流动红旗。我就想问：缺的是哪一面红旗？"

大家说："仪容仪表。"

我又问："是哪些同学影响我们得这面红旗呢？"

同学们说："不是，那一周没有评仪容仪表红旗。"

"哦，那就是说六面红旗已经满了？"我问。大家频频点头。

我笑着问："李老师今天回来，同学们欢迎不欢迎？"

同学们鼓起了掌。

"呵呵，我不是要你们为我鼓掌，我是想引出另外一个话题。可能有些同学不欢迎吧？他们紧张啊，因为李老师不在的这段时间他犯了错误。李老师下面要说一句话，在我走了以后犯错误的同学，李老师决不秋后算账。第一，因为王老师已经处理了。如果我再追究，这是对王老师的不尊重。第二，我们同学已经改正了。因此，请这些同学放松心情。好，现在我想问同学们有什么要对李老师说的，或者要提什么要求。"

全班同学都说："青城山！"

我知道他们的意思，是说他们拿全了流动红旗，我应该兑现诺言带他们去青城山玩儿。

但我没有理这句话，继续问："除了这个，还有什么要对李老师说的？"

大家仍然齐声说："青城山！"

我笑了："好，我不回避这个问题。不错，红旗是拿到了。但是，是不是我们各个方面就比原来更好了？"

同学们说："红旗就是证明，没有任何借口！"

我说："去肯定是要去，我不会食言的。但是我要讲，时间稍微缓一缓，我女儿要高考了，我总要过问过问吧？另外，我还有一个顾虑，就是对同年级其他班，甚至是其他年级的影响。因此，我们得找一个合适的时间。如果你们以后表现得更好，咱们就到青城山住一夜……"

同学们说："原来你不就说要住一夜吗？"

“好，好！还有没有其他问题？”

凌飞问：“李老师，你去学了些什么？”

我说：“这个我可以给大家汇报。我们学的内容很多，有‘三个代表’，还有中国的经济形势。这些你们都应该听一听。还学了仪容和礼仪，还了解了美国的德育工作，是四川师范大学教育科学院的院长游教授给我们开的讲座，他刚刚从美国考察回来。我原本觉得美国的教育很宽松，其实美国中小学有的要求比我们还严。比如，吃饭的时候有很多规矩，其中有一条是菜汁不能流出嘴角。另外，我们还去参观了一家软件公司，是该公司老总接待我们的。这个人非常了不起，只有三十来岁。他对下属有许多要求，我了解之后就想到你们，想你们应该怎么提高自己的修养。在现代社会，人与人之间是非常讲究修养的。而这一点，目前我们做得还不够好。那天，老师甚至说了这样的话：中国本来是礼仪之邦，但现在许多人从小学粗俗，还自以为是豪放，自以为是个性自由。过段时间培训班的学员要来参观我们学校，我希望我们同学的举止能够得体。还有什么要问的？没有了？没有我就说我想说的了。我对同学们有一个忠告，就是我希望同学们早日成熟起来。从哪儿说起呢？从一个电话说起吧！在我学习期间，接到一个电话，是我多年前教过的一个学生的电话。这个学生当时在我们班上非常调皮，甚至可以说‘很坏’，但现在很成熟了。他在电话里说，当年在中学很不懂事，让我操了不少心。我说：‘我认为你中学时代并不坏，只是你接触了不好的人，受了不好的影响。’由他我想到我们在座的一些同学，也是不懂事、不成熟。我把咱们班同学分为三类。第一类同学受社会上的不良影响比较大，上进心不强。这类同学不多。第二类同学上进心非常强，就是管不住自己，会做一些很幼稚的事情，还自以为有童心。童心的核心是纯真，哪是这些同学理解的想做啥就做啥呢？这类同学我们班不少。第三类同学有自制力，有上进心，而且能够对自己的行为负责。李老师最近看到两篇随笔，一篇是发在我们班的论坛上，谈感情经历的，还有一篇是魏老师发给我的，也是谈如何对待感情，我很感动。这两名同学能够战胜自己，这就是成熟。成熟的标志有两点：第一点是有自制力，能够用理智控制自己的行为。很多同学知道什么事该做，什么事不该做，但就是管不住自己。这就是不成熟。第二点是有修养。成熟的人懂得尊重别人，有修养就是对别人的尊重。如果没有修养，举止粗俗，你可能觉得很快乐，别人却会在心里看不起你。我觉得这样的同学真的是很不成熟的。现在的每一天都很平常，以后想起来却会觉得很珍贵，那么现在就应该珍惜，特别是珍惜和同学们相处的时间。我们应该多想想，怎样用理智来控制自己的行为，如何有修养地对待自己周围的人。当一个人懂得为自己的行为负责的时候，他就成熟了。能控制自己的思想，控制自己的行为，战胜自己，这就叫成熟。希望同学们考虑一下李老师今天说的这两个字：成熟。以前犯了错误，不要紧，改正就是了。"

中午，我分别找宋飞、陈霜蝉、文海谈心，主要是强调"成熟"二字。在跟他们面谈时，我说了这样的话："我不能说你是坏学生，但我要说你的确是一个非常不成熟的学生，很幼稚！这种不成熟表现在：第一，不能用理智控制自己的行为，而是随心所欲，不考虑行为的后果；第二，缺乏修养，甚至不懂起码的礼仪，客观上是对周围的人不尊重。"对宋飞，我着重指出了他肆无忌惮地说脏话的现象，希望他痛下决心改正。

和文海聊的时间要长一些，他说他已经决定下学期复读，妈妈已经给他联系好了学校。我说："就你目前的成绩而言，你继续读高二在学习上会比较困难，因此，复读是一种可以理解的选择。但是，如果你不改变你的学习态度，恐怕复读也不会使你的学习成绩提高。我希望你彻底改变你的学习态度，珍惜复读的机会。复读意味着你没有后路可退了，必须背水一战！"

他同意我的说法，并说希望我以后能把课堂实录及时传给他："您课上给我们讲的一些东西，是我在其他老师那里根本听不到的。"

我说："当然可以，以后我们就是朋友了！你有什么需要我帮助的，我会尽力地帮助你。"

想到去年刚刚进高一时，文海的精神状态那么积极向上，现在却不得不复读，我感觉自己在他身上的教育不能说是成功的，心里还是有些愧疚。问题究竟出在哪儿呢?

我问："你现在反思一下高一这将近一年的时间，你的变化是从什么时候开始的?"

他说："刚进高一的时候，我真的很有上进心，所以被选为班长。但一开始学数学就遇到困难了，听课听不懂，我就退缩了，干脆不听了，结果一个月下来，我对数学完全失去了信心，上课只好睡觉。这样一来，同学们对我就很有意见，我的威信自然大跌，后来成绩也越来越差，我就很难再打起精神了。"

他说的是事实。我想起刚开学时他主动找我谈心，说的就是数学。虽然当时我也鼓励他不要怕困难，但没有采取更加有效的措施帮他改进数学学习，没有想到那次就埋下了他后来成绩一落千丈，乃至精神状态也发生变化的隐患。反过来说，如果当时我和数学老师配合起来，加强对他的督促和学习上的辅导，可能他的数学成绩就不会那么差，他对学习的信心也不会一下子就完全破灭，现在也就不会是这个样子。这的确是我要吸取的教训。

课间，我见缝插针地找何晓蕊、唐朵、刘骞雯、陈鑫、唐西龙等同学简单聊了聊。

在和凌飞聊天的时候，他说我今天上午讲得非常好，我要他大胆工作。突然，我闻到他口中有一股烟味儿，便问："你又吸烟了？"

他愣了一下，点点头承认了，表情有些尴尬。

我非常严肃地批评道："你这叫我怎么说？你怎么会'旧病复发'？我知道你正在走向成熟，犯一些错误是难免的，但是犯同样的错误是不应该的。"

他说："主要是我不觉得这件事有什么不对，我认为这是一件小事。"

"不对！"我说，"吸烟有害健康的道理我就不多说了。《中学生日常行为规范》明确规定中学生不能吸烟，这是没有什么道理可讲的，不能做就是不能做。另外，你不是要战胜自己吗？连这都不能战胜，以后怎么成就一番事业？《钢铁是怎样炼成的》一书中有一个情节：保尔在批评一个犯错的团员时，那人反唇相讥，说保尔连吸烟的恶习都改正不了，没资格批评别人。保尔听后马上把嘴上的烟取下，说他从此以后再也不会吸烟了。后来，保尔真的做到了。这就是真正的成熟！我希望你也能这样，不要再吸烟了！当然，我无法随时守着你，这得靠你自己的毅力和良心，你可以欺骗我，但你躲不过你自己的良心。"

他表示一定改正，并愿意把剩下的几支烟交给生活老师。

下午我正准备离开学校，王老师找到我说想和我聊聊。她说，我走了以后前两周同学们都非常不错，但从上周开始就不行了。她特别谈到几个男生游泳课违纪的事情。他们不听老师的话，在泳池边开玩笑、打闹，最后还穿着校服往池子里跳。事后，他们还不认为自己错了，到现在也不认为自己错了。另外，现在一些男生在班上很嚣张，老说其他同学打小报告，一些正直的同学敢怒不敢言。总之，王老师觉得情况很严重。

我听了之后说："那这样，我暂不离开学校了，第四节是自习课，你请有关的男生到我办公室里来，我和他们谈谈。"

第四节课，王老师和宋飞、陈霜蝉、文海、李应生、张颢君、陈鑫、刘陵、唐西龙来到了我的办公室。

我先请他们谈谈那天游泳课的情况，以及他们现在的认识。他们所说的情况和王老师说的差不多，但他们强调自己没有多少错，是学校在管理方面存在不少问题。

他们说，我仔细地听，然后我先请王老师谈她的看法。王老师说："同学们不能只是从自己的角度看问题，而要从学校的大局看问题。如果老是强调别人怎么不对，就不容易发现自己的问题。学校在管理上也许真有需要改进的地方，但同学们要想想，学校主要是担心同学们的安全，所以管理就比较严格。"她还举了几个年轻人因为冲动而发生安全事故的例子。

几个同学解释了一些细节，说明当时有的老师如何冤枉了自己。我说："这件事的大致经过，大家描述得都很清楚，我不主张纠缠细节，核心是安全问题！同学们当然不是有意捣乱，而且我认为你们所说的学校管理有待改进不是没有道理，但你们得意忘形之中很容易发生安全事故，而学校把安全看得非常重。这是核心！至于一些细节的是非，没有必要计较。你们这次犯错，错在只顾自己高兴，而忽略了可能发生的安全事故，这点你们同意吗？"

他们都表示同意。

"这就对了，希望以后凡事多动动脑子，不要得意忘形。"我说。

然后我说第二个问题："游泳这件事，说起来是一件小事，但因此而产生的一些连锁反应，不能说是小事。这些反应让我感到忧虑。有的同学面对其他同学的正当批评，居然霸气十足，用王老师的话来说，一些善良、正义的同学敢怒不敢言。这让我非常气愤！如果一个班，正气不占上风，而邪气居然占上风，非常可怕！"

我点名批评了宋飞："不要以为自己了不起，你有什么了不起！我最看不惯的就是恃强凌弱！"

然后我问大家："你们希不希望我们有一个好的班风？"

他们都说希望。

"既然希望，我们就要珍惜现在良好的班风，而不应该破坏我们的班风。"我说，"这里，我想以陈鑫为例，说明好班风的作用。大家都知道，陈鑫到了我们班后进步非常大，这难道靠的是李老师的帮助吗？不，靠的是我们班集体的帮助。可以想象一下，如果当初陈鑫不是到我们班，而是到了一个不好的班集体，会有这样的进步吗？我和班上绝大多数同学都决不容许任何人破坏我们班良好的班风！”

快下课的时候，我们一起回到教室里，我把刚才的话又对全班同学说了一遍。我希望全班同学都珍惜本学期最后一个月的时间，让我们班集体各方面更加优秀。

7月5日　　星期二　　晴

青城山之行

前天早晨出发带学生去都江堰和青城山，昨天下午返回。本来应该是一次开心的旅行，我却感觉非常不愉快。

我以前答应过学生，如果他们拿到六面以上的流动红旗，就带他们去都江堰和青城山，而且在外面住一夜。在我参加培训班学习的两个月时间里，他们果真拿到了六面流动红旗。于是我决定兑现诺言，和王晓丹老师一起带他们去玩儿。但是，在外面住一夜让我感到为难，因为王老师要监考，不可能在外面住一夜，她必须当天返回学校；另外，前几天下了大雨，上山很危险，学校也一再打招呼不要在外面过夜。

早晨出发前，我在车上跟同学说明不能在外面过夜，当天必须回来，并解释了原因。大家马上就不高兴了：“原来不是说好要在外面住一夜的吗？”“怎么说话不算数呢？”我只是一个劲儿地请大家理解，但大家仍然不太高兴。

一早到了都江堰市，何晓蕊的妈妈已经在那里等我们了。何晓蕊的家长给我们这次旅行提供了方便，免去了每一个同学的门票费。尽管有刚才的不高兴，而且天下着小雨，但大家依然兴致勃勃地游玩参观。两千多年前的伟大工程，至今还在造福着川西平原的人民，这世界上独一无二的奇迹让我们感到震惊和自豪。凌飞和文海拿着相机给我们拍下了一张张生动自然的照片。在游玩的过程中，有一段时间我一直和陈鑫在一起，我们开心地聊着天儿，我叫他不要因为这次没有撤销处分而泄气，鼓励他下学期继续努力。

吃了午饭，按我的安排该往回赶了。同学们开始不高兴了，许多同学跟我请假，要求在都江堰住一夜，我问住在什么地方，男生说住在凌飞家里，女生说住在何晓蕊家里。我本来不同意，但想到本来就是我说话不算数，原本是说在外面住一夜的，因此，我便对向我请假的同学说："只要你们爸爸妈妈同意，我就没意见，但你们的爸爸妈妈必须给我打电话表示同意。"结果几乎每一个请假的同学都得到了父母的同意。我当然不好说什么了。

但是，最后的结果是绝大多数学生要求在都江堰住一夜，这让我有些担心学生们的安全了。这时，陈鑫也来向我请假，我没有同意。我不掩饰对他的不放心："你不能在这里住，我们一起回成都。我不放心你！"陈鑫说："我叫我妈妈给你打电话。"我说："即使你妈妈同意，我也不会同意。"

他一下子非常激动："凭什么？"说着他便往街上走，我请文海去叫他回来，他说陈鑫跑了，我说："追！"然后我又请毕明方一起去追。陈鑫没跑多远，被追回来了。

我气愤到了极点："你以为我跑不过你吗？我可以打 110 呀！你这样，我能放心吗？"

他和我争吵："为什么你同意他们在这里住一夜，却不同意我呢？"

我说："很简单，你让我不放心！我要对你负责！"

我在跟他说话的时候，突然发现他耳垂上居然戴着闪闪发亮的耳钉！

我把他的耳钉取下来："你怎么戴这个？"

他说："这有什么呢？"

"《中学生守则》明确规定中学生不能戴任何首饰呀！"我说。

"但我不是在学校，而是在学校外面。"

我火了："你不在学校就不是学生了吗？"

他不说话了。

他母亲给他打电话了，他向母亲要求今晚留在都江堰，我接过电话，他母亲在电话里对我说，陈鑫回不回来由我决定，她听我的。

这时我想，如果强行让他回成都，他会很抵触，不利于今后对他的教育，而且大部分同学都要留下来，我也不放心。我打算干脆今天不走了，和同学们一起留在都江堰。

正好这时王老师走过来对我说："李老师，这么多同学留在都江堰，我真不放心！干脆我们就留下吧！”

我说：“好！”

于是我对同学们说：“今天都不回去了，我们就在都江堰住一夜，明天去登青城山。”

但因为刚才大家情绪不好，所以尽管我说了这个决定，大家仍然兴致不高。我尽量理解同学们，因为这次首先是我说话不算数，所以大家有意见我也不怪他们。

我们一起去住招待所，有的同学不听从安排，有的同学因为住房问题和服务员无理地争执起来。我想到晚上还要在这里住一夜，如果大家都不听从安排，很可能会出事。

于是我把大家叫到了一个房间，非常严肃地对大家说：“坦率地说，我对大家今天的表现非常不满意。但我不愿意过多地批评你们，因为首先是我说话不算数，原来说好在外住一夜但又临时变卦。虽然的确有原因，但我还是向大家道歉！我现在决定仍然在外面住一夜，算是改正我的错误。但是，你们也要理解李老师为什么要变卦。明天王老师的监考现在还无人替代，早晨出发前吕老师就跟我说，王老师一定要回去！还有，刚刚下了暴雨，山路不好走，万一出了安全事故怎么办？”

我又说：“现在既然决定留下来，那么我要求大家必须听从指挥！我一会儿再给吕老师打个电话，让他安排其他老师监考。我理解同学们经过一个学期的紧张学习，都想出来放松放松。好，现在我和王老师给大家自由安排的时间，但今天晚上大家必须在 10 点以前回到招待所。另外，明天登山一定要绝对听从指挥，一定要注意安全！”

大家都表示同意。

我反复想白天的事，觉得好几个地方都是我不对。特别是对陈鑫，我就不该对他说“即使你妈妈同意，我也不会同意”这样的话，这明显是对他的区别对待。其他同学只要家长同意了，我都会同意，可他却不行，这样他当然会觉得不公平。的确是我有错！

错了就认错吧！我找到陈鑫表达了歉意。

晚上 10 点以前，各房间的同学都回来了，这让我稍微有些欣慰。

第二天上午，天气晴朗。我和王老师带领大家登青城山，一路上大家都忘了头天发生的不快，满山青翠欲滴的绿意让我们感到说不出的舒畅和凉爽……

傍晚，大家拖着疲倦的身体回到了成都。

今天早晨我来到学校，补写这次青城山之行的日记。中途吕老师走了进来，和我聊班上的事，他说这学期凌飞和谢舒云仍然在吸烟。这两名同学曾因此而被处分，后来因为他们不再吸烟，所以撤销了处分，谁知道又“旧病复发”！他说他批评过谢舒云很多次，可谢舒云依然吸烟，他说谢舒云不可能改正了。

我首先想到的是再给他们处分，可是转念一想，以前给他们处分没有解决问题，再给处分有何用呢？抛开吸烟这件事不说，无论是凌飞还是谢舒云，都是很优秀的学生，我决定还是通过电话跟他们谈谈。

我拨通了凌飞的手机：“凌飞吗？”

“哪位？”他声音无力，显然还在睡觉。

“我是李镇西。”我说。

他的声音立刻显出了精神：“啊，李老师好！”

我单刀直入：“凌飞，我一直把你当作朋友，因此我就直言了。我问你，你是不是一直在吸烟？”

几秒钟的迟疑后，他说：“是的。”

我叹了口气，说：“你让我怎么说你？从上学期我第一次知道你吸烟起，我就多次耐心地劝过你，你还为此挨过处分呀！我们都以为你改正了，可你……唉！”

他说：“我觉得吸烟没有什么，不是什么大的道德问题。”

这是他一贯的理由。我说：“第一，《中学生守则》明确规定中学生不能吸烟，因为未成年人吸烟有害健康；第二，你明明多次承诺要改正，可你并没有兑现诺言，这是不是太没诚信了？”

他不作声了。

我又说：“你是班长，同学们知道了会怎样看你？又怎样看我？也许同学们会认为我袒护你，但实际上我并不知道你一直偷偷吸烟。你是班长，就应该严格要求自己呀！我原来跟你说过，要做大事业，就必须有大毅力！连吸烟都不能改正，你以后还干什么事业？我问你，你得说实话——吸烟是不是已经成瘾了？”

“没有没有！”他说。

我跟他说了很多很多，主要还是谈中学生行为规范和一个人应该具备怎样的毅力才能战胜自己。他在电话那头一言不发，只是静静地听。

最后他表示下学期一定改正。我说：“恐怕只是改正还不行，还得给同学们一个交代。作为班长，犯了错误应该勇敢面对。下学期开学，你应该跟同学们做个检讨，公开你今天的承诺，不要只是对我承诺，还应该对全班同学承诺。男子汉说话就应该算数！”

他说：“好！”

我又说：“我依然把你当作好朋友！相信你能够成为真正的男子汉！”

结束了和凌飞的通话，我又拨通了谢舒云的电话。

谢舒云是一个非常纯朴的孩子，对老师非常有礼貌，听到我的声音，马上高兴地说：“李老师好！”

“可我好不起来呀，谢舒云。”我依然直言，“听说你一直在寝室吸烟？”

他好像有些意外，迟疑了几秒钟，然后说：“是的。”

我问：“量大吗？你大约每天吸多少支？”

他说：“不算多，一天大约三四支。”

我吃了一惊：“每天三四支还不算多？唉，谢舒云呀，你知道你是我和许多老师非常喜爱的学生，你的确很优秀，但这一点让我失望，不，应该说让我生气。”我把跟凌飞说的话也跟他说了一遍，说了很久很久。

我问：“你告诉我，你能不能做到不再吸烟？”

他说：“李老师，你让我想想，过一会儿我再给你打过去，好吗？”

“好的。我也不想听你不假思索的承诺。我希望你一会儿说真话，哪怕你说你做不到，只要是真话，我也爱听！我等你电话。”我把电话挂上了。

大约五分钟以后，谢舒云来电话了：“李老师，我认真想了想，我一定能够做到下学期不再吸烟！我能够做到！”他的语气非常郑重。

“好！我相信你！”我说，“但开学你得和凌飞一起在班上向同学们做个检讨，公开你的承诺。”

“可以！”他说。

我说：“注意，今天你不是对我承诺，下学期开学你也不是对同学们承诺，你是在对自己承诺！我期待着你兑现自己的承诺！”

放下电话后，我有些感动。倒不是我相信凌飞和谢舒云这次就一定会说话算数，而是为他们的真诚而感动。即使下学期他们又犯同样的错误了，我也会继续耐心地帮助他们俩的。

附录：我的幸运

严忠孝

高中时，我有幸从山区来到成都上学，更幸运的是遇到了我们的班主任李镇西老师，成了他的学生，融入了高一（3）班。这是一个全新的班级。新，不仅表现在人物的新、环境的新，最重要的是教育理念的新。虽然李老师只教了我们两年，但是就在这两年中，在这个班，李老师和我们一起生活、学习的点点滴滴足以温暖我一生。

很早就有人呼吁：要解放学生的思想，教育不能只停留在书本上；要给学生减负，学生不能一天到晚只知道学习；要提高学生的道德修养……这些呼吁不是很好吗？是的，这些呼吁都很好，但是经不住强大的社会就业压力的冲击，教育不得不成为纯知识的应试教育。是呀，就业需要文凭，要得到文凭就要上大学，就要参加高考。于是，高中生的生活就成了最大限度地学习——放假也得补课，改周休为月假，一个月就休息一天，要上晚自习，每晚弄到十一二点……这不仅有利于学校升学率的提高，也符合学生家长对孩子的殷切希望。不管学生接不接受，一律如此！又何止是高中呢？很多初中，甚至小学也如此残酷。这样还谈什么“风声雨声读书声声声入耳，家事国事天下事事事关心”？

然而，在李老师的班里却另有一番风景——抛开了单纯的知识教育，关注学生的全面发展；在进行知识教育的同时，还注重学生的思想道德和做人基本准则的培养，把学生的视野引向更广阔的天空。

记得有一次上语文课，李老师要求默写，有个同学悄悄翻书被李老师看见了，李老师很生气，给了这个同学记过处分。这在一般人看来，就是一点点小事而已，提醒警告一下就完了，何必呢？但李老师教育我们，诚实守信是做人的基本准则。因此，李老师的做法得到了同学们的赞同和支持，而且让受罚的同学也心服口服。

李老师如此严格要求学生，但同时，也非常尊重每一个学生。从小学到初中，每次考完试发试卷的时候，老师总是大声地叫着名字、念着分数，叫同学上去领。考得好的给予高度赞扬，考得不好的则加以批评，有时甚至一顿臭骂。评讲作文也一样，而且大多数时候是拿写得不好的同学的作文念，让其出丑，时常引得哄堂大笑。但李老师从来不这样。他发试卷从来不念分数，而且还会折一下卷子，将分数隐藏在里面，不让别的人看见。评讲作文也一样，不管好的还是不好的，在念之前总要征求同学的意见，同意了再念。李老师认为，暴露学生分数的做法是不对的，这等于暴露了学生的隐私；取笑学生的作文也是不应该的，因为那样会伤害学生的自尊心。李老师就是这样，用自己的行动告诉我们什么叫“对人的尊重”。

在李老师的班上，我们总能够走进大自然，倾听花开的声音。他经常在天气好的日子里带我们出去，去油菜地里上课，去农家采访，去公园游览……这些恐怕会更让人不理解：怎么能让高中生经常出去“游玩”呢？是啊，在有些人的眼里这只是“游玩”，他们太注重学校里的学习了，完全忽视了学生其他能力的培养。而李老师认为，与其让学生在教室里苦苦体会朱自清笔下的荷塘月色之美，体会郁达夫笔下的故都的秋的滋味，还不如在阳光明媚的日子里，让学生去田野间看看那碧绿的麦苗、金黄的油菜花，甚至是弯弯曲曲的田埂上的青青小草，去自由地呼吸，领略自然的、真切的美；让学生去杜甫草堂外的“诗歌大道”上走走，去屈原、李白、杜甫、苏轼等的塑像前伫立，感受一下古典文化的气息。这不仅可以放松学生的身心，还能够丰富他们的文化底蕴。真的，李老师的语文课远远超越了课本，延伸到了自然、社会、历史和我们的心灵。

李老师给我们留下的美好记忆太多。今天想起来，许多美好的记忆不过是平凡琐碎的事而已，但这些小事让我感到自豪：我曾在李老师的班上学习和生活过，这是我的幸运！

（注：严忠孝在本书中的化名是“钟晓”）